奇跡のエンジェルコンタクト

あなたの守護天使とつながるための35章

Angels at My Fingertips
Lorna Byrne

ローナ・バーン
愛知ソニア＝訳

ヒカルランド

愛と平和を広めることを手助けしている
世界中のすべての人々にこの本を捧げます。

はじめに

「皆さん一人ひとりに守護天使がいて、それぞれがスピリチュアルな現実を生きています。そしてそのことを伝えるのがあなたです」

このように天使たちが改めて、わたし自らの使命を思い起こさせることを伝えてきたのは、久しぶりのことです。それはちょうど、わたしがこの本の執筆に取りかかろうとしていた時のことでした。

わたしは天使について、多くのことを学んでいます。わたしが彼らと出会った子ども時代に、天使たちは彼らについてのすべてを一度に全部明かしてくれたことはなかったのです。しかし、彼らについて理解できるようになった頃から、さまざまなことを彼らは語ってくれるようになりました。そして、世の中の人々が天使のことを理解し、受け入れる準備ができるようになったら、天使たちのことについて書くようにと勧められました。

時として彼らは、決して公表してはならないとする内容をわたしに伝え、またある時には、それまでに秘密を保ってきたことを公表することを許されました。たとえば、どんな些細《ささい》なことであっても、自分の守護天使について語ることは、長い間禁じられてきたのです。

しかし、本書にあることは、わたしが今だからこそ明らかにすることができた、いえ、むしろ明らかにするべきだと教わりました。そのような類《たぐい》のさまざまな秘密がここに含まれています。

本書は、わたしの著書である『エンジェル・イン・マイ・ヘア』（邦訳：ハート出版、二〇〇九年）の続編であり、わたしの子育ての話や、大天使ミカエルや天使エリヤ、そしてわたしの〈愛の鳥〉も含む、大いなる幸福と不幸のエピソードの数々、さらには、失われた愛／見つけられた愛のエピソードなどを含めています。

この本では、守護天使とより親密になる方法も明かしています。このことを幼い時のわたしに教えてくれたのはわたしの守護天使で、わたしが皆さんにその方法をお伝えして、守護天使とスピリチュアル面でよりつながれるようにそうしてくれたのです。

『エンジェル・イン・マイ・ヘア』の執筆以降、わたしが積み重ねてきた知識を元に、もう一度自分の人生を今となって改めて振り返ってみることで、わたしに何が起きて、また、どんな世界にわたしたちが暮らしているのか、ということに対してより明確に理解することができるようになりました。わたしの今までの著書とトークイベントでは、わたしたちの生活における天使の役割をお伝えすることにフォーカスしてきました。誰か身近の愛する人が、この世を去っても天上界から生きているわたしたちを時おり訪ねてくれるのですが、この新しい本では、そういった魂の役割や、いかにして彼らとコンタクトできるのか、といったことも取り上げております。さらには、天使たちと共にどのように神に祈ることができるか、そして、祈りを通して、わたしたちの生活全体がいかに変わるかについても語ることにします。

　天使たちがわたしたちをどのように見ているのか、わたしは今、以前よりもよく理解しています。いかに彼らがわたしたちを愛しているか、彼らがわたしたちのためにできることは何か、また、天使たちは我々に何を望んでいるのか、そして何よりも、彼らが何を見ているのか、それをお話しすることにします。

　神様と天使たちはわたしたちの周りにいて、日々わたしたちを助けようとしてくれています。わたしたちがすべきことはただ、求めることと、彼らの囁《ささや》きかけを聴き取ることだけです。だからわたしはこの本に〝Angels at My Fingertips（天使たちはすぐ手の届くところにいる）〟あるいは文字通り、（天使はわたしの指先にいる）という意味のタイトルをつけました。

目次

登場人物たち

これまでのローナの物語

アイルランドの貧しい一家に生まれたローナは、貧困による飢えや粗末な住宅事情とともに、読み書きに困難を抱える失読症という障害に悩まされていた。学校のみならず家庭内でも障害児として扱われ、周囲の無理解により辛い幼少期を過ごすが、彼女には他の人にはない類まれな才能があった。天使たちや魂の姿がくっきりと見え、彼らと話すことができたのだ。天使たちの助けと導きにより、ローナは数々の困難を乗り越え、「人間には一人ひとり守護天使がついていて、生まれる前から天国に旅立つまで、ずっとその人のことを見守っている」ことを知る。

　大天使ミカエルや天使ホーサス、そして守護天使などのローナの身の回りの天使たちは、彼女に天使や天国、神様、人間の過去／現在／未来、さ

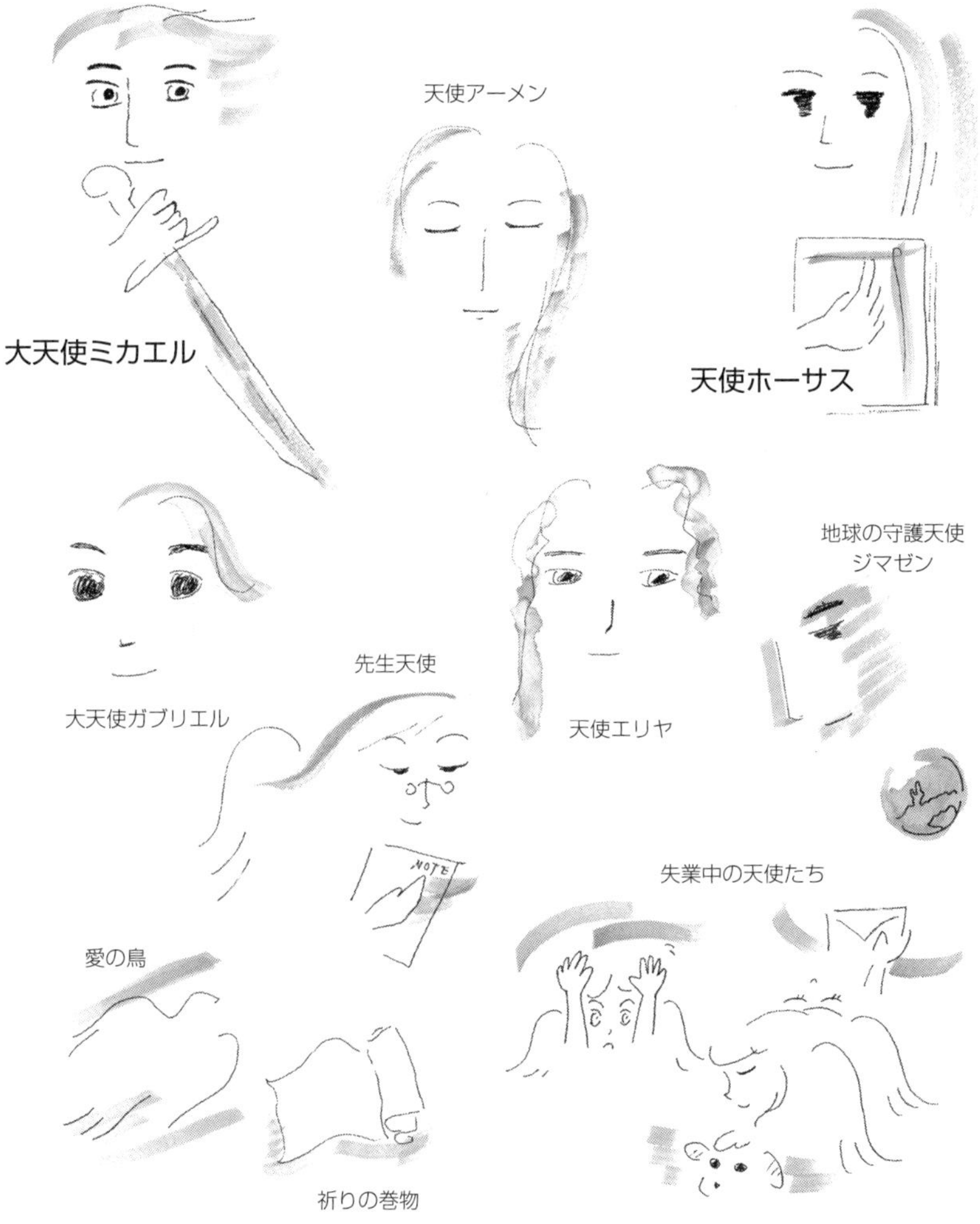

まざまなことについてのメッセージやヴィジョンを伝える。天使エリヤに予言された通り、運命の夫ジョーと出逢い、結婚を果たしたローナは、経済的困難はありながらも、二男二女に恵まれ幸せな結婚生活を送る。だが、ジョーの体は次第に病に蝕まれ、若くして天国に召される。悲嘆にくれるローナだが、同じように人生に悲しみや苦しみを抱える人々のために、天使たちや神様の言葉を伝えるようになっていく。

ローナの語る天使や輝ける魂たち、高次世界についてのエピソードは、アイルランド国内を超え、ヨーロッパ、アメリカはじめ世界中で感動を呼んでいる。彼女の言葉が伝えるのは、わたしたちは皆すべて、愛されてこの世に生を受けた、かけがえのない存在なのだという真実である。

参考●ローナ・バーン、壁谷さくら訳『エンジェル・イン・マイ・ヘア』(ハート出版、二〇〇九年)

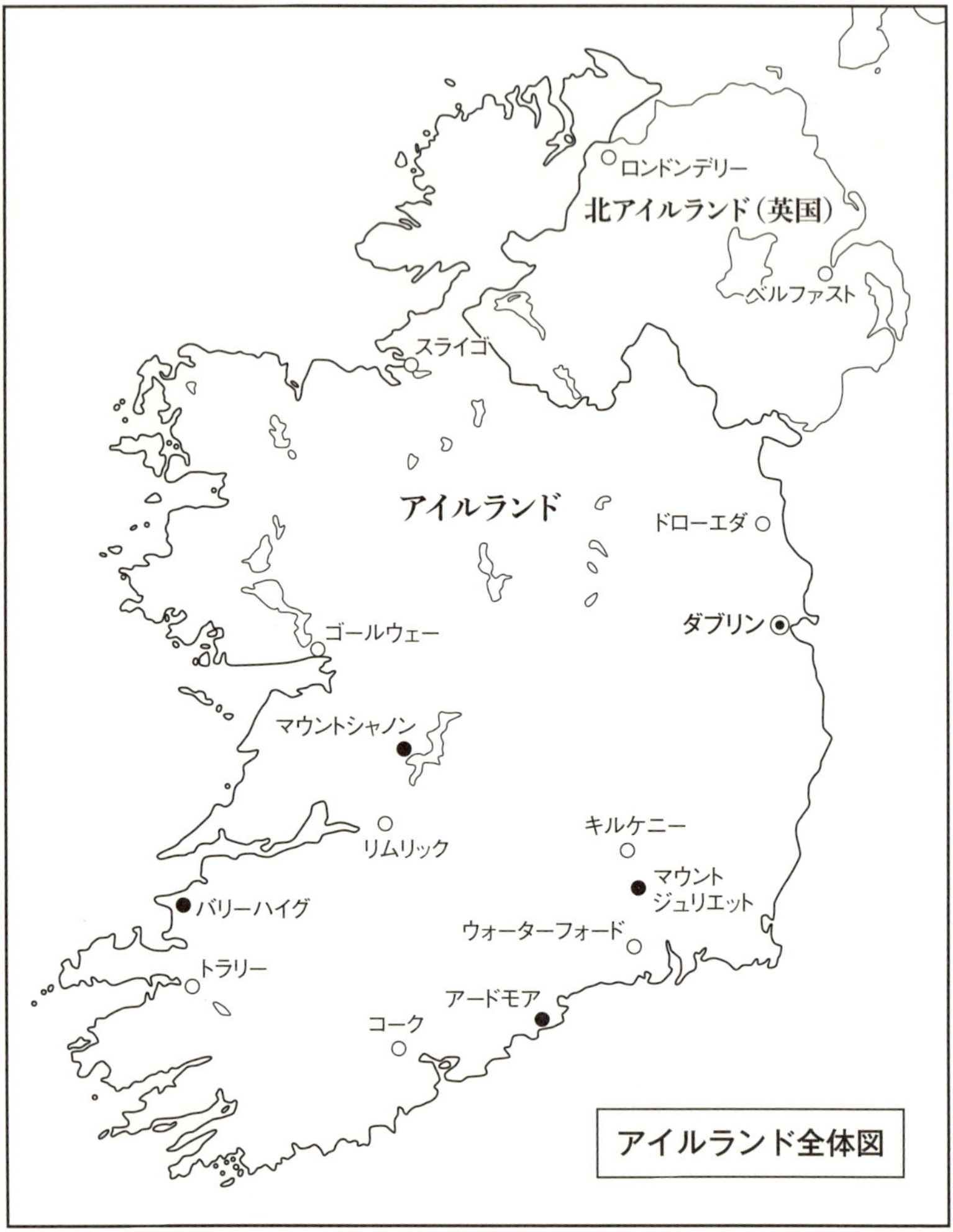
ロンドンデリー
北アイルランド（英国）
ベルファスト
スライゴ
アイルランド
ドローエダ
ダブリン
ゴールウェー
マウントシャノン
リムリック
キルケニー
マウント
ジュリエット
バリーハイグ
ウォーターフォード
トラリー
アードモア
コーク
アイルランド全体図

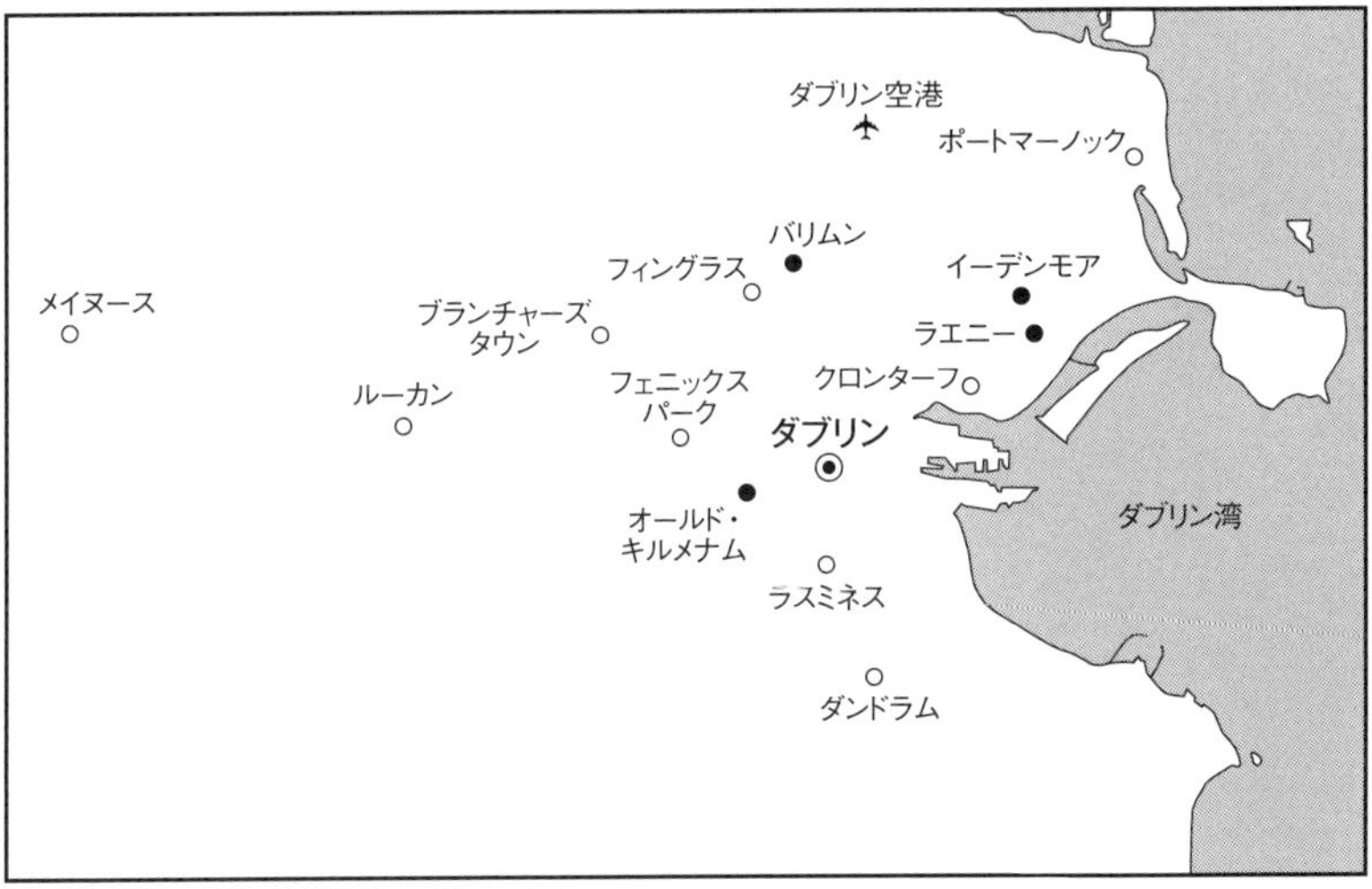
ダブリン空港
ポートマーノック
バリムン
イーデンモア
フィングラス
メイヌース
ブランチャーズタウン
ラエニー
クロンターフ
フェニックスパーク
ルーカン
ダブリン
オールド・キルメナム
ダブリン湾
ラスミネス
ダンドラム

ダブリン周辺図

ブックデザイン　鈴木成一デザイン室
カバーフォト（人物）　iStock/PavelKriuchkov
（羽根）　fotografos/Shutterstock.com
本文イラスト　endorphina
校正　麦秋アートセンター

第Ⅰ章 はじまり

わたしには子どもの頃からいつも天使の姿が見えていました。彼らの姿は言葉に尽くせないほど美しいものです。天使がわたしたちに与えてくれるのは「無条件の愛」。そう、あなたの守護天使にとって一番大切な存在は「あなた」なのです！

わたしは床にクレヨンを散らかしながら、ぬり絵をしたりして自分だけの世界にひたっておりました。線からはみ出さないように最善を尽くしていたのですが、なかなかうまくできません。時として、フラストレーションを抑えることができませんでした。わたしは当時四歳くらいでした。

ちょうどその日に、金色に輝く大きな手がわたしの小さな手の上にかざされました。その天使の手の感触がわたしを愛で包み込んでくれたので、ぬり絵のことなどすっかり忘れそうになったくらいです。わたしの手の上に添えられた天使の手をじっと見つめていると、さまざまな色彩の光で輝いていて、その細やかな趣《おもむき》に魅了されてしまいました。天使の長い指先がわたしの手をクレヨンへと導くように一緒に動いた時などは、まさに完璧でした。その動きと一緒に、天使の指先は輝きを増しました。実際には天使の手全体が、懐中電灯のように明るく輝き、わたしのぬり絵が置いてある周辺の床全体に光を灯《とも》し、周りに散らばっていたクレヨンも同じように照らされていたのです。

それからしばらくして「あなたのお母さんが来るわ」と、その天使が囁きました。母は部屋に入ってきて、わたしの隣に立つとこう言いました。

「まあ、なんてステキな絵なのかしら！」

わたしが笑ってみせると同時に母はうしろを向いて、もっと光が入ってくるようにと窓のカーテンを開けました。わたしはその天使に向かって、いつものように言葉を口にせず語りかけました。声を出して語る必要がないからです。

「あなたがわたしにくれた光が、ママには見えないの。カーテンを開く必要なんてないことが、ママには分からないの」

するとと天使は言いました。

「ローナ、覚えているかい？　何も語ってはならないという秘密を」

「分かっているわ」

わたしはそう答えました。

母は部屋を出て、台所に戻りました。わたしたちの家のフロントルームはほとんどいつもと言ってよいほど暗い部屋でしたが、母は昼間電気をつけることをわたしたちに禁じていました。今となってみれば分かるのですが、両親はとても貧しい暮らしをしていたからです。


飼い猫のブラッキーが部屋に入ってきて横に座った頃には、わたしはぬり絵を終えていました。天使はわたしの手に重ねていた手を離すと、床に転がっている何本かのクレヨンを、一本の指を向けるだけで触ることなく動かすことができました。ブラッキーが前足を伸ばしてクレヨンに届こうとした時は、わたしはクスクス笑い出しました。なんとブラッキーは、ふたつの前足でうまくクレヨンを摑《つか》んで、ごろんごろんと背中で転がったからです。クレヨンを前足で挟んだまま何度も転がってみせました。

「ブラッキーにはあなたの手から出ている光が見えるの？」

わたしは天使に訊《たず》ねました。

「いや、ブラッキーには光が見えないんだ」

と天使は答えてくれました。その天使の手が床に置かれた絵のほうへ伸びるや否や、天使の手が放つ輝く光でわたしの描いた絵が明るさを増しました。

「はい、でき上がり！」

わたしは喜んでそう言いました。完成した絵を拾い上げてよく見つめると、天使が耳元で囁きました。

「これで分かっただろ、ローナ、助けがなくてもひとりでちゃんとぬり絵を仕上げることができるって」

天使がなぜそんなことを言ったのかというと、まだ幼かったわたしは、天使の助けを借りなければぬり絵なんてできるはずがないと思い込んでいたからです。

「天使さん、教えてくれてありがとう！」

これは天使が手を添えてくれてぬり絵を手伝ってくれるたびに、わたしが返していた言葉です。ほんの幼い頃から、わたしは肉眼で毎日天使を見てきました。天使たちの姿が見えなかったり、会話をしたりしない生き方を想像するのが難しいほどです。わたしにとってそれは当たり前のことですが、皆さんにとってはそうではないということを、わたしはよく理解しています。

ただ、わたしが皆さんに言えることは、どうか疑問を脇に置いて、皆さん自身が単なる肉体的存在ではないことに気づいていただきたいのです。それどころか、実際には何十億倍も素晴らしい存在であることを。あなたには魂があります。肉体的と同時に精神的な存在でもあるのです。このことをしばらくの間、どうか考えてみてください。仮にあなたがそれを疑ったり、あるいは馬鹿げていると考えたりするとしたら、次のように自問してください。

「自分に守護天使がいるという可能性を受け入れることで、失うものは何?」と。

ある寒い冬の朝に、わたしは裏庭で遊んでもよいかと母に訊ねました。母はわたしに言いました。

「いいわよ、でも暖かい服を着なさい」

「分かったわ」

わたしはそう返事をすると、廊下を駆け抜けてコートを取りに行きました。母も廊下に出てきました。

「ほら、これをつけて！　あなたの手を温めてくれるわ」

そう言いながら、古い手袋を差し出してくれました。わたしは廊下を走り抜けると、物置のドアの前で立ち止まりました。中は真っ暗です。置いてあるものにぶつかることなく通り抜け、裏口に出られるように暗闇に目を慣らさなくてはなりません（当時はまだオールド・キルメナムの家に、わたしたちは住んでいました）。

オールド・キルメナムのわたしたちの家は、人形の家のように小さいものでした。わたしはその家で生まれ、その家の屋根が崩壊した五歳くらいまでは、そこに住んでいました。正確な年齢を覚えていないので、一〇〇パーセント確実とは言い切れませんが。わたしの家族は、屋根が崩れ落ちたあと、いとこのネッティが住むダブリン北部郊外のバリムンの家に引っ越しました。いとこはそこにひとりきりで暮らしていました。若くして両親を亡くしたからです。わたしたちがネッティと一緒に暮らしたのは、たったの数年だけでした。そのあとわたしたちは、ラエニー近郊のイーデンモアにある公営住宅に引っ越しました。どの家々も似たような建物でした。それから、父が勤務中に事故で怪我をしたのもその頃でした。わたしが知るかぎり、会社側は補償金を支払う代わりに父に責任者の地位を与えました。父が責任者に昇格してからは、両親は余った収入を貯めることができるようになりました。そして数年後には、ダブリン郊外のリックススリップの町に家を購入することができました。わたしはその頃には、ティーンエイジャーに成長していました。両親は州の借入金でメイヌースにコテージも購入することができました。

わたしはわが家の裏庭にある小道を歩き、庭先の土手までよく駆け上ったものです。ある時のことです。わたしは低い塀を越えたところで、小枝と石ころで家を作って遊びはじめました。すると、自分の名を呼ばれるのが聞こえました。振り返ってみると、一メートルほど離れた裏庭にあるトイレ小屋の扉の前に、大天使ミカエルが立っておりました。わたしはミカエルに満面の笑みを返しました。

石ころを拾い集めながら、「こんにちは」と彼に挨拶しました。そのあと、「手伝ってくれない？」と彼に訊ねました。

「ダメだ、ローナ。わたしはただ、おまえと話をするために来たのだから」

彼はそう言いました。石ころを拾うのを終えたわたしが、ちょうど掌《てのひら》に握っていた小石を塀の上に置こうとしたその瞬間でした。光り輝く金色の巨大な手が、わたしの頭上に現れたのです。

「ローナ、それは誰の手か知っているか？」

ミカエルはわたしに訊ねました。

「もちろん、知っているわ。いつも一緒にいる天使の手よ。ベッドで眠っている時も一緒よ。ちょっとだけ目を開けると、天使の腕にわたしが抱かれているのが見えるの。わたしの守護天使よ、ミカエル。知らないの？　誰にでも守護天使はいるのよ。だから同じようにわたしにもいるの」

大天使ミカエルが笑うとまるで雷のようだったので、わたしも大笑いしました。

「あなたが教えてくれるのを待っていたのに」

そう言ったあと、わたしはすぐに続けました。

「少し心配になったの。もしかしたら、わたしだけが皆とは違って守護天使がいないと言われるかもしれないって。でも今は嬉しいわ」

彼のうしろには、わたしの守護天使以外にも、ほかの人たちの守護天使たちも立っているのが見えました。ミカエルは以前、守護天使について話してくれたことがありましたが、わたしの守護天使については、はっきりとは教えてくれませんでした。

「わたしの守護天使はどんな方なの？」

わたしは子どもの頃に常にそれを考えては、自分だけの守護天使がちゃんといることを、ミカエルが教えてくれるのを待っていました。

ちょうどその時でした。わたしの手を握っていた巨大な黄金色の手を持つ天使が、目の前に現れたのです。

「あなたが前に立っているところを、わたしは今まで見たことがないわ！」

「何度もきみの前に現れたことがあるよ、ローナ。でもほとんどの場合、きみは眠っていたさ。時にはぬり絵をしているきみの前に立つこともあったが、わたしの助けを必要としていなかった。きみはただ、わたしに気づかなかっただけさ」

守護天使はわたしにそう告げました。

時として守護天使は、人々の背後から前に現れることがあります。背後にいる場合であっても、実際、たいていは、同時に周りのあらゆる場所にいることができます。説明するのは難しいのですが。守護天使は、とくにその人が危険にさらされている時などは、その人の前に現れるものです。守護天使の存在を感知し、希望を感じ取り、危機を乗り越える方法を見出《みいだ》すために、その人とのつながりを強化するのです。

大天使ミカエルはわたしに言いました。

「おまえの守護天使について、わたしが教えたことを思い出せるか？」

「うん、まあね」

「ではローナ、どんなことを覚えているんだ？」

わたしは少しの間考え込んでから、思い出すことができました。以前にミカエルが守護天使について教えてくれたことを。実のところ、その時まではまったく思い出せなかったのです。その瞬間まで、大天使ミカエルが以前守護天使について語ったすべてを忘れてしまっていたことに、わたしは気づきました。

「あなたが二階のわたしの寝室に入ってきた時は、たしか、あなたはわたしのベッドの上に座っていたわ。あの時、開いた本を持っていたわね。そして、その本の中でわたしの守護天使について書いてあるところを読んでくれたわ。守護天使はわたしを愛しているので、一秒たりともわたしから離れることはないから、ひとりなんかじゃない、って。そう教えてくれたでしょ。それって、ミカエル、わたしがちゃんと発音できないあの言葉のことよね」

「無条件の愛だ」

ミカエルはそう返しました。

「そう、そう、それよ」

「ローナ、大きな声で言ってみなさい」

わたしは、ちゃんと発音できるようになるまで六回ほど繰り返しました。わたしは生涯を通して失読症の問題を抱えているので、初めての言葉の意味を理解することもさることながら、発音ができるようになるには、一生懸命学習するしかないのです。

「無条件の愛とあなたが言ってくれた時だけ、言えるようになるのよ、ミカエル。わたしの守護天使について、何かほかにも教えてくれることはない？」

「おまえの守護天使にとって、おまえがいちばん大切な存在なのだ」

彼はそう答えました。わたしはミカエルを見上げて微笑《ほほえ》みを返しました。でも、やっとすべてを思い出したと確信できたのにもかかわらず、彼はまた訊ねました。

「ほかにも何か覚えているか？」

自分の前に立っている守護天使を見上げると、微笑を浮かべながら手をつないでくれました。わたしはしばらくの間そこに立ったままで、考え込みました。何かほかにもあったような気がしたので、一生懸命思い出そうとしました。ちらっとミカエルのほうを見ると、なぜか記憶が全部蘇《よみがえ》ったのです。興奮のあまり、わたしは叫んでしまいました。

「分かった、わたしの魂のゲートキーパーさんを、たった今思い出したわ！」

わたしは立ちつくしたまま、守護天使をじっと見つめました。目を逸らすことすらできないほどでした。それまでに出会ったことのあるどんな天使よりも、彼が美しかったからです。彼自らが放出する光線が彼に人間の姿を与え、それによってわたしの視覚で捉えることができるのです。彼を隅から隅までくまなく見たいと思いました。あたかも虫眼鏡で覗き込むかのように、わたしは自分の守護天使を観察しました。何ひとつとして、見逃したくはありませんから。

彼はつま先まで流れ落ちるように垂れる黄金色のローブを纏《まと》っていました。彼が何着ローブを持っているかなんて知る由もありませんが、纏っているそのローブの布のすべての折り目が完璧でした。さらにそのローブは、まるで緩やかな風に吹かれているかのようにかすかになびいていました。歩み寄って彼を抱きしめたかったのですが……。ミカエルはこう言いました。

「たとえそう見えたとしても、おまえの守護天使の中に入ることはできないんだ、ローナ。そういう時はいつも、おまえの守護天使が自分のローブをおまえに被せているだけなのだ。さもなければ、そんなふうにはならない。ローナ、おまえの力では無理だ。守護天使だけができることだ」

「分かっているわ」

わたしは悲しそうに彼に言いました。

「わたしにもできると、嬉しいんだけど……」

守護天使は微笑みかけてくれましたが、何も言ってはくれませんでした。すると、ふいに守護天使の翼が開き、わたしの周囲に円を描きました。彼は巨人のように大きかったのです。翼はさまざまな形と色の羽根から成っていました。一本一本すべての羽根の細部まで見ることができます。とても柔らかそうに見えました。誰でも知っているような鳥のような羽根をしているのもあれば、丸い形、三角形や四角形や、十字架の形のものまでいろいろありました。

ミカエルがわたしの名を呼ぶと同時に、守護天使はいったん翼をたたんでから、扉を開くように静かに動かしながらそれを広げてみせました。見上げると、大天使ミカエルは彼の指先で守護天使の羽根に触れているかのようでした。するとその羽根が、キラキラと輝きはじめたのです！　中にはシンボルのような形をした羽根もあり、ほとんどわたしに触れんばかりに円を描きながら回転しはじめたのです。優しいそよ風が感じ取れました。そのあとミカエルが指先を離すと、回転は止まりました。手を伸ばしてそれに触れてもよいか、彼に訊ねてみることにしました。

「ダメだ！」

そう答えたのは守護天使でした。でも彼が翼を広げると、右の翼の先端の羽根だけでわたしの手に触れることができました。すると愛の波が体全体に浸透し、伝わってくるのが分かりました。とても柔らかい触感でした。ほぼ同時に守護天使は、握っていたわたしの左手を離しました。するとミカエルが、守護天使はもう行かなければならないので消える、と教えてくれました。

「どこにも行かないでよ、お願い。せっかく楽しかったのに」

「ローナ、彼はいつもおまえと一緒にいる」

ミカエルはわたしの耳元でそう囁きました。

「あっ、そうそう。誰にも彼の名前を教えてはならないということを、ミカエルに伝えておくのを忘れ

ていたわ。秘密は守らなくっちゃ」

わたしがそう言うと、守護天使は満面の笑みを浮かべ、わたしが遊んでいた小石を指さしながら、もちろんそうだと言いました。わたしはまた、庭の塀の上から小石を取って石ころと枝で小さな家を作る遊びに戻りました。

天使は男性でも女性でもありません。ただ、場合によっては男性の姿か女性の姿で現れるだけです。どちらでもない姿で現れることもあります。わたしの守護天使は、いつも男性の姿で現れます。それにしても、わたしは自分の守護天使について話したことは、以前に一度もなかったのです。許されなかったからです。人生を通してわたしの守護天使は、彼について話すことも、彼の名前を教えることさえもぜったいに許してくれませんでした。でもある時を境に、少しだけ語ることが許されました。けれども今でさえ、彼の名前を教えたり、彼に関するすべてを明かしたりすることは許されていません。

わたしの著書『エンジェル・イン・マイ・ヘア』が出版された時も、守護天使だけではなく、ほかのすべての天使たちからも、わたしの守護天使に関するいかなる質問にも決して答えてはならないことを忘れないようにと常に念を押され、忠告されました。

たとえば、わたしがラジオやテレビの番組でインタビューを受けたり、ステージで自分の守護天使について質問されたりするような時は、実際に怖いとさえ感じるほどです。そういう場面ではいつも天使たちに、「なんて話せばいい？」と訊ねることにします。すると守護天使は、耳元で囁きます。「真実を語りなさい」と。

「わたしの守護天使について語ることはできません。許されていないからです」深くひと呼吸してからわたしはそうお答えすることにしています。インタビュアーがうまくわたしから答えを引き出そうとすることもあります。

「お話しできません！」

そうお答えしつつ、内心ではとても恥ずかしい気持ちになるのです。

第2章 わたしの守護天使

わたしの守護天使は片時も離れずわたしのそばにいて、天使にまつわるいろいろなことを教えてくれました。その中には「天使たちはお互いに触れ合うことができるの？」という素朴な質問も含まれていたのです。

たしか、わたしが十二歳くらいの頃だったでしょうか。ある暑い夏のことでした。わたしは父と、彼の親友のアーサーと一緒に釣りに出かけることになりました。父とアーサーは兄弟ほど仲がよく、国中の釣り大会に毎回一緒に参加していたようです。

わたしは父と一緒に釣りに行くのが大好きでした。ある週末にわたしは父に、石がたくさん転がっている川辺でのキャンプファイアをおねだりしました。父とアーサーはしばらくの間、わたしたちが着いた川から少し上流にある水深の深い場所で釣りをしていました。そのあと、皆で一緒に昼食にしました。

「じゃあね、またあとでね」

わたしは彼らにそう言ってから、さまざまな大きさの石がたくさんある入り江になっている土手まで、胸を弾ませながら歩いて向かいました。座れるほど大きな石もそこらじゅうにあったのですが、その川の水かさが増すとあたり一帯が水に浸かってしまうということも、わたしはよく承知しておりました。あの時はともかく、大勢の天使たちがわたしと共にいてくれたのです。

「さあて、どこからはじめるとしましょう？」

天使たちにわたしがそう語りかけると、

「ここだよ、ローナ。キャンプファイアをするにはとっておきの場所だ」

ひとりの天使がわたしを呼ぶと、そう語りかけてくれました。わたしがまだほんの四歳くらいの時に、父は火のおこし方を教えてくれたのです。その際に石集めを手伝ったのですが、わたしが集めた石はすべて小さすぎたのです。にもかかわらず父は、わたしが集めてきた石をキャンプファイアの石のサークルの外側に並べては、「よくやったね」と褒《ほ》めてくれたものです。

あの時以来、父に手渡す石は、わたしはなるべく大きなのを選ぶようになりました。

「ローナ、いくらなんでも大きすぎるよ」

そう天使たちが教えてくれる時もありました。わたしは天使たちのアドバイスを聞き入れ、代わりに小さめの石を拾い集めたものです。

わたしはその日も自分のバッグを地面に置き、キャンプファイアに並べる石を集めはじめました。そのあと棒きれや、川の水かさが増した時に打ち上げられた流木も拾い集めました。ようやく準備が整ったので、わたしたち全員のサンドイッチが入った袋を広げ、ビリーカンを川まで運んでから水を汲《く》むことにしました。ちょうどその時でした。ひとりの天使がわたしにこう忠告してきたのです。

「ローナ、靴を履いたまま川に入っちゃだめだよ」

「そんなこと分かっているわ！　靴は脱ぐわよ」

わたしは振り向いて天使にそう返したあと、膝まで浸かる水深のところまで入っていきました。天使たちは、ずっとついてくれています。ビリーカンを水でいっぱいにすると、川から上がって元の場所に戻りました。でも靴と靴下はまだ脱いだままです。キャンプファイアを囲んだ石は温かくすべすべで丸かったので、素足でその上を歩くのは最高の気分でした。

わたしは川が一望できる岩の上に座って、夕日を眺めたり、鳥の鳴き声に耳を澄ませたり、天使たちを見渡しながら楽しんでいたのです。その日、そばにいたひとりの天使が、川岸で目に見えない釣り竿で魚釣りの真似ごとをして、ずいぶんわたしを笑わせてくれました。その天使が川岸まで釣った魚を運んでくるふりをすると、また別の天使が見えない網でその魚を受けようとする仕草をしたのです。すると魚を釣ったふりをしていた天使は、うしろ向けに転んで釣り竿を落としそうになりました。とうとう目に見えない魚を、彼らは逃がした様子です。その仕草があまりにもおかしかったので、わたしはお腹を抱えて笑いころげました。

天使たちが繰り広げる魚釣りのふざけごっこを見ているうちに、美しくキラキラ光る金色の手が急にわたしの左手を覆いました。ふいに現れたわたしの守護天使が、横に座っておりました。

「ローナ、今日は楽しかったかい？」

そう訊ねてくれました。

「うん、とても。お父さんとアーサーは今頃、魚が釣れているかな？」

「きっと釣れたに違いないよ、ローナ」

「ぜんぜん釣れない時もあって、そんな時はがっかりしちゃう」

「ではお父さんも、魚が釣れないとがっかりするのかい？」

その言葉にかすかに驚きの表情を見せたわたしは、じっと守護天使の顔を見つめていました。

「いいえ、そんなことないわ。お父さんは、魚が釣れなくてもぜんぜん平気なの。だって釣りが大好きなんだから。ただ田舎に来るだけでも幸せなのよ。さあて、もうそろそろお父さんたちが帰ってくる頃だわ」

「まだしばらくは帰ってこないよ、ローナ。彼らは昼食も時間が経つのも忘れているようだから」

「わたし、ちょっとお腹が空いてきたんだけれど……でも、もう少しお喋りを続けてもいいかしら？」

「もちろんだよ、ローナ」

守護天使はにっこりと微笑みながら答えてくれました。

「あのね、ずっと知りたかったことがあるの。あなたはわたしの質問に答えてくれないかもしれないけれど、一応訊《き》いてみることにするわね。わたしには小さい頃から、ずっと気になっていることがひとつあって……今だってまだ小さいけれどね、今は十二歳で、もうすぐ十三歳になるのよ。それで、ひとりの天使が守護天使に触れたり、逆に守護天使が別の天使に触れたりするのを、今まで見たことがないんだけれど……」

「ローナ、うしろの川を眺めてごらん」

わたしが言われた通りにすると、先ほど笑わせてくれたふたりの天使たちが、互いにとても優しく軽やかに手を差し伸べ合っているのが目に留まりました。指先で互いの手に軽く触れていたのです。その光景を眺めていた時、突然その天使たちが翼を広げてみせてくれました。わたしはなんて恵まれているのだろう、とそう感じたのです。もちろん、いつものことではあるのですが。するとふたりの天使たちは、少しの間だけ翼を広げたままでいてくれました。それから一人の天使が、もうひとりの天使をすうっと通過するようにして、翼の先端にちょっとだけ触れ合いました。なんという驚きでしょう。その様子は、スローモーションでも見ているかのようでした。けれどもその光景を、ほかの言葉で表現する術《すべ》をわたしは知らないでいるのです。

「いいかい、ローナ。神様が許した時だけにかぎり、天使たちは互いに触れ合うことができるのだよ」

守護天使はそう説明をしてくれました。

「じゃあ、守護天使たち同士はどうなの？」

守護天使は微笑みながら、父とアーサーがもうすぐ戻ってくると告げました。わたしは父がどの辺りから現れるのかよく分かっていたので、腰をかけていた岩からとび降りたわたしは、その方角に向かって歩きはじめました。すぐに彼らの姿が見えたので、手を振りながら走り寄りました。ふたりのところまでたどり着くと真っ先にわたしは、「魚は釣れた？」と、訊ねました。すると父は満面の笑みで、釣りバッグから大きなマスを取り出して見せてくれたのです。

「やったあ！　お父さん、すごいね！」

アーサーは、わたしがうまくキャンプファイアの火をおこしたと、褒めてくれました。火をつけるのにほんの一分もかからなく、ビリーカンの水もすぐに沸騰《ふっとう》しました。それで紅茶を淹《い》れました。わたしは、あの岩に腰をかけて温かい紅茶をすすりながら、父やアーサーと一緒にサンドイッチを食べるのが大好きなのです。そして何よりも、天使たちに囲まれているということが。わたしたちは一日中釣りを楽しみ、家路につく頃には、あたりはすっかり暗くなっていました。車の後方座席に座りながら、わたしは守護天使と言葉を口に出すことなく、心の中で会話をはずませていました。わたしは、守護天使同士が互いに触れ合う様子を見たことがなかったので、それがなぜなのか教えてほしかったのです。

「お父さんが家まで運転している間は、目を閉じて眠りなさい」

守護天使は、わたしの耳元で囁きました。

今わたしは、古い納屋の一室でパソコンの前に座り、あの時のことを思い出しながら書いていたところです。天使のホーサスも一緒にいてくれています。ほかの天使たちも部屋にはおり、寒い朝にもかかわらず、太陽は窓越しに輝いています。

「何を考え込んでいるんだ、ローナ。どうして、急に書くのを止めたんだい？」

天使ホーサスがそう訊ねました。

「ホーサス、実はね。今、天使たちが互いに触れ合うことについて考えていたの。滅多に見ない光景でしょ。天使たちがなぜ人間たちのように互いに触れることがないのか？　少し説明してもらいたいと、ミカエルに頼んだことがあったことを思い出していたの。あのね、ホーサス。ちょっとこれから休憩をとるから、下に降りてお茶を淹れてくるわね」

そう告げてからわたしはパソコンの前を立ち上がり、お茶を淹れるために一階まで降りていきました。それから、少しお茶をすすりながら二階の部屋に戻ろうとした時のことです。自分の名前を呼ぶ声がしました。見上げると、階段のいちばん上段に大天使ミカエルが立っているではないですか。

「おはよう、ローナ！」

彼は挨拶してくれました

「おはよう、ミカエル！　ようこそ、嬉しいわ。実はね、話したいことがあるの……」

そう伝えながら階段を上っていくと、「よく聞こえた。だからわたしはここにいるのだ」とミカエルは答えました。

仕事をしていた部屋に戻ったわたしは、座るとしばらくの間またお茶をすすっていました。先ほど部屋にいた天使たちはもういなくなっていました。ホーサスだけが残っておりました。

「わたしが子どもだった何年も前のことだけれど、あなたは本を手にして、守護天使について読みながら教えてくれたことがあったでしょ。わたしの守護天使はお互いに触れ合う天使については、ぜんぜん話してくれなかったわ。天使たちに関しては、どこまで公表してもいいとわたしは許されているの？」

ミカエルは満面の笑みを浮かべて、わたしに手を差し伸べてくれました。その手に向かって思わず拍手喝采していたわたしです。丁寧な受け答えとしてそうするべきだと、かつて祖父母から教わっていたからです。そして握手をしたその瞬間、わたしは壮大な愛と幸福感で満たされていました。ミカエルの手がわたしを抱擁《ほうよう》してくれていたのです。自分の手が彼の大きな手の中に埋もれるほどの感覚が起きました。

「天使はね、握手をしないんだよ、ローナ」

「ええ、分かっているわ。でもなぜ？」

「神によって創造された生きものである我々は、互いに触れることを欲することもなければ、その必要もないからだ。我々は人間とは違う。仮に、ある天使がほかの天使に触れるようなことがあるとしたなら、それは神が許した時だけだ……特別な場合だけなんだ」

「よく分かったわ、ミカエル。とても稀《まれ》なことで、特別な場合にかぎり、ということね。それに関して、ちょうど先ほどわたしは考えていたの。ずっと前にひとりの天使が、別の天使に実際に触れているところを見かけたことがあるのを覚えているわ。その時のことを話してもいい？」

ミカエルにそう訊ねると、彼はこう答えました。

「いいとも、ローナ。その時のことをはっきりと思い出せるようにさせてあげよう」

あれはちょうど、ラスマインズにある〈グローヴナー〉というガソリンスタンドの責任者をしていた父の元で、わたしが働いていた時のことでした。その日わたしは、父から二時に仕事を終えてもよいという了解を得たので、ダブリンの中心街までバスに乗っていくことに決めました。バスに座りながら、周りの人々がお喋りをしているのにずっと、聴き入っていました。いつだってこれは好きなことのひとつです。もちろん、天使たちが彼らの周囲を取り巻いているからなのですが。わたしには、人々が見えるのと同じように天使たちも実際の存在として見えています。わたしにはそれが、いたって自然なことなのです。

オコーネル橋の向こう側でバスを降りてから、オコーネル通りをわたしは歩きはじめました。新しい服を買うために貯めておいた数ポンドを持って、メアリー通りから少し行ったところにあるペニーズ百貨店に向かうつもりでした。新しい上着とスカートを購入できたら嬉しいなと思っていたのです。けれどもその日は、いつものヘンリー通りを通るのをやめて、買い物客の間をくぐり抜けながら目的地へと向かうことにしました。市場があるムーア通りに入ると、果物や野菜を売っている露店がたくさん並んでいるからです。

「りんごに、オレンジにバナナー、さあ安いよ、安いよ!」

いつものように大声で叫ぶ女たちの元気な声が聞こえてきます。

わたしは、このムーア通りを見物するのが大好きでした。なぜなら時々天使たちが、果物や野菜から放射しているエネルギーをそこら中に飛び跳ねさせるからです。光の球になっている光景を見せてくれるのです。その日は、ちょうど角の露店で果物を買おうとしている若い女性が目に入りました。わたしは立ち止まって、彼女をじっと見つめていました。なぜなら、彼女の守護天使がその手をちょうど伸ばそうとしていたからです。天使の指先が、近くに立っているもうひとりの天使の手に触れようとしているかのように見えました。

「ミカエル、あれってほんとうにそうだったの?」

「その若い女性の守護天使の指先が、別の天使に軽く触れそうになっていただけだ。あるいは、まったく触れていなかったか。その通りだ、ローナ。まったく触れていなかったと、おまえはそう言いそうになっただろ。その通りで、実際には触れてはいない。ほとんど触れたように見えても、実際には触れていないのだ。天使は互いに触れる必要もなく、お互いに抱き合う必要もまったくないからだ」

「それじゃあ、ミカエル。大天使たちが互いに触れ合うことって、それはあるの?」

「神がそうさせる必要がある時だけにかぎりだ。わたしは、べつに他の大天使や天使たちに触れる必要はないが、神は我々が人間の男女や子どもたちに触れることは許しておられる。完全に触れているのではない……それは分かるだろ、ローナ」

「ええ。子どもの頃に守護天使はいつもわたしの上に手を置いてくれていたわ。守護天使のキラキラ光っている手がわたしに触れていたの。でもそれはたしかに直接的に手で触れていなかった」

「そうだよ、それが正解だ、ローナ」

「あなたと握手した時だって、あなたの手の中にわたしの手が埋もれたかのようだった。実際のところ、手と手は触れていないのよね。あなたの手から放出している光だけが、わたしの手を覆っていたということでしょ。けれども、そのぬくもりも、そしてさらには愛の触感。実際にわたしの手に触れなくても、あなたの手と指の形をわたしに感じさせてくれることができるのね」

ミカエルはわたしに訊ねました。

「守護天使の指先がその横に立っていたほかの天使に届こうとしていた。ムーア通りにいたその若い女性について、おまえは何かほかにも思い出せるのかい？」

「うーんと、どう説明すればよいのかしら？　あの女性の守護天使の指先がもうひとりの天使の指先に届こうとした時、天使の指先から光のスパークが散ったわ。その若い女性の守護天使の――たしか左手だったと思う。手だけが、今まで見たどの守護天使よりも光り輝いていたの。ほんの一瞬の出来事だったにしてもね。するとその若い女性の守護天使が、向こう側に立っていたわたしを見下ろしたの。キラキラ輝いている紫と緑色と金色で飾られた衣を纏っていたわ。その守護天使によって、もうひとりの天使に喜びが注ぎ込まれたわ」

「ほかにどんなことを覚えている？」

ミカエルがわたしにそう訊ねたので、わたしはしばらく考えた末、こう言いました。

「そうそう。なぜもうひとりの天使に触れたのか、その守護天使に訊ねたことを思い出したわ。でもまったく答えてくれなかったの」

その若い女性は果物の代金を支払うと、くるりと回って露店から離れていきました。その時ちょうど、もうひとりの天使も姿を消したことにわたしは気づいたのです。

「あなたたち天使は、人間の男女や子どもたちが愛情表現や仲間意識の確認のために日々求めるハグをまったく必要としないのね。ねえ、ミカエル。わたしは、天使たちのことが時々分からなくなるの。あなたたち天使は皆、すべての人間にとてつもない愛を注いでくれるのに。守護天使はわたしたちを無条件に愛してくれているのよね。天使たちが人間を愛するように、わたしたち人間同士も互いに愛することができるように、ねえ、そうでしょ、ミカエル。わたしは、天使たちのことが時々分からなくなるの」

大天使ミカエルが、そろそろ行かなければならないと告げたので、わたしはホーサスのほうを振り向きました。

「あなたももう、行ってしまうの？」

「そんなことないよ、ローナ。ここに残るよ」

ホーサスがそう言うや否や、ほかの天使たちも部屋に入ってきました。

「ちょっと昼の休憩時間をとってもいいかしら？」

つい笑いながらそう訊ねると、ほぼ同時に、微笑みながら彼は言ってくれました。

「三時には散歩に出かけてもいいよ」

「ありがとう！」

わたしも微笑んで返しました。

第3章 辛い過去の記憶

時々、大天使ミカエルやそのほかの天使たちは、わたしを過去の場面に連れていきます。恐ろしい光景を目の当たりにするのは身がすくむ思いです。わたしの国アイルランドにもたくさんの悲しい歴史があります。でも天使たちがそうした過去を見せるのは「愚かな歴史を繰り返さないで」とわたしたちに伝えるためなのです。


当時わたしたちは、バリムンに住んでいました。わたしはいつも買い物の手伝いをして、ダブリンの中心街に母に連れられて出かけました。わたしの担当は、大きな袋に車輪と手摑み用のグリップがついているショッピングカートを引きながら歩くことです。当時のアイルランドでは、誰もがショッピングカートをうしろに引きずって買い物をするのが、ごく普通の光景でした。とても便利だからです。後方のカートを引きずるだけで済むのですから。ある土曜日の朝のことでした。いつものように母とわたしはバスに乗り、買い物に出かけました。わたしたちは、ヘンリー通りとメアリー通りで買い物をしてから、女たちがかけ声をあげる露店が並んでいるムーア通りに向かいました。そこで果物と野菜を買い、カートいっぱいに詰め込むのが、お決まりのコースでした。活気に満ちた喧噪の中であちこち見物しながら歩くのが、わたしは大好きでした。

たまにですが、オコーネル通りのGPOに母と立ち寄ることもありました。GPOは、巨大な郵便局です。そこは一九一六年のあの――アイルランドの自由のために人々が戦った――「イースター蜂起」

の主要建物のひとつです。今日《こんにち》でもダブリン有数の歴史的建造物としてランドマークになっています。その郵便局の中に入ると、きまって人々であふれかえっていました。ですからわたしは、いつも緊張感と同時に胸を躍らせるのでした。どの窓口も常に長蛇の列ができていました。

その郵便局で天使たちが、過去のある時に、そこで起きた出来事をわたしに見せてくれたことがありました。

母がそこに行く理由はたいていの場合、公衆電話を使いたかったからです。GPOの入り口にある大きくて重い扉の中に入ると、電話室は左側にありました。ドアのないたくさんのブースの一つひとつに電話機が設置されていました。

あの日わたしは、わずか十歳か十一歳足らずだったと記憶しています。窓口にたどり着くために、母はとても長い列に並んで順番を待っていました。わたしも母のそばに並びながら、人々を数えていたのを思い出します。大勢の人々の間には、天使たちも混じっていました。わたしは彼らに微笑んでから、こう話しかけました。

「ねぇ、ちょっと。数えているんだから、そこを退《ど》いてくれない？」

言葉に出さずに心の中で彼らにそう伝えたのですが、まったく動こうとしませんでした。

すると母がわたしのほうを向いてこう言いました。

「ローナ、ママはもう少しこの列に並んでいないといけないみたい。あのうしろあたりの窓口のところで待っていてくれない？」

「いいわ」と返事をしてから、わたしは指示されたほうに向かって歩いていきました。

その場所に立ち、周りの人々や群衆に紛れている天使たちをわたしが見ているうちに、天使ホーサスがわたしのほうに向かって歩いてきました。

「やあ、ローナ、こんにちは」

わたしは彼に微笑みかけました。

「ローナ、いいかい。これからきみは、この場所で過去にどんなことが起きたか、それを見ることになるだろうよ。だから、よく注意を払ってほしいんだ」

「そんな過去のことなんて、わたし見たくないわ。

とくにこの建物の中や外で起きたことはね」

ため息まじりに、わたしはそう返事をしました。

それまでにもすでに天使たちが、過去のＧＰＯの外で起きたことをわたしに見せたことがあったからです。わたしは、銃で負傷した人々を見るのを怯《おび》えていました。人々の叫び声や大きな銃声が鳴り響くのは、想像がつかないほど恐ろしいものでした。

「ぼくがそばにいるから大丈夫だよ、ローナ」

ホーサスがそう言うので、わたしはまたしてもため息をつきながら、「……うん。それならいいけど」と、しぶしぶ承諾したのでした。

とたんに、そのフロア全体がすっかり変わってしまいました。過去と現在が、まるでオーバーラップしたかのように、わたしの目に映りました。まるで映画でも観ているかのようでした。ふたつの映画が同時進行しているかのように、過去と現在が重なりあって見えたのです。とはいえ、現在のほうが過去の映像よりもやや優先的に見えました。すると次の瞬間には、完全に過去のＧＰＯ内で立っている自分がいたのです。あたりに響き渡る大きな騒音が聞こえ、ほこりだらけの光景が視界に入ってきました。それに加えて、人間の叫び声も。ちょうどその時でした。わたしの真横にホーサスが立っているのが分かりました。

「ローナ、よく注意を払って観察してごらん」

わたしが見上げると、ホーサスがそう言ったのです。

言われた通りにすると、ひとりの若い女性が負傷している様子の若い男性を抱えているのが見えました。その女性は男性を抱えながら、フロアを横切ろうと苦戦している様子でした。助けを求める彼女の声に応じて、窓口の背後から誰かが駆け寄ってきました。負傷した若い男性を助ける手段について話し合っているように聞こえはしたのですが、詳しい内容までは聞き取れませんでした。その男性が苦しんでいることははっきりしていたのでわたしはとても悲しくなり、心が沈みました。

騒音とほこりが彼らを取り巻いています。わたしはホーサスに訊ねました。

「ホーサス、一体、どうなっているの？　あの若者は怪我を負っているのよ」

するとまたたく間に現在の映像が前方に現れて、

過去の映像は薄れながら消えていきました。そして、あの若い女性も男性も群衆の中に消え去り、すべてが元通りに戻ったのです。わたしは母に目をやると、まだ列に並んでいる様子でした。でも窓口に近いところまで母は来ていました。それにしてもわたしの心は、とても悲しくて張り裂けそうになっていたのです。

ホーサスがわたしの前に立っていて、こう言いました。

「ローナ、あれが戦争だ」

「わたしには理解できない！」

「分かっているよ。ただ祈りなさい。ほら、お母さんの番はもうすぐだよ」

見てみると、母の前に並んでいる人はたったひとりになりました。そのあと数分経つと、わたしたちはその場を去っていました。天使のホーサスもわたしたちと一緒に、ＧＰＯの建物から出ていきました。

ホーサスがそばにいることを母はまったく気づいていないようだったので、わたしはひとりにっこりしました。母は天使について、まったくと言っていいほど分かっていません。彼女を見るのと同じように、わたしには人間と同じように天使が見えるということだって気づいてはいないのです。ヘンリー通りを歩いてから母が買い物を済ませたあと、わたしたちはバスに乗って家路につきました。

天使たちが過去のことをわたしに見せようとするのは、何度も何度も戦争を繰り返すような行為を人間はやめるべきだと、わたしが世界中の人々に伝えることができるようになるためです。わたしたちが今までどおり戦争を続けているならば、未来の子どもたちに何も残してあげられなくなるばかりか、彼らに苦悩と憎しみだけを残すことになります。わたしたち人間は、平和に向かって努力しなければなりません。北アイルランドがいかに世界平和の礎《いしずえ》のひとつとなるかについて、天使ホーサスが説明していたことを、わたしは『エンジェル・イン・マイ・ヘア』の本の中でも書きました。北アイルランドには、反対側に住む人々の意識が変わらないかぎり、けっして平和が訪れることはありませんでした。互いに殺し合うことをやめて、子どもたちが自由と平和の中で生活できるようにするべきだと、皆が気がついたからです。

ジョーの家族は、アイルランドで一九一六年に起きたイースター蜂起に関わっていました。彼の叔母のドリーは、しばらくの間GPOで働いていたことがあります。ジョーとわたしが一緒に食卓についていた時、ドリーがかつての反乱軍に食料や銃をどうやって運んだのか、聞かせてくれたことを覚えています。銃撃戦中、GPOに忍び込んだ時捕まらないよう、彼女は祈り続けたそうです。

ドリーがその話をしている時に、わたしの守護天使が囁きかけてきました。

「ローナ。わたしたちがあの場所で、過去に遡《さかのぼ》ってあの時代を見せた時に彼女がいたのを覚えているかい？」

そう聞き終えた瞬間、わたしはたしかにドリーを見かけたことがあるのを思い出すことができました。彼女は当時まだ若い女の子にすぎませんでしたが、弾薬を詰めた銃を若い男たちに手渡していました。あの時代を体験するために、天使たちがわたしを霊的な方法で過去に戻してくれた時、たしかわたしは十四歳くらいだったように思います。

とりわけ戦争のような、過去とはいえ、とてつもない苦悩の時代に戻されることは恐ろしい体験です。その時代の男も女も、両サイドのすべての人々の感情、そして精神の苦痛を、わたしはいつも感じ取ってしまわずにはおられないのです。わたしは、胸が張り裂ける思いを都度するのです。

ほかの著書にも書きましたが、家族の者たちはわたしを、いわゆる〈知的障害児〉と見なしていました。それにしても、わたしは家族の誰もが見ることのできないような多くのものを見ることができたのです。ここに書いているような内容を、わたしが理解したり語ったりできるはずがないと、おそらく家族の誰もがそう思っていたに違いありません。そう思われていたにせよ、わたしはもちろん理解していました。現にこうして今天使たちについて語ることもできるのです。世界一素晴らしい先生たちがいつもそばについていてくれているからです。もちろん天使たちです。


父とわたしは、以前にもお伝えしたことがある

〈グローヴナー〉というガソリンスタンドで一緒に働いていました。毎朝わたしは父と一緒に仕事へ出かけるのでした。でもその朝にかぎって父は、まっすぐ仕事場に向かうのではなくて回り道をすることになりました。するとまもなくして、わたしを呼ぶ声がしました。振り向くと、後部座席に天使ホーサスがいました。

「ローナ。お父さんと一緒にいる時は、目に入るものぜんぶをよく覚えておくように注意を払うんだよ」と、ホーサスは言いました。

わたしは言葉を出さずに、「分かったわ！」と返事をしました。

するとと父が、わたしに訊ねました。

「うしろの席から、何か取りたいものがあるのかい？」

「いいえ、ただ見ていただけよ」

その数分後、父は店が並んでいるそばに駐車できるスペースを見つけました。その場所がどこか、ここでは語らないほうがよいのかもしれません。なぜなら、わたしが父と一緒に見たものが、ひょっとするとまだそのまま残っているかもしれないからです。

わたしたちは車を出てから道を渡り、ジョージ王朝風の家々が立ち並ぶ場所を歩きました。目的地に近づくにつれて、ある家の前に駐車してあった二台の車の横に、ホーサスが立っているのが目に入りました。

「ローナ、あの車の中に警察官たちが武装して座っている」

ホーサスが先にそのことを教えてくれました。

わたしは大きく深呼吸しました。

「緊張しないで！」

ホーサスはそう言いながら、わたしの横について歩いてくれました。父は車の中の警察官に気づいていない様子でした。その家の門の前で少し立ち止まってから、父はこう言いました。

「たしか、この家だったと思う」と。

わたしたちは門の中に入ってから、家の玄関に続く階段を上りました。外から見るとなんの変哲もないジョージ王朝風の家に見えたのですが、なんと武装した警備員が扉を開けてくれたのです。そして父が自分の名前を名乗ると、警備員が中に通してくれました。玄関に入ると、また武装した警備員がふたり廊下に立っていました。そして、その廊下に続く扉はというと、玄関にあった扉とはまったくちがい、ふだん見慣れている扉ではありませんでした。鉄製のもうひとつの扉が取りつけられていたのです。わたしたちは廊下を歩いていき、まっすぐオフィスに入っていきました。実際にそこが、わたしの祖父のオフィスだったのです。机の前の椅子に腰をかけている祖父を見るまでは、わたしはまったく知りませんでした。たしかに普通のオフィスではありません。祖父クラザーズのオフィスには、大きな机と椅子があり、その上奇妙なことに、たくさんの銃でオフィスの壁が埋め尽くされていたのです。

父が訪ねてきたのを祖父は両腕を広げて迎え入れました。わたしにも笑顔で挨拶してくれました。それでわたしも祖父に笑顔を返しました。

「ジム、中を案内しよう!」

祖父が父にそう言うと、わたしも彼らのあとをついて回りました。

かつての英国占領下にあったアイルランドとIRA(アイルランド共和軍)についての会話を父と祖父がしているうちに、ホーサスがあることを説明してくれました。

あの時祖父は彼自身の守護天使の声に従って、自分の仕事場を父に明かしたという秘密をわたしは父から聞かされたことについてです。

わたしは言葉を口にしないで、天使ホーサスに話しかけました。

「ただお父さんだけのためにこんなことさせたんじゃないでしょ。わたしにとっても、これはとても何か深い関係があるのでしょ?」

「もちろんだよ、ローナ。とくにきみのためにだ。だからよく注意を払いなさい」

わたしたちは、祖父のオフィスを出ました。それからずっとふたりの警備員に付き添われました。ダブリンの街角では警察が銃を持つことなどなかったので、武装している警備員を見るのにわたしは慣れていませんでした。とても怖かったです。

ひとつの部屋から別の部屋に案内されながら、すべての扉が鉄で補強されていると分かりました。それぞれの部屋には、膨大な数のさまざまな種類の銃が置かれていたのです。

どの部屋も暗かったです。銃でいっぱいのキャビネットがあり、壁にもたくさんの銃がかかっていました。人生を通して、あの時ほどたくさんの銃をわたしは見たことがありません。父や祖父と一緒に屋敷の中を回っている間に、大量すぎるほどの武器を見て、わたしは圧倒させられてしまいました。銃は人や動物を殺す道具なので、とても恐ろしいものです。とうとうわたしは耐えきれなくなり、しばらくの間目をそらしていました。するとホーサスが、部屋の片隅に立っているのが見えたのです。満面の笑みでわたしを落ち着かせようとしています。父や祖父には、自分が緊張していることを気づかれたくはなかったのでした。

わたしたちは再び祖父のオフィスに戻りました。祖父はまるで、わたしがそこに居合わせていないかのような口調で父に話しかけました。その間、片時も離れずに警備員がわたしたちを見守っていました。彼らのうちのある者は、警官の制服を着けていて、普段着の者もいました。祖父は父に説明しました。祖父は、IRAのために銃を密輸入していたのです。でもアイルランド共和国が自由を勝ち取り、独自の政府を設立して以来、国のための武器輸入商になったということでした。つまり、祖父はアイルランド軍と警察に関係しているという意味だと、その時わたしは理解しました。祖父が亡くなった時のことを、わたしはよく覚えています。アイルランドの国旗と共に彼が埋葬されて、大勢のアイルランド陸軍の将校たちが参列したということを。さらには、六人の兵士が銃を空に向かって放ち、祖父の棺に向かって敬礼したということも。

第4章 神様が入ってこられるためのスペースを！

天使はわたしたちにいろいろな形でサインを送ってくれます。特に「羽根」を見つけたらご注目！　羽根は天使たちが送る希望のサインなのです。彼らのサインはとても微細なので見つけるためには心に余裕を持ちたいものです。

わたし自身の守護天使に関することで、まだ皆さんに一度もお伝えしていないことがひとつあります。それにしても、『あなたの守護天使はいっときたりともあなたから離れることがない』ということについては、以前お伝えした通りです。

わたしが神様と一緒にいる時、神様はいつもわたしの髪をくしゃりとかき乱します。これについては、何度かお伝えしたことがあります。クレア州のマウントシャノンの野原を横切り、古いシャレーがあるシャノン川のほとりでわたしが神様と一緒に座っていた時のことを、著書『エンジェル・イン・マイ・ヘア』の中でわたしは語っています。あのような時でさえ、守護天使はわたしをひとりにすることはなく、まるでわたしと神様だけがそこにいるかのように、そっとわたしの片側に立ち、わたしを見守ってくれていました。わたしの片側に守護天使が立っている時、その存在感とそしてその源からのエネルギー、そういったことをわたしは肉体的な感覚として実際に感じ取ることができます。この感覚を説明するのは簡単ではありません。あたかもわたしの一部が、横に立っているかのような感覚なのです。あなたの守護天使も、とても繊細な光の糸であなたとつながっています。おそらくわたしはさまざまな機会を通じて、その糸を感じ取ることができるのかもしれません。神様がわたしのそばにおられる時にかぎってそれが起きるのです。

神様がそこにおられる時に、わたしは右を向くことがよくあります。そして、わたしの守護天使がわずか数メートルしか離れていないところにいても、ずっと遠く離れたところにいるようにわたしには感じられるのです。神様がわたしを訪ねてこられる時は、わたしの守護天使は片側に退かなければならないことをちゃんと分かっています。とても穏やかに従ってくれる守護天使に、わたしはいつも感謝しているのです。とてもパワフルな存在である守護天使がそのように振る舞うのは、実に信じがたいほどです。うまくは説明できないのですが、守護天使がその力強いパワーをわたしたちに注ぎ込むのをやめる時にも、なんともいえないような感覚をわたしは覚えるのです。ほっと楽になった気持ちがします。

ある時、わたしは守護天使を見ようと振り返ると、そこに彼は立っていました。

「心配しなくてもよい、ローナ。おまえの守護天使は、けっしておまえから離れることはないのだ」と、神様がそう言い聞かせてくれたこともありました。

ある日のこと、天使ホーサスが言いました。

「何か訊きたいことがあるのかい、ローナ？」

きっと彼は、わたしの心を見抜いたのでしょう。

「守護天使がわたしたちの元を去る時、どんな経験が待っているの？」

「いいかい、ローナ。死んでしまった時にだけ、人間はそれを経験するんだよ。人々の霊魂が守護天使と一緒に天国に行った時さ。守護天使がきみたちの霊魂から離れることができるのは、天国に行ったあとの特定の時期だけなんだ。なぜなら、天国に行ったあとのきみたちの霊魂は、常時守護天使を必要としなくなるからさ。守護天使は、きみたちがあとに残してきた者たち——愛する人々や子どもたち、彼らの子孫たち——のために常に祈り続けるんだ。それから、きみの守護天使は、ほかの誰かの守護天使にはなりえないんだ。神様が任命した魂だけの、専属の守護天使でなければいけないんだ。そして、守護天使はその魂と天国で永遠に一緒にいるんだが……ずっといつもそばにいなければならないというわけではないんだよ」

わたしは学校から帰る途中、よく寄り道をしたものです。当時、わたしはバリムンで暮らしていて、学校から家まである程度の距離を歩かねばなりませんでした。スクールバスもありましたが、わたしは歩くほうがだんぜん好きでした。あの日もわたしはふらっと野原に入っていき、咲いている花を摘んでいました。草むらに座り込んで摘んだ花々——白いデイジーや黄色のカウスリップや紫色の野に咲く花々——を摘んでから地面に広げました。やがてわたしは、守護天使に語りはじめたのでした。

実際に摘んだ花々を彼に差し出してこう言いました。

「あのね、羽根を一枚くださいって、あなたにお願いしたでしょ。もう三日も経ったけれど、どこにも見つからなーい。この野原にもぜんぜん見つからないのよね」

一分ほど待ってから、わたしはまた続けました。

「ねえってば、なぜ話しかけてくれないの？」

返事をしてもらえないということに、なぜかとても気が滅入りました。羽根をもらいたいなんて、守護天使に頼んだこと自体よくなかったかもしれないと後悔しはじめたのです。

「この花束と一緒に羽根を添えられれば、最高なんだけれど……白と黒の二色の羽根があればバッチリ合うんだけどなあ。でもこの願いを聞き入れてくれないわよね」

わたしは草むらに座ったままで、守護天使に再び語りかけました。

そのあとわたしは、広げてあった野花を拾い集めてから立ち上がり、野原を横切って遠くに見えている場所へと歩いて向かいました。でも、わたしの周りには誰ひとりとして天使はいませんでした。それにしても、守護天使だけは一緒だということは分かっていました。しかし、お願いした羽根がもらえなかったので、あまり嬉しい気分にはなれませんでした。野原を横切っている時に見慣れない花を摘もうとし、それで持っていた花をわたしは数本落としてしまいました。それらを拾おうと前屈みになった時でした。ふと守護天使の手が、わたしの手の上に重なりました。

「こんなところにいたのね！」

「もちろんさ、ここにいるよ、ローナ。きみはほんとうに羽根がほしいのかい？」

「ええ、ほしいわ」

「わたしの羽根をあげられないことは、分かっているだろう」

「もちろん、分かっているわよ」

わずかに微笑みながらわたしはそう答えたのです。

「でもね、鳥にきみのために羽根を残しておくようにと、伝えておいたよ。あの大きな木のところへ歩いて行ってごらん」

わたしは「分かったわ」と返事をすると、その木のほうへ向かって歩いていきました。すると草むらに一枚の羽根を見つけることができました。驚いたことに、ちょうど白と黒の二色の羽根だったのです！　わたしは思わず大喜びしたあまり、その場で飛び跳ねてしまいました。そのあと、守護天使にこう訊ねました。

「一体、どうやって⁉　白黒二色の羽根なんて、そう簡単には見つかりはしないはずよ」

「そうだよ、ローナ。きみが白と黒の羽根がほしいと、今日もまた言うに決まっているからね。ちょうど昨日、白と黒が混ざっている羽根のコクマルガラスを見かけた時に、羽根を一枚落としたんだ。きっときみのために残してくれたのさ」

「なんてステキなのでしょう。どうもありがとう！」

守護天使にはそう伝えたものの、その鳥が季節前に羽根を失ったとしたら、きっと寒いだろうなと、わたしは少し気になりました。

「心配しなくていいよ、ローナ。また新しい羽根が生えてきているよ。だから鳥が寒がっているなんて心配する必要はないさ」

「教えてくれてありがとう！」

わたしは守護天使にお礼を言ってから、羽根を高く掲げて太陽の光を当てながらうっとりと眺めました。それから、ふーっとその羽根に息を吹きかけました。それが羽根を浄化する方法だと、天使たちが以前教えてくれたことがあったからです。わたしはその羽根を、摘んでおいた花束の間に飾り、スキップしながら家に着きました。それからその花束を、母にプレゼントしました。すると母は、それをキッチンの窓辺に飾ってくれました。とってもきれいに見えました。わたしは、このようにして摘んだ花を持ち帰っては、母にあげるのが大好きでした。

天使たちが羽根を人間に与える場面を、わたしは何度も見たことがあります。羽根は人間が人生で希望を求めている時に、天使たちがよく与えてくれるサインのひとつです。

たとえば愛する誰かを亡くした時に、希望の兆しを求めている場合などです。時としてそれは、天国に召された者たちが安らかにしていることを知らせてくれるサインだったりします。

わたしがよく思い出すことがひとつあります。それは、国中で行われる釣り大会に父と一緒に参加していた日々のことでした。天使たちがわたしに、パットという名前のひとりの漁師について語ってくれたことがあります。パットは、神様から何らかのサインが欲しいと祈り続けていました。それさえ受け取ることができれば、自分自身も家族もこれから大丈夫だという希望を持つことができ、すべてがうまく運ぶだろうと彼は考えたからです。

ある大会のことでした。父は十人ほどの釣り人たちと共に川岸に沿って移動しながら釣りをしていました。別の場所にいたパットが魚を釣ろうと釣り袋を移動させるたびに、天使たちはそれを指さして示しました。なぜなら、そのたびに彼の釣り袋の真下かそばに羽根が落ちていたからです。わたしは、ほかにも羽根があるかもしれないかと、その周辺をよく見て探したのですが、どこにも見当たりませんでした。これが何度も何度も繰り返されました。しかし、パットはまったく気づく様子はありません。そのうち暗くなってきたので、「そろそろ家に帰らなければ」と、父が言い出しました。

父と一緒に釣りをしていたある人が言いました。「川にあと数回キャスティングしてから、帰り支度としようか」と。

その間、わたしはずっと天使たちを見ていたのです。天使たちはパットに向かって、彼が求めている希望を与えるために羽根をあげることに一生懸命になっていました。わたしは、彼がけっして羽根に気づくことはないだろうと思っていたのですが、彼が釣り具を片づけながら釣り袋を地面から持ち上げようとしたとたん、その手が一瞬止まりました。パットは屈んで、一枚の羽根を拾ったのです。その羽根をじっと見つめながら、パットは誰にも何も言わずにポケットにしまいました。ちょうどその時でした。彼の守護天使が彼を抱きしめるのを、わたしは目撃したのです。

どういうことなのか、答えを聞きたかったのですが、天使たちはわたしに教えてくれませんでした。天使たちが人間に羽根をあげるのを、わたしはよく見かけるのですが、ほとんどの場合、人間はそれに気づかないようです。

天使たちはほんとうに一生懸命わたしたちにサインを送っているのですが、気づくのはなかなか難しいことです。天使たちは鳥の羽根を舞い上がらせたりするので、鳥たちも一役かっていることにはなります。天使たちが羽根を使う理由は、軽いからです。天使たちにとって何か物体を動かすよりも、羽根で人間の心を動かすほうが簡単だからです。天使たちがドアをノックしたり、風を起こして吹いてみせるとかいうようないたって物理的な現象について、わたしは著書を通してお伝えしてきましたが、そういったことは稀《まれ》にしか起きえないのです。

羽根のサインを求める時、ほとんどの場合は見つかりそうもない場所に見つかります。思ってもいなかった場所に羽根があるのです。

あの日、川岸で羽根など見つかるはずはなかったのです。たった一枚の羽根が、しかもパットの釣り袋のそばにかぎってあったのです。それはわたしにとって、奇跡ともいうべきことです。どのようにして天使にそれができるかは、よく分からないにしても……。天使たちがわたしたちに示すサインに関しては、わたしでさえもまだまだ気づくのに鈍く、つい見逃してしまいがちです。


ある時わたしの友人が、天使から羽根をもらいたいと言っていました。彼女は人生を通してずっとそう願い続けてきたのですが、なかなか受け取ることができずにいました。彼女はすでにたくさんの羽根を受け取っているのにもかかわらず、まったくそんなことはないと言っているのだと、彼女の周囲にいた天使たちがわたしに教えてくれました。彼女の真ん前に天使が羽根を置いた時でさえ、それがほんとうに天使からの贈り物だとは思えない彼女は、つい見逃してしまっているようです。期待した場所には現れないからなのですが。


このような事情があったので、彼女の代わりにわたしがお願いをしました。あれから半年ほど経ってから、わたしが彼女に再会した時に彼女はこう言ったのです。

「ローナ、やっと羽根を受け取ったわ」

「きっともらえるって言ったでしょ。ところで、どこで見つけたの？」

「信じられないでしょうけど、わたしの靴の中にあったのよ」

「それはすごいわねえ。嬉しい？」

「もちろんよ」と、彼女は答えました。


天使は、一体どうやって彼女の靴の中に羽根を入れておいたのでしょうか？　わたしにも分かりませんが、ひとつ言えることは、それが天使のやり方だということです。守護天使がなぜそのようなことをするのかについては、これといって説明できないこともあります。別の天使たちが守護天使を助けることもよくあります。さらには、わたしたち人間の協力を必要とする場合もあります。ですから、もしあなたの守護天使がある思考をあなたに頭の中に注ぎ込んだ時には、どうかそれに応えてみてください。

もしあなたが誰かがサインを求めているのを知っているとすると、その人がサインを得るための手助けをあなた自身が与えるように仕組まれているのです。そして、あなたに求められていることは、いたってシンプルなことかもしれません。たとえば、誰かの代わりに電話をかけてあげたり、手紙を書いてあげるだけのことかもしれません。誰かに花を差し出したり、笑顔を見せるとか、席を譲ってあげるようなことも含めて。あるいは、お茶をおごってあげたり、知っている人でなくても手を差し伸べて、助けてあげるような些細な日常の親切です。

わたしの守護天使も含めて、ほかのすべての天使たちも、常にわたしに念を押すことがあります。それはわたしの祖母もよく繰り返し、わたしに言っていたことと同じです。

つまり、「見返りを期待しない、清い心で親切を」ということなのです。

ある時、母がまた入院したので妹とわたしは祖母の家に滞在することになりました。当時わたしたちはバリムンに住んでいたのですが、祖母の家はオールド・キルメナムからさほど遠くないところだったので、わたしはその地域を熟知していました。祖母は時々、ちょっとしたお使いをわたしに頼むことがありました。わたしが店に行くのが大好きな理由は、その間ひとりきりになれるからです。もちろん、店にたどり着くまでの間、天使とひっきりなしにおしゃべりしているのですが。

時には、天使たちと遊ぶこともあります。その遊びのひとつとして、わたしは守護天使の大きな足を踏もうとするのですが、うまくいったためしがありません。それは無理なことだよと、守護天使は教えてくれたのですが、わたしは試すだけ試したかったのです。

天使が右足を先に出すと、わたしもすぐに右足を前に出して踏み込むのですが、どれほど速く踏み出しても天使の足はいつもそれより先に消えてしまいます。

「こんなの不公平よ！　もう一度最初からやり直すから、こんどはずるいことなしよ！」

守護天使は大笑いしました。大天使ミカエルの笑い方とはまた違います。もっと柔らかい笑い方です。

「ずるいことなどしていない、そんなことはできないさ。無理というものだよ、ローナ」

守護天使がそう答えたので、わたしは立ち止まってから言いました。

「分かったわ、それならもう一度いくわね。右足を先に、それから左よ」

守護天使の足を踏もうと、ほとんど走っているくらいできるかぎりの早足でわたしは歩きました。やっているうちに笑いが止まらなくなってしまいました。店に着く頃には、止まって深呼吸しなければならないほど息が切れました。

そんなある日のことです。買い物袋をさげたひとりの女性が目の前に立ち止まり、こんな質問をしてきたことがあります。

「一体、どんなゲームをやっているのかい？　お嬢ちゃん」

わたしはどう返事をすればよいのか分からなかったので、ただ彼女に微笑みかけました。と同時に、守護天使に言葉を口にしないまま訊ねました。

「『自分の足を追いかけるゲームをしていた』と答えたらどうだい。いつも足が先に進むから無理だとね」

わたしは守護天使が教えてくれた言葉どおりにその女性に答えました。彼女は少し躊躇《ちゅうちょ》している様子でしたが。

「そうだよね、歩いている自分の足は捕まえられないよね。面白いゲームだね」

そう言ったあと、その女性は買い物袋を抱えながらその場を去っていきました。

「ローナ、きみは彼女を元気づけてあげたのだよ」

と、守護天使はわたしに言ってくれました。

わたしたちがイーデンモアに暮らしていた頃のある夏休みのことでした。わたしは、同じ通りに住んでいた子どもたちと道ばたで遊んでいました。記憶ではたしか、わたしが十二歳頃のことでした。少し行ったところにあるカルデサックまで、わたしが駆け下りていったちょうどその時です。近所のおばさんがわたしに、道を行き来しながら乳母車の中にいる赤ちゃんを子守してくれないかと頼んできました。彼女はその赤ちゃんを眠らせようとしていたのです。その子の母親のキャサリンが庭先で乳母車を止めたあと、わたしはそれを引き継ぎました。少なくとも一時間は、わたしは通りを行ったり来たりしていました。

同じ通りに住む近所の母親たちに、わたしはよくそうして子守をしてあげたものです。わたしも子守りが大好きでした。時には乳母車の中で落ち着かず、赤ちゃんが泣き止まない時もありました。

「天使さん、この子の子守りを手伝ってくれない？」

天使たちにそうお願いすることもありました。赤ちゃんのほっぺが真っ赤だったので、きっと歯が生えかけているに違いないとわたしには分かっていました。

金色でキラキラなびいている衣を纏ったひとりの天使が、乳母車のそばに来てこう言いました。

「ローナ、ちょっと止まりなさい」

わたしが止まると、その天使は乳母車の中の赤ちゃんを見つめ、ほんの少しの間、赤ちゃんに手を当てました。赤ちゃんに天使が何をしたかは分かりませんが、ぴたっとその子は泣き止んだのです。その子の小さな目がだんだんうつらうつらとなって寝ついてくれました。

その天使はわたしのほうを振り返ると、にっこりと微笑んでくれました。わたしがお礼を言うとその場から消えたのです。少しすると友だちたちが寄ってきて、乳母車の中で寝ついている赤ちゃんを見つめました。

しばらく経ってから、わたしが赤ちゃんを返すのに門の中に入っていくと、ちょうど母親がドアから出てきたところでした。小さなジャックは早く眠ったと母親に告げると、彼女は赤ちゃんを覗き込んで満面の笑みを浮かべました。同時に乳母車の周りにたくさんの天使たちが集まってきました。さよならを言ってから、わたしは道を歩いていきました。

するとわたしの守護天使が話しかけてきました。

「野原に行かないかい？　ローナ、川のほとりに座ってごらん」

わたしは守護天使に教えられた通りに川のほとりまで歩き、草の上に座りました。川といっても、ほんの少ししか水が流れていない小川です。公営住宅地の外を走っている本道に沿って流れていました。

川辺に座っても、本道からは見えません。わたしはその条件が気に入っていたのです。誰にも見られずにこっそりと、天使たちといられるのですから。

第5章 天使の深遠さ

天使は一体どのような姿をしているのでしょうか？　神秘的で、純粋で、深く、永遠の光をたたえた天使たちの外見をお伝えしましょう。またこの章では、わたしが実際に目にした、神様から魂が生まれる瞬間のことも書いています。

わたしがまだ幼かった頃、小川のせせらぎや鳥や昆虫、蝶やトンボといった自然界のあらゆるものを見ていた時のことです。そうするうちにわたしはおのずと、リズミカルに祈りはじめました。あの時もそうだったのですが、今日《こんにち》でもそういう時はかならずと言っていいほど、ある天使がまったく何も語りかけないまま、わたしの前に立っているのです。しばらくの間その天使を見つめていると、消えてしまいます。守護天使がわたしに立ち上がって家に帰るように告げるまでは、わたしはそのまま川岸に座り続けていました。

皆さんにもお分りいただけるように、さまざまな天使たちがいます。そのうちのある天使の外見について、これからお話することにします。わたしは今までに、さまざまな天使たちに関する詳しいことを、実際にはこれまであまり語ったことがないのです。あなたも天使を見かけたことがあるかもしれませんが、完全に全部見てしまうことは不可能なはずです。よく見えたとしても、部屋の中を外から見つめているのと同じような状態にすぎないのです。部屋の中に入っていけそうな気がするのと同じように、天使に近づいて、その体の中に入れそうな気がすることはたしかです。〈天使の体〉とわたしは表現しておりますが、それ以外の表現方法をわたしは知りません。天使たちの物理的な現れ方について表現する方法を、わたしはまだ教わっていないからです。でも、いつか教えてもらえると期待して待っております。

では、あなたが外から見つめている部屋の向こう側に、もうひとつの部屋があったとしましょう。そうです。天使の体も同じように、かぎりなく永遠に続いているかのように見えるのです。もうひとつの扉を開くとまた別の部屋があるように、天使の体も果てしなく深く続いているのです。これにはわたし自身も、いまだに当惑させられるほどです。

天使を見るたびに、神秘に満ちたその外見にいつも驚かされます。そのような天使の深い外見的特徴は、ちょうど澄み切った水の深さにも似ています。とても純粋で濁りがないため、天使のすべてを映し出していて、それを見ることができます。永遠に続いているかのように見えます。

天使を模《かたど》る粒子の一つひとつでさえ、信じられないほど深く続いています。天使が指先を使う時にも、それを見ることができるのです。天使の指先の深さは、その爪の深さともまた異なっています。そのように天使の各部分は分離しているかのように見えるのですが、それでもひとつにまとまった光を放っているのです。わたしはこれが天使の体における深遠さであると信じていますが、果たして〈天使の体〉と正確に言えるのかどうかは分かりません。人間の肉体とはまったく異なるものだからです。もちろん、天使が人間のように年齢を重ねたり病気になったりするのを、わたしは見たことがありません。天使たちはあらゆる面において、信じられないほど深みがある存在です。ある日のことでした。ひとりの天使が、小川の向こう岸に立っていました。その天使は薄い青みがかったエメラルド色のローブを纏《まと》っていました。外見は男性的でも女性的でもなく、どちらでもありません。ただそこに立っていて、向こう側からわたしを見つめていました。わたしもその天使を見つめ返しました。その天使の細部までじっくりと眺めながら、——一つひとつのラインやカーブ、一つひとつの動きにさえ——驚きを募らせていました。その天使がわたしに向かって上げた手を振ったとたん、消えてしまいました。とくにその時は唖然《あぜん》とさせられました。

時として天使は、ローブのようなものや、体の上を流れるチュニックのようなものを羽織《はお》っていることがあります。皆さんには想像しがたいかもしれませんが、天使が身に纏う衣装も含めて、物質的に現れる天使の体の深遠さを説明しようと試みたことが未だありません。なぜなら、天使のそういった深遠な部分を見通すことはできないからです。彼らの影でさえも、ちゃんと見えないとわたしは分かっております。天使のどの部分に焦点を置いても、同じくそうなっているのです。ですから、わたしはそれを単に〈天使の深遠さ〉と呼ぶことにしてきました。

天使は顔や翼、あるいは体のある部分を、ほかの部分よりも目立させるようにすることがあるかもしれません。これは通常、天使があなたに何かを示している場合に起きます。たとえば、天使の顔や手、翼、あるいは、着けている衣装が、より輝きを増すことも時おりあります。天使の体のあらゆる部分が、皆さんの想像を絶するほど生き生きとしているのです。

わたしは机に向かってこのことを書きながら、天使ホーサスに訊ねてみました。

「どう？　この説明で大丈夫かしら？」

「いいと思うよ。読んでいる人たちによく理解してもらえるよう、シンプルに書くことを心がけるといいよ。神様はね、ローナ。人間が心の中に思い描くことができるよう、天使たちに人間に似た姿を与えたということを忘れてはいけないよ」

「分かったわ。わたしは天使の、そして、そのいかなる部分の美しさも説明しきれないけれど、神様がどの天使にも人間と同じ外見を持つことを許したということは、たしかにその通りね。ホーサス。いつもそばにいてくれてありがとう。その上、あなたが親しみやすい人間の姿で現れてくれることに、わたしは感謝しているのよ。澄み切った水面に映っているのと同じように、あなたを見ることができるもの。それ以外に表現のしようがないわ」

するると、「ほら。うしろを見てごらん、ローナ」と、ホーサスは言いました。

わたしは回転椅子くるりと回して、彼をじっくりと見つめました。わたしが仕事をしていた部屋の扉付近に彼は立っています。外見はいつもと同じでした。一昔前の学校の先生のような格好です。それにへんてこな形をした帽子を被っています。彼が纏っているローブは渦を巻いていてたいていは青色をしているのですが、たまに色が変わることもあります。

彼は一瞬にしてローブの色を変えてみせました。内側はそのままの美しい青色でしたが、外は紫色に変わりました。それを見ていてわたしは彼に微笑んだのですが、つい笑いがこみ上げてしまいました。天使は色を変えることもできれば、どんな衣装に着替えることもできます。そうであっても、衣装を着替えているところや脱ぐところは、まだわたしは見たことがありません。とはいえ、それが天使に与えられた人間のような外見の側面なのです。わたしたちのように、肉体と衣装が別々なものではないのです。

わたしはホーサスに言いました。

「あなたの服を見ているだけでも、たくさん着込んでいるかのような、信じられないほどの深みがあるように見えるんだけれども……。まるでわたしがその中に踏み込み、入っていけそうな感じがするの。いくら数メートル入っていっても、まだその向こうに続いているかのように。あなたの着ている衣装が現実に映り出している層の深みは、とても信じがたいくらいよ。それ自体に命があるように見えるわ。それこそが、どう説明してよいのか分からない部分でもあるのだけど」

「光にたとえて描写してみたらどうだい？」

「それなら、こんな表現はどうかしら？　たとえば、誰かが目に見える光を見ているとしましょう。それは、反射している光でもなければ、部屋の家具を照らす光でもなく、庭の花木を明るく照らす光でもなくって、光そのものを見ることができるってことでしょ。でもホーサス、これが正しい説明になっているとは思えないわ！　だってわたしは科学者じゃないもの。科学者にしても、光そのものだけを観察する方法を発見していないはずよ」

「ローナ。太陽は光を放つから、太陽で説明してごらん」

「そうね、やってみるわ」

わたしはそのように返事をしてから続けました。

「もし太陽を顕微鏡で覗いて見ることができるとしたら、きっと生命力に満ちていて、天使が実際に見える時のように、深遠さの中で常に動いている光として見えるのではないかしら。それが理由でね、ホーサス。わたしはどんな天使の深みの中にも、踏み込んで入りたいという衝動に駆られるの。生きている光の中へ」

「ローナ、神様はそれを許さないと知っているだろう。天使はその両腕で人間を抱きしめたり、時にはその翼で、あるいはそのローブを人間に被せたりすることはできる。しかし、人間の大人や子どもたちを、物理的に姿を現している自身の深みに踏み入れさせることは、いかなる天使でもそれは許されていない」

「ええ、ホーサス。分かっているわ」

「ほら、窓の外を見てごらん。雪が降っているよ」

と、ホーサスは言いました。

窓を振り向くと、たしかに降っていました。

「二〇一六年は、これよりももっと寒くなると思う？　ホーサス」

彼はわたしの質問に答えてくれなかったのですが、その代わりに、わたしが一階に降りていき、またお茶にしたほうがいいと助言してから消えてしまいました。わたしが彼の忠告に従ったあと、二階に戻ったのは一時間経過してからでした。仕事場に戻るとたくさんの天使たちが集まってきていたのですが、その中にホーサスがいなかったのは少し残念でした。でもしばらくすると彼は戻ってきました。それでわたしはまた仕事にとりかかることにしました。

天使たちは、ずっと昔に神様によって創造された生きものであることを、いつも思い出させてくれました。さらにはこの本を読んでいる皆さんも、そしてわたし自身も、彼らより数百万倍も輝いている貴重な存在であることを教えてくれました。なぜかというと、わたしたち人間には、神様の光の欠片《かけら》である魂があるからです。神様のその小さな欠片は、実に微小ではあるのですが、人間の肉体をくまなく満たすほどの輝きを有しているのです。わたしたちの魂は完璧です。たとえ、あなたの信仰がいかなるものであるとしても、わたしたちは皆それぞれが神の子なのです。だからこそ、皆さんにも守護天使がついているのです。

ここで少し、わたしたちの魂である〈神の光の欠片〉についてお話しすることにしましょう。これから皆さんにわたしが語る内容はすべて、その前に神様から承諾を得たということを知っていただきたいのです。通常は大天使ミカエルを通して承諾を得るのですが、ほかの大天使の時もあります。また別の機会では、神様がわたしの人生に定めてくれた特定の天使たちによって、皆さんにさらなる内容をお伝えすることが許されるのです。

わたしが、家族みんなで休暇旅行をした時のことです。わたしたちはマウントシャノンの祖父と祖母の家に向かっていました。わたしは、そのあたりの田舎の風景をとても気に入っており、何回か通っているうちに馴染み深くなっていました。わたしは、許されるかぎりあちこちの野原をさまよい歩いたものです。

けっして迷子になることもなければ、危険にさらされることもないと、わたしは確信していました。

自然に囲まれながら、神様と天使たちとだけになれるチャンスでもあるのです。天使たちもわたしの守護天使もいつもわたしと一緒に遊んでくれるので、けっしてひとりぼっちではありません。ある日天使たちはわたしに、古い樹の下に座ってお祈りするようにと告げました。わたしは膝を立てたましゃがみ込み、両手で膝を抱えるようにしました。そうしながら、どのぐらいのあいだ祈っていたか分かりません。天使たちがわたしを囲んで一緒に祈ってくれていた時でした。どこからともなくわたしの名を呼ぶ声がしたのです。見上げてみると、木々の合間の小道に沿って大天使ミカエルがわたしのほうへと向かってくるのが見えたのです。それでわたしは立ち上がろうとしたのですが、「ローナ、そのまま座り続けなさい」とミカエルは言ったのです。彼もわたしの前で片膝を立てて跪《ひざまず》き、右手は地面についているように見えましたが、実際には天使の体の一部分が地面に触れることはないのです。いかなる天使も、直接地面にはけっして触れられません。大天使ミカエルと地面との間には、わたしが呼ぶところの〈空気のクッション〉があるからです。

「ローナ、これからおまえの魂を連れていく。神様がお前に話したいことがあるからだ。怖れてはならない」

彼がそう告げたとたんに、天使たちはいっそう近づき、わたしを包囲しました。彼らは毛布代わりになってくれたのです。

大天使ミカエルはこう言いました。

「わたしの目を見つめるのだ、ローナ」

わたしがミカエルの目を見つめたと同時に、彼の左手がわたしの体の中に滑り込みました。その一瞬だけ、わたしの呼吸が奪われました。次の瞬間には――ほんの一瞬だけだったのですが――ひとりぼっちになった気がしました。実際にはそうではなかったのですが。眩《まばゆ》いほど明るいのでした。すべてが信じられないほど白く輝いていて、大勢の天使たちが目に入りました。彼らは、白い光の中を歩いている様子です。天使たちが全員、白いローブを纏っていました。それと同時に、わたしの髪がくしゃりとかき乱されているのが感じられました。わたしが一体どこにいるのか、その時にやっと気がついたのです。わたしは天国にいました。そして、わたしの髪をかき乱すのが誰なのかも分かりました。見上げると彼はわたしの手を取り、わたしたちはしばらくのあいだ一緒に歩きました。どれくらいの距離を歩いたかは分かりませんが、神様はわたしが見ることのできない何かに腰をかけました。あまりにもすべてが明るすぎて、見えなかったのです。それから神様はわたしを持ち上げて、彼の膝の上にわたしを乗せました。彼はとてつもなく巨大に見えましたが、わたしが感じることができるすべては、彼の愛情深き御心のみでした。愛はすべてに勝ります。彼の中に完全に溶けてしまいたいほどでした。

「ローナ、これからおまえに生まれたばかりの魂を見せてあげよう」

神様はわたしにそう言いました。彼は白い光の衣を纏っていました。誰もが目にしたことがないほどの明るい純白の光です。神様が手を上げると、その指先から光が流れ出しました。神様の袖は、いつものように掌を覆っていました。神様はまるで父親が子どもに話しかけるかのような優しい声で、「ローナ、注意して見るんだよ」と言い含めてくれました。わたしは彼の膝の上に座りながら、彼の左手が彼の胸元に届くのを見ていました。次の瞬間、なんと神様の胸が開いたではありませんか！　その光景に、わたしはほとんど失明しそうになりました。眩《まぶ》しくて目を開けていられないほどでしたが、たしかに神様の心臓が見えたのです。前方に向かって動いていました。深い赤色をして輝いているその心臓から、あらゆる方角に光が放射していました。神様は指先で心臓に触れ、いちばん小さな欠片を心臓から取り出しました。それを左の掌に置き、衣の袖の先端で覆いました。それから、そこに息を吹きかけたのです。すると、その欠片に命の息吹が吹きかけられ、子どもに成長しはじめたのです。まさに文字どおり、神の子です。その小さな赤ちゃんの魂を、神様は抱きかかえました。それからひとりの天使がやってきて、神様のそばに立ちました。

そのすぐあとに神様はその天使に言いました。

「この子を連れていきなさい」と。

その天使は、そっと優しく手を伸ばしてその子どもを抱き上げました。

第6章 患者さんをよこしたお医者様

わたしの元には時おり、まったく知らない人が不思議な経緯でアドバイスを求めにやってくることがあります。ここでは背中に大きな問題を抱えたある女性に起こった奇跡と、病人を癒してくれるヒーリングエンジェルについてお伝えしましょう。

昨年の夏のことでした。友人のオードリーが、突然わたしを訪ねてきたのでびっくりしました。いつもこのような形で、わたしたちは思いがけず会うことになっているのです。わたしが天使たちに常にお願いしていることのひとつは、友人たちと一緒の時間をもっと増やしてほしいということです。今のところ、わたしは友人たちと満足できるほどにまで会えていないのです。オードリーとは長年のつき合いですが、お互いに再会できるまでに一年以上経過することさえあります。

その夏に、わたしの家の敷地内にオードリーが車で入ってきた時のことを、今でも覚えています。それと同時に、わたしの庭先は天使たちであふれかえったのです。彼女と再会できるとは、なんて素晴らしいことなのでしょう!

もう何年も前のことですが、今回と同じようにわたしは彼女を自宅の前で出迎えたことがありました。とてもよいお天気の日でした。オードリーが満面の笑みで玄関に向かって歩いてきた時、彼女の守護天使が同時に見えました。女性的で、とても美しい姿をしています。その上、驚くほど鮮やかな紫色のローブを身に纏っていたのです。紫色にも何万種類もの異なる色合いがあるということを、その天使はわたしに見せてくれました。ローブは守護天使の上を流れているかのように、たなびいていました。背丈はオードリーよりもかなり高く、聳《そび》え立っているように見えました。

次の瞬間、彼女の守護天使がやったことに、わたしは噴き出さずにはいられなかったのです。普段、守護天使はそんなことをしないものなのですが。でもその天使は、まるで見せびらかさんばかりにゆっくりと翼を広げてみせてくれたのです。そのようなことをするのは、いつも特別な場合にかぎります。両方の翼を広げてみせてもらえるという、とてもラッキーな機会にわたしは恵まれたのでした。何よりも、それが友人の守護天使の翼だったのですから。これは滅多にない特別な出来事として、わたしは受けとめました。

翼はゆっくりと開いていきましたが、完全に開き切りはしませんでした。ほとんど動いていないほどのかすかな動きが、オードリーの周りに微風をひき起こしました。まるでそよ風が吹いているかのように彼女の髪が優しくなびいたので、わたしは思わず微笑みを浮かべました。

このような光景は、稀にしか見ることはできません。翼がもたらすかすかな風によって、オードリーに天使が触れた時、彼女の守護天使がわたしに話しかけてくれました。

わたしは彼女の守護天使に訊ねました。

「オードリーは、気づいているの？」

「いいえ」

彼女の守護天使は左手でオードリーをそっと抱きかかえました。天使が身に着けていた美しいローブが優しくなびきながらオードリーを覆ったので、わたしには彼女のつま先しか見えなくなりました。彼女の守護天使がその腕を掲げた時、ローブがまるでカーテンのように折り畳まれました。守護天使は、その輝いているとても美しい手を彼女の肩に添えました。瞬時に言葉を口に出すことなく、わたしはその天使に訊ねました。

「オードリーにこのことを伝えてもいい？」

答えは〝ノー〟でした。

今日、わたしはオードリーと電話で話しました。電話を切ると、天使ホーサスがわたしのそばにいました。わたしの守護天使は、こう言いました。

「ローナ、オードリーの守護天使が許可してくれたよ。あの日、彼女の守護天使を見たことについて書いてもよいそうだ」

その言葉を受けて、わたしが見た一部始終を先ほどパソコンに入力したというわけです。でも、パソコンに向かっての音声入力なのですが。

ちょうど、あの日のことでした。わたしが暮らしている納屋の扉から彼女が一歩踏み入ったとたん、わたしたちは互い抱き合ったのです。わたしは、オードリーに会えてとても嬉しいのと同時に、お喋りが止まらないほど、積もる話がいっぱいありました。わたしたちは庭でランチをとることにしました。実はあの日わたしは、天使たちにずっとお願いし続けていたのです。

「どうかこのまま雨を降らせることなく、太陽を浴びさせてください」と。

どうやら天使たちはわたしの願いを聞き入れてくれたみたいです。

あの日オードリーは、わたしが今までまったく聞かされていなかったことを分かち合ってくれました。彼女のある友人が何年も前に、わたしに会いに来たという話でした。それは、わたしが本の執筆をはじめるようになるずっと前のことでした。

わたしには、誰か人が部屋にいる時に肉眼で見ることができるのと同じように、天使たちを見ることができます。それに加えて、人が話しかけてくることとまったく同様に、はっきりと天使たちの声が聞こえるのです。とはいえ、天使たちはさまざまな異なる方法でわたしに語りかけてくることはたしかです。人がわたしに語りかけてくるのとまったく同じ場合もあれば、言葉を口にせずに語りかけてくることもあります。その場合は、わたしも同じ方法で返事します。これをテレパシーと呼ぶ人もいるでしょうが、わたしは単に〈言葉なしの会話〉と呼んでいます。

三人の天使たちが同時にわたしに話しかけることもあります。多い場合は、五人もの天使たちだったりもします。そうであったとしても、わたしははっきりと個別に聞き取ることができるのです。わたしが友だちや家族と一緒にいる時でさえ、天使たちの会話に同時についていくことができます。これは天使たちがわたしの人生を通して培ってくれた、いわば第二の天性ともいうべきものなのでしょう。

オードリーの友人ハンナ――ここではその名で呼ぶことにしましょう――は、原因不明の背中の問題を抱えていました。イギリスにいる彼女の専門医は手術を受けるよう勧めましたが、それはきわめて危険度が高いものだったそうです。しかしその手術が、唯一彼女に残された道でした。非常に難しい手術ですが、仮に成功すれば痛みが消えて歩けるようになり、元通りの日常生活に戻れる可能性がありました。でも万が一手術が成功しなければ、痛みが取れないばかりか、彼女は一生車椅子の生活を強いられることになります。それが理由で、その手術を受けることに彼女は不安を募らせていたのです。外科医はハンナがよく考慮した上で、自ら決断してもらいたかったようです。

ハンナが診察を終えて立ち去ろうとしたちょうどその時、外科医が彼女にこう言ったそうです。

「ハンナさん。こんなことを言うときっと奇妙に聞こえるかと思いますが、アイルランドのローナ・バーンさんを訪ねてみてはいかがでしょうか？　わたしがあなたに彼女を紹介したことを、絶対にほかの医者たちには内緒にしてください。賛成してもらえるわけがないですから。それから彼女に会ったとしても、医者から言われて会いに来たということも内緒にしていただきたいのです。背中を患っていて手術を受けることを考えているとだけ、彼女に伝えてください。それで彼女からあなたが手術を受けるべきだとアドバイスを受けたなら、きっと手術は成功するに違いないでしょう。その時はわたしもためらうことなく、あなたを手術することができるでしょう」

そんな経緯があったとはまったく知らなかったのですが、たしかにその女性はわたしを訪ねてきたそうです。わたしはオードリーに言いました。

「まったく思い出すことすらできないわ」

「あなたが彼女のことを覚えていないって、分かっていたわ。ハンナはあなたに『背中がひどく痛み、手術をする必要があると医者から勧められた。でも、とても怯えている』と、あなたにそれだけを伝えたと言っていた。そしてあなたは、彼女を見つめてから祈ってあげたそうよ。そのあと、彼女に『手術を受けなさい』と、あなたは助言したそうよ。きっと成功するからためらう必要はないとね。ローナ、手術は成功したわ！　ハンナは以前とは別人よ！」

わたしはオードリーに言いました。

「訪ねてきた経緯を彼女が前もって教えてくれなくて、ほんとうによかったわ！　知りたくなかったから。知っていたら影響されちゃうもの。わたしは自分の目に映るものだけを見たいのよ。でも、彼女がお医者様の勧めに従ったので嬉しいわ。それにしても、そのお医者様が彼女をわたしのところによこすほど信頼してくれていたことが、実に驚きだわ」

ハンナという女性が元気を取り戻せたことに、わたしはとても嬉しく思いました。

「そうよ、ローナ。あなたが『手術のあとも先生の言ったことに従うように』って言っていたと、ハンナは教えてくれたわ。それで彼女は先生の忠告を守ったのよ。あなたは彼女にヒーリングエンジェルへの祈りも教えてあげたでしょ」

オードリーがそう言ったので、わたしはこのように返しました。

「わたしたちは皆、祈りにとてもパワーが込められていることを知っているはずよ。わたしは神様に感謝しながら、お医者たちがそのような脊髄《せきずい》の複雑な手術に成功することを祈るようにしているの。癒しを与えてくれる神様にわたしは感謝を捧げるのよ」

その外科医は、手術中に彼の手がうまく導かれるよう、神様に祈っていたはずです。手術室はきっと、ヒーリングエンジェルたちであふれかえっていたことでしょう。そしてハンナの守護天使は、きっと手術室で彼女を見下ろしながらずっと見守っていたに違いありません。

わたしはオードリーと素晴らしい一日を過ごしました。彼女が帰らなければならなくなった時は、ちょっぴり悲しい気持ちになりました。彼女が通用門の外へと運転して去っていった時、大勢の天使たちが流れるように彼女の車のあとに続きました。「彼女が無事に家にたどり着けるよう、よろしくね！」と、わたしは天使たちにお願いをしたのです。

するど、ひとりの天使がわたしのほうを振り向いて言いました。

「ローナ、心配しないで。わたしたちが彼女を守っているのだから」

それらの天使たちのほとんどが、青と緑のパステルカラーで飾られている以外は、大部分がなんとも説明のしようがない美しい白のドレスを着けていました。

わたしの人生は、すっかり変わってしまったのです。今となって、できるかぎり皆さんとわたしの人生に起きたさまざまな出来事を共有しようと心がけるようになりました。たまにですが、大天使ミカエルにこのようなことをわたしは言う時があります。

「わたしに起きたことなんて、人は関心を持たないかもしれないでしょ」

ちょうど今日もでした。あるお店でひとりの女性がわたしに寄り添ってきた時のことを、ミカエルが思い出させてくれました。

「こんにちは、あなたにこうして個人的に会えてとても嬉しいです。実はわたしの守護天使に、いつかそんな日が訪れることをお願いしておいたのですよ。どうもありがとうございます。あなたはわたしの人生を大きく変えてくれました。生きていることに価値を見出せたのです。あなたの本を通して、すでにあなたを知っていたような気がします」

そのような言葉をいただくと、いつも鳥肌がたつほどわたしは驚きを隠せません。このようなことを皆さんに分かち合っている今ですら、寒けを感じているくらいです。毛糸のカーデガンを着て、膝には毛布もかけているのですが、現に今もまだ少し震えが止まらないでいます。

一階に降りてカップスープを作るよう、天使ホーサスが提案してくれました。わたしはそれに従いました。ついでに小さなヨークシャーテリアのホリーを家の中に入れてやり、わたしは周りの天使たちに言いました。

「わたしだって寒いのだから、きっとホリーも寒く感じているに違いないわ」

皆さんの中には、わたしのフェイスブックページかウェブサイトでホリーの写真を見たことがある人も、きっといらっしゃるかもしれませんね。

先日、たしか四時頃のことでした。わたしの守護天使が耳元でたったひと言だけ「ホリー」と囁いたのです。そのため、わたしは下に降りていきホリーを家の中に入れてやりました。ホリーが少し足を引きずりながら家の中へと入ってきたのに気がついたので、わたしは守護天使に「ありがとう」とお礼を言いました。

マットの上にホリーを寝かせてから、ホリーの後ろ足をわたしはマッサージをしはじめました。ホリーが治るようにとも祈りました。ひとりの天使がわたしの横に跪くと、ホリーはマットから頭を持ち上げました。ホリーには跪いている天使が見えると、わたしには分かっていました。時として動物には、天使が見えることがあります。いつもそうとはかぎりませんが、必要な時には見えるのです。動物が怪我を負った時に静かになるのは、天使がそうさせているからです。

「大丈夫だよ、じっとしていなさい。助けてあげるから」

天使がホリーにそう言うと、ホリーはまたマットの上に頭を下ろしました。わたしが優しくホリーのうしろ足のマッサージを続けていたところ、ホリーは完全にリラックスできた様子でした。その同じ天使がまた言いました。

「ホリーは庭を駆け回っている時に、足をつったのだよ」

わたしはその夜、ホリーを静かに休ませておくようにしました。

「ありがとう」と、わたしがその天使にお礼を言った時には、すでに消えていなくなっていました。

第7章 洗礼者ヨハネ

神様は天使に命じてわたしの魂を天国に呼ぶことがあります。それはわたしに過去や未来の「ヴィジョン」を見せるためなのです。この日、天使たちと一緒に見たのは、あのイエスを導いた、洗礼者ヨハネだったのです。

神様がなさることで、わたしがひとつだけどうしてもいやだと感じていることは——わたしが子どもだった頃はとくに——神様が大天使ミカエルや、ときには他の天使たちや、〈祈りの天使たち〉と共に、わたしの魂を連れ去ることでした。それは常に苦痛を伴い、今日《こんにち》でさえも同じです。体から呼吸が奪い取られたような感覚に陥り、瞬間的に苦しさと恐怖が押し寄せてくるのです。ひとりの天使だけが、わたしの魂を神様のところへ連れていくことができます。神様がわたしの魂と天国で一緒にいることをお望みになる時にだけ、天使がわたしの魂を連れていくことができるのです。その時神様は、特定の過去、あるいは未来のヴィジョンをわたしによくお与えになられます。

そのようなことが、わたしが九歳の時に一度起きました。わたしがバリムンに住んでいた頃のことです。当時わたしたちの家の庭はかなり広くて、その庭の四分の一ほどの面積にあたる場所には、干し草が積み上げられていました。草を刈るごとにその上にさらに積み上げられるので、干し草の山が小さくなることはありませんでした。わたしは、その山のうしろ側にたまに回ってみることがありました。そこで干し草にもたれて座るのが、大好きでした。誰にも邪魔されずに、天使たちと過ごせるのですから。目の前には二メートルほどの高さの塀がありました。

その日、わたしはその塀にはしごをかけて登り、友だちのロザリンの家まで塀伝いに歩いて行くことにしました。ロザリンに会うつもりだったのです。ちょうどその時、天使たちがわたしの耳元で囁きました。

「ロザリンの家で長居してはいけないよ」

「分かったわ」と、わたしは天使たちに返事をしました。

ロザリンの家にはしばらくの間だけいて、彼女に挨拶をしたらまっすぐに家に戻ろうと思っていました。

子どもたちが塀によじ登れるようにと父が作ってくれた木製のハシゴを、わたしは登っていきました。塀の上を歩いてから、ロザリンの家の庭で降りました。そのあと彼女の家に駆け込み、台所を通って居間に入りました。彼女はテーブルに座っていて、絵を描いていました。彼女を囲むようにして三人の天使たちが一緒にいました。同じ紙の上で絵を描いている天使たちの姿を見たとたん、わたしは足を止めました。

彼女を手伝いながら絵を描いている天使たちの光景を見ているうちに、思わず嬉しさがこみ上げてきました。

「こんにちは、ロザリン！」

「あっ、ローナ。遊びに来てくれたのね。嬉しいわ！」

ロザリンは、わたしを見上げながらそう言いました。

「そうじゃないの。すぐに帰らなきゃいけないの。またあとで来るからね。あなたが何をしているのか、ちょっと見に来ただけなの。またあとで一緒に遊びましょうね。じゃあね、また来るわね」

わたしはくるりと背を向けて、扉を出てから塀を登り、気をつけながら片足ずつ踏みしめて家路へとつきました。ハシゴを下りて庭に戻ると勝手口が開いていて、母が台所にいるのが見えました。弟妹たちの姿は見えません。ちょうどその時、わたしの名を呼ぶ声がしたのであたりを見渡しました。すると大天使ミカエルが、積み上げられた干し草のそばに立っているのが見えたのです。

「ローナ、ここにおいで！」

わたしはミカエルに駆け寄りました。

「こんにちわ。なぜここにいるの？　あなたが来る時はきまって、何かわたしに変化が訪れるか、世界に重要な何かが起きることを教えてくれるためでしょ。それで、一体こんどは何が起きるの？」

「いいや、すべて順調だ。だがローナ、おまえに何か気がかりなことがあるのは分かっている。まだ、ほんの小さな子どもにおまえはすぎないにしても」

ミカエルと重要な会話を交わす時は、ほかの人たちも彼のことが見えるように普通の人間の姿で現れることがよくあります。彼が天使だとは、たいてい誰も気づかないほどです。あの時もミカエルは、黒っぽいジャケットとズボンを身に着けていました。ちょうど当時、よく父や父の友人たちがそのような格好でいたものです。

「神様はおまえに何か見せたいものがあるらしい。ひとつの幻想をおまえに与えるために、おまえの魂を連れてきてほしいと、わたしに頼まれたのだ」

ミカエルが手を差し伸べると、わたしの手はその中に埋もれて消えました。彼がいつもそうするのを、わたしがとくに好きだということを、彼はよく知っているのです。ミカエルと手をつないだとたん、ミカエルの愛でわたしは満たされ、さらには守られているのが、わたしにはよく分かるのです。

「ローナ、ここに座るのだ。おまえはこの干し草のそばに座るのが好きだろう」

おそらく、わたしは少々怖かったのか、悲しげな表情になっていたかもしれません。

「大丈夫だから心配するな、ローナ。わたしがずっと、おまえのそばにいるのだから」

わたしは、すり寄るようにして干し草にもたれかかって座りました。ちょうど庭の塀が前に見えています。ミカエルはわたしの前に跪《ひざまず》き、彼の左手がわたしの胸に届きました。ほんの数秒間息苦しくなったのですが、一瞬にしてわたしは過去の時代にいることを知ったのです。


わたしはこれが起きた時と変わることなく、あの時のわたしも同じ年齢ぐらいの幼い少女でした。ミカエルの姿は見当たらなかったのですが、そばについてくれていることだけは分かっていました。

わたしは砂埃《すなぼこり》がたつ荒れ地で、石ころを拾い集めては籠《かご》の中に入れていました。あの時のわたしと同じぐらいの年齢の少年が、わたしのところに戻ってきては、また石で籠をいっぱいにするのを手伝ってくれていました。籠がいっぱいになるたびに彼はそれを運び、少し先に置かれていた草で編んだ粗末な敷物の上に石ころを広げてから、その敷物を引きずっていきました。わたしたちは、その荒れ地を清掃する仕事を手伝っていたのです。彼はとても物静かな少年で、何も話しかけてきませんでした。わたしもまた同様にあの時、黙り続けていました。するとふいに黒いショールをかけた女性が、わたしたちを呼びました。普段聞いたことがない言語で話していたのですが、なぜかわたしにはそれが理解できたのです。その少年が「走ろう！」と言ったので、わたしもできるかぎり速く走ったのですが、彼のほうが速いでした。わたしたちがその女性の元にたどり着くと、彼女はその少年に言いました。

「いいこと、ヨハネ。お友だちに勝たせてあげるものよ」

でもその女性は、彼よりも速く走れる子どもはいないと、その少年に向かってそうも言っていました。わたしたちは、家に入りました。家は小さくて狭かったのですが、壁に囲まれた庭園がありました。壁は低く、庭もかなり小さなものでした。ヨハネがおかしな顔をしてみせたので、わたしはクスクス笑いしました。彼の母親は、父親を連れてくるようにと彼に頼みました。ヨハネがドアを出たので、わたしも彼のあとを追いました。

小さな庭園の壁の前で立ち止まると、彼はわたしに向かってこう言いました。

「ぼくが帰ってくるまで、きみはここで待っていて！」

わたしはしばらくの間、低い壁の上に座っていましたが、立ち上がってから家の中に入ろうとゆっくり扉を開きました。ヨハネの母親が祈っている声が聞こえました。覗いてみると、彼女は小さな窓に向かって跪き、神様に祈りを捧げていました。両手を組み、全身全霊で神に祈りを捧げているのです。息子のヨハネのことを、彼女は神様に祈っているように見えました。何度も息子の名前を神様に伝えているのが聞こえてきたからです。でも彼女は、ひとりきりで祈ってはいませんでした。彼女の守護天使が一緒に祈っていました。その外観は男性的で、白と空のように青い色のローブを纏っていました。その守護天使は前屈みになり、祈る彼女の手に自分の手を重ねて一緒に祈りを捧げています。

ヨハネの母親が、神様に言葉を捧げるたびに、彼女の守護天使はまっすぐ天を見上げて、祈りながら両手を掲げるのです。

静かにその場を離れたわたしは、彼女の祈りが神様に聞き入れられるようにと祈りました。わたしは扉の前に立ち、先ほどヨハネと一緒に石ころを拾っていた荒れ地を見渡しました。ミカエルはわたしの左側に立っています。そのあたりで立ち話をしている男たちと変わらない服装をしています。そのうちのひとりが、「こんにちは」とミカエルに挨拶してから通り過ぎていきました。

「ローナ、悲しんではいけない。神様がお決めになったことが、もうすぐ起ころうとしている。――その通りだ。おまえの友だちのヨハネは、洗礼者ヨハネなのだ」

「知っているわ」とわたしはミカエルに返し、涙ぐんでミカエルを見上げました。

「わたし、どうしてこのことを知っているのかしら?」

「ローナ。なぜならおまえと神様が、おまえが生まれる前に天国でこのことについて話し合ってきたからだ。神様は、この記憶をおまえに甦らせたかったのだよ。そしてわたしたちも、おまえに思い出してもらいたかったのだ」

「ヨハネのお母様は、彼をとても愛しているわ」

わたしがそう言うと、ミカエルはわたしの手を取ってくれました。

「ありがとう、大天使ミカエル」

「さあ、行きなさい!」

彼はそう言いました。

わたしはまた石ころだらけの荒れ地に戻りました。ヨハネと彼の父が家に戻るまで、数時間も経過したように感じられました。わたしはヨハネの名前を呼んでから、彼の元に駆け寄りました。彼がわたしと追いかけっこをはじめると、ほかの子どもたちもそこに加わりました。

その瞬間に、わたしはまた自分の家の庭に戻っていました。干し草にもたれて座ったままの状態だったのです。ミカエルはまだわたしの前で跪いていて、わたしに微笑みかけてくれました。

わたしはそこに座ったまま一瞬だけ彼を見てから、穏やかにこう訊ねました。

「あの男の子が、そうなの?」

「神様は、洗礼者ヨハネが幼かった頃のヴィジョンをおまえに見せたかったのだ」

「彼は、神様に何か特別なことをしたの?」

「そうだ。けれど、ずっと昔のことだ」

「彼はよい子だったわ。一緒に遊んだのよ。彼の家の中にも入ったわ。とっても小さかった。わたしたちは、一緒に石ころを集めていたの。彼のお母さんは、わたしたちに食べものをくれたわ。それがビスケットだったか、パンだったかよく覚えていないけれど。丸い形をしていて、とても美味しかったの」

ミカエルは微笑みながら言いました。

「ローナ、そこでゆっくり休みなさい」

わたしはミカエルの言いつけに従い、少しの間居眠りをしていたと思います。あれは、神様がわたしに「洗礼者ヨハネ」についてのヴィジョンを与えてくださった初めての経験でした。ほかの存在たちのことについても、きっとまた別の本で皆さんに共有することができると願っております。

第8章 神様の元へ還っていった母

家族や友人など愛する人々の死を看取るのはたいへん辛いことです。でも、死ぬ人はひとりでさみしく旅立つのではありません。天国までずっと守護天使が寄り添い、すでに天国に旅立った人々も迎えにやってきます。彼らの旅立ちを嘆くのと同じくらい、一緒に過ごした最高の時間を思い出しましょう。それがやがて残された人たちの悲しみや痛みを和らげてくれます。

わたしの母が八十歳以上の年齢になった時、神様は彼女を天国に連れていかれました。それはつい昨年の出来事でした。わたしは今でも彼女のことが恋しく思われてやまないのです。それは、残された家族のほかの者たちも同様です。わたしはその時期が彼女に近づいていることをとうに察していたのですが、家の近くにある介護施設に入りたいという母の決断が、妹にはなかなか受け入れがたいことのようでした。とはいえ母のその決断は、実は彼女にとって今までになかったほどベストな選択だったのです。彼女が介護施設にて落ちつくまでに多少時間はかかりましたが、落ち着いてからはそこで幸せな日々を過ごせるようになりました。

それにしても最後の数週間は、わたしたち家族全員にとって試練の時期とも思えるような日々でした。わたしは、なるだけ頻繁に母を訪ねるように努力をしました。ジョン神父は、二度もわたしにつき添って母を訪問してくださいました。

ジョン神父は司祭でもあります。彼はかつてリムリックの刑務所内にある礼拝堂の聖職者として務めておられました。何年も前に彼は、天使たちが脇について護ってくれているという内容の手紙を、わたしに送ってくださいました。それ以来、わたしたちは友好関係を築いてきたのです。

そんなある日、わたしとジョン神父が一緒に母を訪ね、母と三人で昼食を取ることになりました。

三人は一緒に座り、母が人生において思い出せるさまざまな話をしては会話が弾みました。母はわたしたちが子どもの頃のことを振り返っては何度も笑い、父のことを思い出したりもしていました。引っ越しした時の日のことも彼女は語りました。あの日わたしがどうしていたかなんて、これまでに聞かされたことは一度だってありませんでした。母は、ほんとうに幸せそうでした。

彼女の両側にはふたりの天使がおりました。天使たちはひっきりなしに母の背中を摩《さす》っていたので、わたしは思わず微笑みました。母は背中と腰に絶えず痛みを抱えていたのです。あの日わたしは、母と一緒にランチができてとても楽しかったです。

介護施設を去る前に、ジョン神父は母を祝福してくださいました。わたしは母にまた訪ねてくるからと、言い伝えてから去りました。しかし、そのあと母がまた脳卒中を引き起こし、かなり様態がよくないという妹からの電話が入りました。

神様が母を天国へと連れていってしまう前に、わたしは母と一緒に過ごすために何度もキルケニーを車で往復したのを覚えています。介護施設のドアが開くたびに、ふたりの天使がわたしを迎えに来てくれていました。案内するかのようにわたしの前で廊下を進み、小さな部屋へと誘《いざな》ったのです。ドアの両脇に、そのふたりの天使が立ちました。黄金色のローブを纏い、両掌に一本ずつ蠟燭《ろうそく》を握っています。ふたりの天使が、とても明るく輝いて見えました。

部屋に入ると、衰弱しきっている様子で母がベッドに横たわっていました。母の守護天使が、母の魂を抱きかかえています。心の中でわたしは泣きました。わたしはただ、母をこの腕の中で抱きしめていたかったのです。でもそれは、彼女が苦しむので許されないと分かっていました。

彼女が脳卒中を引き起こしてからは、意識がなかったり、戻ったりを繰り返す状態が二日間ほど続きました。意識を失うと、彼女の守護天使が彼女の耳元で囁いているのが、わたしには見えたのです。きっと彼女の守護天使は部屋の中に誰がいるのか、弟妹たちの名前を彼女に教えていたに違いありません。

母の人生の最後の一週間は、体の激痛に耐えている状態が続き、それを見ているわたしたち家族全員にとってても辛いことでした。お医者さんはほとんどの場合、ちゃんと対処してくれていたにしても。彼女の肉体が衰弱しきっていたので、誰かがちょっとでも母に触れるだけで痛みが走るということを、わたしは知っていました。

母の守護天使が彼女を天国に旅立つことを許すようにと、わたしは何度も神様にお願いしたのですが、まだその時期は来ていなかったようです。愛する者を看取《みと》るということは、とても辛いことです。母の人生最後の日が近づいてきた時、父とふたりの兄弟の魂が彼女の元を訪ねているのをわたしは見ることができました。父が母の耳元で囁くと、母が少し笑顔を見せるのです。母は、父がそこにいることを分かっていたのはたしかです。

時が訪れるとわたしたち誰もが故郷である天国に帰っていき、肉体は死に絶えます。わたしは母が故郷へ帰ろうとしているプロセスをまさに目の当たりにしていて、時にはわたしの心が喜びで満たされることもありました。愛する人の死を目前にすることは、これはあなたにも起きることなのです。最後にわたしが母を訪問した時のことです。彼女は、まるで新生児のようにベッドに横たわっていました。彼女の守護天使は両手で彼女の魂を抱えていただけではなく、その日は守護天使の腕までもが母の魂に完全に絡み合っていたのです。母の守護天使は、母のベッドに一緒に横たわっているように見えました。

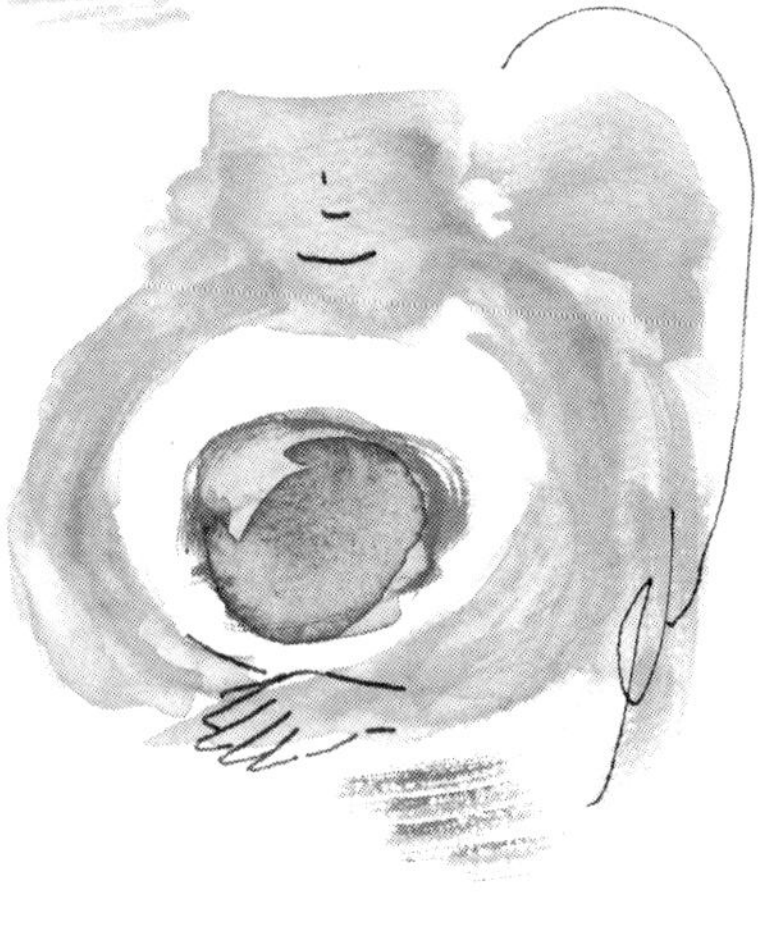

けれどもベッドのどこにも触れることはなかったのです。母の守護天使はわたしに告げました。

「もうあまり長くはないです、ローナ。わたしはあなたのお母様を天国にお連れするのですよ」と。

これはわたしが日常的によく見る光景ではありません。守護天使が、あのように死にかけている人間の魂を抱きかかえているのを見ることができるとは、とても光栄なことだと、わたしは受けとめました。だから、できるだけ長くそこにいることにしました。

その夜遅く、わたしの守護天使が耳元で囁きかけました。

「ローナ、もうそろそろ家に帰りなさい」

わたしは、胸が張り裂けんばかりになり、できるかぎり長くそこにいたいと言葉を出さずに守護天使に言いました。生きている母を見つめていられる最後の時間ですから。悩んだ末、最終的にわたしは去ることを受け入れた上で、守護天使の促す言葉に自らを委ねました。

母の守護天使が彼女の魂を天国に連れていく時、そこに居合わすことは許されないと、わたしの守護天使は教えてくれました。

ここにいたいと切望しているにもかかわらず、同時に「いるべきではない」ということも分かっていました。わたしは、母にさよならを言ってキスをしました。ふたりの姉妹たちを母の元に残したまま、わたしは彼女たちにも別れを告げました。廊下を歩き、ホールにいた看護師にも挨拶しました。彼女がドアを開けてくれて、わたしを出してくれました。

わたしは少し歩いたところで立ち止まりました。もう一度駆け戻り、母を抱きかかえたいという衝動に駆られたのです。

「いけないよ、ローナ」と、わたしの守護天使は言いました。わたしはしばらく、その場に立ち尽くしておりました。そして、丘の上の介護施設の上に広がる星空を眺めながら、母のためにわたしは祈りました。ダブリンの街明かりが少し見えています。とても美しいのですが、かなり寒く感じられました。もう少し歩いたところに、わたしの車が停めてあります。

車に近づくにつれて、天使ホーサスが運転席側のドアの前に立っているのが見えました。車にたどり着くと、わたしは彼に「こんばんは」と挨拶しました。

わたしの代わりに運転するつもりなのかと訊ねると、天使ホーサスは、「いいや」と答えました。わたしは立ったまま、あふれ出る涙で頬《ほお》を濡らしながら彼を見上げました。彼は指先でわたしの涙を拭《ぬぐ》い取ってくれました。わたしの顔に触れることなく、何らかの方法で涙を拭ってくれたのです。

「ローナ、泣かないで。きみのお母さんは、天国の家に戻るだけなのだから」

「分かっているけれど、とても辛いわ」

車の中に入ると、天使ホーサスは助手席に座っていました。

「さあ、運転してキルケニーの家まで帰ろう」

わたしが祈ると、天使たちも一緒になって祈ってくれました。母が穏やかに旅立つことと、そして、母の守護天使が彼女の魂を天国へと連れていく時に、姉妹たちが自分たちのためになる特別な何かを体験するようにと、わたしは祈りました。

わたしは母が恋しくてたまりませんでした。母の家を訪ねては、彼女と一緒にランチや買い物に出かけたことなどが思い出されます。でも何年も母に会わなかった時期もありました。神様が愛と希望のメッセージを世界中に伝えるために、わたしをお使いになっていることから世界中を旅するようになって忙しくなったからです。いちばん下の娘のメーガンを連れて、おばあちゃんを訪ねることもしばしばありました。メーガンも祖母を恋しがっています。

わたしたちが母を訪れた時の思い出は、楽しい時間を一緒に過ごせたことに尽きます。ある日、わたしがひとりで母を訪ねたことが思い出されます。母の台所のテーブルで一緒にお茶とビスケットを食べている時、ふと母は「時々、寂しくなることがある」と、わたしに打ち明けました。母は年老いてしまったことから、近所の人たちを訪問することが難しくなっていたのです。それは彼女の生き甲斐でもあったので、とても残念がっていました。その日、わたしは母と楽しく過ごすことができました。あの頃の母の台所は、いつも天使たちであふれかえっていました。さらに喜ばしかったのは、父の魂に再会できたことです。父はパイプを口にくわえ、釣り用の帽子を被って母の横に立っていました。父はわたしに一瞬だけ視線を向けると、笑顔を見せました。ただそれだけのことにしても。

ちょうどその日、父の霊魂は台所の勝手口から入ってきて母の横に座ったかと思うと、母の頭の上にパイプたばこの煙を吹きかけたのです。それからテーブルの周りをくるりと歩き、裏口から去っていきました。

心地よさそうに母が言いました。

「時々、父さんのパイプたばこの匂いがするんだけど……」

「ほんとうに匂うの?」

「ええ、たしかに」

母の守護天使がわたしにも嗅いでみるよう勧めるので、わたしはちょっと鼻を動かしながら嗅いでみました。

「うん、たしかに今、父さんのパイプたばこの匂いがしたわ」

母がわたしに微笑みかけると、彼女の守護天使が言いました。

「お母さんはね、あなたの前ではっきりとそれを認めることに抵抗があるのです」

母があのひどい脳卒中を起こす数日前に、妹と母は一緒にダブリンの街まで日帰りで行ってきたと、妹が打ち明けてくれました。よく晴れた過ごしやすい日だったので、ふたりでショッピングに出かけたそうです。ショッピングをしてからどこかでランチをするのが、母にとって大好きなことでした。あの日どこで母がランチをしたのか詳細まではよく覚えていませんが、どこかに座って日光浴をしながらとても素晴らしい一日を過ごした、と母が伝えてくれたことだけがわたしの記憶にあります。

愛する人たちが天国に戻る前に、一緒に過ごした最高の時間をできるかぎりたくさん思い出せるように努力するのは、わたしたち皆にとってとても大切なことなのです。愛する人が自分を笑わせてくれた時のことなどを、ぜひ思い出すようにしてください。

彼らの人生に起きたさまざまな出来事を、あなたに分かち合ってくれたことを、ぜひ思い出してください。

ペンキの塗り替えとか庭仕事などを、愛する人がしていた時にあなたが手伝っていた記憶を甦らせてください。たとえ些細な事柄であっても彼らのことを思い出し、それを分かち合うことが大切です。記憶はわたしたちにとって大事なものであり、誰もが必要としています。幸せなひとときを一緒に過ごした思い出を常に抱擁し、さらには、彼らとの悲しい思い出もほかの人たちと共有することで、悲しみが軽減されていきます。そうすることで、良き記憶が暗い記憶を覆い隠すようになっていきます。すると、悲しんだり、傷ついたりしたという思考は、もはや消えてなくなるのです。

あなたが愛した人があなたを愛し、その時が訪れると――その前ではなく――あなたを天国で待っているということを常に忘れないでいてください。さらには、誰もひとりぼっちでこの世を去るのではないということも。守護天使があなたの愛する人たちと共にいて、魂を天国に連れていってくれるからです。もはや苦痛は消え失せています。死の瞬間は、開放感と喜びと愛しかありません。生前にあなたが抱いたすべての疑問に回答が与えられます。

あなたの前に先立った者たちと再び愛で結ばれるのです。その信じられないほどの愛の質を、言葉で説明することは無理なのです。なぜなら、それは神様の愛だからです。わたしたちの魂が想像を絶するほどのとてつもなく壮大な愛の源《みなもと》である天国の父の元に帰る時、あなたがどんなに地球を愛していたとしても、きっと戻りたくなくなることでしょう。

第9章 大天使ガブリエルと愛する人たち

あなたの周りには助けの手を差し伸べてくれる存在がいっぱいいます。神様との中継ぎ役になってくれる天国にいる愛する人たち、特定の見守り先を持たない「失業中の天使」たち――かれらのいちばんの願いは、生きているわたしたちが幸せであること、自分の人生を思いっきり謳歌すること、なのです。

二〇〇四年九月のことです。わたしが果樹園でりんごを摘み取っている時でした。わたしの名を呼ぶ声が聞こえたので振り返ったのですが、生い茂った果樹園以外に何も見当たりませんでした。そこでわたしは、呼びかけてみたのです。

「天使さんたち、あなたたちがわたしのことを呼んでいるのだと思ったけれど、違ったのかしら？」

またりんごを摘みに戻ろうとしたその瞬間です。木立の間から明るい光が差し込んできました。その輝く光の中に、扉のような輪郭が現れたのです。その扉がゆっくりと開くにつれて、もっと明るい光線がそこを通過して差し込んできました。まもなくするとそこに立っているわたしの目の前で、その扉は完全に開きました。また別の光がわたしに向かってくるのが見えました。その光はまるで数百万光年ほど離れた宇宙の彼方から旅をしてきて、ようやく目の前の扉にたどり着いたかのように感じられました。その光が近づくにつれて、さらに大きく、さらに明るさを増しました。まるで月が回転しながら近づいてくるようでもありました。その光は扉の入り口に近づくにつれて静止し、その光の中にひとりの天使が立っているのが見えました。もちろん、誰なのかがすぐに分かりました。

大天使ガブリエルです。出口にほぼ近いところにガブリエルが立ってはいたのですが、扉にはまだ距離がありました。

その驚くほどに美しい瞳と若々しい姿――ラファエルほど若くは見えないにしても――を、わたしはこの目でたしかめることができました。扉の入り口に立つガブリエルは、茜《あかね》色の月光輪のような美しい光に包まれ、神々しさに際立っていました。やがて彼は前方に向かってゆっくりと歩き出しました。扉を通り抜けたとたん、彼を囲んでいた茜色の光輪は背後に消えていきました。ガブリエルが扉からわたしたちの世界へと完全に入ってくると、徐々に人間らしい姿へと移り変わっていきました。上から下まで真っ黒な革の服を着て、まるでバイカーのような格好でした。

「こんにちは、大天使ガブリエル。あなたにお会いできるなんて、思ってもみなかったわ。あなたが来るとは、誰も教えてくれなかったのよ。ああ、ほんとうにびっくりした！」

「りんごをきみが摘み取るのを手伝いに来たんだ。あっ、それからローナ。近日中に神様の〈輝く赤ちゃん〉に会えるからね。きみは、お母さんが恋しくて仕方がないって知っているよ。彼女は天国でとても幸せに暮らしているから、安心しなさい」

「ありがとう、ガブリエル！　あなたにひとつ質問してもいい?」

「もちろんだよ、ローナ」

「ええっと、どういうふうに聞けばいいのかしら……」

「質問しなくても答えてあげるよ」

ガブリエルはそう言いました。

「じゃあ、お願いするわ」

「ローナ、誰かが死にかけているとしよう。ある男性か、女性か、あるいは子どもがとしよう。神様は、その人と家族や友人との間で心の癒しのために、時間の猶予を与えることがよくあるのだ。これはきみも知っているだろ」

「ええ。今、ちょうど彼のことを考えていたの。彼は三十年前から家族と会話をしなくなったのだけど、自分に死期が近づいていることを知り、家族ともう一度心を通わせようとしていてね。ずっと前に起きた出来事は自分が愚かだったからだと、家族に許しを求めたんですって。それでね、ガブリエル。彼の家族が彼に会いに来たの。とても素晴らしいことだと思わない?　考えてみると、彼がやるべきことはただ謝ることだけだったのよ。まさに彼はそれをしたのよ。家族たちも彼に謝ったわ。彼がかろうじて今生きながらえていることを、わたしは知っている。そして神様は、彼らが仲直りしてきちんとお別れが言い合える機会を与えてくださったのよね」

「その通りだ、ローナ。互いへの愛は常に変わらないということを、家族の誰もがそれを伝えたいと願っているのだ。そこで神様は、人間にそれを伝えることができるチャンスをお与えになるのだよ。たとえ何年も前からそのチャンスを与えていたとしても、傷ついたり、腹を立てたりしたことが原因で疎遠続きになってしまうこともある。ずっと前から疎遠になっていた親戚の誰かから連絡があった時は、亡くなった叔父やいとこたちのことを、親戚が一緒になって追憶する必要があるということなのだよ、ローナ」

「彼のいとこたちは、家族から疎遠の話を聞いてはじめて知ったようよ。そんな親戚がいるなんて、まったく知る由《よし》もなかったんですって。彼らはその話を知りたがり、喜んで彼に会う気になったそうよ。それでほかの家族のメンバーたちも同様に、彼に会いに行くことになったらしいわ。家族の誰かが三十年も五十年も前に起こったことで恨みを抱き続け、家族内でその人の名前を二度と口にしないようになるのは、とても悲しいことだとわたしは思うの」
「その通りだ、ローナ。家族の絆が切れたまま、時が流れてしまうとはね」
「ガブリエル、どんな事情が、その絆を失うきっかけになってしまうのかしら?」
「原因はさまざまあるさ。土地や財産に関係することの場合もある。愛に関係することだったり、家族の誰かに対する批判や誤解だったりすることもある。みんなで出かける時に、誰かを誘うのを忘れたというような、取るに足らないことが大騒ぎになったりもするんだ。互いに対する憎しみや嫉妬を抱いている家族もいるんだよ。さて、わたしはそろそろ行かなければ」

大天使ガブリエルは姿を消してしまいました。わたしはまたりんご摘みに戻ったあと家に入り、アップルタルトを作りました。

わたしは今、パソコンの前に座りながらアップルタルトのことを考えています。アップルタルトとカスタードのことを。とても美味しいのですが、とりあえず、執筆に戻らなければなりません。皆さんの家族や愛する人たちのことについて、話を続けようと思います。あなたの愛する人が、たとえ天国からであっても、もっとあなたの役に立ちたいと願っているということを忘れないでください。彼らはあなたのために仲裁役を担い、あなたの代わりに天の父に頼みごとをしてくれているということを。あなたの愛する人がこの世を去ってもあなたとの絆が失われることはなく、常にその絆は残り続けます。

皆さんご自身の守護天使に訊ねてみることの重要性について、わたしはよくお話しします。今は亡き、あなたの愛する人に訊ねることも同じく重要です。愛する人はあなたのためにとてもパワフルな方法で仲裁役を担ってくれるからです。天使たちが脇に立ち、愛する人が神様の御座へとまっすぐ歩み寄り、心深き嘆願をするのをわたしは見たことがあります。

わたしはいつも天使たちが見えるのですが、去っていく天使たちも同様に見えるのです。たとえば何かが起きている時に、そこに居合わせたすべての人の守護天使が見えるわけではありません。〈失業中の天使〉たちも大勢いるのです。毎日、わたしたちの生活における些細な面で援助の手を差し伸べるために、神様は毎日のように大勢の天使たちを天から地上に降り注いでくれています。そういった守護天使以外のほかにも多くの天使たちもいますが、皆さんが愛してやまない地上を去った人たちの霊魂も、わたしは見ることができます。時には、そういったわたしたちが愛する今は亡き人たちの霊魂が、まるで終わりのない濁流のように束の間だけ見えることもあります。多くの霊魂が同時に喋っているのが見えることもあります。これは通常、わたしが講演会などのイベントでステージに上がる直前などによく起きることです。わたしが話しはじめてからの数分間や、質疑応答のタイミングなどに。まったく知らない、一度も話したことがない聴衆を前にしている時であっても、数多くの霊魂の濁流が現れます。

愛する人の魂から与えられたシンプルなメッセージを、その人に伝えよと天使たちが言うこともあります。愛する人たちの霊魂が伝えるもっとも一般的なメッセージのひとつは、「あなたが必要な時には、いつでもすぐそばにいる。とても愛しているよと伝えてほしい」ということです。このようなメッセージは、聴衆の多くの方々にとって当てはまることを、わたしは知っています。

愛する人を失うと立ち直ることさえ困難で、再び生きていくことなどとうていできないという思いによく陥るものです。しかし、本来あなたの愛する人は、あなたが再び元気を取り戻すことを望んでいるのです。愛する人は、あなたがいつも泣いているのを望んではいないのです。投げやりな人生を送ってほしくはないのです。あなたの心に空いてしまった穴である——寒々とした虚無感——苦しみと恋しい辛さを彼らは知っているのです。よく知っているからこそ、愛する人はあなたのそばであなたが癒やされるための力になりたいのです。あなたの愛する人は、今もあなたを愛し続けているのです。もちろん、その人のことをあなたは忘れるべきだという意味ではありません。同時に、その人のことをいつまでも思い続けなければならないという意味でもないのです。それはあなたにとって辛いことと愛する人は知っているので、むしろそれを望んではいないのです。だからといって、あなたがその人をもう愛していないという意味ではありません。愛する人は今でもあなたの愛は変わりないことを知っていて、あなたを愛し続けていますが、あなたに幸せでいてほしいのです。あなたの人生が愛と幸福で満たされることを望んでいるのです。あなたに一生懸命生き抜くと同時に、人生を謳歌《おうか》してほしいのです。それを忘れないでください。

あなたが愛する人のことを考えている時もそうでない時も、神様は愛する人の魂が都度あなたと一緒にいることを許します。愛する人が何をあなたに伝えたいのか知りたければ、最後にその人のことを考えた時のことを思い出してください。さらには、その人のことを考える直前にどんなことが頭によぎったかを思い起こすようにしてください。

神様は、あなたの人生で何が起きていて、あなたが愛する人を必要とすることを事前に知っておられ、あなたの愛する人の魂があなたのそばにいることを許します。神様は、あなたの人生に癒しが必要なことや、ほかにも多くの理由があることを知っています。たとえ愛する人のプレゼンスを感じることができなくとも、あなたと一緒にいて、また同時に天国にいるということを。わたしには保証して言えるのです。彼らは平和の内にあります。彼らは幸せで、いつかまた、あなたも彼らに会える日が訪れるのです。

わたしがパソコンに向かって音声入力している時に、天使たちがわたしに忘れずに皆さんに伝えなさいと言ってきました。もしあなたが夫や妻、あるいはパートナーを失ったのであれば、再び愛を芽生えさせるために別の男性か女性を受け入れる心の余裕を持ちなさい、と。そのような心の余裕を持つことは、あなた次第であるにしても。あなたの愛する人もあなたにそれを望んでいます。手遅れになるまで、放っておかないでください。過去の誰か特別な人を愛しているがために——神がその人を故郷の天国に連れていかれたにしても——多くの男女がまたほかの人を愛するチャンスを失ったという話を、わたしはよく聞かされます。愛する人は、あなたに再び恋をしてほしいのです。天国の愛する人は、あなたが恋に憧れていることを知っているので、別の誰かのための心の余裕を持ってください。愛する人はあなたに寂しい気持ちでいてほしくはないのです。

「これでうまく伝えられたかしら?」とわたしは天使たちに訊ねました。

彼らは頷《うなず》いてくれました。すると、天使ホーサスが言いました。

「ローナ、それはジョーもきみに望んでいたことだよ。だけど別の誰かに心を開くことがどれほど大変なことか、それも我々はよく分かっているよ。きみが試すだけはやってみたこともね」

わたしは回転椅子をくるりと回し、ホーサスに言いました。

「別の誰かのために少しだけ心の余裕を持ったことはあるけれど、神様はその人も天国に連れていかれてしまったわ。誰かのために心の片隅にスペースを空けておきたいという気持ちには、間違いなくもうなれないわ。きっと相手はわたしの人生についていけないと思うのよ。きっとわたしのせいで気が狂いそうになるでしょうね」

ホーサスが大笑いしたので、わたしは「もう行って!」と言いました。

でも彼は去りはしません。わたしが天国に帰る日には、ジョーがわたしたちの幼かった息子のマイケルの手と、わたしの弟のクリストファーの手を握っている姿をきっと見ることができると、わたしは信じております。母や父、そしてすでに天国に帰っていった兄のガレットも。亡くなった身近な者たち皆にまた会えるのです。わたしが彼らを抱きしめると、彼らもきっと愛おしそうにわたしを抱きしめることでしょう。いつの日か皆さんにも同じことが起きるでしょうが、それまではできるかぎりベストを尽くして生き抜いてください。人生はかけがえのないものです。当たり前のこととして受けとめるべきではありません。人生は実に素晴らしきものなのです。落ち込んだり、高揚させられたり、浮き沈みが常に伴うにしても。どんなことが人生で待ち構えていようとも、あなたは必ず乗り越えることができるのです。あとになってから、なぜあの時あれほどにも落胆していたのかと、驚くほどです。ですから、ぜひ人生を楽しんでください。これが、人生を通して天使たちがわたしに教えてくれたことなのです。

あなたの守護天使も生きていることを楽しむように と、常にあなたに教えてくれているはずです。です から、どんな小さなことでも楽しむということを忘 れないようにしてください。

第10章 ごくふつうのわたしの日常

先日、海外の人たちとスカイプセッションを行う機会に恵まれました。純粋な心を持つ子どもたちと話すのはとても楽しいものです。この日は好奇心いっぱいの彼らに、守護天使の名前を知る方法、守護天使がわたしたちのそばをけっして離れない理由、魂の正体など大切なことをたくさんお伝えしました。

わたしが編集者のマークに、本書全般を通して、自叙伝としてのスタイルを維持したいと伝えたところ、それは素晴らしいと彼は快諾してくれました。今日《こんにち》に至ってわたしの人生は、すっかり変わってしまいました。わたし自身はさほど変化していないように思えるのですが。でも、たくさんの方々から今まで訊かれたこともないような質問を受けることによって、さらに多くのことを学ぶ機会が得られました。そうであったとしても、わたしはわたしのままです。子どもたちと話す機会に恵まれていることが、何よりも嬉しいと感じている今日この頃です。

子どもたちは。常に熱心でもっと学びたがります。自分たちにも守護天使がいるということについて、とても関心を抱いています。いつだって子どもたちには、訊きたいことがあふれるほどたくさんあるのです。

いつのことだったか、ある時わたしはオーストラリアの学校の先生から、生徒たちと一緒にスカイプでセッションをしてほしいと依頼をされたことがありました。その先生は、ナターシャという名前です。「いつオーストラリアに来られるのですか?」というような内容のメッセージを、わたしのフェイスブックページに彼女は何度か書き込んだのです。そのたびにわたしは、「申し訳ありませんが、いつになるかは分かりません」と返事をしていたのです。もちろん、オーストラリアに行って講演やブックツアーをやりたいという気持ちは充分にありますす。でもまだ実現していません。その国の出版社か講演会の主催者のことをよく知ってからでなければ、遠い海外に出向くことはできません。でもいつか、招待してもらいたいと望んでいます。

そんな中、とても嬉しいことが起きました。オーストラリアに住むその先生と生徒たちが、わたしと「スカイプを使って会話をしたい」と申し出てくれたのです。神様の計らいは、実に見事としか言いようがありません！　つまり、素晴らしいテクノロジーを人間に与えてくれた神様に、わたしは感謝しております。スカイプのようなツールがないとしたら、遥か彼方のオーストラリアに住む子どもたちに彼らの守護天使について話すことなどとうていできません。

でもそのスカイプ通信には、ちょっとした問題が生じていたのです。その予定が入っていた週は、天使たちがわたしにずっとこう囁きかけていたのです。

「あの約束は木曜日だよ、ローナ」

「いいえ、金曜日よ」わたしは天使たちに返答しながら、断固として譲らなかったのです。

木曜日になると、天使たちはまた告げました。

「ローナ、パソコンをオンにしておきなさい」

「いいわ」とわたしは返事したものの、なぜなのか深く考えていませんでした。

パソコンの電源をオンにしたあと、わたしは一階の部屋まで下りていきました。足を上げてくつろいだのが、ちょうど十時半頃でした。すると守護天使が耳元で囁きかけたのです。

「ローナ、よく聞いてごらん。聞こえないの？」

わたしはソファーから飛び上がり、二階に駆け上がりました。

「誰かがスカイプで呼び出している」わたしの言葉に守護天使は頷いてみせました。

わたしがやっと二階にたどり着いた時、天使ホーサスが「急いで！」とわたしを急かしたのです。

でもわたしがパソコンの前に座ったとたん、呼び出し音は消えました。

「オーストラリアの学校からよ。ナターシャ先生と生徒たちに違いないわ」と、そばに座っていたホーサスに向かい、わたしは叫んだのです。

「そうだよ、子どもたちはかなり興奮ぎみだった。それに、教室は天使たちであふれかえっていたよ」

次の瞬間、スカイプが再び鳴り響いたので、こんどは逃さずに受け応えることができました。

「こんにちは、ローナさん」ナターシャが言いました。

　わたしが画面に現れたので、教室の子どもたちはみんな大喜びでした。質問を受けるのがとても楽しみです。

「明日の金曜日の夜だと思っていましたわ」わたしはナターシャに言いました。

「オーストラリアは、今日が金曜日なんです」

「あら、こちらはまだ木曜日だわ」思わずふたりで大笑いしてしまいました。

「ローナさん、たいへん申し訳なかったです。なんという勘違いでしょう！　あなたの金曜日はこちらの土曜日になります」

「ご心配なさらないで。大丈夫ですよ。あなたや生徒さんたちが、ガウン姿のわたしでもよければ。ごめんなさい、ちょうどベッドに就こうとしていたところだったもので」

　ナターシャはクラスの生徒たちに向かってわたしがガウン姿でもよいかと訊ね、承諾を得ました。もちろん、全員「ＹＥＳ！」にきまっています。そんなことを気にするわけがないからです。生徒たちは皆、それぞれの守護天使に関する質問をしたくて、興奮を隠しきれない様子でした。

　教室に男子生徒と女子生徒がそれぞれ何人いたかは分かりませんでしたが、十歳から十二歳前後の子どもたちだったと覚えています。教室の壁には大きなスクリーンがかかっていて、おそらく黒板は教室の前方にあるのでしょう。子どもたちは一人ひとり前に進み出て、コンピューターの前に座りました。生徒たちは自分の名前を名乗ったあと、わたしに質問をしました。ほかの生徒たちはわたしが返答する様子を、壁にかかっているスクリーンを通して眺めていたようです。それにしても子どもたちが質問する内容は、どれも素晴らしいものばかりです！　とてもシンプルでありながら、単刀直入な質問ばかりなのです。全員がわたしの回答を聞けるので、それぞれが異なる質問をすることができました。

　皆さんにもぜひここで共有したいので、その時のことを思い出そうと努めているところです。天使ホーサスに協力してもらえるようにお願いすることにしました。

「もちろんさ、ローナ」と彼は返事してくれました。

何人かの子どもたちは、自分の守護天使の名前を知りたいとわたしに訊ねました。わたしには分からないので、自分たちの守護天使に訊ねてみなさいと、子どもたちに返答しました。次にわたしと一緒に目を閉じて、自分の守護天使のことだけを考えなさいとアドバイスしました。

「一生懸命にならないで、ただリラックスするのよ。守護天使が、あなたの心の中に思考を注ぎ込んでくれます。それは皆さんが日常よく目にする何かであったり、行為に関係することだったりします。あるいは、守護天使があなたの心にイメージを送ることもあります。それは、たったひとつの単語かもしれないのです。あなたの守護天使が示してくれることがどんなことであっても、それを見逃さずにキャッチしてくださいい。守護天使の名前を知るために役立つかもしれないからです」

子どもたちが目を開けた時、ほとんどが彼らの守護天使の名前に関連する何らかのヒントを得ていました。自分の心の中に飛び込んできた思考とかイメージ、あるいは言葉について分かち合ってくれました。

ある少女が水仙の花が見えたと発言した時、わたしは言いました。

「じゃあ、あなたの守護天使はきっと〈ダフォディル（水仙）〉と呼んでほしいのね。あなたにそう言っているのでしょうね。でもそれは、あなたの守護天使の名前の一部にすぎないのですよ。守護天使にはとても長い名前があるのです。誰も発音したり、綴《つづ》ったりしきれないくらい長いのよ」

わたしたちがある練習を一緒に試したあと、ひとりの男子が前に進み出て質問しました。彼は目を閉じて自分の守護天使に名前を訊ねました。すると、『ジャック』とひと言だけ心に飛び込んできたので、彼はその名前に違いないと確信したと言いました。これに対してどう返事すればよいのか、わたしは天使ホーサスに訊ねてみました。その男の子が席に戻ってから、彼の守護天使にそれで正しいかどうか訊いてみるように伝えればと、ホーサスは言いました。ほかに、こんな質問も受けました。

「わたしが死んでしまうと、守護天使はどうなるの？」

「あなたの守護天使はあなただけのものです。けっして他の人の守護天使にはなりえないのよ。だからあなたと一緒に天国に戻ることになるのです」

　別の生徒もこれに似かよった質問をしたので、もう少し説明をつけ加えることにしました。

「あなたの魂が天国にいた時、つまり、お母さんのお腹にいる前から、あなたはすでに守護天使に会っていたのよ。あなたと守護天使は多くのことを話し合ってから、あなたのお母さんのお腹の中に入る時期を迎えた時、あなたは守護天使と一緒にやってきたのよ」

　大勢の生徒たちが、彼らの守護天使がどのように見えるかとわたしに質問しました。各々に守護天使の姿について、少しだけ詳しく語りました。各個人の守護天使について描写するのがわたしはとても好きなのですが、同じ部屋に一緒にいないと無理なのです。このことをある男子生徒に伝えると、「分かりました！」と元気に返事をしてくれました。わたしは彼にもうひとつ伝えました。

「守護天使は男性でも女性でもないのですが、女性、あるいは男性の外見をして現れることもあります。どっちでもない時もあるわ。天使たちは普通、三歩ほどあなた方のうしろ側にいるのだけれど、あなたの周辺ならどこにでもいられるの。実際には天使たちはとてつもなく大きいのだけれど、でも人間の肉体と同じくらいの大きさに見えるのよ。守護天使は、ほかのすべての天使たちと異なっています。内から放出する光の質が、ほかの天使たちのものとはひときわ違っているのです。たとえば数百人の兵士がいた場合、あなたたちはその中からすぐに軍曹を見分けることができるでしょう？　ちょうどそれと同じことが、守護天使にも言えるのよ。彼らが放つ光は異なり、ほかの天使たちとは違って見えます。守護天使にはほかの天使たちにはない特別な権限があるのです。守護天使が一緒にいる人の魂の守り手であることを、ほかのすべての天使たちは知っているからです。

　魂の守り手として、守護天使はその魂を誕生以前から導いていて、人生を通して導き続けます。しかし、彼らにとってもっとも重要な仕事は、わたしたちをいつか天国の故郷へと無事に連れ戻すことです」

「わたしの守護天使は、わたしのそばにいてくれるの？」という生徒の質問に対して、わたしはこのように答えました。

「そうよ、あなたの守護天使は、たとえ一瞬たりともあなたの元から離れることはないので、あなたは独りぼっちじゃないのよ」

「じゃあ、誰にでも守護天使はいるの？」

生徒たちがそう訊いたので、説明することにしました。

「誰にでもそれぞれの守護天使がいるという理由は、誰もが魂を持っているからです。その魂こそ神様の光の欠片《かけら》であり、皆さん方の肉体を含むすべての部分に浸透しているのです。さらにいえば、守護天使は、あなたの魂の守り手だからこそ、一瞬たりともあなたの元を去ることはないのです」

生徒たちはさらに多くの質問をしてくれて、素晴らしい会話が弾みました。そんな中、スカイプ通信が一、二回途切れたのですが、生徒たちもナターシャもそんなことをまったく気にしませんでした。ナターシャがもう一度かけ直してくれたので、再びつながるのに数分もかかりませんでした。トータルで生徒たちと四十分ほど会話することができました。

彼らがわたしの受け答えに満足してくれたことと願っています。機会があれば、またあのようにオーストラリアに住んでいるナターシャの生徒たちと会話できることを楽しみにしています。どうか神様、そのチャンスをわたしにお与えください。


今は二月で、二日後に行われるミーティングのためにメイヌースに出かけなければなりません。

息子のクリストファーが電話をかけてきました。

「母さん、たしか火曜日にメイヌースに行くつもりなんだろ？」

「そうよ」と答えると、その晩は彼の家に泊まるつもりでいるかと、彼はわたしに訊ねました。

「どうして？」

「ちょうど面白い映画をやっているんだ。コメディだよ」

彼はわたしと一緒にその映画を観たいと思ったよ

うです。

「いいわね、もちろんよ。映画なんて長い間観てないもの。クリストファー、何時に仕事が終わるの？」

「七時までは無理だな。仕事の後迎えに来てくれたら、まっすぐ映画館に向かうことにしよう！　仕事着のままだけどかまわない？」

「もちろんいいわよ、楽しみにしているわ」

その夜は遅くなるので泊まらないかと、クリストファーは訊ねました。でも家に帰りたいと、わたしは返事したのです。夜間運転はぜんぜん気になりません。道路が混雑していなくて静かだからです。

このような経緯で、二日後にわたしはミーティングのためにメイヌースへと向かいました。そのミーティングについて、少し説明したほうがいいかもしれません。出版社に関することやインタビュー、講演、旅行などさまざまな事柄について話し合うのです。わたしと娘のルースとメーガン、そして息子のオーエンを含めたミーティングです。それに加えて、関係者の人たちも交えて時間をかけて行われます。終えた時には、そこに居合わせた誰もが疲れ切っていることでしょう。少なくともわたしは、きっとクタクタになっているはずです。

その日、わたしたちはとても多くの仕事をやり遂げることができました。そのあとわたしは、クリストファーと一緒に映画を観に行くのを楽しみにしていました。クリストファーと一緒に映画を観るのが、わたしは大好きです。彼が選ぶ映画はたいてい、スピード感とアクション満載の興奮するようなものばかりです。わたしは以前あまり映画を観なかったのですが、今ではアクション映画が大好きになりました。ストーリー性があるものは、とくに好きです。

〈リッフィー・バレー〉という名称の新しい映画館にわたしたちが着くと、クリストファーはチケットを購入してくれました。おまけにポップコーンにモルティーザーズチョコレート、それから共にシェアする飲み物も。

列に並んでいると、クリストファーがわたしを呼んで言いました。

「並ばなくていいよ。ふたり一緒に座れる席がないらしいから、次のまで待たなきゃならないんだ」

そんなわけでわたしたちは、映画館に隣接しているレストランで食事をすることになりました。八時にスタートする映画を観ることになったからでした。すごく面白い映画でした。クリストファーはわたしに、ちょっと下品なところもあるだろうけれど、うまくそれを取り繕っている映画だと、はじまる前に予告してくれていました。

観賞を終えて映画館から出てきた時、わたしは息子に言いました。

「ほんとうに最高だった。楽しめたわ」

スーパーヒーローの映画でした。

「かっこよくて、とても面白かった」そう言ったあと、わたしはメイヌースから家まで運転して帰ることにしました。

「母さん、ちょっと運転しづらいみたいに見えたんだけど」クリストファーは車から下りる前に言っていたのです。

「この車を乗りはじめてから、まだ二週間ほどしか経ってないの。二〇〇八年型のディーゼルよ。まだ数回しか運転していないけれど、前の車よりもずっといいわ」

「母さんはハンドルをきつく握りすぎだよ。位置が正しくないのかもしれないね」

そう言ってクリストファーが調整してくれたところ、だいぶ変わりました。必要な時に元の位置に戻す方法も、教えてくれました。そのあとわたしたちが互いにさよならを言う前に、わたしが無事に家に着けたかどうかを確認したいので忘れないようにメールしてほしいと、クリストファーから言われました。

「心配しないで。大丈夫よ」

わたしがキルケニーを経由して、家の門にたどり着いた時は、すでに夜中の十二時をまわっていました。家に着いてからすぐにクリストファーに無事に着いたことと、ハンドルの位置を変えてもらったことで、かなり楽に運転することができたことを伝えました。

またクリストファーと一緒に映画に行くのを楽しみにしているとも。でもわたしは二日後にはアフリカに発つことになっているのです。おそらく数ヶ月後のことですが。わたしはまだアフリカに行ったことがないので、とても楽しみにしています。

ワクワクなのですが、ちょっとドキドキもしています。天使たちは心配する必要はないと言ってくれています。わたし以外にもグループが同行し、ドキュメンタリー映画を製作することになっているのです。どんなものになるかは分かりませんが、苦しんでいる子どもたちが笑顔でより良い暮らしができるために人々の心を動かすことができるような作品になると祈っております。

わたしはそのような子どもたちを支援するための、〈ローナ・バーン子ども財団 Lorna Byrne Children's Foundation〉という慈善団体をはじめました。そのほかにも現在、三つの慈善団体をわたしは支援しております。そのうちのふたつは国外で、ひとつはアイルランドにあります。

皆さんからのご支援で、子どもたちを救うためにさらにもうふたつの慈善団体をリストに含めることも可能となりました。これこそが、神様と天使たちがわたしに求めていることだからです。もちろん、わたし一人で成し遂げられることではありません。皆さんの助けが必要です。ですから、皆さんが〈ローナ・バーン子ども財団〉を検索してくださり、寄付していただけたら幸いです。少ない多いにかかわらず、すべての寄付金が子どもたちに影響を与えます。ほんのわずかでも大歓迎です。子どもたちの人生が変わるように、月々の支援金のご協力をお願いします。

第II章 不思議な本を手に持った天使ホーサス

天使にも持ち物があるなんて⁉　ある日、仲よしの天使ホーサスが持っていた一冊の本についてお話ししましょう。その本は神様の図書館から借りてきたもので、人類についての計画が書かれているというのです。テロ、戦争、貧困――世界では悲惨な出来事が絶えませんが、未来の計画を書き換えるのはわたしたち自身なのです。

わたしがイギリスでの講演ツアーに向かったのは、二〇一六年のことでした。ドーセット州のボーンマスとデボン州で、わたしは講演を行いました。ちょうどエチオピアから戻ってきたばかりだったこともあり、三月二十二日の朝はかなり疲れきっていました。囁きかけるような声が聞こえてきた時は、わたしはまだ毛布の中に潜り込んだままでした。疲れきってほとんど目が開けられなかったので、毛布の下から覗いてみることしかできない程の状態でした。見えたのは、明るい光だけでした。もう少し目を開いてみると、天使ホーサスがいました。わたしのベッドの上方の枕の先端に腰をかけながら、窓の外を眺めているではないですか！

眠っている間にどうもわたしの頭が枕から外れて、下のほうで毛布にすっぽりくるまっていたようです。そのままの状態でわたしはまどろんでいたかったのですが、天使ホーサスは振り返り、わたしをちらりと見てから笑顔で言いました。

「おはよう、ローナ！」

ホーサスが一冊の本を手に抱えていることに気づいたのは、その直後のことでした。彼がどんな本を読んでいるのか、まったく知る由もありません。

それにしても、かなり大きな本でした。ホーサスはその本をまた読み続けました。天使が本を読むなんて⁉ 好奇心に誘われたわたしは、目覚めることができました。

天使ホーサスがわたしのベッドの上に座っているとはいえ、彼の一部がマットレスや枕に触れることはけっしてないのです。

仮にあなたのベッドの上で、あなたが座るように天使が座っているかのように見えたとしましょう。でも実際にはそうではなく、神様が創造された美しき生命体は、物質世界の物体との間にスペースを必ず空けるのです。それは彼らの世界とこの世界との間の境界なのです。神様は、その境界線をわたしが見えるようにしてくださいました。わたしはその境界を〈クッション〉と呼んでいます。クッションには、あらゆる形とサイズがあります。再び述べますが、そのクッションがあるがために、天使の足は実際には地面に触れていないのです。そのため、天使がベッドの上に座ったり、ベッドの側に立っていたり、あるいは目の前で椅子に腰をかけているかのように見える時、大いにわたしは好奇心をそそられるのです。

あなたが台所のテーブルの前に座り、お茶を飲みながら休憩しているような時、ぜひともあなたの守護天使にこんなふうに語りかけてみてください。

「わたしの向かい側にひとりの天使が座ってくれて、それからわたしの守護天使さん、あなたが隣に座ってくれているのなら、最高よ！」と。

　何かを教えてくれる先生のような天使か、あるいは誰かの役に立ちたいと願っている〈失業中の天使〉が、仮にあなたのそばにいてくれるとしたらいかがでしょうか？　たとえ天使たちを目で見ることができなくても、あなたの助けとなってくれるということを信頼してください。実際に天使たちは、いつでも力になってくれているのです。とくに、テーブルを一緒に囲んでいる時などは。わたしがダブリンのオールド・キルメナムの家に住んでいた幼かった頃から、彼らは窓際の小さなテーブルによく腰をかけていたものです。

　わたしがようやく毛布を払い除《の》けることができた時、部屋の中がなぜこれほどまでに明るかったのかその理由が分かりました。毛布の下から覗いてみた時には窓から差し込んでいる明るい太陽の日差しだとばかり思い込んでいたのですが、実際のところそれは天使ホーサスが放射していた眩《まばゆ》いほどの光だったのです。どうやら、毛布がそれ以上見させないようにしていたようです。でも毛布を払い除けたところ、なんと寝室は天使たちであふれ返っていたのです！　思わずわたしは、愕然《がくぜん》とさせられました。おそらく三十人くらい、いたはずです。

「おはよう、ローナ」

　一斉に声を揃えて、彼らは挨拶してくれました。

　わたしはベッドの上に座り込んでしまいました。天使ホーサスがどんな本を持っているのか見たくてたまらなかったので、前屈みになりました。

「ねえ、何の本を読んでいるの？」

　ホーサスはわたしの問いに答えることなく、読み続けていました。

　わたしはベッドに座ったまま膝を立てました。両手で膝を抱え込んでホーサスの気を引こうとしたのですが、彼はまったく応じようとしません。しばらく経ってから彼が言いました。「ローナ、さあ起きて！　そろそろ執筆の時間だろ？　きみはしばらく書いていないようだね。再び台湾と香港に発つ予定があるということも、ぼくは知っているよ。だけど神様はね、きみが旅立つ前にもう少し書き進めてもらいたいと願ってるようだよ」

　天使ホーサスは、座っていた位置からベッドボードまで移動しました。脚を組んで左手で本を持ちながら読んでいる彼の姿を見ていたら、なんだか急におかしくて、思わず笑ってしまいました。ハードカバーの本であることは分かりました。金色で縁取《ふち》りされた白い表紙の本です。けれども表紙に何が書かれているかは、まったく読み取れませんでした。

彼はその本の中身に目を通してから言いました。

「起きろよ！　ローナ」

「ええ、分かっているってば。起きるわよ。着替えるけれど、その前にあなたが何を読んでいるか、教えてくれない？」

ホーサスは本を閉じると、左手で胸の前に抱えました。体は同じ向きのまま、わたしのほうに振り返ったのです。ベッドの上には、もうひとり別の天使が座っていました。ですので、ホーサスの手で覆われている本はなおのこと、わたしからは完全に見えなくなっていたのです。

「ローナ。ぼくが何を読んでいるか、それを教えることはできない。神様の図書館から借りてきた本だとだけ言っておこう。この本を読むことがとても重要なんだ。神様はほかの天使たちと同様に、ぼくがきみに協力することを望まれておられるからさ」

そう言ったあとホーサスは、着ていたローブを捲《まく》し上げ、左手で持っていた本を――人間の体でいえば心臓あたりの高さのところで――その中に仕舞い込みました。わたしは彼に訊ねました。

「あなたたち天使はみんな、その本を読まなきゃならないの？」

「そうじゃないさ、ローナ。これは、ぼくが読まなければならない本なんだ。神様はご自身の図書館から、この本をぼくが持ち出すようにと命じられたのさ。だからこれからずっと、この本をぼくは持っていなくちゃならないんだ」

天使たちが特定の〈何か〉を所持しているということについて、わたしは気づかなかったというよりかは、今まであまり気に留めたことはなかったのです。

『天使たちが何らかのものを持参している、ということは一般的なことなのかしら？』こんな思考がわたしの頭をよぎろうとしたちょうどその直前に、ホーサスは笑顔を浮かべて答えてくれました。

「いいや、稀《まれ》だよ」

「滅多に見せてもらえないんだけれど、大天使ミカエルがいつも剣と盾を持っているということは、わたしもよく知っているわ」

「質問はもうおしまいだ！　さあ、さあ、ローナ、起きて！」

　わたしはベッドから起き上がっても、まだそのことについて少し考えていました。ホーサスは、そのままで座っていました。わたしはガウンを着てから、つい先ほど忠告されたことを聞いていなかったかのようなふりをして彼にまた訊ね返しました。

「ところでホーサス、こんな質問だったら構わないでしょ？」

　ホーサスはまだベッドの上に座っているのですから、訊ねてみるにはよいチャンスです。頷いて彼は言いました。

「まあ、いいだろう。ローナ、きみの頭の中にあることを訊いてもいいよ」

「大天使ミカエルのことなんだけれど……彼は大天使として、神様の玉座のそばに立っているでしょ。神様が彼をわたしの人生に遣《つか》わされたってことよね。大天使ガブリエルも他の大天使たちも、それから別の天使たちも同じことよね。だとしたら彼らも、わたしの人生に関わるために、神様の図書館から特定の本を借りてきて読まなければならないということなの？　ホーサス、わたしが言っている意味が分かる？」

　数分間の沈黙が続いたあと、ホーサスが立ち上がりました。その間、天井が消えたように見えたのです。するとふいに、わたしの寝室のドアをノックする音が聞こえました。そのノックの音に聞き覚えがありました。これまでに一度もお話ししたことはないのですが、大天使ミカエルはよくドアをノックするのです。はじめのうちは、数百万キロも離れたところから聞こえるようなかすかな響きなのですが、ノックを重ねるたびに近づいてくるかのようにはっきりと聞こえてくるのです。雷が遠くから近づいてくるような低いとどろきです。その上、それは音楽のようにリズミカルにさえ聞こえるのです。そのノックが聞こえてきた時に、くるりとドアのほうにわたしは向きを変えました。

　ミカエルは歩いて部屋の中へと入ってきました。彼は手に握っていた弓の先で部屋に居合わせたほかの天使たちを承諾する挨拶をすると、天使たちも大天使ミカエルを迎え入れました。そのあと天使たちは去っていったのですが、ホーサスはそのまま寝室の窓際に立っていました。

わたしの前に立ったミカエルは、「おはよう、ローナ」と、語りかけてきました。

「ミカエル、あなたを呼んだ覚えはないのだけれど……でも、来てくれてとても嬉しいわ！　ほんとうに久しぶりね！」

「たしかにその通りだ、ローナ。しかし、おまえにとって久しぶりかもしれないが、わたしにとってはそうではない」

ミカエルはわたしの手を握ってくれました。わたしを愛と平和で満たしてくれたのです。

「ローナ、おまえの質問に答えるために、神様がわたしをここに送ったのだ。心の内にあることを打ち明けてごらん」

「ミカエル、神様はご自分の図書館から一冊の本を天使ホーサスに与えられたわ」

わたしはそう言いながら、窓際に立っているホーサスを見つめました。ホーサスはわたしとミカエルに歩み寄ってきました。するとなぜか、もう行かなければならないと言ってから、彼は消えてしまいました。わたしは少しがっかりしました。

先ほどミカエルに伝えたことを、わたしはもう一度繰り返しました。

「ミカエル、神様はご自分の図書館から一冊の本を天使ホーサスに与えられた」

わたしの声がかすれて一瞬出なくなったので、少し咳払いしてからもう一度、神様はご自分の図書館から一冊の本を天使ホーサスに与えられたと、わたしは言い直しました。それに対して、ミカエルが答えてくれました。

「その通りだ、ローナ。神様は特定の本を与えるために、天使ホーサスを図書館にお呼びになられた。だがローナ、あまり詳しいことまで教えることは許されていないのだ。神様が多くの場面でおまえと一緒にいるということを、おまえ自身がよく知っているはずだ。その本の中にどんな内容が書かれていよが、それを書き換え、計画を変える力がおまえにはあるということを、神様はおまえに告げたはずだ。計画の変更は常に、人類と世界の指導者によるあらゆる決定にかかっているのだ。時として人類が主張し、行動することに対して、世界が最善の努力を尽くして対応しない場合、神様は人類に対する計画の変更を余儀なくされることがある。天使ホーサスが手に持っている本には、おまえの人生のうちで神様が変更されたことを刻印しているページも含まれている。神様には、おまえがこれから旅をしなければならないさまざまな道が見えているからだ。分かるだろう、ローナ」

「ミカエル、そんな話は聞きたくなかったわ。神様が信じているほど、わたしは強くないのよ。神様がわたしのことを、彼の〈愛の鳥〉って呼んでいることを知っているわ。でも現在、世界中で起きていることはとても恐ろしいことばかりでしょ。たしかに、いろいろと変化してきているけれど、よい方向に向かっているかどうかは分からないわ。だけど、変化が世界のために起きていることをわたしは信じてよいと思っているの」

ミカエルはわたしの手を取り、言いました。

「ローナ、わたしの目を見つめてごらん。神様がなぜおまえを今の世界に送ったのか、よく考えてみるんだ」

「わたしには分からない。でも、神様がわたしに求めていることを、わたしはすべて実行しているつもりよ。たとえ人類が世界を代表して行った選択と決定によって、すべてが完全に変わってしまったとしてもわたしは大丈夫。わたしはやり続けるわ。神様はわたしに対して間違ったことをけっしてさせないと、たいていの場合は分かっているのだけれど……でも、時間の無駄なんじゃないかって感じることもあるの。みんなでこの世界を変えることは可能だということを、まったく聞こうとせずに耳を塞《ふさ》いでいる人たちに語りかけているような気がする時もあるのよ。本来ならば、愛ある美しい世界に変わりえることが可能なのよ。平和に満ちた未来に変えることが可能なはずよ。子どもたちに素晴らしい未来を提供することだってできるはずよ。

ねえ、ミカエル。神様はなぜほかの人間を選ばなかったの？　わたしが男だったなら、もっとわたしの話を聞き入れてもらえることができただろうし……心からそう思うことがあるのよ。世界を正しい方向へと導くために援助してほしいと、きっと要求されたでしょう。でもわたしは女なので、軽く見られて真剣に受けとめてもらえないの。神様はなぜわたしを女にしたの？　この点が理解できないのよ、ミカエル」

「ローナ。おまえは、ただの女などではない。母であると同時に、子どもたちを養い守っているだろ？　心を落ち着けてよく聞くのだ、ローナ。天使ホーサスが持っている本の内容には、神様がおまえに与えたいことが書かれてある。そのひとつとして、『おまえが死ぬまでは出版されることがない本を、おまえが書き遂げる』という内容があるのだ」

大きな深呼吸をしてから、わたしは言いました。

「ミカエル、それはとうてい無理なことよ。神様から求められることを、日々やり遂げることだけで精一杯なの。どうすれば、そんな時間の余裕が持てるの？　人々がまだ知らないことを書くようにと、神様はわたしに望んでおられるの。今、それらの本を世界に向けて出版しなさい、とね。その上、子どもたち向けの本も書くように頼まれているわ！」

涙がわたしの頬を伝いました。ミカエルは右手を伸ばして、雪のように白い例のハンカチを取り出してくれました。あの時は、それほど白いハンカチに見えたのです。眩いほどの光で、それは照らされてもいました。わたしの頬にミカエルが触れると、シルクかベルベットのような柔らかい手の感触に包まれました。

「泣くんじゃない、ローナ。覚えているかい？　神様は特定の天使たちを、おまえに遣わしたということを。そして、わたしもそのうちのひとりなのだ」

ミカエルのこの言葉で、わたしは微笑みを取り戻すことができました。ミカエルは、さらに続けました。

「ローナ、今頭の中で何を考えているんだい？　遠慮しないで言ってごらん」

「分かったわ。あのね、神様がわたしと一緒にいる時に、〈ピースメーカー〉について訊ねなければならないと、考えていたの」

〈ピースメーカー〉とは、世界の歴史上重要な役割を果たす者たちのことを示します。しかし、そういった人物について、皆さんにお伝えすることは残念ながらまだ許可されていません。もうしばらくすると、きっとお伝えすることができると願っています。

〈ピースメーカー〉についてミカエルが何か言及してくれるのを待っていたのですが、何もありませんでした。彼の手がわたしの両手を包み込んでくれました。わたしたちは一緒に祈ることにしました。わたしたちが一緒に祈ると、わたしの魂が彼の魂に触れました。その瞬間に、神の玉座にもっとも近い大天使であるミカエルとわたしの間に調和が生じ、わたしたちが融合されていくのが感じられました。

どれほどの時間が経過したでしょうか。わたしたちが祈りを終えた頃、外は暗くなりはじめていました。いったん祈りをはじめると、不思議なほど早く時間が流れます。あとであっという間だったような気がいつもするのです。わたしはミカエルに訊ねました。

「あなたのような大天使はどうなの？　神様は、あなたにも同じ方法でわたしの人生について書いてある本を読ませたの？」

「いいや、ローナ。しかし、神様は時々巻物をわたしにお渡しになることがある。それには、おまえのことや現時点で世界に起きていることなどが記されている。その巻物には、わたしからおまえに伝えるべき内容も含まれているのだ。おまえは平和について、語り続けなければならない。さらには、愛についても同様に。人間同士の思いやりや理解、平等、自由といったことについても語り続けるべきだ。それに加えて、生まれてきた世界中の子どもたちの権利に関しても、語ることを忘れてはならない」

わたしは彼に言いました。

「次回の講演会で、わたしはそれについて語るべきでしょう？　すべての子どもたちが無防備、かつ無垢で生まれてくるのですもの」

「その通りだ、ローナ。そのことを朝起きたらすぐに書くことにしなさい。さあ、夜も更けてきた」

ミカエルは行かなければならないとわたしに告げてから、わたしの手を放しました。微笑みながら背中を向け、光に満ちた回廊を歩きながら、ミカエルは去っていきました。その光は、まさに天国の光ともいうべきものでした。すべての天使と、それから、わたしたちが愛する者たちすべての魂から生じた光であるということを、わたしは確信しております。わたしはまだ寝室に立ったままでした。大天使ミカエルが去ったあとは、少し寒く感じられました。外はすっかり暗くなっていました。わたしは、ミカエルの訪問を神様に心から感謝したのでした。

階段を下りながらわたしは、神様にこう言いました。

「わたしはすべてを理解しているわけではありません。この生涯を通して、すべてを理解し尽くせないと思っています。でも天国のあなたの元に戻っていく時には、すべてが明らかになると知っております」

一階に下りてから、わたしは冷蔵庫を開け、マッシュルームスープが入った容器を取り出しました。それを鍋に移してから、ガスコンロの火をつけました。それから、昨日買っておいた美味しいパンをスライスし、時間をかけずに夕飯の準備が完了しました。そのあとわたしは、納屋に入っていきました。リビングルームのことを納屋と呼んでいるのは、そこはもともと納屋だったところを改造したからです。小さなテーブルに夕食を置いてからテレビをつけると、ニュースが報道されていました。ニュースはいつもその日起きた世界の恐怖で満ちています。ブリュッセルの空港と地下鉄の爆破事件は、またしてもわたしの心を打ちのめしたのです。その日、愛する人を失ったり負傷者を出したすべての家族に対して、わたしは慰めの言葉もありません。愛する人を失った家族と負傷者と共に苦しむすべての家族のために、わたしは祈りました。日常的にテロが起きるような社会にわたしたちはしてはなりません。人々が仕事で国内国外を問わず安全に旅することができ、子どもたちが安全に通学できるように、すべての国々もあらゆる国籍の人々も、あらゆる宗教も越えて誰もが皆団結し合い、世界中の人々の自由のために、あのような邪悪を克服しなければなりません。テロが引き起こす恐怖によって目的地にたどり着けない人たちが大勢いることを、どうか考えてみてください。世界中の人々が、自由と平和と希望のために団結しなければならないのです。このようなことを、全人類が心から切望しているということを、わたしたちはけっして忘れてはならないのです。

わたしはニュースであのような爆撃やテロを見せ

つけられたにせよ、まだ世界への希望を捨てられません。世界のいかなる地域で起きる戦争も、理由が何であれ、すべて間違っているのです。わたしたちは、常に平和的な解決方法を見出さねばなりません。さらに言えば、けっして諦《あきら》めてはならないのです。どんなに反論を唱えたとしても、わたしたちは皆、燃え尽きることのない希望の光を保ち続けなければなりません。ヨーロッパだけにかぎらず、世界のあちこちで爆発によって家族の誰かが殺害されたり、負傷させられたケースが多々あります。人生が完全に破壊させられてしまうような現状が、常にあるのです。これが原因で苦悩と憎しみや復讐の念が生まれるのです。宗教や国籍を問わず、世界中の指導者たちが解決策を見つけるために、わたしたち全員が団結して手助けしなければなりません。みんなが一緒になって祈らなければならないのです。わたしが今こうして書いている瞬間にも、世界のどこかで罪のない人々が犠牲となり、命を絶たれているのです。罪のない大人や子どもたちが苦しんでいるのです。「戦争はいとも簡単に作れるが、平和を保つことはもっとも難しい」と、天使ホーサスは言うのです。わたしたちは皆、ひとつの国家として融合し、平和のために祈ると共に子どもたちの心に憎しみと怒りを抱かせてはならないのです。今日の世界に起きていることに、子どもたちは影響を受けています。それが事実です。

このような話をすると驚く方もおられると分かっているのですが、「自分には関係ない」と見て見ぬ振りをして済ませられない問題なのです。毎日のように起きているからです。テロや戦争、暴力に慣らされてしまってはいけないのです。子どもたちに未来と愛、自由と正義を提供するために、わたしたちは常に平和に向かって努力せねばなりません。皆さんと同じように、子どもたちにも未来を望む権利があります。

ソファーに座ったまま、わたしは泣き崩れました。もう食欲さえありません。ほんの少し前までは、二階の部屋でミカエルと共に愛と平和、そして希望について語り合っていたのです。人類が世界をより良い場所にするために、一緒に祈ったばかりだというのに。

「テレビのチャンネルを変えなさい！」と守護天使

が言ったので、わたしはそれに従いました。するとテレビの画面は、母親が子どもを抱きかかえているシーンに変わりました。その光景が、わたしを再び希望で満たしてくれました。母親は、輝くばかりの笑顔を子どもに向けて話しかけています。子どもは母親にケラケラと笑いながら応えています。それを見た瞬間、わたしはこの世界のすべての善良さに意識を向けることができました。世界は多くの希望と愛に満ちています。母と子の映像が、わたしの心を動かしてくれました。その番組は、家族生活についてでした。その番組に登場したもうひとつのシーンは、ふたりの幼児が庭で父親を追いかけているものでした。子どもであることの自由と幸福に満ちている様子でした。

「さあ、ローナ。食事をしなさい！」と、守護天使がわたしに言いました。

そこでわたしは、マッシュルームスープとパンを美味しくいただくことができました。世界で誕生する〈子どもたちが生まれながらにして持つ権利〉についていて書くという、翌朝真っ先に待っているプランがあったのです。大天使ミカエルにそれを約束したものの、孫たちが数日間訪ねてくることを、わたしは完全に忘れてしまっていました。守護天使が、それを思い出させてくれたのです。孫たちが到着するまでに、これもですが、急いで家を片づけなければなりません。こんなことでその翌朝は、〈子どもたちが生まれながらにして持つ権利〉について書く暇を見逃してしまいました。でもその約束を、わたしは数週間後に果たすことができました。

第12章　ジョーとの再会

神様は想像もしないような贈り物を与えてくれることがあります。墓参りで亡き夫ジョーの魂と再会できたのはまさにそんな時でした。お墓には残された人の心を慰めるために天使がたくさんいます。この日はなんと他にも懐かしい魂や天使との再会も果たせました。

ロンドンからわたしが戻ってきたのは、三月二五日でした。その翌日には、娘のルースが子どもたちと訪ねてきてくれることになっていました。わたしは家の中を手際よく片づけたあと、わたしの住まいがあるキルケニーにいつ頃到着するか、ルースに電話で確認することにしました。息子のビリー・ボブの学校が終わる十二時までは外出できないというのが、娘の返答でした。「出発の準備は整っているので、息子が下校してすぐに出発したとすれば二時半には到着できる」とも彼女は言いました。わたしはキルケニーの美容院に行く予定があったので、わたしの家の鍵を忘れずに持参するようにと娘に伝えておきました。翌日になって、わたしが美容院にいる時に娘から電話が入り「まだ到着できそうもないので、ゆっくりしてかまわない」と言われたのです。それなら、お互いに急ぐ必要はありません。こちらももう少し時間がかかりそうだと、わたしは彼女に伝えておきました。スーパーで何か欲しい食料があるかと訊ねたところ、一晩しか泊まらないので何もいらないという返答でした。

その翌日、娘は十一時に約束があるとのことだったので、わたしたちは一緒にダブリンに向かうことにしました。そして、ダブリンのスウォーズ街に到着しました。ちょうどその時でした。娘は子どもたちに、「約束があるのでおばあちゃんと一緒にいい子にしていなさい」と言い聞かせました。わたしたちは大きなショッピングセンターのすぐそばにいたので、かなりの距離を歩きながら、店々に置いてあるきれいな品々を眺めて時間をつぶしていました。その日はたいへん寒い日だったので、厚い雲に覆われた空の隙間から射し込む太陽の温もりが、とても心地よく感じられました。ショッピングセンターでは、幼いジェシカの手をわたしは握り、ビリー・ボブはそばを歩いていました。孫たちとは久しぶりの再会だったのですが、ビリー・ボブはその日が大切な日であったことを、思い出させてくれたのです。

「今日はおじいちゃんの命日だよ。おじいちゃんのお墓に持っていく花と、泥炭が入った袋をウッディーズで買わなくちゃ。ママにも言うのを忘れちゃだめだよ」

わたしはビリー・ボブを見下ろして言いました。

「ええ、そうね。忘れていないわ。でもウッディーズに行く前に、まず何か食べなくちゃ。ウッディーズはここからそんなに遠くないわ」

ウッディーズは、ガーデニングショップを兼ねた大きなホームセンターです。幼い孫がそんなことを言うとは、わたしはとても心を打たれました。孫たちは一度も祖父に会ったことがないのに、祖父についてどんなことでも知っているからです。わたしたちは日が照っている場所を歩いていたのですが、とても寒くなってきたのでショッピングセンターの正面玄関に戻ることにしました。暖かいセンター内に入ろうとドアをくぐった、ちょうどその時です。子どもたちが「ママ!」と叫びました。ルースが戻ってきたのです。子どもたちは大喜びで母親に駆け寄りました。まるで何時間も離れていたかのように。子どもたちはウッディーズに行かなければならないと、母親に伝えました。ルースもわたしと同じく「先に何か食べないと」という返答でした。けれども子どもたちは先にウッディーズに行き、そのあとで食事にしようと言い張ったのです。そこでわたしたちは、ウッディーズへと車を走らせることにしました。子どもたちは、おじいちゃんのお墓に植える花を選ぶのを手伝いました。それが終わると子どもたちも満足したようで、ようやく食事をとることができました。そのあとメイヌースの街まで直行し、街を抜けたところにある墓地へとわたしたちは向かいました。子どもたちは興奮しながら車から降りました。お墓まで運ぶべきものは、すべて揃っています。草むらを横切ってジョーの墓があるところまで、ビリー・ボブはわたしと一緒に歩いていました。

「どれがおじいちゃんのお墓なの? 見つけるのが大変だなあ」

「ほら、あそこよ」わたしは指で示しました。

近づくにつれてあたりを見渡すと、二十人くらいの天使たちが見えたのです。愛する人の墓を訪ねる時は、天使たちがそこで待ってくれていることをわたしはよく承知しています。皆さんが愛する人のお墓に行くと、切ない気持ちを和らげ、慰めてくれるために天使たちが必ずあなたを待ってくれているのです。墓場で天使を見かけないことなんて、まずありえないのです。天使たちは死者のためにそこにいるのではなく、生きている者たちのためにそこで待っているのです。実際にお墓は、肉体の抜け殻が埋まっている場所にすぎません。魂は守護天使によって、愛情を込めて天国に連れていかれているからです。

わたしたちがジョーのお墓にたどり着くと、子どもたちは小石の隙間から生えている雑草を引き抜きはじめました。小さな手がシャベルを動かしている間、わたしは花の苗を植えることにしました。泥炭を敷き詰める範囲の草取りをしました。きれいな花が咲くようにと、願いをこめながら。

この世を去った人への愛を示すため、こんなふうにお墓をきれいにする必要があります。亡くなった人たちの魂は、そんなわたしたちの行為を見たいからです。それがわたしたちの慰めになることを、彼らは知っているのです。

わたしが精を出して作業をしていると、ビリー・ボブがそばに立ちました。

「おばあちゃん、手伝おうか?」

雑草の根っこを緩めてやると、あの子がそれを引っこ抜いてくれました。幼い孫娘も白い小石の合間に生えている雑草を一生懸命抜いていたのを覚えております。あんなに幼い子でも、誰かの役に立つことがきっと嬉しいのでしょう。

これからお伝えすることは、わたしの娘たちや家族にも一度も、分かち合ったことがないことです。今回、ここではじめて語ってみることにしました。実はわたしにとって、あの日は「とても辛い日」でもありました。心に残り続けていた傷を、再び思い出さなければならなかったのです。ひどく感情を揺さぶられてしまいました。あの時ルースに打ち明けていたら、きっとわたしは泣き崩れていたことでしょう。今ならあの時お墓で何が起きたか、皆さんにもこれからお伝えすることができます。

ジェシカは屈みながら小さな指で雑草を引き抜くたびに、とても得意げな表情を浮かべてみせました。雑草を握った手を掲げ、不思議そうにそれを眺めています。指先で根っこに触れながら、赤ちゃん言葉を使ってこれが何というのか訊ねてきました。雑草からぶら下がっているものが何なのか彼女はまだ知らなかったのですが、母親が雑草の根っこだと説明してあげました。彼女はその場でしばらく立ったまま、手に握っている雑草をじっと見つめておりました。そのあと自分の足元に目をやり、小石を動かしはじめました。ジェシカが何を考え、次に何をしようとしているのか、わたしには皆目見当がつきませんでした。彼女はおじいちゃんのお墓の端まで歩いていき、抜いた雑草を母親がいる方向に投げつけました。ジェシカはまた別の雑草を見つけたのでしゃがみ込んだところを、わたしは見届けておりました。ほんの小さな雑草です。ちょうどその時のこと……わたしの名前を呼ぶ声が聞こえたのは。見上げてみると、ジョーの霊魂が墓石のそばに立っているではありませんか。

わたしの夫だったジョーは、二〇〇〇年三月に亡くなりました。たった四十六歳の若さでした。墓石のそばで見た彼は、とても若々しい姿でした。健康を取り戻したようにも見えました。とてもハンサムでした。片方の腕を墓石にかけて、少し前屈みになって彼は孫娘を見つめていたのです。そのあとわたしたち全員に彼は目をやりました。満面の笑みを浮かべて、「やあ！」とわたしに挨拶してくれたのです。

ジョーは孫たちを見つめながら、そこにしばらくの間立っていました。わたしはといえば、望んだわけでも祈ったわけでもないのに、お墓でジョーに会えたことにとても感動していました。彼はわたしに、孫たちをいつでも見守っているということをきっと伝えたかったのでしょうか。それはわたしもよく分かっていることです。ほかのふたりの幼い孫たちも別の日に連れてくると、わたしはジョーに言葉を使わずに約束しました。

「ここに連れてくる必要はないさ。ぼくはあの子たちとも、一緒にいるからね」ジョーはそう返事をしてくれました。

ルースはビリー・ボブと花植えの配置に夢中になりながらも、幼い娘に目配りをしていました。孫娘にうまく仕事をやっていると、褒め言葉を投げかけながら。幼い孫娘を見つめるジョーの愛あふれる目は、表現のしようがありません。

「神様はこれからきみにすごいものを見せてくれるよ、ローナ」ジョーがわたしにそう言い残し、しばらくの間そこに立っていました。すると天使たちが、ジョーのお墓を囲みました。そのあと数えきれないほど大勢の天使たちが、わたしたち全員を囲みました。もうこれ以上説明するのは無理です。それは、まったく途切れのない完璧な円でした。そこに太陽の光線が注ぎ降り、とても暖かく感じられました。

　突然孫がわたしに声をかけてきたので、はっとさせられました。

「おばあちゃん、この花を植えるときれいだよ！」

ビリー・ボブは屈んでから植え込むための穴を掘り、その中に泥炭を入れるつもりです。

　わたしが孫に手を貸してから見上げてみると、ジョーはもう消えていなくなっていたのです。ジェシカは、母親が花の苗を鉢から出すのを手伝っていました。

　みんなよく頑張ったので、あの時わたしはとても感動したのでした。またジョーが現れるかと、時々墓石に目をやってみたものの、まったく現れませんでした。

　ジョーが墓石のところに立っていた時、彼はまず自分の孫娘を見下ろしてから、次に孫息子を見つめました。わたしたち全員をどのように彼が見つめていたのか、思いを巡らせていました。

　いつか孫たちに、あの時おじいちゃんが実際には墓地にいたわけじゃないことを、説明したいと思っているのです。ジョーの魂は、天国にあるのですもの。お墓は、わたしたちが愛する人たちを思い出すために訪れる場所です。故人を偲《しの》んで花を供えたりしてお墓の世話をしたくなるのは、わたしたちの喪失感を癒すプロセスなのです。わたしの孫たちはジョーに会ったこともなければ、ましてや彼のことを知っているはずもないのですが、彼らなりに亡くなった祖父のことを偲んでいるのです。あの日孫たちは、おじいちゃんのお墓をきれいにするという、とても重要な役割を果たしていたと、わたしは思っております。彼らが何らかのスピリチュアルな方法で、祖父を知ることができ、自分たちの祖父は天国で神様と一緒にいるということをきっといつか、深く納得できる時が来るでしょう。

　そんなことをわたしが思っていたちょうど矢先に、ひとつだけ残っている花の苗を、ビリー・ボブがわたしにくれようとしました。「だめよ、それは〈ブリジット赤ちゃん〉のお墓に持っていくんだから」ビリー・ボブの母親が声をあげました。

　そうです。ルースのこの言葉に、わたしはとても心を動かされたのでした。娘がブリジット赤ちゃんのことを思ってくれていたとは、考えにも及びませ

んでした。車を駐車しておいた墓地の右側の壁の辺りを見渡すと、その反対側の壁のずっと奥のほうに大天使ミカエルが立っておりました。彼は言葉を口にせずわたしにこう言ってきたのです。

「ローナ、おまえは長い間会っていない天使にもうすぐ会うことができるだろう」と。

そのひと言だけでミカエルは消えてしまいました。挨拶も質問する余裕も与えられずに。

それが何を意味するのか、皆目分からなかったのですが、娘がブリジット赤ちゃんのお墓に花を植えたいという、そんな彼女の心遣いに、わたしは思わず嬉しくなりました。

さて、その次に何が起こるのか？　これは、皆さんにぜひとも分かち合うべき重要なことだとわたしは思うのです。わたしには、まったく予想外のことでした。

あの時のミカエルの言葉に、わたしが驚いたのはたしかです。では、いちばん最初からお話しすることにします。これを思い出しただけでも、わたしは幸福感が満ちあふれ、同時に目が潤んでしまうのです。とても心打たれる実話なのですから。メイヌースの墓地で娘や孫たちと一緒に過ごした特別な日の出来事だけを話すつもりですが、その前にちょっとだけ説明を加えなければなりません。一行か、二行くらいです。

あれは何年も前のことでした。犬を散歩中のある男性によって、〈ブリジット〉という名前の小さな赤ちゃんが発見されました。この話は『エンジェル・イン・マイ・ヘア』の中でも書いております。〈ブリジット〉という名前は、その赤ちゃんを埋葬する人たちによって名付けられたのでした。これはその赤ちゃんにとってのスピリチュアルな旅であり、その小さな体が発見される前に起きたことでした。皆さんにもこの話は、きっと心を打たれることになるでしょう。ですから、ブリジット赤ちゃんの墓に向かっていたあの特別な日の出来事を、わたしはもう一度振り返ってみたいのです。

ブリジット赤ちゃんの墓地をわたしたちが訪れたあの日は、たしか二〇一六年の三月のことでした。わたしの娘のルースは地面に落ちていた何かを拾ってから、ジェシカの手を引きました。ビリー・ボブは、両手で花を抱えていました。ブリジット赤ちゃんのお墓に向かって、みんな歩いていました。わたしは彼らが行くのを見とどけてから、花を植えたあとのジョーのお墓の片づけをしているところでした。

するとルースが、「お母さん、早くってば！」と、大声で叫んだのです。

「分かったわよ、今すぐ行くわ！」

わたしは置いてあったバッグを拾い、彼らのあとに続きました。彼らがもう少しでブリジット赤ちゃんのお墓にたどり着こうとした時のことです。わたしは立ち止まってから、そのお墓がある方角を眺めました。するとなんと、ひとりの天使がブリジット赤ちゃんのお墓の横に立っていたのです！　その天使のことは知っています。ジョーが亡くなる何年も前に、わたしはメイヌースの橋で出会ったことがあります。それ以来のことでした。たしかにあれは、〈天使アラビック〉です。わたしがティーンエイジャーの頃にメイヌース村まで歩いていった時に、毎日のように橋で出会っていた天使なのです。〈天使アラビック〉は、ブリジット赤ちゃんのことを、その子が生まれる前からわたしに教えてくれていました。天使アラビックは背が高くて細身です。とてもエレガントで雪よりも白く、明るく輝いている光線を放射しています。彼がブリジット赤ちゃんの墓石の右側に立っていたのです。

「こんにちは、ローナ」彼はそう言いました。わたしも言葉を使わずに挨拶を返しました。

ルースと子どもたちは、すでにブリジット赤ちゃんの墓に着いていました。「さあ、おいで！」わたしは天使アラビックはわたしを誘いました。わたしはゆっくりと歩きはじめました。わたしがちょうど墓まで数メートル近づいた時のことです。ブリジット赤ちゃんが、天使アラビックの背後から覗き見している姿が目に入りました。それは彼女の魂だという方もおられるでしょうが、四歳くらいの少女の姿でわたしの目前に現れたのです。肩まで長いウェーブの髪で、光り輝くブルーのドレスを着ていて、裸足だったように見えました。彼女は、ビリー・ボブとジェシカが遊んでいるのを見ながら、ケラケラと声を出して笑っていたのです。これはほんの瞬間的に起きたことだったのですが、その場に立ちながらブリジット赤ちゃんの魂を見ているわたしには、永遠のようにも感じられました。

「ローナ、もう行ったほうがいいよ」天使アラビックは、言葉を口にせずに言いました。

その瞬間、ブリジット赤ちゃんは、微笑んでわたしを見つめたかと思うと、同時に幼児の姿からティーンエイジャーへ、そして若い女性へと変身しました。とても美しい女性だったのです。

わたしは天使アラビックに訊ねました。

「またいつかあなたに会えるの？」

「たぶんね」

わたしは彼に、またブリジット赤ちゃんに会えるかとも訊いてみました。

「いいや、でも神様が心変わりした時は別だが」

そう言うと、ふたりとも姿を消しました。ブリジット赤ちゃんの小さな遺体は、かつてメイヌースの運河で発見されました。天使たちが彼女の魂をわたしの家に運んできたのは、その数時間前の朝のことでした。その数日前は、天使たちが運河にかかる橋からわたしの家の玄関に続く小道に沿って、みんな並んで立っていました。彼女の魂が、わたしのところに訪れられるようにするためにです。あの日、天使アラビックとブリジット赤ちゃんが一緒に現れたのは、わたしの元だけではありません。彼女の母親や家族にも、彼女が幸せにしていて、みんなを愛していることを知らせるためだったと、わたしは確信しております。今もブリジットは天国で、とても安らかに安全に暮らしております。

小さな花が、ブリジット赤ちゃんのお墓に植えられました。孫たちは、それができたことを喜んでおりました。わたしたちはまたジョーのお墓まで歩いて行き、抜いた雑草を全部拾い集めてから墓地に備わっている容器に投げ入れました。ふいに雨が降ってきたので、わたしたちは急いで墓地を去ることにしました。

その夜遅く、キルケニーの自宅に戻りました。帰りの車の中でわたしは、ブリジット赤ちゃんの家族全員のために祈りを捧げていました。ほかに考え事もしました。それは、〈すべての子どもたちが生まれながらに持つ権利〉についてでした。わたしが家に着いた頃には、夜もだいぶ更けていました。半時間ほどしてからわたしはお茶を飲み、そのあと寝ることにしました。ベッドの横の小さなサイドテーブルには、常にメモ帳が置かれています。祈りの言葉を捧げてから、眠りにつく前に浮かんださまざまなことを、そのメモ帳に書き溜めるよう習慣づけているからです。気がかりなことや、些細なことを書き込むのです。あなたがそれを見たとしても、きっと読めないでしょう。わたしだけが分かる暗号のような書き方ですから。もうご存じでしょうが、わたしはあまりうまく字を綴ることができません。メモには、わずか数分しかかかりません。いつもそのあとすぐに、眠り込んでしまうのです。

これからの数日間は、あまりこの本を書く時間がありません。なぜなら、訪問客がやってくるからです。わたしには、本書以外にもたくさん書くことがあります。ニュースレターやフェイスブックにツイッター、インスタグラム投稿などです。もちろん、〈ローナ・バーン子ども財団〉という子どもたちのための慈善団体の仕事もあります。ミーティングもけっこう多いのです。そして何よりもわたしは主婦なので、お洗濯や掃除、庭仕事もほかの主婦同様にこなさなくてはならないのです。さらには、できるだけ頻繁に散歩をするように心がけております。運動不足にならないように、天使たちはわたしが外に出て歩くようにと、いつも忠告するのです。でもアイルランドはよく雨が降るので、あまり外には出られません。

第13章 すべての子どもたちが生まれ持つ権利

子どもたちは人類全体の最大の宝物、全員が幸せに生きる権利を平等に持っています。差別／暴力／飢え／寒さ／貧困——辛い状況にある子どもたちを守るのは大人の役割です。人間はまた地球上の動物たちや地球そのものの守護者でもあります。地球の守り手・天使ジマゼンの奮闘にぜひ力を貸してください。

天使ホーサスがわたしの部屋に入ってきて話しかけてきたのは、たしか夜の九時頃だったように思います。

「ローナ、大天使ミカエルがきみに念を押したことを、書こうとしているんだね。〈子どもたちが生まれながらにして持つ権利〉についてだろ。どうだい？」

ホーサスが来てくれたことをわたしはとてもうれしく思い、「こんばんは！」と挨拶しました。

「ただ考えているだけじゃだめだよ、ローナ。二階からメモ用紙とペンを取っておいでよ！　考えているだけじゃなく、ちゃんと表現しないとね」

まったく躊躇《ちゅうちょ》することなく、わたしはソファーから飛び起きました。ホーサスの前を横切り、階段を駆け上がってベッド隣の小さなサイドテーブルの上に置いてあるメモ帳とペンを摑みました。聖書もその上に置いてあります。

ふと、守護天使がわたしに声をかけてきました。

「ローナ、聖書を開いてみろ」

わたしは聖書を開こうと手を伸ばしながらいつものように短い祈りを唱えました。

「神様。どうかわたしがどのページを読むべきか、守護天使に手伝ってもらえるようにお導きください」

聖書をぺらぺらとめくっていると、ふいに守護天使の声が聞こえてきました。

「ローナ、そこで止めて！」

さらに数ページ指がすべって先に進んだのですが、そこで開いたページでよかったようです。ルカの福音書でした。ちょうどそのページには、イエスの誕生について書いてありました。守護天使が、その節を読むのを手伝ってくれました。そこに書いてあった内容は、おそらくあなたの心にも残ることでしょう。よってこれから、わたしはお話しすることにいたします。聖書そのままの言葉ではないにしても。

ヨセフとマリアはベツレヘムにいました。その時マリアは妊娠しており、お産が近づいていました。そしてマリアは、男の子を産みました。彼女はその子を布でくるみ、飼い葉桶の中に入れました。宿屋には、彼らが泊まれる部屋はなかったからです。

わたしはこの部分を読み終えたあと、自ら自身を祝福してから神様に感謝を捧げました。

〈祝福〉とは、一体何を意味するのか、以前誰かに質問されたことがあります。ミサの最後に司祭は、人々に祝福が与えられるように神様にお願いします。人々が神様の愛に触れることができ、その愛で満たされ、俗世界に戻っても強くいられるように力と信仰をお与えくださいと、お願いするのです。祝福は、肉体も含めて人のすべてを変容させることができます。わたし自身も講演会の最後に人々を祝福しますが、その時にかぎっていつも不思議なことが起きます。でもそれが何であるのかについて、わたしはまだ皆さんにお伝えすることを許されてはいないのです。もし打ち明けたとしたならば、数万人もの人々の長蛇の列ができるかもしれないからです。わたしが選んだ誰かによってわたしの死後に、そのことに関して皆さんにきっと共有できる時が訪れるはずです。その時には、皆さんにも分かっていただけると思います）

わたしは急いで階段を下りていきました。納屋に行くと、暖炉の横に天使ホーサスが立っていました。

「寒くはないでしょ？」わたしが訊ねると、彼は笑って言いました。

「もちろんだ、そんなことはありえないさ。寒さなんて、ぼくは感じないんだよ」

「あなたが暖炉の熱さも感じないと分かっているけれど、そうして暖炉のそばに立っている格好が、まるで寒さ感じているみたいでおかしいわ！」

するとホーサスは、震えながら両手をこすり合わせ、暖炉に向かって暖まる真似をしてみせたのです。その格好がとても面白くて、わたしはついに噴き出してしまったくらいです。

彼はわたしに背を向けていたのですが、ふと無言のまま、くるりと踵《きびす》を返し、わたしと向き合いました。ホーサスのその動きを、わたしはじっと観察していたのです。彼のマントがスローモーションで波打つ渦巻きのように見えました。黒っぽい色のマントが、美しい黄金色に一瞬で変わりました。紫色の裏地まで見えました。

「あなたがそうやって腕でマントを翻《ひるがえ》してみせる姿が、わたしは大好きなのよ！　まるで何枚もマントが重なっているように見えるんだから。目が眩《くら》みそうになるほどよ。レインボーみたいにさまざまな色が見えたわ」

ホーサスがマントをふわっと翻してみせる姿を見られるというのは、ごく稀なことなのです。とてもラッキーでした。彼がそうやって見せてくれるのは、おそらくわたしの人生を通しても、たった十回くらいのことでしょう。それほど稀で、実際にそれは驚くべき光景なのです。さてこれから、天使ホーサスがほかにもどんなことができるのか、皆さんにもほんの少しだけ、知っていただくことにしましょう。

あの時ホーサスは、暖炉から遠ざかりました。暖炉は煌々《こうこう》と燃えていました。外は土砂降りの雨で、ゴウゴウと音をたてて吹きすさぶ風の唸りが聞こえていました。わたしはソファーに座り、ホーサスは数メートル向こう側に立っていました。わたしはペンを手に取り、屈んだままでいました。

「では、どこからスタートすればよいかしら？」わたしは、ホーサスを見ながら訊ねました。

「ローナ。きみは、〈すべての子どもたちが生まれ持つ権利〉について、けっこう前から考えているじゃないか。思考を明確にさせてメモ帳に書き込んでごらん。でもまずは少しの間、一緒に祈ることにしよう！」

「前回ミカエルと一緒にこうやって同じことをやったけれど、祈りがずいぶん長く感じられたわ」

「でも今日は、きっとほんの数秒ぐらいに感じるよ、ローナ」

ホーサスはそう言ってからわたしに近づいてきました。わたしはメモ帳とペンを、座っているソファーの横に置きました。天使ホーサスは跪《ひざまず》いてわたしの両手を取り、わたしたちは一緒に祈りはじめたのです。

祈りを終えたあと、やはりホーサスが正しいと分かりました。ほんの六秒くらいしか、祈っていなかったからです。でもいつも祈っている間は、なぜか不思議と永遠に続くように感じられるのです。これもまた、今まで皆さんにお伝えしたことは、一度もありません。わたしが深い祈りの境地から普通の状態に戻ると、どれほど時間が経過したかが分からなくなります。その理由《わけ》は、祈っている間にわたしは〈時間が存在しない場所〉にいるからです。さらには現実に戻ってからも、わたしの魂はそのまま祈り続けているのです。

もしあなたが、たった一秒間でも祈ったとすると、その祈りがどれほどパワフルなものであるか。計りしれません。

ここではじめて、わたしは打ち明けるのですが、わたしは何かを書く前に、必ずお祈りをまずいたします。天使たちも、わたしに加わって一緒に祈ってくれるのです。当然のことながら、誰でも祈る時は常に天使たちがそばで一緒に祈ってくれているのです。もちろん、守護天使も一緒です。ですので、あなたはたったひとりで祈っているわけではありません。あふれんばかりの数多《あまた》の天使たちが、まるで巨大な滝をひっくり返したかのように天国へと上昇し、わたしたちの祈りを強化してくれているのです。

祈りを終えると、ホーサスは立ち上がりました。わたしは自分の思考を大声で口にしてから、メモ帳にそれを書き込みました。ホーサスは、そこに立ったままでした。わたしが書き終えると、ホーサスは行かなければならないと言ってから消えました。わたしはメモ帳の走り書きに目を通してから、二階に上がりました。メモ帳をパソコンの横に置いたあと、あの夜はそれくらいにして眠ることにしました。

翌朝わたしはパソコンの前に座り、メモ帳に筆記したことを読みはじめました。そのついでに数日前の夜に筆記したものも読み返すことにしたのです。その後わたしはパソコンに向かい、音声入力をはじめました。わたしの口から出る言葉が、目の前のモニターにタイプされていきます。その頃になると、部屋中が天使たちであふれ返っていたのです。しかし、彼らはひと言も話すことはありません。でもホーサスは、もうその部屋にはいなくなっていました。

世界に生まれてくるすべての子どもたちの生得権（生まれながら持つ権利）

家族が富裕層であるか貧困層であるかにかかわらず、地球に生まれるすべての子どもたちが平等でなければなりません。すべての子どもたちには、以下のような特権がなければなりません。

1　すべての子どもは、生きる権利があります。
2　すべての子どもは、子どもらしく生活する権利があります。
3　すべての子どもは、平等に扱われる権利があります。

4　すべての子どもは、宗教的信念やイデオロギーのために差別されない権利があります。

5　すべての子どもは、愛され、世話を受ける権利があります。

6　すべての子どもは、家族の一員としての権利があります。

7　すべての子どもは、家庭という環境下で育てられる権利があります。

8　すべての子どもは、食べ物と水を得る権利があります。

9　すべての子どもは、衣服と暖かい環境を与えられる権利があります。

10　すべての子どもは、清潔な空気を吸う権利があります。

11　すべての子どもは、自然の恵みを味わう権利があります。

12　すべての子どもは、幸福でよく笑い、安全な環境で遊ぶ権利があります。

13　すべての子どもは、平和な世界に生まれる権利があります。

14　すべての子どもは、自由であり、奴隷にさせられない権利があります。

15　すべての子どもは、恐怖に脅かされないで生きる権利があります。

16　すべての子どもは、教育を受ける権利があります。

17　すべての子どもは、自分の可能性に挑戦する権利があります。

18　すべての子どもは、医療を受ける権利があります。

19　すべての子どもは、あらゆるスポーツに参加する権利があります。

20　すべての子どもは、樹木、植物、動物、川、湖を見たり触れたり、汚染のない自然に触れる権利があります。

21　すべての子どもは、人類の最大かつもっとも貴重な財産であるが故に、お金や物的理由よりも〈子どもであることの権利〉が最優先される権利があります。

生まれながらにしてすべての子どもたちに与えら

れるべき特権は、国連においてもある書類に記載されている事実をわたしも重々承知しています。しかしその特権が、けっして現実のものとして実践されていないことも事実なのです。今日《こんにち》でもいまだに、世界中で子どもたちが苦しんでいる現状があります。いかなる生得権も、子どもたちにはまるで存在しないかのようにです。殺害される可能性すらあるのです。危険な環境に置かれていたり、家族の宗教や信条の相違による原因など、さまざまな意味で子どもたちは差別を受けています。拉致されて性的奴隷にされることもあれば、殺しや飢えや寒さで命を落とすことすらあるのです。子どもたちの〈生きることの基盤〉が脅かされています。今日《こんにち》の世界においては、政府関係者や指導的立場にある人たちによって、子どもたちが奴隷扱いされることすらありうるのです。

先ほど述べたような生得権を世界のすべての子どもたちに与えるために、どれほどの費用がかかるかを保護団体は計算するのです。すべての国の人々がグローバルな一国家となり、共に協力し合って行動することを学べば、わたしたちはいつでもスタートできるのです。世界中で生まれてくる子どもたち一人ひとりすべてに、同様の生得権を与えることが可能なのです。しかし残念ながら、近い将来それが起きる見通しはないのです。それでもその願いが叶うことを、わたしは願っております。そこで、世界中の女性たちが立ち上がる必要があるのです。世界中の子どもたちの母親としての役割を、わたしたちそれぞれが担わねばならないのです。子どもたちは、無防備のうえ無垢で、自分たちのために声を上げることはできないのです。ですから、わたしたちが彼らの代わりに立ち上がらなければなりません。わたしは本の執筆やメディアを通じてなど、できるかぎり平和と平等、自由を訴え続けています。あなた方やわたしの子どもたちも含め、世界中の子どもたちを救うために全世界の女性たちにわたしは呼びかけているのです。

神様がわたしと一緒におられる時、神様はイエス・キリストが十字架にかけられた時のことを何度か、わたしに思い出させるようにしました。マタイの福音書にも書かれているように、神様は、まるで窓から外をわたしに覗かせるかのように、その場面をとても小さなスクリーンで見せてくれました。イエスが兵士たちに囲まれて、歩くようにせっつかれている場面です。

イエスは数人の女性たちが彼のことで泣いているのを見て、「わたしのために泣くのではなく、あなた方自身とあなた方の子どもたちのために泣きなさい」と、ひと言こういわれたのです。

これがまさに、わたしが見た通りのことであり、わたしに唯一聞こえた言葉でもあるのです。

子どもたちは無垢で無防備です。実の子どもがいようがいまいが、わたしたちは皆母親なのです。いつかすべての女性が世界の子どもたちの声となることを、わたしは祈っています。

わたしは天使たちに囲まれたので、少しの間書くのをやめて世界平和の祈りを捧げることにしました。頭を下げて瞑想状態に入り、祈ることにしました。

するとまた、わたしを呼ぶ声が聞こえました。

「ローナ、聞こえるかい？」

「はい、聞こえます」わたしは返事をしてから、祈っている状態からゆっくり頭を持ち上げました。

十字架を切ったあと目を開くと、その声は守護天使とすぐに分かりました。

「ローナ。いつもおまえの祈り声が聞こえている、と神様はおっしゃっている。そのことを伝えよと、わたしは呼ばれた」

「下の部屋で一緒にお茶でもいかが？」わたしが誘ってみると、守護天使はわたしのことを笑いました。

「もちろん一緒に行くよ、ローナ。いっときたりともきみから離れられないと、分かっているだろう」

「ええ、もちろん分かっているわ。でもね、わたしと一緒にお茶を飲もうってくらい誘ってもいいじゃない？」

わたしたちは一緒に一階に下り、わたしはお茶を淹れました。

日差しが照っている戸外に出ると、庭に置いてあるテーブルにわたしは座りました。庭に出ている間、鳥のさえずりさえもまったく聞こえなくなっていました。完璧な静寂のみです。ピン一本落としたとしても聞こえるくらいでした。遠くからも何も聞こえてきません。わたしは守護天使にこう言いました。

「あなたがそうしたの？　わたしの周りの音を全部ブロックしたの？」

「そうだよ」

「でもなぜ？」とわたしは彼に訊ねました。

「神様が、『きみには静けさが必要だ』と言っておられたからさ！」

わたしはひと言も返すことはしませんでした。守護天使のアドバイスがわたしには必要だったのです。そのために太陽のぬくもりを浴びながら、そこに座って沈黙を保つことにしたのですから。お茶をすすりながら、一瞬一瞬を満喫できたのです。そうしながら三十分ほど経過してから、わたしは二階に上がってパソコンの前に座りました。そして、パソコンに向かって語りはじめようとしたのです。ちょうどその時、三人の天使たちが部屋に入ってきました。

「こんにちは」とわたしが彼らに挨拶すると、そのうちのひとりが部屋に置いてあったピンクのバランスボールの上に座りました。その天使は、女性らしい外見をしています。あとのふたりは、女性とも男性とも見分けられません。彼らは皆、銀色の衣を纏《まと》っていたのです。ピンクのバランスボールに座った天使が、わたしに語りかけてきました。

「ローナ、窓の外を見てごらん」

その天使の衣がバランスボールとマッチするようにピンク色に変わったので、わたしはつい微笑みを隠せなくなりました。わたしは座っていた回転椅子をくるりと回し、二階の仕事部屋の窓の外を眺めました。するとわたしのペット犬のホリーが、通りがかりの犬を連れて散歩している人たちに向かって吠えだしたのです。その人たちの犬も吠えています。彼らは散歩で通るたびに立ち止まり、ホリーに挨拶してくれるのでホリーがとても喜んでいます。興奮して庭中を駆け回ったあと、小さなゲートの前で止まって犬たちにと挨拶したのです。ホリーは、いつもこんな感じです。尻尾を振りながら、ちょっと柔らかい唸り声を上げます。二階の窓を開けていると、ホリーの唸り声が聞こえました。その人たちが二匹の犬を連れて再び歩きはじめると、ホリーはまた庭を駆け回りました。ホリーがどれほど喜んでいるかが、よく伝わってきます。わたしはホリーを、土曜日にトリミングサロンに連れていったところでした。けっこう短く毛をカットしてもらいました。そんなホリーが庭を駆け回るのを眺めていると、ふいにひとりの〈失業中の天使〉が、ホリーのうしろを追いかけているのが目に入ったのです。わたしは思わず笑いが止まらなくなり、守護天使に向かって言いました。

「失業中の天使が遊んでくれているのを、ホリーは分かっているみたいね」

「もちろんさ、ローナ。ホリーは天使をよく分かっているのさ」

はしゃいでいたホリーはやっと落ち着いたのか、べったりと草の上で座り込みました。するとホリーと遊んでいた天使は、姿を消しました。

動物には各々の守護天使がいないと、わたしは常に皆さんにお伝えしてきました。動物には魂がないからです。でもあなたが自分のペットをとても愛しているのならば、神様は天国であなたとペットを一緒にしてくださるのです。神様は時おり、亡くなったあなたのペットの感触を感じさせてくれるのです。あなたが人生で困っている時などは、神様はペットを使ってあなたを助けるサインを送られることもあるのです。たとえば、あなたが正しい選択ができるように、といった時です。天使たちも動物が困難に陥った時、恐怖を取り除くように慰めてくれているのです。天使ホーサスが何度も教えてくれたのは、わたしたち人間が自然界も含むすべての動物たちの守護天使であるということなのです。神様は、人間が動物たちと自然を守り、さらには地球を守ることを、神様の遣いである天使たちを通して常にわたしたちに思い起こさせているのです。

ほんの数カ月前のことですが、わたしは毎日のように〈天使ジマゼン〉に会っていました。なぜかというと最近、地球環境が激変する危険性が高まっているからです。ですからわたしは、地球の守り手である天使ジマゼンを呼び出すのです。天使ジマゼンは、母なる地球を守るために最善を尽くしてくれています。そうであったとしても、わたしたち人間が空気を汚し、河川や湖を汚染し、わたしたちへの贈り物である美しい地球のすべての生命を破壊するのであれば、困難は避けられないのです。わたしたち人間が地球を〈そこにあるタダのもの〉と認識すれば感謝の気持ちに欠けてしまい、交換可能なものと見なしてしまいます。しかし、地球はけっして交換可能ではないのです。自然も同様で、あらゆる動物や空の鳥たちも同じくそうではないのです。あなたが散歩したり、窓の外を眺めたり、車を運転したり、バスに乗っている時に、自然界からあなたへの贈り物にぜひとも気づいてほしいのです。さらには、自然界を保護しなければならないという認識を高めるようにしてください。その気持ちが、天使ジマゼンを助けることになるのですから。わたしたちは地球温暖化問題に関しても、政府や指導者たちにもっと圧力をかける必要があります。世界中の誰もが、その影響を感じ取っているはずだからです。

四月十二日の朝、アイルランドでは太陽が輝いていました。素晴らしい天候に恵まれた日でした。お茶とトーストを持って、わたしは庭に出ました。一二時半頃のことでした。庭を歩き、フェンスの向こう側に目をやると、なんとたくさんのタンポポの花が咲いていていました。そのきれいな黄色の花は、わたしが飼っているウサギのミンシーの大好物です。トーストを食べてお茶を済ませたらすぐに、ミンシーのために摘んであげようと思いました。そこでわたしは、タンポポに生じているある変化に気づいたのです。野花でさえも、今日《こんにち》変化しているのです。その場に居合わせた天使たちにわたしは訊ねました。

「これは温暖化の影響なの？　それとも遺伝子的な変化がタンポポにまで及んでいるということなの？　そうでないことを願うわ」

天使たちは、わたしの質問に答えてくれませんでした。一握りのタンポポを摘んだわたしは、ミムシーにそれを与えてみると喜んで食べてくれました。これをわたしはよい兆候として、ただ受けとめることに留まりました。

第14章 サント・シャペルを訪ねて

パリの礼拝堂サント・シャペルでふたたび過去のヴィジョンを見せられる体験をしました。そこでは罪を負ってしまった魂が神様に許しを乞う切ない光景が見られました。祈りには力があります。祈ることは平和をもたらし、祈りの瞑想状態は魂と自己とのコネクションをつなげてくれるのです。


つい先日のことでした。どのように話せば天使ホーサスに理解してもらえるのかが分からずに、きちんと筋道を立てて説明できないとわたしは諦めかけていました。するとホーサスが言いました。

「ローナ、ぼくたちはいつもきみに教えようとしているのだが、まったく聞いていないこともあるね。それは、きみが頑《かたく》なになっている時さ」そう言いながら、ホーサスは笑いはじめました。彼が笑うと、まるで部屋全体が揺れているように感じられます。それでわたしも一緒になって、笑ってしまうのです。ホーサスは満面の笑みを浮かべながら、パソコンの前に座っているわたしの元に近づいてきました。それでわたしは、ホーサスに言ったのです。

「そうやってわたしのことを笑って楽しんでいるんでしょ」

わたしが言ったことはそっちのけで、まったく別のことを彼は返してきました。

「よく聞いてごらん。メーガンに電話するんだ！ 彼女がちょうど大学の授業を終えたところできみに電話かけてきたのに、きみには聞こえていなかっただろ？ 彼女に電話すれば、きみがぼくたちにもっと耳を傾けるべきだと言われるにきまっているさ」

「そんなことないわ！ いつだってあなたたちの話に耳を傾けているもの」

彼の顔に微笑みがいっそう広がったので、また大笑いするのではないかとわたしは気が気じゃありませんでした。

「ローナ。ぼくは、きみにもっと書くようにと言ったはずだろ。それなのに、きみは書かない言い訳を探してばかりいたね。きみはいつも後回しにするのだから」

ホーサスがわたしを笑顔で見つめるたびに幸せな気分になるので、つい微笑みを返してしまいます。

そうしているうちに、このような会話自体が滑稽に思えてくるのでした。

「ローナ。数週間前にきみが書いた文章に、何回目を通したの？」

わたしはいつも何度も目を通してしまう癖があるのですが、ホーサスはそれをやめろと常に忠告します。

携帯電話を手にすると、メーガンからの不在着信が入っていたので、彼女に電話をかけ直すことにしました。電話で彼女に、天使ホーサスのことをわたしは話しました。頑固者だと言われて笑われたことを。

電話で彼女が励ましてくれるとホーサスが言っていたことも、伝えました。すると娘のメーガンは電話の反対側で大笑いしました。

「それって、ほんとうに笑えるわ！　ママ、天使ホーサスの言っていることが正しいよ。ママってとても頑固な時あるもの」

メーガンは、その日の予定を教えてくれました。四時頃にもうひとつ講義を受けてから友だちに会う約束があると。わたしたちは、電話で十分くらい話していたように思います。

「ママ、わたしも天使ホーサスがママに伝えた通りのこと言うね。ママは仕事に戻って書きはじめるべきよ、とね」わたしたちは笑い合ったあと、電話を切りました。

わたしが娘のメーガンと息子のクリストファーと一緒にパリを旅したのは、もう数年も前のことになります。あの時わたしたちは、〈サント・シャペル〉という礼拝堂を訪れました。その教会に入ると、まるで何百年も前の時代にタイムスリップしたかのように感じられました。とても美しいばかりか、なんと辺りは天使たちで埋めつくされていたのです。でも氷の中を歩いているほど、とても寒く感じられました。

天使たちは、一列に並んでチャペル内を歩いていました。それぞれが小さな蠟燭《ろうそく》のような灯火を手にしています。でもすべての蠟燭が、同時に灯されていたわけではなかったのです。天使たちが右手に握っている小さな蠟燭が、古代に建てられた教会内を美しく輝かせていました。そこは祈りが唱えられる聖なる場所であり、天使たちは古代の祈りを捧げ続けていたのです。

天使たちは聖歌を歌っているようです。なぜこれほど寒く感じられるのか、理由は分かりません。でもこの小さな礼拝堂の中を、蠟燭を手に祈りながら巡回する天使たちに、わたしはすっかり魅了されていました。けっして尽きることのない合唱のように……。いつしかわたしも穏やかで平和な心地になり、自然と瞑想状態で祈りの境地に入りました。そのようにしながら、まだ数分しか経っていない時のことです。わたしの視界ギリギリの右うしろからそっと天使が近づいてきて、耳元で囁《ささや》いたのです。「ローナ、完全に瞑想状態に入って祈ってはなりません」と。

瞑想状態に入ってお祈りをすると、わたしたちの魂と人間である自己のコネクション《きずな》が確立されます。これは皆さんも同じです。さらに肉体は、まるで存在していないかのように光に変質するのです。このような深い祈りの状態において、思考は介入しなくなり、周囲の音も聞こえなくなります。外界のいかなるものも侵入できず、馴染み深い場所にすでにたどり着いたことをあなた自身も気づくことができるのです。

あの時天使はわたしの手に触れて、瞑想状態で祈っているわたしを現実に引き戻そうとしました。その天使は、先ほどと同じ言葉を再びわたしの耳に囁きかけました。ちょうどうしろに立っていました。わたしは瞑想状態からゆっくりと戻りましたが、完全に戻ったわけではありませんでした。天使の顔を見ようと、振り返ってみました。でもはっきりと見ることができず、わたしが何かを語りかけたくても言葉にすることさえできなかったのです。

わたしの魂は、まだ祈り続けていると知っていました。するとその天使がわたしにこう言いました。

「神聖な場所では、よいことも起きれば悪いことも起きるのですよ、ローナ。ここで起きた悪いことだけではなく、この場所の愛を感じなさい。あなたが寒くて少し不安に感じるのは、そのせいです」

これが聞こえた時、大天使ミカエルがそばを歩いていることにわたしは気づきました。彼が鎧《よろい》を着ていることにも。わたしはミカエルに質問したいことが山ほどあったにせよ、その必要がまったくないことに同時に気づいたのです。わたしの魂がまだ祈りの真っ最中だったので、今ではないと分かったのです。おそらく、もうしばらくあとだと。ミカエルがそばにつき、わたしはゆっくりとチャペル内を歩きました。次にわたしは、灯された蠟燭を手にした天使たちの列に続いて拝廊を巡回しました。祈りを込めた彼らの聖歌が聞こえています。壁にある彫刻や象徴にもわたしは目をやりました。そのようにして聖堂内を、階下へと上階へと足を運びながら何度も回りました。これがまったく退屈とは感じなかったのです。するとミカエルが、階下に行く時間だと耳元で囁きました。ほぼ同時に、クリストファーとメーガンもわたしに下に行こうと誘ったのです。天使たちもわたしの前を階下へと歩いていきました。クリストファーとメーガンは、すでに古い階段を下りようとしています。わたしはゆっくりと歩きました。歩きながら、また古代に戻ったような感覚が蘇ってくるのです。天使たちは上階でやっていたのと同じように、階下でも灯火を手に巡回しているのです。

わたしは天使たちのうしろに続いて歩くつもりでいたのですが、ミカエルが自分のあとに続くように言ってきました。そこでミカエルのあとに続くと、ある場所で彼は止まりました。そこには、さらに下へと続く石板の階段がありました。時代の流れとともに忘れ去られた神聖な場所へと続く階段です。でも地元の人々は、今日でもその場所で祈りを捧げるためにやってくるそうです。この場所の神聖なエネルギーを感じられるわたしたちのような観光客も、この場所に足を運んでいるみたいです。わたしがミカエルと一緒に歩いている間、わたし自身の魂が絶えず祈り続ける声が聞こえてきました。

「ローナ、右側を見てごらん」

ミカエルが声をかけたので、わたしが振り向くと、昔の時代の魂たちが教会のその場所に溶け込むように現れ出したのが見えたのです。ある者たちは、服装からすると兵士のようです。彼らは静かに祈ったあと、その場を去りました。ほかにもその時代の町人姿の男女もいました。大昔にこの教会で祈りを捧げていた人たちのようです。そのほとんどが、なぜか暗い服を着ているのです。しばらくすると、彼らもまた姿を消しました。もう少し進んでいくようにと、ミカエルがわたしに告げました。わたしはその言葉に従って進んでから、立ち止まって周りを見渡しました。ある彫像の前でクリストファーとメーガンが、そこに彫られている象徴について語り合っているのが目に入りました。教会の中ですから、誰もがマナーを守って小声で会話をしています。祈りの場は、たとえどんな宗教であっても心の平和と静けさと安全を提供してくれる場所なのです。

わたしは再び歩きはじめました。ミカエルがそばで一緒に歩いてくれています。天使たちも、小さな蠟燭を手に聖歌を口ずさみながら祈りを唱え続けています。耳を澄ますと、何かが擦れるような音がしたので、わたしは上方に目をやりました。夕暮れとともに教会の中が暗くなってきているのです。わたしに聞こえてきた先ほどの音は、昔の魂がその教会に入ろうとしている音だったのです。姿はあまりよく見えないにしても。ミカエルがわたしの手をとった瞬間に、その魂がより明るさを増したのです。どこからやってきたのか分かりませんが、ゆっくりと重々しく教会の正面口から入ってきました。人間らしき姿でした。きっとその魂が生きていた頃の姿でした。衰弱し、疲れ切った様子で教会に入ってきました。わたしに聞こえたのは、地面を引きずっている彼の剣の擦れる音だったのです。その兵士は、紐《ひも》がたくさん付いているとても重そうな鎧を着けています。背が高く、がっちりしているように見えましたが、鎧のせいかもしれません。煩《わずら》わしげな重い表情を浮かべています。足を運ぶ一歩一歩が、まるで運びきれそうもない重荷を引きずっているかのように。すさまじい戦闘をしてきたあとのように窺えます。彼がちょうどわたしを通り過ぎた時でした。周囲を見渡すと、その兵士以外誰も見えなくなっていることにわたしは気づきました。ミカエルに手を握られながらそこに立っている間、実際に過去の時代にわたしはいたからです。

あの日、教会に足を踏み入れた兵士の生き様を目の当たりにしている、過去の時代にわたしは遡《さかのぼ》っていたのです。傷ついた彼の苦しみの感情が伝わってきました。恐怖と罪悪感に苛《さいな》まれた苦しみのどん底に彼はいました。わたしから二メートルほど前方に来ると、彼は立ち止まりました。崩れ落ちて膝をついたのです。まるでひどい痛みを抱えているかのように、彼はうずくまりました。むせび泣く彼の体全体が揺れ動いているのが見えました。今し方やった行為に対して、神の許しを請うために彼は大声で叫びました。それは誠心誠意を込めた、彼自身の魂の奥深くからの祈りでした。張り裂ける胸の痛みと共に自らの行為を認めているのです。彼の魂が前方に進み出たのが一瞬わたしには見えましたが、すぐに元の肉体に戻りました。あの日彼が、教会で神に許しを懇願したのをわたしは目撃できたのです。残虐な行為が引き起こした苦しみよって、彼はショック状態に陥っていたのです。ふいにわたしの目に、エルサレムでイスラム教徒と戦っているその兵士の映像が飛び込んできました。彼がイスラム教徒たちを無残にも切り倒した直後、恐怖の中で彼を見上げる子どもたちの顔がありました。

「なんてことをしてしまったんだ。けっして洗い流すことのできない血で染まった自分の手を見ろ！」と言っている彼の声が、わたしには聞こえてきました。彼はそれまでの人生で起きた良き出来事を思い浮かべようと必死になりましたが、それには及びませんでした。ちょうどその時、彼の魂が前に進み出てきたのです。わたしがそのような場面を見せつけられた理由は、このことを皆さんに分かち合うためだったのです。彼の苦悩を知っていただくために。十字軍の遠征中に彼が悟ったことは、自分が殺害した多くの人々は誰もが霊的存在であり、神の子であるという真実でした。

その兵士はまだそのまま膝をついた姿で祈っているのです。ふいに四人の天使が彼の前に現れました。美しいシルクの布のようなものを持っているように、わたしには見えたのです。天使たちはひとりずつ四隅に立ってそれを広げ、なびくほど高く掲げました。天使たちが彼に近づくにつれて、そのシルクの布のようなものが透けて見えました。さまざまなものが山ほどそれに映し出されています。彼の全人生が映し出されている映像でした。でもすべての映像は、彼の人生におけるすべての愛と心地よさを映し出していたのです。天使たちは、彼に愛と心地よさを注ぎ込んだ直後、そのシルクの布で彼を包み込んで慰めました。ちょうどその瞬間でした。兵士はまるで生気を取り戻したかのように、深く呼吸しているのが見えたのです。でもそれは、過ちを正すために必要な力として神様が彼に与えたものでした。

兵士は苦しんだ末、やっとのことで立ち上がることができました。彼はまるで大きな十字架でも肩に背負っているかのように、重荷からまだ解放されていないようにも見えました。

その兵士がわたしを通り過ぎる間はじっとそこに立っているようにと、ミカエルに言われました。ちょうどその時です。かすれた声で「どうかわたしを赦してください」と呟《つぶや》く彼の声が聞こえました。ついに彼は、霊性を目覚めさせたのです。わたしには、それがはっきりと見受けられました。いくらその兵士が残虐な行為を犯したとしても、悔い改めた彼を神は許し、天国に行かせたのです。

その兵士は暗闇へとゆっくりと歩き、やがて姿を消してしまいました。彼が神様に許しを求めて教会に入っていった時には、外はすでに暗くなろうとしていました。そして彼が消えた頃には、外はすっかり日が落ちたと、わたしは知りました。彼の心も夜のように暗かったはずです。

彼が跪《ひざまず》いて神様に許しを求めていた場所を、わたしは振り向いてみました。ふたりの天使がそこに立って祈っていたのです。ふたりとも金色の衣を纏っていました。わたしは、ミカエルに訊ねてみることにしました。

「なぜあの天使たちは、兵士が跪いていた場所に立っているの？」

「あの天使たちは平和の祈りを唱えているのだ。ローナ、あの兵士に起きたことは、現代の世界でもまだ起き続けている。平和を祈ることは大切だ。ローナ、平和について語り続けることを、神様はいつもおまえに望んでおられるのだ。あの兵士に死が訪れた時、神様は彼を天国に連れていかれた」

ちょうどその時でした。メーガンとクリストファーが、わたしのところにやってきました。彼らはわたしがなぜそこに立っていたのかと不思議に思ったことでしょうが、でもある意味で彼らは分かっていると信じています。

わたしたちすべての人間が忘れてはならないことがあります。それは、ストーンヘンジやギリシャ、ローマの神殿など世界中の聖地やパワースポットと呼ばれているようなほとんどの場所は、かつて裁判が執り行われたり、死刑が行われたりした場所でもあるということです。今日でも過去とまったく変わらない場所もあります。ニュースを見れば分かります。権力者たちは、何かと聖地を支配したがるものです。

祈りには力があります。ですから、どうか平和を祈ることを皆さんも忘れないでほしいのです。これが、わたしが伝えたいことなのです。皆さんの信仰がいかなるものであろうと、どうか平和への祈りをあなたのいつものお祈りに含めてください。あなたの人生でどんなことが起きようと、また世界にどんなことが起きようと、常に平和のために努力していただきたいのです。

わたしたちは、パリを散歩しながらとても楽しい時間を過ごすことができました。編集者のマークがアドバイスしてくれた場所もいくつか訪ねました。パリでの数日間を楽しく過ごすことができたのです。わたしたちはパリでたくさんの場所を訪ねたのですが、人々はとてもフレンドリーでした。クリストファーもメーガンも少しですが、フランス語が話せます。わたしはというとまったく話せないのです。それでも理解しようと努力したつもりです。美しい言語だと思います。美しいメロディのように甘く耳に入ってきます。フランス人同士がお喋りしていると、まるで歌を歌っているように聞こえます。

わたしがメーガンにそう言うと、笑いながら彼女は言いました。

「世界中の誰もが、同じように思っているわよ。フランス語は、メロディックな上にロマンチックなことで知れ渡っているわ。わたしもフランス語を聞くのが大好きよ」

「ママも大好きよ。ただ耳を傾けて、フランス語を音符のように聞き取るだけでいいのね」

わたしは、またいつかパリを訪れることができるようにと願っています。ぜひともまた、サント・シャペルを訪ねたいものです。わたしたちがそこを訪ねた時は、修復工事が行われている真最中でした。素晴らしい聖地を守るために、住民はできる限りを尽くしているようです。

第15章

天使は商品化され、くだらないものにされてしまった!?

最近の天使ブームによって、置物やアクセサリーなどたくさんの天使商品があふれるようになりました。眉をひそめる人もいますが果たして悪いことばかりでしょうか？　見方を変えれば、天使グッズは魂次元とのつながりを人間に取り戻させてくれるひとつのステップになりうると思うのです。

この本にどんな内容を含めればよいのか、ここ数年間、わたしは天使たちと相談してきました。わたしの人生についてや、天使たちと神様についてのことなどです。これらについては、大天使ミカエルの意見もたびたび訊くようにしてまいりました。わたしがはじめてミカエルに会った時のことも、彼は同時に思い出させてくれました。何年も前にわたしが仕事の休暇中に散歩していた時のことでした。

ちょうどわたしが運河沿いを散歩していた時のことです。そこは、ジョーとも時おり訪れた場所でした。わたしが十代の頃は、その運河の先で父と父の友人のアーサー・メイソンと一緒に、よく釣りをしたものです。父やジョーとその運河に行った日のことを、今でもよく思い出すことがあります。当時はまだ彼と結婚していませんでした。あの時天使たちが、わたしにこう言いました。

「ローナ、運河沿いに歩いてごらん。釣りをしているお父さんとジョーは抜きでね」

「そう言われても……黙って置き去りになんてできないわ。どう伝えればいいの？」

天使たちは答えてくれませんでした。

「分かったわ！　『野生のベリーを探すから、運河沿いに歩いていく』って、そう言えばすむことね」

わたしは車のトランクからコップを取り出したあと、ジョーと父に向かって言いました。

「少し上流まで行くと、ベリーが見つかるかもしれないの」

彼らはわたしが言ったことについて、あまり気にかけていない様子でした。釣り竿の準備をしながら肯《がえ》んじただけでした。

そんなことで、わたしは歩きはじめました。少し先で立ち止まって振り返ると、父がジョーに話しかけながら、ふたりとも釣り糸を川に投げ込もうとしているのが見えました。するとどこからともなく、自分の名を呼ばれているのが聞こえてきました。とくに気に留めることなく、わたしは再び歩き続けることにしたのです。どれくらい歩いたかは覚えていませんが、小さな一本の木がある場所にわたしはたどり着きました。そしてそこで待つようにと、天使たちに言われました。待っている間ベリーを探したのですが、その場所がどこだか、わたしは天使たちに訊ねていませんでした。そうやって数分ほど経った時のことです。木の間から再び自分の名を呼ぶのが聞こえたので、わたしは覗き込んでみることにしました。すると、大天使ミカエルが、木の間から土手側に歩み出てきたのです。思わず笑みがこぼれました。ミカエルはたまに釣り人姿で現れることがあるのですが、それがわたしはとても気に入っています。

「ミカエル、そんな大げさな長靴なんていらないでしょ。釣り人も今日は、ぜんぜん水の中に入らなくてもいいもの」わたしはミカエルに向かって、微笑んで言いました。

「もちろん分かっている、ローナ」

彼がそう返事するや否や長靴が消えて、代わりに古びた靴が彼の足を覆っていました。

「そうやって、わたしも服を着替えられたらなあ。便利だと思わない?」

ミカエルは答えてくれませんでした。釣り竿を手にして、運河の土手を歩きながら彼は言いました。

「ローナ、おまえはいつか、神様や我々について書くことになるだろうよ。そのことを告げるためだけに、ここに来たのだ」

「そんなこと、本気で言っているわけじゃないでしょう?」

「ローナ、わたしがおまえに何かを告げる時は、神様と我々天使一同がそうだと言っていることと同じなのだ。神様はもうひとつ、おまえに伝えよと言われた。それは、時が来れば、神の目を通しておまえが見ることが許されるようになるということだ。世界がある段階に達した時、おまえがそれを語ることになる、という意味なのだ」

「それってどういう意味なの?」

わたしにとってミカエルの言葉は、かなり衝撃的でした。

「神の目を通して⁈」と思わず呟いてしまいました。

「その通りだ！」

ミカエルは微笑みを浮かべてそう言ったあと、わたしの手に触れて愛と平和で満たしてくれました。

わたしがちょうど次の質問しようとした時でした。もう行かなければならないと、ミカエルが言い出したのです。自分が消え去る前に、わたしに祈るようにとも伝えました。

あの日からわたしはずっと、ミカエルの言葉に従って祈り続けています。あの日わたしはたしかに、怖れを感じたのを覚えております。神様の目を通して見ることを許されるなんて、いてもたってもいられないほど怖くなったのです。

わたしは、父とジョーがいる場所にゆっくりと歩きながら戻っていきました。その途中でベリーを少しばかり見つけることができました。ジョーはパイクが釣れたので、自慢げにしていました。

神様の目を通して見ることが許されたいくつかのことを、皆さんに分かち合ってもよいという許可をいただいているのですが、ここではお伝えしないことにします。もう少しお待ちいただけるでしょうか。

あれは二年ほど前のことでした。わたしは自宅におり、娘のメーガンはダブリンで彼女の姉と一緒にいました。

家事が溜まっていたので、わたしは二階の部屋でアイロンかけをしている時でした。ふとひとりの天使がドアの反対側から頭だけ出して、「ローナ、こんにちは」と言うや否や、消えてしまったのです。

とっさの出来事でした。知っている天使か知らない天使かさえ分からないほどだったので、とりあえずわたしはアイロンをかけを続けました。

三十分ほどで全部かけ終えたので、お茶にしようと下りていきました。お茶を淹れてから納屋まで行ったところ、思わず愕然としてしまいました。なんと天使ホーサスと天使エリヤ、さらには〈天使ブルーム〉までもが、先にテーブルについているではありませんか！

〈天使ブルーム〉は、いつも美しいブルーのシルクドレスを着た女性の姿で現れます。この天使はわたしの人生を通じて、ほかの天使たちと一緒に現れることがよくあります。彼女はたいていの場合、会話をつなげてくれるのですが、なぜわたしのところにいつも来るのか訊ねたことはありません)

「こんにちは、ローナ」全員が声を揃えて言いました。

「まあ驚いた！　何かあるの？」

「きみに我々のことを話すために来たんだよ」

「ということは、あなたたち天使について話すために来たの？」

「そうだよ」と、ホーサスは答えました。

わたしは椅子を引いてからテーブルの前に座り、お茶を飲みはじめました。天使たちにお茶を勧めたことなんて、一度もありません。そこで、彼らに勧めてみることにしました。

「あら、失礼！　天使さんたち、お茶はいかが？　あなたたちが来るって分かっていたら、何年か前にもやったようにコップを用意したのに。お茶なんて飲まないと分かっているんだけれど……」

天使たち全員が頭を振りながら、「その通り、ローナ。我々は飲まないよ」と返事しました。

全員がわたしに満面の笑みを返してくれたのですが、とはいえホーサスの前にコップが現れると、お茶を飲む仕草をホーサスは真似たのです。それには全員大笑いさせられました。ホーサスは言いました。

「ローナ。一年か二年後に、きみは本を書くことになるよ」

「そうだといいんだけれど」

「どうやらきみの頭の中には、ひとつどうしても気になっていることが常にあるようだね。最近、とくにそれが気になっているということも、我々にも分かっているんだよ」

「その通りよ。実は、なぜみんなが天使たちの存在を真剣に受けとめ、認めないのかっていうことなの」

ホーサスにわたしはそう言ってから、少し笑いながらこうも言いました。

「こんなことをあなたたちに言うなんて、恥ずかしいわ。でもなぜ、天使なんてくだらないって思われちゃうのかしら……こんなことをあなたに口にすること自体、ほんとは辛いのよ」

次の瞬間、わたしの肩に手が触れるのを感じました。ミカエルです。

「こんにちは、ローナ」と、彼は挨拶しました。

「こんにちは、ミカエル。あなたが来てくれて嬉しいわ」

「そのことについて我々はおまえと話したいのだ、ローナ。助けになるといいのだが」

「ミカエル。何百万人もの世界中の人々があなたたち天使のことを、そんな感じで捉えているのよね。それ自体、わたしは恥ずかしくなるの。天使たちや守護天使の存在を認めると、笑われるって思っているのよね。わたしでさえ、そう感じたこともあるくらいよ。あなたたちや神様のことを語るのが怖かったの」

「ローナ、今言ったことを書くべきだ」

ミカエルはそう言ったあと、行かなければと言い残して消えてしまいました。

わたしはテーブルに座っていたほかの天使たちに言いました。

「あなたたちも去るの？」

「いいや、少しの間、きみと話していてもいいよ」


すると、天使エリヤがこんなことを言い出したのです。

「〈商品化された天使〉について書いてごらん。その長所と短所についてね」

天使ホーサスは、天使が象徴として商品化され、大きなビジネスになるほど――宗教団体も含めて――利用されていることについて、さまざまな角度から語ってくれました。わたしたちがこのことについてしばらくの間一緒に語り合ったあと、彼らは行かなければならないと言ってから消えました。

あの日から二年が経った今、わたしはパソコンの前でこのテーマについてどのように伝えるべきかを考えています。

誰も怒らせるつもりはありません。こうしている今もわたしはひとりではなく、天使たちが一緒にいてくれています。今日は、雨が降っていて寒いです。窓から外を眺めていると、山々に霧がかかっています。野原には子羊を含めた羊の群れがおり、見ていると心が和みます。地面から足を上げて、飛び跳ねています。

わたしが書くことを止めて休憩する時は、いつも皿を洗ったり洗濯物をしたりなどして家事をこなすことにしています。もちろん、お茶にする時間もとります。

おそらく皆さんは、天使がなぜ商品化されてくだらないものにされたのか、そのわけを知りたいのではないでしょうか?

今日はここに再び大天使ミカエルが来てくれているので、この点について訊ねてみることにします。

「ローナ、多くの理由から現代人は、さまざまなつながりが薄れてきているのだ。ずっと大昔に人類は、自然界とのつながりも自らの霊的側面とのつながりも強かったと言っておくべきだろう。社会が産業化されていくのにつれて、人々は不公平に立ち向かいながら平等を求め、より開けた考え方をするようになった。人類はより多くを学び、発見することを望んだのだ。しかし、霊的側面を否定しはじめることになってしまった。すなわち、自らの魂を。そうであったとしても、人類はまだ知ることへの渇望を捨てきれない。分かるだろう、ローナ。神様はおまえに何と言ったか、覚えているかい?」

「ええ、人間が抱いている知ることへの渇望を、わたしもよく理解しているわ。人間は肉体として生きているだけの存在ではなく、肉体はやがて死に絶えて灰となるけれども、魂は永遠に生き続けるの。魂があってこそ人間は生きられる。そうでしょ、ミカエル。今日《こんにち》の世界でイエス・キリストやマリア様、聖人、そして天使たちの像が売られている光景がよく目に入るの。観光客が訪れる場所なんかでも、天使像が売られているわ。エンジェルの専門店なんかもあるくらいで、天使の美しい絵や像、本などが売られているのよね」

わたしはさらに続けました。

「こういうことも含めて、天使を見下す人たちがいるということも知っている。だけどわたしは、それに対する抵抗はまったくないの。天使が描かれている美しいカードやポスターを何度も見たことがある。でもいくら美しくて素晴らしい天使の絵であっても、本物とは比べようもないのよね。人間には表現しきれないし、神様がそれをお許しにはならないでしょうね。でもこれからは、変わると祈っているわ」

わたしはこう言いながら、一緒にいる部屋中の天使たちを見つめました。

「ミカエル、ショッピングモールなんかにあるモダンな感じのお店では、天使の絵とか飾り物を販売しているけれど、ある意味で人々に慰めや希望を与えていることはたしかだと思うの。この間、エンジェルのブローチがセールになっていたのを見たわ。けっこう可愛くて、それを身に着けている人もたくさんいて、守られていると感じているのよね。これは何らかの形で、守護天使を認めているってことでしょ。それならいいじゃないの、ミカエル。天使が商品化されることによって人類を霊的な存在に戻せると、わたしは信じているの。単なる血と肉よりもはるかに尊い魂が、わたしたちにはあることに気づけるようになると。わたしたちが霊的に成長できれば、魂があることによって信じられないほど素晴らしいことが可能になるってことが分かってくるでしょうね。ミカエル、人類がこの側面を怖れないようにと、わたしはそう願っているの。それにしてもなぜ人類は、目覚めそうもないのかしら？」

ミカエルは言いました。

「おまえは、人類が目覚める手助けをしているのだ。おまえはまさに神様に言われた通りのことをやっているのだ」

自分のことを高学歴だと自負しているビジネスマンたちに会ったことがあるのですが、彼らは自分たちのことを学歴同様に霊性が高いと思っているようです。そう思っている人たちの中には、中小企業やグローバル企業のトップや、政府関連の人々など世界中のリーダーたちがいるのです。指導的立場にいる権力者たちは、世界の人々を正しい方向性へと導くことができるはずなのです。しかし、彼らは自らのスピリチュアルな側面である内なる声に十分に耳を傾けていません。内なる声こそが、彼らを道徳的かつ公平であるために彼らを勇気づけ、世界の人々のためにあらゆる不正を正すように努力させるのです。わたしたち皆の未来が保証できる愛と平和をもたらすことが可能なのです。

「ミカエル、世界の指導者や権力者たちが、神様と彼らの守護天使たちに導きを求めるようになるほど、ほんの少しでも意識的に目覚めることを、わたしは常に祈っているのよ。それだけで世界はすごく変わるはずよ」

わたしはミカエルにそう伝えたのです。

歴史を通して、人類は何度も誤った方向に進んだことがあります。そして、誤った方向へと進むごとに人類は魂の存在を否定するようになるのです。もし人類がもう少しスピリチュアルなことに意識を向けていて、わたしたち自身より偉大な存在たちがいることを信じられるようになれば、わたしたちが愛する惑星を汚染で全滅させることもなければ、戦争もなく、日常的に追い詰められている男女や子どもたちといった大きな難民問題もありえないはずです。人類がほんとうに神様や魂、さらに守護天使の存在を受け入れられるのであれば、互いに苦しめ合うようなことはしないはずです。世界中の子どもたちを飢餓や渇き、寒さに苦しめるようなことは許されることではありません。組織化された宗教の権力者たちが宗教を利用して武器による殺害と破壊を許してはならないのです。仮にわたしたちが、産業革命が起きた時代と同時にスピリチュアル的にも成長し続けていたとすれば、すべての子どもたちの中に魂の光を見ることができたことでしょう。わたしたちは常に、すべての人々のためにすべてが平等にな

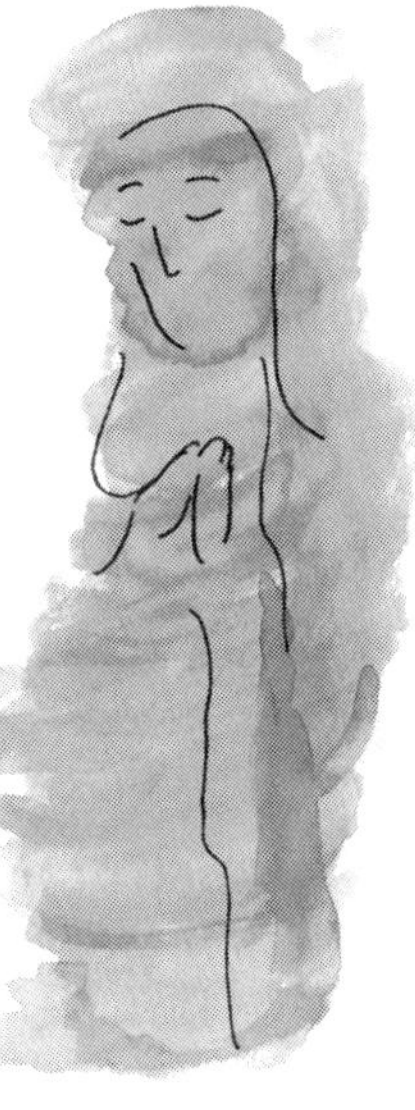

るように努力を続けていることもたしかです。人生とは、単に経済や物質的な富への欲求だけではなく、スピリチュアルな成長を促すためにあるのです。人間の肉体を持ちながらも、魂の存在としての自分を感じることにあるのです。

本書の冒頭でも述べたように、魂はわたしたちの内にあり、すべての部分に浸透しています。でも魂は肉体とは別ものなのです。

わたしの本を読み進められることで、たとえ意識的ではないにせよ、このことを認識するのにはとても役立つはずです。わたしの本を読んで変わる人たちもおられます。実際に魂の存在を認め、優先することを励ますものだからです。魂に重きを置くことは、神様とのつながりが深まります。深い祈りの境地に入ると、肉体と魂との融合プロセスを促すので、肉体は変化し、軽くなり、いっそうスピリチュアル的になれるので、二度と病気に苛《さいな》まれることもなくなるでしょう。

これが、人類が今歩むべき進化の道なのです。わたしはミカエルに言いました。

「これさえわたしたちにできるのならば素晴らしいわ。多くの母親も父親も、もうすぐ自分の子どもたちの守護天使を見ることができる段階に達するはずよ」

「その通りだ、ローナ。それに近づくだろうが、現実的には残念だが、まだかなり距離があるのだ」

「それならば、ミカエル。あなたは、人類が心の深い層で何かを間違えてしまっていることを知っているから、単に〈商品化された天使〉を見ているだけだと言いたいの？　言い換えると、人類は自分自身から逃げているってことでしょ」

「その通りだ。人間は時には間違ったことをするための言い訳として、神様を利用するのだ。宗教によっては、神様の天使たちと人類がつながることを恐れているケースもある。人々を支配する力を失うことを怖れているのだ。しかし、神様の天使たちは、人々を神様の元へ戻すためにとてつもない努力を注ぎ込んでいるにちがいない」

「ローナ、多くの人々が幽霊探しをしたりして、超常現象に興味があることを忘れてはならない」

「分かっているわ、ミカエル。彼らは超常現象に夢中になり、幽霊狩りや幽霊屋敷に惹かれるのよね。

これは普通の生活以外の何かを求めているからなので、ある意味で物質主義を超越しているのはたしかだけれど、そのような追求は危険を伴うこともあるわ。ウィジャボードも、薬物を使って霊的体験を得るのと同じくらいとても危険なことよ。そんな方法で向こう側の世界に魅了されるとは、いかにも単純すぎるわ。結果的に悪魔と関わってしまうことになる……」

「その通りだ」ミカエルは言いました。そのあと行かなければならないと言ってから、ミカエルは消えました。

多くの人々がスピリチュアルな体験をするために薬物を服用することがあるのですが、そのような体験は真実ではないことを覚えておくべきです。そのような人々は、向こう側の世界で汚染されてしまいます。向こう側とは、魔界を意味します。多くの人々が悪魔とその世界を知らず知らずのうちに呼び寄せるのです。スピリチュアルな体験のために薬物を使用するのは、心の歪みを生じさせることになる可能性があります。やっている時はとても楽しいかもしれませんが、やらないようにと、わたしはあえてここで忠告しておきます。わたしは長年にわたってそのような人々に会ってきましたが、精神の異常やあらゆる困難を引き寄せるようになると思われます。真のスピリチュアルな体験をするために、薬物は必要ありません。薬物を取る代わりに、ぜひ瞑想をしてください。深い祈りの境地に入っていただきたいのです。あなたの守護天使に、もっとスピリチュアルになれるように助けを求めてください。さらには、日々の生活の中でスピリチュアル性を見出してください。そうすれば、あなたはほんとうのスピリチュアルな体験をしていて、トリックで惑わされたり、世界を騙すのが大好きな悪の力によって犯されたりすることはないと言い切ることができるのです。

さて外はすでに暗くなってきています。今はふたりの天使たちが、わたしと一緒に部屋におります。あとはホーサスも含めて、みんな去っていきました。ふたりのうちひとりは、部屋の入り口に立っています。この天使の見た目は女性とも男性とも言いきれないのですが、美しい緑色のローブに身を包んでおり、見ようによってはかなり男性的でもあります。もうひとりの天使ですが、見た瞬間に思わずわたしは噴き出してしまいました。なんとプリンターの上に座っているではありませんか。信じられます？　プリンターには、まったく触れてはいないにしても。実際に座っていたとしたら、壊してしまうでしょうね。わたしがその天使に、どんな言葉でもすべてスクリーン上に活字にして印刷できるマイクを持っていると言うと、その天使は笑顔をふるまってくれました。その天使はカラフルな衣を纏っています。ふたりの天使は、そろそろ書き終えたほうがよいと、わたしに忠告しました。

「分かったわ。もう少しだけ書いてからね」と、わたしは返事しました。

今わたしは、一番目の子どもであるクリストファーが生まれた頃のことを書こうとしていたところです。ある晴れた日、母がわたしたちの元を訪ねてきました。乳母車が庭に置いてあり、その中で赤ちゃんのクリストファーがすやすやと眠っていました。わたしは、母に会えてとてもうれしかったのです。お茶を淹れてから、わたしたちは戸口の上り段に座って少しおしゃべりをしました。母はクリストファーにプレゼントがあるといい、ポケットからブローチを取り出しました。なんとそれは、大天使ミカエルのブローチでした。母はこう言いました。

「これ、クリストファーのお守りよ。きっと守ってくれるわ」

「ありがとう！」とわたしは言ってから、母に微笑み返しました。

とても可愛いブローチでした。わたしは乳母車に歩み寄り、それをフードの内側につけました。するとクリストファーの守護天使が、愛情深い表情で彼を見下ろしたのです。戸口の上り段に座っている母を振り返ると、お茶とビスケットを楽しんでいる様子でした。あいにく父は一緒ではありません。父は母を門のところで降ろしてから、さほど遠くない知人を訪ねていきました。母の守護天使が戸口の上り段に一緒に座っているのが、母が見えるのと同じくらい、わたしにははっきりと見えるのです。それを母に伝えることができるならどんなに素晴らしいことだろうかと、わたしは心の中でそう考えていました。ちょうどその時でした。わたしの守護天使が耳元で囁いたのです。

「ダメだよ、ローナ。秘密だってこと忘れちゃいけないよ」

あの日、母の守護天使は女性の姿をしていました。金一色のドレスを身に着け、腕は母を包み込むように曲げていました。母の守護天使の手からは白光が放たれ、その美しい光で母の周囲を囲んでいました。

「ママ、ありがとう!」母の隣に腰を下ろしてから わたしはお礼を言いました。

わたしたちがお茶を終えると、母は父が帰ってくるまでクリストファーを散歩に連れていってもよいかと訊ねてきました。

「もちろん、いいわよ」わたしがそう返事をすると、母は乳母車を押しながら門を出ていきました。

母が去ったあと、わたしは庭の野菜を取りに行き、母にあげるため袋に詰めました。今か今かと母の帰りを、待ち遠しく思いながら。ほどなくして乳母車の車輪が地面を擦る音が聞こえてきたので、わたしは門を開けに駆け寄りました。母はとても幸せそうに見えました。

彼女が戻ってきてから数分も経たないうちに、父が門のところに車をつけました。わたしはクリストファーを乳母車から抱き上げて父の車まで連れていくと、父が言いました。

「ママはクリストファーに小さなプレゼントをあげたかい?」

「ええ、ちゃんと乳母車につけておいたわ」

父は手を伸ばし、クリストファーの頬に触れながら、長居できないことを謝りました。母はさよならを言ってから車に乗り込み、父に野菜が入った袋を見せました。あっという間に彼らは車を走らせて去っていきました。

もしも商品化された天使のイメージがなかったとしたら、母はあの小さな大天使ミカエルのブローチをわたしに渡すことができなかったのです。彼女がそれをいつ買ったのかは分かりませんが、おそらくカトリック教会に隣接している売店で買ったのでしょう。たいていの祖父母や友人たち、それから子どもたちもが、天使に関係するギフトを好きな人たちのために買い求めます。わたしが持っているような天使の小さなブローチなどです。年齢には関係なく、多くの人々がそのようなブローチをジャケットや上着につけているのを、わたしはよく見かけます。天使の贈り物だといって、ブローチをわたしに見せてくれる人たちもいるくらいです。天使がくっついているネックレスだったりもします。

天使のイメージのものを誰かにあげることは、神様からこの世界に送られたその人の守護天使やほかの天使たちのことを思い起こさせる助けとなります。わたしたちは、ひとりぼっちでないことを思い出させてくれるのです。

歴史をたどっても、かの古きサント・シャペルでさえもまだ建設されていなかった時代からカトリック教会は、聖母像やイエス・キリスト、大天使ミカエルのメダルなどの宗教的イメージを売ることでお金を稼いできました。ずっと昔から続いてきたことなのです。

今日のように商品化された天使がなかったとすれば、当然、友だちや愛する人たちに小さな天使のギフトを贈ることもできません。わたしは、見知らぬ人からいただいた天使をバッグの中に入れて、持ち歩くようなことをよくします。わたしのは、なめらかな手触りの丸い透明のビーズのような形をしており、中に天使が入っているものです。手に握ると心地よく感じられます。世界中の多くの人々が天使のシンボルを身に着けたり、持ち物の中に入れたりしているのをわたしはよく見かけます。なのでわたしは、天使を商品化することを最初に思いついた人に感謝しているほどです。わたしたちが単なる肉体的存在ではなく、それ以上の霊的側面があることを常に思い起こさせてくれるからです。

四年ほど前にわたしがロンドンで小さな公園を歩いていたところ、ひとりの若い男性に出会いました。その男性は幼い子どもを乳母車に乗せて押していました。彼の妻もそのそばで歩いていました。彼らはわたしに駆け寄ってくると、男性のほうが声をかけてきました。

「ローナ・バーンさんじゃないでしょうか？」

わたしは微笑みながら「はい、そうです」と、答えました。

彼は、スティーブだと名乗ってくれました。さらに妻の名前はジョアンで、幼い娘の名前はリサだと紹介してくれました。スティーブは、五年前は神様や天使などまったく信じていなかったと話してくれました。もし誰かが天使を見たなどと言ったとしても、「酔っ払っていたか、ドラッグでハイ状態だったんだろう」と、ただ笑って済ませるくらいだったと、彼は言いました。しかし彼には、何もうまくいかなくてとても苦労した時期があったそうです。そこで友人のポールという人が、天使の小さな像を彼にあげたそうです。彼はその友人に、「こんなものはいらない!」と断りました。でも彼の友人は、「きっときみの天使が助けてくれるよ」と、引き下がりませんでした。彼はその小さな天使をポケットに入れたものの、その友人を鼻でせせら笑っていたのでした。数日後、彼が車で帰宅中に小銭を探そうとポケットをまさぐってみたところ、友人からもらったその小さな天使に偶然手が触れたのです。それを見つめながら、天使のことを考えたと彼は言っていました。もし守護天使がいたとすれば? と。「助けてくれよ!」と、彼はひと言叫んだあと、車のダッシュボードの上にその天使の小さな像をポイと投げ、そのあと天使のことなどまったく考えもしなかったと、言うのです。しかし数日後に、同じ思考が頭をよぎったことに彼は気づきました。「もしも天使がいたとすれば?」と。彼は心の中で助けを求め続けたのです。すると人生がよい方向に変わりはじめていることに、彼はようやく気づくようになったと言うのです。ステキな奥さんと巡り合って、二年後には娘が生まれました。

しばらくの間、わたしたちは会話を続けました。彼らが去る直前にわたしはふたりに向かって言いました。「お嬢ちゃんの乳母車にも天使をつけてあげてください。もちろん、彼女の手が届かないところにね。それを見るたびに、あなた方がどれほど祝福されているかを、きっと思い出してくれることでしょう。あなた方には、こんなに可愛い娘がいるのですもの」

わたしたちは、挨拶をしてから別れました。

この話は、商品化された天使のシンボル——小さな像やブローチ、天使のネックレスなど——が、実際に天使がわたしたちの周囲にいることを気づかせてくれるのに役立っていることの一例です。わたしたちにはスピリチュアルな側面があり、その側面を怖れているように見えているのですが、しかし実際には、もっとよく知りたいと飢えていて、渇いているのです。わたしたちが本来どのような存在であるか、すなわち、神の子たちであることに導かれるためにわたしたちは常に超自然的な力を探し求めているのです。

天使たちは、神様が人間に与えてくれたリンクです。天使たちは、神様とわたしたちをつないでくれるのです。すなわち、天使たちは神様と人間――わたしたちの魂――を結ぶリンクの役目を担っているのです。場合によっては、神様よりも天使たちのほうが信じやすいこともあります。なぜなら、世界に起きている悪いすべてに対して、神様のせいにしがちになっているからです。もしも神様が天使を商品化することを許しておられないとしたら、わたしが書いているこのような本を受け入れてくれる出版社など現れるはずはないと、わたしは思うのです。さらには、神様がわたしに求めている仕事を果たせなかったことでしょう。わたしは、きっと諦めていたはずです。天使たちが商品化されることによって、天使たちと皆さんとのつながりを知ることができるように、神様はわたしに求められたのです。それで扉が開かれることになったのです。皆さんの魂を通して、神様と皆さんが結ばれること。これこそが、神様とわたしたちとの絆なのです。

もし天使たちがずっと昔に、カトリック教会やほかの宗教によって商品化されていなかったとしたら、今の世の中――何をするにもお金がかかる――で、わたしが今の活動をする資金も生まれなかったでしょう。天使を商品化することを許された神様に、わたしは感謝しております。そうでなければ、神様がわたしに与えた仕事は果たせないのです。でもこの点に関する判断を下すのは、あなた次第です。

第16章 天使たちとの日々

天使の存在をもっと感じるには？　天使に助けを求めるには？　この章では天使とのコネクションを強める、とっておきの「指先ゲーム」を紹介しています。天使がそばにいるという感覚はとても微細なものですが、キャッチできるようになると、より彼らの存在や愛を身近に実感できるようになるでしょう。

日々どのようにして、わたしが天使たちとやり取りしているのか、さほど重要ではないことも含めて興味を抱く人たちがしばしばいらっしゃいます。そのようなこともあって、これから皆さんにこのお話をすることにいたします。

今日は金曜日で、すでにたくさんのことが今週起きています。わたしは今日、家から一歩も出ずに一日中執筆することを心に決めていました。しかし残念なことに、神様と天使たちには、わたしに対する別のプランがあったようです。

今朝はとても寒くて、しかも午後からはずっと雨でした。

「ローナ、このあたりで書くのをやめて、休憩にしない？」

天使ホーサスがそう言ってきたので、わたしはこう返しました。

「そうはいかないのよ。まだ早朝だし、これを終わらせなくっちゃ」

「ローナ、ぼくら天使はみんなきみのことを、よく知っているんだよ。ぼくたちがどうにかしないかぎり、きみは休憩をとりゃしないんだから」

わたしはただ肩をすくめ、ホーサスを無視して仕事を続けました。

娘のルースがスカイプでわたしを呼び出した時、一緒におしゃべりするためにドラゴンネット（音声入力プログラム）をオフにしました。そのあとのことでした。わたしがホーサスに、

「なるほどね。わたしに休憩を取らせるよう、よくやったものね」

と、そう言ったのは。

でもスカイプが正常に機能していないことに気づくと、わたしはショックを受けました。わたしの声はルースに届いているのに、ルースの声はまったく

聞こえません。

どんなに頑張っても直せなかったので、わたしは娘に言いました。

「パソコンの調子が悪くなった時、いつも修理に来てくれる友人がいるのよね」

「ママ。そんなの大した問題じゃないのに、彼に来てもらうなんてダメ!」

ルースはそう言うと、スカイプを直すのにあれこれと試してくれました。けれども、何を試してみても、結局うまくいかなかったので、彼女は諦めざるをえませんでした。わたしたちは、携帯電話で互いにさようならを言いました。時計を見ると、なんと十二時を過ぎていたのです。

わたしはホーサスに振り返ると言いました。

「手を貸してくれてもよかったはずよ。近々わたしがオーストラリアの学校からスカイプインタビューを受けるのを知っているでしょ。大勢の生徒たちがわたしと話すのを楽しみにしているというのに」

「ギャビンに電話するといいよ」

ホーサスは言いました。

わたしはホーサスのアドバイスに従って、ギャビンという友人に電話をかけることにしました。友人は「できるだけ早く家に行って、スカイプを直してあげる」と言ってくれました。

ところが、わたしにはキルケニーまで行かなくてはならない用事があったことを、ホーサスが気づかせてくれました。ちょうどその直後でした。コークの町に携帯電話の充電器を忘れてきたため、取りにいかなければならなかったことを思い出したのは。その段階でもう、わたしはかなりのストレスを感じていました。

「まったくなんてことなの……今日はやることが山ほどあるというのに!」

ホーサスは笑いを堪《こら》えている様子です。わたしはつい大声になって喋らないようにと抑えながら、友人のギャビンにキルケニーに行かなければならないと電話で伝えました。すると彼は、帰宅してから電話するよう言ってくれました。すべてうまく運べば、その日のうちに直しに来てくれるはずです。

わたしはキルケニーに向かいました。車の中は、天使たちでいっぱいになっていました。ホーサスが助手席に座っていましたが、わたしは彼に何も話しかけませんでした。運転しながら、ただ祈っているだけでした。ちょうどキルケニーの郊外に差しかかった時に、ガソリンスタンドにわたしは立ち寄ることにしました。その翌朝七時半にダブリンに向けて出発するつもりでいたので、満タンにしておいたほうが賢明だと思ったからです。ちょうど最近、わたしは車を乗り換えたばかりでした。娘のルースと彼女の夫が、自分たちが使っていた車を譲ってくれたからです。性能はそれなりに良好でしたが、わたしの前の車とは違ってディーゼル車でした。そのためくれぐれもガソリンを入れ間違わないようにと、彼らに忠告されていたばかりでした。これに関して、わたしはとても注意を払っていました。よって車から降りると、まず給油ポンプをしっかりと見きわめたのです。正しい選択をしたかったのですが、結果的にはミスが生じたようです。

「ローナ、それじゃないよ!」と、ホーサスが口を挟みました。

「間違ってなんかいないわ。自分でやるから! この車には別の燃料を給油しなければならないのよ。自分で慣れる必要があるのだから、口を挟まないで」

給油ポンプから手を離してから、わたしがホーサスを見ると、それでもまだ彼は、頭を横に振り続けていました。

「これが正しいと、分かっているのよ!」

突然、わたしは大声をあげてしまいました。もちろん天使たちが間違ったことを言ったためしはないのですが。わたしはとても頑固な面があり、それはもう、いやになってしまうほどです。でも時には彼らの助けなしで、ひとりでやってみて学習したいのです。

わたしはひとつのポンプを選び取り、給油しました。

ホーサスがわたしに叫びました。

「違うってば! ダメだよ、ローナ! それじゃないよ!」

わたしはそれでもしばらくの間止めなかったので、ガソリンが少しディーゼル車に入ってしまいました。

「わたしときたらまったくもう! なぜこんなヘマをするのかしら……」

「心配しないで、大丈夫だよ。きみのディーゼル車にそれほどガソリンは入らなかったのだから」

「失読症なんてもう、まっぴらよ。全部逆に見えるんだもの。給油ポンプにしたって、ひとつは黒で、もうひとつは緑でしょ。分かっていても逆を選んじゃうの。黒いほうにしなければいけなかったのに」

わたしは、ホーサスに向かってそう言いました。

「従業員を呼び出せば」と、ホーサスは言いました。

ベルを鳴らすと、係員が来てくれました。その係員も心配する必要はないと言ってくれたのです。いろいろ質問をしてきたあと、「きっと大丈夫でしょう」と言ってくれました。

「これからタンクを、ディーゼル油で満たしてください。こんどはポンプを間違わないようにしてください」と言われました。その従業員にわたしはお礼を言いました。

そのあとホーサスに頼むことにしました。

「これからわたしが給油するポンプに、手を添えてもらえるかしら?」

「もちろんだよ、ローナ」

こうした経緯で、わたしは車をディーゼル油で満たすことができました。

代金を支払いに行くと、カウンターの中にいた男性がわたしに言いました。

「お客さん、間違えたようですね。ほかの燃料が、あなたの車にあまり入らなかったことを祈ります」

ガソリンをどのくらい入れたか、彼に説明すると少し笑われました。でも同情してくれているのが伝わってきました。

わたしは、車に戻ってから祈りました。ホーサスは、すでに助手席に座っています。わたしは彼にひと言も話しかけずに、エンジンをかけました。すると、まったく問題なく発車することができました。キルケニーの中心街へと走らせたあと、携帯電話の充電器を引き取ることができました。

再び車に戻ると、ホーサスはまだ一緒にいてくれています。

「きみのお気に入りのあの小さなレストランでお茶にしてから、何か食べたほうがいいよ。もう二時なのに、きみは一日中何も食べてないじゃないか!」

わたしは深呼吸してから返事をしました。

「そうね、分かったわ」

わたしはレストランで食事をしてから、しばらくゆっくりとくつろぎました。そのあと家路に車を走らせました。ちょうど家の門のところまで差しかかった時に、ギャビンに電話をかけて帰宅したことを伝えました。彼はちょうどキルケニーを出るところだったので、その足でまっすぐわたしの家に行くと答えました。約束どおりに彼は立ち寄ってくれて、スカイプを直してくれました。

彼が去ったあと、わたしはホーサスに言いました。

「いくら計画しても、あなたたち天使や神様が変えてしまうのなら、計画する意味なんてあるのかしら？　そんなことは、とっくにわたしが学んだと思っているでしょ？」

わたしがホーサスにそう言ってから三十分ほどが経過した時のことでした。ホーサスが、手でパソコンの画面を覆ったのです。

「あなたの手しか見えないわ。ちょっと邪魔なんだけれど……」

「ローナ。ほら見てごらん、あっちのモニターを！セキュリティカメラを見てごらん」

言われた通りにすると、白いバンが門のところで止まるのが見えました。車から降りてくる男性は、たしかに見覚えがあります。その男性は、門を開けて中に入ってきました。

わたしは立ち上がりながら、ホーサスに言いました。

「あなたたち天使は、何をするつもりなの？」

「きみは休憩をとる必要がある」

わたしが一階に下りていくと、その男性は家の裏に回っていました。男性の名前は知りませんが、この数年間時々見かけたことがあります。どうやら彼は、電気のメーターを読みに来たようです。外は雨で、かなり強い風も吹いていました。わたしは彼に「こんにちは」と挨拶したあと、雨を避けるために家の裏の軒先まで一緒に歩いていきました。そこで十分ほど、わたしたちは立ち話をしました。すると門の外に止めてあった白いバンのあたりに、天使たちの集団が現れたのです。天使たちが門を通り抜けるのを見た時、わたしは一瞬笑顔になりました。天使たちは、わたしたちの前までやってきて立っています。もちろん彼には見えるはずはないと、わたしには分かっていたのですが。天使たちは、彼が語る言葉を残さずすべて筆記することに一生懸命な様子でした。そのあとわたしは天使たちと一緒に門まで彼を見送り、さよならを言いました。何人かの天使たちは、彼につき添いながら去っていきました。残った天使たちはその場に留まったあと、わたしと一緒に家の中に入ってきました。あの男性がいつまでも健康でいられるよう守ってくださるようにと、わたしは神様に祈りました。彼が病を何度も患っていたことを、知らされたからでした。わたしは、再び二階の部屋に戻りました。するとホーサスが、わたしがいつも腰をかけている椅子に座っていました。

「休憩して新鮮な空気を吸ってきたわ。雨が降っていて寒かったけれどね。リフレッシュできたわ。ところで、ホーサス。その椅子を返してくれない？」

彼は座ったまま椅子をくるりと回しました。そんなホーサスにわたしは微笑みかけました。

「あなたはいつもわたしを励ましてくれるのね、ホーサス」

「それが、ぼくのやるべきことのひとつだよ」と、彼は返事しました。

あの日はほかにもなんだかんだ起きたのにもかかわらず、実際にどのようにして六千文字も書けたのか、不思議でなりません。でもまだ十万字以上書かなければならないのです。まだまだ先は長かったのですが、ついにホーサスが口を挟みました。

「ローナ、パソコンをオフにしてってば！　今日はもう充分やったじゃないか」

ではわたしは、今日はこれくらいにします。皆さん、おやすみなさい！

こんにちは、皆さん。今、あなたが椅子に腰かけているか、ベッドに入っているか、あるいは公園のベンチに座っているかは分かりませんが、わたしは皆さんに、これから聞いていただきたいことがあります。もしかするとあなたは今、休暇中でこの本を読んでいるかもしれませんね。そうです、わたしは今、あなたに話しかけているのです。多くの人々がわたしに、ある特定の質問をよくされます。今この本を読んでいるあなたも、おそらく同じ質問を脳裏に浮かべているのではないでしょうか。その質問とは「どうすれば、自分の守護天使を感じることができるのか」、それを知りたいと思っていらっしゃるのではないでしょうか？　このことに関して、今までわたしは何度もさまざまな方法でお答えしてきました。それというのも、皆さんはそれぞれ異なる方法で天使とコミュニケーションを経験されるからです。皆さんの守護天使は、人によって異なるレベルのコミュニケーションを図ります。あなたを守るために、神様があなたの守護天使を遣わされました。さらには、あなたのこの上なく素晴らしい魂が、守護天使をあなたに引き寄せているのです。これは多くの皆さんが、すでに経験済みのことかもしれません。それにしても〈助けを求める祈り〉がありま す。たとえば、これから受ける就職の面接への不安を抱いている時などに祈ることができます。すると、おそらく顔面か掌が、かすかにジンジンする感覚があったり、涼しい微風を感じたりすることがあるかもしれません。あるいは、しばらくの間、内なる平和を感じられるような些細なことかもしれません。それとも小指に、かゆみを感じるようなことかもしれません。これが、守護天使とコミュニケーションする感覚なのです。あなたの守護天使がそのような感覚をあなたに与え、彼らの存在を認識することができるのです。あなたを助けようとしたり、何かを教えようとしていたりする時なども同じです。でもひとつ知っていただきたいことがあります。それはあなた方の期待に反するかもしれませんが、守護天使の存在を誰もがまったく同じ感覚で知ることができない、ということなのです。

さまざまな機会を通して、わたしは誰かの守護天使がその人と一緒にいることを知らせるサインを送っている場面を見かけることがあります。守護天使が、誰かの顔の一部分に穏やかな風を吹かせるような単純なことをしたとしても、その感覚を誰もが同じように受け取れるとはかぎりません。このことを守護天使はいつもわたしに言ってくるのですが、いまだに不可思議でなりません。

わたしは子どもの頃から、わたしの守護天使といつもゲームのごときことをしながら一緒に遊んできました。これは、大人になった今も続けていることです。皆さんもわたしと同じように、自分の守護天使と遊ぶことができます。誰でもできるのです。ですから、この本を読んでいる皆さんにも、ここに書かれた内容をすべて実践していただきたいのです。わたしがなぜこのようなことを言うかと申しますと、あなたの守護天使は、自分たちの存在を感じられるようにあなたを手助けしたいと願っているからです。でも、あなたは愛する人の魂を身近に感じられることのほうが、守護天使を感じることよりも九九・九パーセント確率が高いと、わたしは皆さんに断言しておきます。そうだとしてもあなたの守護天使は、さまざまな方法でその存在を感じる手助けをしてくれているのです。ジンジンとする感覚とか涼しい微風を感じたりすることは、すでにお分かりいただけたかと思います。ほかにも守護天使があなたのすぐそばにいることを、教えてくれる感覚があります。あなたは、いつでも守護天使と次のようなゲームをして遊ぶことができます。

先日わたしは小道を散歩していた時に、守護天使に訊ねました。

「指先ゲームをやらない？」

これは、わたしが子どもの頃から使ってきた呼び方です。わたしの守護天使もこれをよく知っているので、「ローナ。それでは、はじめようか！」と応じてくれました。

（ある意味でわたしはこのゲームのやり方を学ぶ必要はなかったのですが、きっと皆さんにお伝えするために天使たちがあえてわたしに教えたのだと気づくようになりました）

「でも、どのゲームにしようかしら？」

わたしは守護天使に訊ねました。

守護天使は金色の手を上げて、指先をゆっくりと動かしながら答えました。

「指先ゲームだ」

「指先ゲームね」と、守護天使の言葉をわたしは繰り返しました。

「考えてみると、ヘンな名前じゃない？」

笑いながら、わたしは言いました。

わたしが先日小道を散歩していた時、まさにこの同じゲームを守護天使とやってみることになったのです。わたしは、守護天使に訊ねました。

「このゲームのやり方を、どのように読者に説明すればいいの？」

「鏡の前に、立ってもらうようにするといい。それから自分の守護天使に『こんにちは』と呼びかけるようにと、説明するといい」守護天使はそう言いました。

「鏡を使うとは、名案だわ」と、わたしは返事しました。ぜひともこれを、皆さんにも実践していただきたいのです。

天使と遊ぶ「指先ゲーム」

鏡の前に立ってから、右手か左手どちらかの利き手を動かします。鏡の前に立ち、手を上げてみてください。手を上に伸ばしてから、指先が互いに触れないほど少しだけ広げてみてください。鏡に映った自分の姿を見つめながらその姿を、背後からあなたを見ている守護天使だと想像してみてください。さらには、あなたの手と同じ高さに守護天使の手もあると想像してください。

あなたの守護天使がまずあなたに試してもらいたいことは、鏡に向かってゆっくりとその手を動かすことです。鏡に映っている指先に触れられるぐらいにまで近づけて、そっと優しく触れてみてください。指先を一本ずつ動かして、鏡を軽くタッピングします。鏡に映っている自分の指先に触れながら、同時にそれが守護天使の指先だと想像します。何回かこの動作を繰り返し行う必要があるかもしれませんが、守護天使とこのゲームをして遊んでいるうちに、あなたの守護天使の存在を感じられるようになるでしょう。

これができるようになったら、鏡の前でこのゲームをする必要はなくなります。次なるステップは、あなたの守護天使に自分の前に立ってもらうようにお願いすることです。鏡に映った自分を守護天使と想像したのと同じように、守護天使が自分の前に立っているのを想像してみてください。鏡の前に立って、そこに映った自分を守護天使と想像した時と同じぐらいの距離を保ちながら、そこに守護天使がいると想像してみてください。守護天使が、自分の前に立っていると想像します。

あなたが手を上げたとたんに、守護天使もあなたの前で同時に手を上げます。あなたの守護天使の指先を感じてみてください。はじめは何も感じなくても、何度もこれを繰り返し実践していると、何らかの感覚を感じ取ることができるようになるでしょう。おそらく、あなたの指先で守護天使の指先に触れることができるようになるでしょう。しばらくの間そのままの状態を保ちながら、接触できるようにしてください。その次に、また別の指先で同じことを繰り返します。親指も忘れないでください。小指か中指か、親指からはじめるのがよいでしょう。あなたがどの指からはじめようと、守護天使は気にしません。これは、実に効果的なゲームなのです。やっている間にふと面白い思考があなたの頭をよぎり、笑顔になったり、笑ったりするかもしれません。このような反応はすべて、あなたとあなたの守護天使が互いに指先で触れ合っていることから生じます。守護天使は、あなたが指先で守護天使の存在を感覚的に知ることができるように手伝ってくれるのです。守護天使があなたに与える別の感覚として、くすぐったく感じたり、電気ショックを受けたりしたような感覚がすることもあります。とても優しく感じると同時に、とてもパワフルに感じられることもあります。あなたは急に飛び上がるかもしれません。

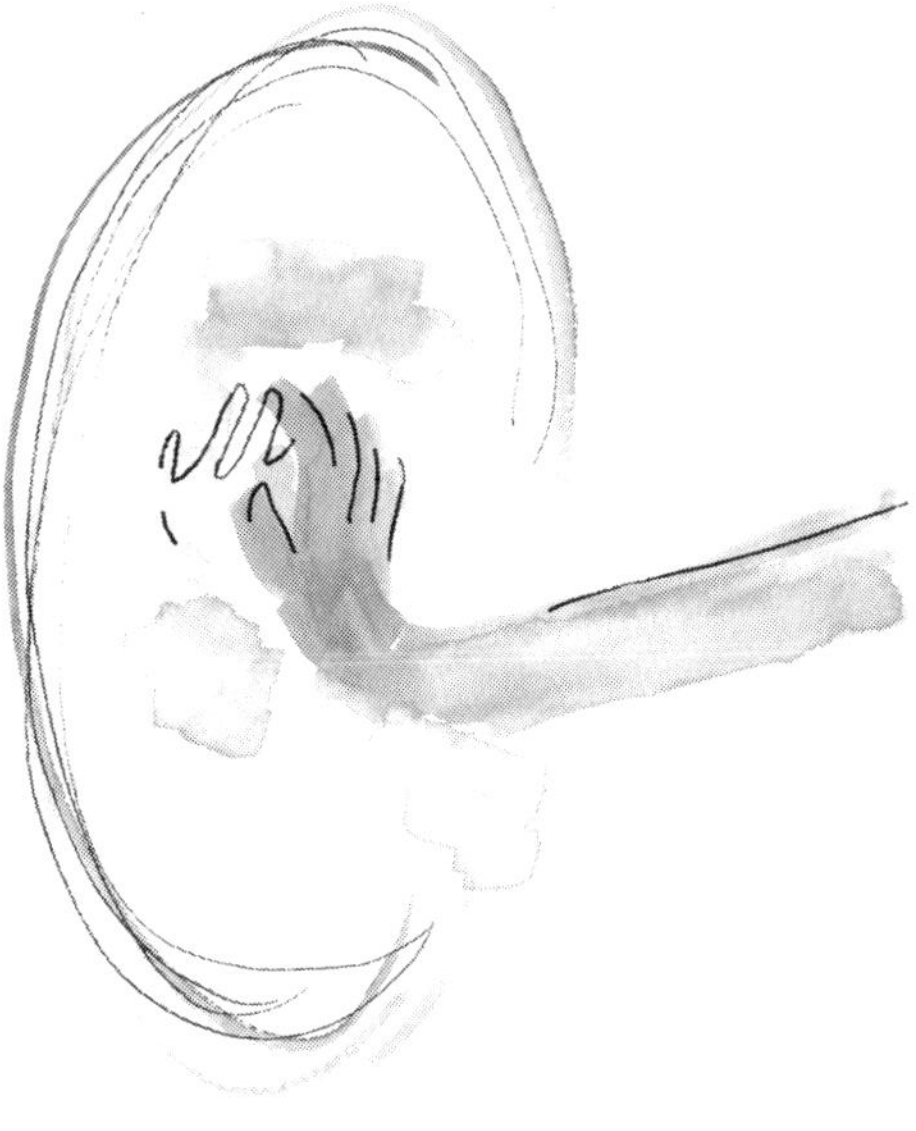

このような感覚を得ることができたら、「ありがとう」とあなたの守護天使にお礼を言ってください。「また一緒に遊びましょう」と話しかけてください。

あなたの守護天使にもう少し穏やかに接してほしいとか、もっと鮮明に接してほしいと要求することもできます。

あなたと守護天使のコミュニケーション方法が、他の誰かが説明するのとまったく同じ場合もありますが、必ずしもそうとはかぎりません。守護天使がわたしの指先に電気ショックのような感覚を与える時、痛くはないのですがいつも笑ってしまいます。先ほどの〈指先ゲーム〉をあなたが試しているうちに表現しようもないほどの、何か柔らかいものに触れているような感覚があるかもしれません。あるいは、蠟燭《ろうそく》の炎に指を突っ込んだようにとても熱かったり、アイスキューブに触れたように冷たく感じたりすることもあるでしょう。

守護天使はあなたに多くの異なる感覚を与えることができるのですが、たったひとつの感覚だけを与えることもあります。そうであったとしても、誰ひとりとして同じ感覚ではないのです。あなたが守護天使から得た、その感覚によく馴染んでください。その感覚と絆《きずな》を持つようになると、守護天使の存在を実際に感じ取ることができるようになります。たった一度かぎりのゲームで終わらせないようにしてください。守護天使はあなたの感覚器が鋭くなり、守護天使の存在を感じられるように手助けしてくれるのです。別の天使ではなく、ぜひあなた自身の守護天使を感じ取ってみてください。わたしがパソコンのマウスを動かすと、守護天使はその美しい手をわたしの手の上にかざしながら耳元で囁きました。

「ローナ。皆さんが生涯を通してそれをやり続けるよう伝えることを忘れないで！　誰の守護天使であっても、生涯を通してその人を助け、多くを教えることができるのだから」

わたしは守護天使に言いました。

「読者の皆さんは、そんなことをやれると思う？」

「もちろん試すにきまっているよ、ローナ。きみはすべての読者ができると確信している。皆さんの守護天使も皆さん同様にリアルに存在すると、きみは知っているはずだろ。ならば、皆さんにもきっとできるはずだ」

わたしの守護天使がゆっくりとその手をわたしの手から離した時「そうね、きっとできるはずね」と、わたしは返事をしました。

「ローナ、今きみの心に浮かんだことを述べてごらん。それは、読者の皆さんへきみが伝えたいことだろうからね」

「そうね。たしかにこれは読者にわたしが伝えたいことだわ。わたしはあなたにもできると信じています。まったくそれを疑ってはいません。あなたの守護天使は、あなた同様にリアルに存在しているのです。ですから、あなたにもできるはずです。あなたの守護天使はあなたにそれをするようにと、常にあなたに思い起こさせてくれることでしょう。あなたの守護天使の存在を感じることができるように学ぶことはできます。あなたの守護天使はあなただけのものであり、ほかの誰のものでもないことを覚えておいてください。あなたの守護天使は、あなただけのものなのです」

第17章 天使の声が聞こえるようになるための祈り

「祈り」はエンジェルコンタクトにおいてとても重要です。祈りは魂と肉体の融合を促し、そのことによってわたしたちはより天使の存在に気づけるようになります。この章では天使の声がもっと聞こえるようになるための短い祈りをご紹介します。とても簡単なのでぜひ毎日実践してみてください!

先日わたしが家の庭の片隅にある果樹園まで足を運ぶと、花々が地表を破って芽を吹き出しているのが目に止まりました。とても寒い日でしたが、太陽の光がさんさんと降り注いでいました。わたしが木の幹に座ってしばらくの間祈っていると、自分の名を呼ぶ声が聞こえてきました。目を開けて見上げると、大天使ミカエルがわたしのほうに向かってくるのが見えました。ごく普通のジーンズにアノラック姿だったので、わたしは思わず笑ってしまいました。相も変わらず、彼はとてもハンサムです。でも彼を天使以外の存在と間違うことは、まずありえないでしょう。

「こんにちは、また会えて嬉しいわ」わたしがミカエルにそうと言うと、彼は言いました。

「祈り続けなさい。わたしも一緒に祈ることにしよう」

ミカエルがそばに立つと、わたしは再び目を閉じて祈りはじめました。

わたしたちが祈るたびに、ほかの天使たちもいつも加わってきます。あなたが祈る時は、あなたの守護天使がいつも一緒に祈っているのです。ですから、ぜひとも〈天使の祈り〉を唱えるようにしてください。大天使ミカエルが一緒に祈ってくれる特別な機会を、わたしはいつもとても嬉しく受け止めております。ミカエルと共に祈る時にどんなことが起きるかについて、詳しいことを皆さんに分かち合いたいのです。でもそれは許されていません。神様がそれをお許しになられた時に、おそらくわたしは語ることができるでしょう。さて、あの日ミカエルがどれくらいの間わたしと一緒に祈ってくれていたのか、見当がつきません。でも彼がわたしに触れた時、それが祈りを終えるサインであることにわたしは気づきました。目を開けたとたん、太陽が隠れていたので寒く感じました。

ミカエルがわたしと一緒に歩きながら家に入るまでのわずかの間、わたしたちは会話しました。ミカエルは、人間があまりにも簡単に諦めてしまうことに関して話していました。人々は自分の守護天使とコンタクトするのを、あまり熱心に試みようとしていないとも彼は言っていました。守護天使は、皆さんのすべての思考を聞き取ることができます。それも、あなたが心にあることを口に出す前に。

わたしはミカエルにこう言いました。

「そこがね、たまにあなたたち天使が苛立《いらだ》たしく思えるところなのよ。わたしに『どうしたの?』って聞く時だって、すでに分かっているくせに」

ミカエルは、わたしに笑いかけながら言いました。

「ローナ、思っていることを分かち合うのはよいことだ。すべての人間が自分たちの守護天使や神様に分かち合うことができるのなら、なおさら素晴らしい。大人だけではなく子どもたちも含めて人間同士が互いに分かち合うことができれば、互いに助け合うことになる。ローナ、互いに分かち合うことはとても重要なのだ。人々がもっとオープンになって他人の言い分を聞けるようになると、互いにもっと思いやりが生まれる。それが天使の存在に気づきやすくさせるのだ。人間同士が互いに思っていることを分かち合うことのほうが、ある意味で守護天使とコミュニケーションすることよりも重要なことだと言える。仲間である人間同士が互いにコミュニケーションができないのならば、守護天使とのコンタクトを期待できるはずがない」

「ミカエル、それが今日《こんにち》の世界で重大問題だと思うの。人々は互いに向かい合って話し合うことに対して、怖れや恥を感じているよね。むしろ距離を保とうとする。そんな感じで実際に会えたとしても、互いにひと言ふた言しか言えないのよね」

ミカエルと一緒に歩きながら家に近づいた時、彼にわたしは言いました。

「ひとつだけたしかなことがあるわ。あなたには何ひとつ秘密にできないってこと。たとえ頭の中だけで思ったことにしてもね」

ミカエルは言いました。

「むしろはっきりと口に出して言うべきだ、ローナ。おまえがどんなことを考えていようと、たとえそれを口に出したとしても、天使の気を悪くさせるようなことはひとつもないということを分かっているだろ」

わたしは、門の小さな戸口を開きながら返事しました。

「理解するのが難しいと感じることもあるわ。ミカエル、いくら神様やすべての大天使のことを、それに天国にいるすべての天使たちのことを教わったとしても、まだまだわたしの理解を超えているのよ。人間の理解を超越するものなのかもしれない。おそらく、わたしたちの魂が肉体と融合してひとつとなる日が訪れるまではね。つまり、わたしたちがスピリチュアルな成長を遂げるまでは、ってことよね。わたしたちは、思ったようにうまく物事が運ばないと感じる時は、天使や神様に頼むことを知っているわ。少なくともわたしはそうしているの。考えてみると、わたしは神様に願いごとをしても、あなたたち天使にはあまり願いごとを聞いてもらおうとしないわ。この点でもまた理解できないのは、守護天使はなぜわたしたちが望む時に奇跡を起こしてくれないのか、っていうことなの」

わたしたちすべての人間に対して神様は、いつも多くの異なる計画を用意されています。時には人生における大きな転換期を与えることもありますし、また、それよりももっと小さな計画の場合もあります。でも問題なのは、わたしたちがそのような神様の計画を認識できないことです。与えられた計画が、自分にとって不十分だと信じてしまうこともあるのです。わたしたちはただお願いするだけではなく、聞き入れるように努めるべきです。祈りとは、このふたつの相互のプロセスから成り立っているのです。

どうか皆さん、聞こえるようになってください。

そこで、わたしは次のような祈りを書きました。あなたが聞くことができ、神様の計画を発見し、神様があなたに用意した祝福に気づくことができるようにと。

わたしたちがさらに祈れば、わたしたちの魂は奥のほうからより前方に現れることができます。すると魂は肉体と融合してひとつとなり、天使や愛する者に気づくことができるようになります。彼らと共に調和の中に生きることによって、神様の世界であるその〈愛ある意図〉に気づくことができるようになるのです。

わたしたちが祈りを通して何かを願う時、自分が必要とすることを知っていると信じています。しかし、願ったことが得られないとなると、腹を立ててしまいがちです。ずっとあとになってから振り返ってみると、願いが叶わなくてほっとして感謝することすらあるかもしれません。神様のみが、わたしたちがほんとうに必要とすることを知っているのです。さらに神様は、わたしたちが望む以上の豊かさを常に与えてくれています。しかし、わたしたちがその与えられた祝福に気づけるとはかぎりません。

神様は常に大きな祝福も小さな祝福も含む豊かさを、わたしたちのために用意してくれているのです。

神様はわたしたちすべての人間に、人生がすっかり変わるほどの大きな祝福を個々の誕生当初から与えたいのです。そういった祝福の例として、わたしたちが特定のパートナーに出会って結婚したり、大都会に引っ越しすることになったり、子どもを持つことになったり、生まれ故郷に戻って再びそこで暮らすことになったり、成功する企業を立ち上げるといったようなことがあります。ふたりの人間が出会ってすぐに一緒になる運命であることに気づかなくても、神様はふたりに対してさまざまな方法と機会を通して祝福のつながりを強化されるのです。そのようなきわめて特別な祝福を神様はわたしたちに受け取ってもらいたいのです。神様は何が何でもそれが起きるように働きかけるのです。このようなことが始終起きているのですが、神様がわたしたち個々の自由意志を侵害することはけっしてありません。

わたしたちは皆、生まれてくる前に人生で受け取るすべての祝福を知っています。わたしたちの両親のことや、良いことも悪いことも含むあらゆる選択を。魂が天上界から下りてくる時に、神様はご自身の欠片《かけら》をわたしたちの中に散らすことはないのです。なぜなら、魂の自由意志を邪魔したくないからです。その代わりに神様は、より霊性を高めるための助けとなるように、わたしたちそれぞれに守護天使を遣わせたのです。つまり、神様からの祝福に気づくことができたり、苦悩を克服する助けとなったり、正しい選択をするように導くためにです。

わたしたちは皆、個々の人生で起きる、あるいは、世界中で常に起きている悪しき出来事に苦しめられます。ある意味においては、こういった起きることのすべてにわたしたちは同意してここにやってきました。さらにはわたしたち全員が、個々に起きるすべての試練に同意してきているのです。神様は全世界が選ぶ選択肢を見ておられます。そして当然ながら、人類は常に正しい選択ができるとはかぎりません。それによって戦争や飢餓、病、環境破壊という結果へとつながっていくのです。

だからこそ、わたしたちの指導者たちのために祈ることが大切なのです。彼らが正しい選択をするようにと。

わたしが人生を通したあらゆる苦悩を経験したことに対して、驚かれる方々もおられます。けれども自分の人生に起きたあらゆる浮き沈みなしでは、今日《こんにち》のわたしはありえないのです。わたしたちは、人生に起きる悪い出来事によって成長を促されます。よりよい人間になることを学び、自己の善良さに自信が持てるようになります。たとえばあなたが路上で殴り合いの喧嘩を見かけたとすると、一歩踏み出て殴られている人を助けるために危険を冒す勇気が湧き起るかもしれません。そのような場合、神様は仲裁者としての英雄になるチャンスをあなたに与えているのです。

わたしたちにはしばしば悪いことも起きますが、それは思いやりの精神をさらに深めるためなのです。さらには、それが嘆きながら助けを求める祈りへと導いてくれるのです。わたしたちには魂があり、守護天使や愛する者たちが常にメッセージを送っているということに気づくことへもつながります。

すべての祈りには素晴らしい力があります。たったひと言だけの祈りだとしても、深い祈りだとしても、わたしたちの魂と肉体が結びつくのを促し、自らの霊的要素への認識が深まります。つまり祈りは、純粋な愛をもってわたしたちを愛し、援助の手を差し伸べたい霊的存在たちとのコミュニケーションを促す助けとなるのです。

わたしたちにとって、耳を傾けることよりも願いごとをすることのほうが容易です。従ってわたしたちの祈りは、願いごとにフォーカスされることが多く、神様や天使たち、愛する者たちがわたしたちに伝えたいことに耳を傾けることを忘れがちになります。皆さんがもっと聞こえるようになるための短い祈りを、ここに紹介いたします。

天使の声が聞こえるようになるための祈り

親愛なるわたしの守護天使よ、
人生のすべての祝福を神様に感謝します。
でも今、どうしてよいのか分かりません。
なかなか聞こえてこないのです。
どうかわたしを助けてください。
心が静まり、あなたの声が聞こえるようにしてください。
今は亡き愛する者たちの声が聞こえてくるようにしてください。
神様、あなたがわたしに与えられた計画をお聞かせください。
どうか今教えてください。

（ここでしばらくの間心を静めて、聞こえてくることに耳を傾けましょう）

……わたしが聞こえるように助けてくださったことに感謝します。

ありがとうございます。

アーメン

第18章 光り輝く赤ちゃん

皆さんは《光り輝く赤ちゃん》をご存知ですか？　かれらはふつうの人間よりずっと霊的進化をとげており、それがゆえにこの世に長くいることができません。かれらは想像を超えるような大きな使命を持って生まれてきました。神様からわたしたちに送られたかけがえのない大切な宝物なのです。

大天使ミカエルとわたしが一緒に家の中に入り、そのまま二階へと上がろうとしていた、そんなある日のことでした。ミカエルは、わたしの前を進みます。彼がこのようにする時は、いつもその美しさに目をみはります。それというのも、彼が階段を上る時に、木製の階段一段一段が明るい光に変わるからです。

以前にもお伝えしたことがあるように、彼の足下が直接階段に触れることはないのです。足下の光は、天使と地球をつなぐ間にある、わたしが呼ぶところの〈クッション〉として認識しているものです。

わたしの書斎がある二階の部屋に着いた時、ミカエルはわたしの横に立ち、わたしはというと、パソコンの前に座っておりました。すると彼は、こう言いだしたのです。

「先ほどの我々の会話を、全部書き留めなさい」

わたしは、彼に言われた通りに書きはじめることにしました。三十分ほど経過した時、電話が鳴りました。ジョン神父からでした。その瞬間に、ミカエルは何の挨拶もなしにさっと消えてしまいました。

このことをジョン神父に電話で伝えると、彼は言いました。

「それは悪かったね、ローナ。この電話が終わったらミカエルが戻ってきて、きみと仕事の続きができるように祈っておくよ」

「いいえ、ご心配なく！　大天使ミカエルは、神様が彼を送った時だけやってくるのですから」

ジョン神父にそう電話で伝えながら、わたしは自然と笑顔になりました。ミカエルが前回「行かなければならない」と告げて姿を消したのは、数年前だったことを思い出したからでした。ジョン神父は、ある家族のことを祈ってほしいとわたしに頼んできました。その家族はちょうど、二十三歳になる娘を亡くしたばかりだったそうです。彼女は長い闘病生活を送っていたのです。わたしは、忘れずにそのご家族に伝えてほしいとジョン神父に託《ことづ》けを頼んだのです。彼らの娘の美しい守護天使は言いました：彼女の魂をまっすぐ天国に連れていったということと、彼女はそこで平安を得ることができ、今は幸せだということを。家族が娘を亡くした苦しみから一日も早く立ち直れるように、わたしは祈りを捧げるとジョン神父に伝えました。さらには、家族が悲しみに耽《ふけ》るだけではなく、娘と過ごした幸せな日々を思い出すことが大切だということを付け加えました。これらのことを神父にお伝えしたあと、数分後にさよならを告げて電話を切りました。

これから皆さんにお伝えしたい話があります。でもどのように話せばよいのか分かりません。愛と喜びに満ちた、とても心を打たれる話だからです。

あれは一年ほど前のことでした。あの朝わたしがベッドから起き上がろうとした時、わたしがその日幼い子どもに会うだろうと、天使たちに告げられたのでした。その一年ほど前にも、わたしが大天使ミカエルに果樹園で会った時も、彼からすでにそのことを告げられていました。またしても、わたしが別の〈光り輝く赤ちゃん〉に会うということを。

〈光り輝く赤ちゃん〉は、霊的に進化しています。神様は、彼らがこの世に長くいることを許さないのです。なぜなら、わたしたちに彼らを受け入れる準備ができていないからです。彼らは短い期間この世にいて、その間わたしたちは彼らの無限の愛を経験することができます。神様がしばしばそのような子どもたちをこの世に送り込む理由は、人類の進化がより迅速に運ぶことを促すためです。わたしが〈光り輝く赤ちゃん〉に関することをはじめて書いたのは、『エンジェル・イン・マイ・ヘア』の中でした。続いて、"Stairways to Heaven（天国への階段）"という作品の中でもこれを取り上げています。

わたしが娘のメーガンと一緒に、ダブリンの街に出向いていった時のことでした。やらなければならないことが山ほどありました。昼もだいぶ過ぎた頃、わたしは娘に言いました。

「そろそろ食料品店に行って、夕飯の支度に何か買ったほうがいいじゃない？」

わたしたちは、早速車に乗り込むと、車を走らせました。その間、メーガンは若い娘が母親におしゃべりするような内容をあれこれと語りかけてきました。さらには、車のラジオから流れてくる話題についても、わたしたちは会話しました。スーパーに着く五分くらい前になると、もうすぐ小さな子どもにわたしが会うだろうと、守護天使が耳元で囁きかけてきたのです。同時にメーガンもわたしに話かけていました。

「ママ、わたしの話をちゃんと聞いているの？」

「ごめんなさい、ちょっと気が散っていたの」

メーガンはわたしが何を言わんとしていたのか、明確に分かっていました。「わたしがママに話しかけている時くらいは、天使たちに遠慮してもらいたいわ」と、彼女は文句を言いました。

一体どんな子どもと出会うのか、スーパーの駐車場に車を止めながらわたしはとても気になりはじめたのです。まったく予知不可能だったからです。普通ならば、天使たちは前もってもう少し詳しく教えてくれるはずなのですが。だから余計に気になりました。わたしがちょうどスーパーの入り口に入ろうとした時のことでした。六人の天使たちがグループになって、わたしの先を歩いていることに気づきました。天使ホーサスも、野菜売り場に立っているのが見えました。

「やあ、ローナ」と、ホーサスがわたしに声をかけてきました。

ホーサスのところまで歩み寄ると、わたしは野菜を数個カートの中に入れました。

「会えて嬉しいわ」

「ローナ、幼い少年が通路を歩いているだろ。その子から目を離さないで！」ホーサスは言いました。

「立ち止まって、彼を見よってことなの？」

わたしがそう訊ねると、「その通りだとも」と彼は返事しました。

娘のメーガンがわたしからカートを受け取ったあと、向こうのほうで買い物を続けると彼女は言い出しました。

「いいわよ、そうしてちょうだい」と、わたしは返事しました。

娘がわたしに疑問を抱かずに、彼女自身の守護天使の声にすんなりと従ったことに、思わず微笑みがこぼれました。彼女は、素直に自分の守護天使が依頼したことだけをやっているのです。つまりそれは、母親の買い物を手伝うことでした。わたしが飼っているウサギのミムシーに与える人参とレタスもカートの中に入れました。

わたしがスーパーの中を買い物しながら移動していると、その幼い男の子に出会いました。彼の周りを三人の美しい天使たちが囲んでいました。その子は、おそらく二歳半くらいだったでしょうか。活気に満ちたとても美しい男の子でした。満面の笑みを浮かべながら、よちよちと歩いていました。ひとりで歩ける自由さを満喫しているようにも見えました。何にも増して、そのほんの小さな坊やが、キラキラと輝いていたのです。この世にわずかばかり生まれてくる特別な子どもであることにちがいありません。愛の輝きを彼は放っていました。わたしと同じくらいはっきりと、彼には天使が見えているということにわたしは気づきました。なぜならその子は、天使たちと遊んでいたからです。きちんと天使に受け答えしていました。そばを通りかかった人たちは皆、その子を見て不思議な表情を浮かべていました。誰もがその子に魅せられて抱き上げたくなるはずですが、神様はそれを許すはずはありません。天使たちがあやすので、その子はキャッキャと笑い声を上げながら、その美しい顔に驚くほどの笑みを浮かべていました。その間、わたしはその小さな男の子の顔を見つめてみようとしました。でも少し離れたところからなので、顔が半分しか見ることができませんでした。半分だけでも、可愛い笑顔だと分かりました。天使ホーサスがわたしのそばに歩み寄ると、こう告げました。

「ローナ、あの子のそばを通り過ぎる時に、〝こんにちは、かわい子ちゃん！〟って、声をかけてごらん」

「いいわよ」とホーサスに返事しながら、これといって何も特別なことにわたしは気づくことはありませんでした。

「なんて可愛い子なの。ところで、彼の親はどこかしら？」

「うしろを向くと、彼の母親がいるよ」ホーサスが教えてくれました。

　彼女は少し離れたところにいて、父親は子どもからさほど離れていない通路の向こう側にいました。両親がどうして幼い子どものそばにいないのかは、わたしは分かりませんでした。きっと何か理由があるはずだとは感づいてはいたものの。スーパーで息子が自由気ままに楽しんでいるのを、おそらく両親は承知の上でそうさせているとわたしは思っていました。でも彼らは、常に息子を注意深く見守っていました。その幼い男の子の周囲を取り巻いている天使たちが、わたしに急ぐようにと呼びかけたのです。わたしはホーサスに言われた通りに、その子のそばに近づいてから声をかけました。

「こんにちは、かわい子ちゃん！」

　幼い男の子は立ち止まってからわたしを見上げ、満面の笑みを浮かべてくれました。その子は少し飛び上がり、踊るようにしてわたしに駆け寄ってきました。

「ローナ、急いで！」

　彼を囲んでいる天使たちがそう言ったので、わたしはできるかぎりの速さで通路を歩きました。その子の笑い声が聞こえてきました。天使たちが遊び相手になって、喜ばせているのです。

　さて、ここからは、皆さんにどう説明すればよいのでしょうか。その小さな男の子には特別なニーズがありました。その子の顔全体が見えた時、わたしにはその疑問がはっきりとしたのです。彼の小さな体は曲がっていて、顔は完全に釣り合いがとれていなかったのです。それにしても、わたしには彼の美しさしか見えません。まさしく、〈光り輝く赤ちゃん〉だったからです。もう何年も出会っていませんでした。そんな幼い子がこの国にいるとは、まったくの驚きです！　よく考えてみると、わたしにとってこれは、特別中の特別でした。こうした幼い子ど

もに出会うということは、世界への希望を意味します。それをわたしは知っています。今こそ世界は希望を必要としていることが、スーパーの通路を歩きながら痛切にわたしの心に染みました。〈光り輝く赤ちゃん〉は、きわめて特殊な子どもなのです。彼らはわたしたちと比べて、百万倍も進化しているからです。神様は、通常彼らが成長することを許しません。わたしたち人類は、彼らを早く受け入れる準備ができていないので、神様は彼らを早く天国に呼び戻すのです。わたしたちはまだ、霊的に十分に進化していないからなのだそうです。

メーガンはわたしを呼んでから、こう言いました。

「ママ、こっちに来て！　スープとガーリックパンを買っておいたほうがいいかしら？」

それは名案だとわたしは返事をしてから、棚からスープの入った容器を取りました。メーガンは、ガーリックパンを降ろしました。見上げると、通路の遠端でホーサスが待っていました。

「わたしの好きなチーズがあるか、見てくるわ」

わたしがメーガンにそう言うと、彼女はシャンプーを取ってくると言いました。なので、わたしはホーサスが立っている場所に即座に向かったのでした。

「何か探しているふりをしながら、通路をまっすぐ進んでごらん。それから左に曲がり、今来た通路をまた戻って歩いていきなさい。ゆっくりとね、ローナ。急ぐ必要はないからね」

ホーサスがそう言ったあと、わたしはゆっくりと歩いて通路の端までたどり着き、左に曲がりました。

するとまた、あの小さな男の子が同じ通路にいたのです。彼は周りにいる天使たちを見ながら、よちよちとわたしのほうに向かって歩いてきました。わたしはホーサスに言いました。

「この子がいる周辺には、ほとんど人がいない感じがするのだけれど……」

その通路には、彼の両親とほかにもふたりの女性がカートを押しながら歩いているだけでした。わたしは棚で仕事をしている係員を見ているふりをしながら、そのふたりの女性が幼い男の子に近づいていくのを見ていました。その子はふたりの女性ににっこりと笑顔を見せました。すると彼女たちは、ぞっとした表情で肩をすくめました。

「なんて醜い子なの！」

彼女たちが息をのむように小声で言っているのがわたしに聞こえてきたのです。

わたしには、あの子の美しさしか見えないというのに！　わたしはあの子に向かってもう一度言いました。

「こんにちは、かわいい子ちゃん！」

男の子はまたしても、満面の笑みをわたしに見せました。近づいてきた彼の母親と父親にわたしの言葉が聞こえたのでしょうか。知らない人が、彼らの幼い息子が可愛いと言っているのが嬉しくてたまらなかった様子でした。父親は急いでその子のところに行って抱き上げ、強くハグしました。父親はわたしを見つめながら涙目で、ありがとうと言ってくれました。

ちょうどその時母親が、夫と息子のところにやってきました。三人の親子は、互いに愛情に満ちたハグを交わしました。天使たちはその家族を囲みながら言いました。

「早く行きなさい、ローナ！」

わたしは彼らに笑顔を見せてから、通路を通って元の場所に戻りました。手伝ってとわたしを呼ぶ娘の声が聞こえました。

「ママ、一体何をしていたの？」とメーガンがわたしに訊ねたのは、ちょうどわたしたちが買い物を済ませようとしていた時でした。

「何でもないわ」

わたしは彼女にそう答えながらも、ホーサスには言葉を口に出さずに訊ねてみました。

「あの子が可愛いって誰かが言うのを、彼の両親ははじめて聞いたのかしら？」

ホーサスは答えました。

「そうさ、今まで誰もあの子のことを可愛いと言ったことがなかったんだ。まったくひどい話だよ」

わたしはあの子の両親のために祈りました。あの小さな男の子が〈光り輝く赤ちゃん〉だったからです。あの子は、この世に長くいられないとわたしは知っていました。外見だけしか見えないということは、とても悲しいことに思えます。わたしたちは、すべての子どもたちの外見にとらわれずに、美しさと善良さを常に見るように心がけるべきです。天使たちがあの日あの子に告げるようにと、わたしに伝えた言葉は、実にあの子の両親が聞かされるべき言葉だったように思います。

わたしは、ちょうどクリスマス前の講演会でこの話に少し触れました。集まった人たちの心に響いたことはたしかだったようです。これについて皆さんもよく考えることを神様が促してくださいますように、わたしはそう祈ります。

わたしが会場の皆さんを祝福している間、何人かの若者たちもわたしは祝福しました。するとなんと、その若者たちもわたしに「こんにちは、かわいい子ちゃん！」と言ってくれたのです！　わたしは彼らに向かってにっこりと笑顔を見せたあと、また別の人々を祝福し続けました。

第19章　聖フランチェスコに出逢う

神様はわたしを素晴らしい聖人に会わせてくれました。天使エリヤ、大天使ミカエル、シルバースパイラル天使たちによって案内されたのは、清貧で慈悲深い聖フランチェスコでした。彼が人々や生き物たちに惜しみなく与えた愛は、キンポウゲとデイジーの思い出とともに、今もわたしの心の中に刻まれています。

イエス・キリストの母は、世界中に現れています。聖母マリア様は天上界の女王であると同時に、天使たちとあらゆる魂たちの女王でもあります。さらには、わたしたち人類すべての母です。わたしは、カトリック教徒として生まれました。学校に通っている時は、〈聖母マリア様〉と呼ぶようにと教わりました。先生が天におられる聖母マリア様についてわたしたち生徒に向かって話す時、教室中が天使たちであふれ返っているのをわたしはたびたび目にしてきました。教室で神様や天使たちの話をしたり、天使に祈りを捧げたりする時などは、きまって聖母マリア様も、そしてまた、天使たちまでもが一緒に祈ってくれるのです。そんな天使たちが現れると、教室で座席に着いていたわたしは、つい笑顔になります。とても幸せと感じさせられたのでした。たいていの場合は、わたしの席は教室のうしろのほうでした。そのことに対してわたしは、不愉快な思いでいました。

イーデンモアの地元の小学校は、わたしが当時住んでいた家の目と鼻の先にありました。歩けば五分もかからない距離なのですが、わたしは小刻みに歩くのでさらに時間がかかります。わたしは学校に着くのをできるだけ遅らせたかったのです。時にはうしろ向きにくるりと回り、家に戻ろうとしました。でも天使たちは、そうさせてはくれませんでした。五、六人の天使たちが並んで道を塞いで、わたしの邪魔をしました。天使たちに、最終的には負けざるを得ないのです。

「先生はわたしが教室にいるかどうかなんて、気にも留めていないのよ！」

足を踏みならしながらわたしが天使たちにそう不満を募らせると、彼らはたいていの場合、必ずこのように言い返してくるのです。

「それはダメだよ、ローナ。さあ学校にお行きなさい」

それでもわたしは、急ごうともせずにぐずぐずと歩きました。

そんなある日のことでした。わたしはまた例のごとく遅刻すると、生徒たち全員がすでに教室に入っていました。

学校の門に着くと、天使たちがわたしに急ぐようにと急かしました。校舎まで駆け寄ったわたしは、大きな重い扉を開けました。

わたしは階段を上るのが大好きでしたので、天使たちによくこう言ったものです。

「どれだけ早く上れるか、見ていて！」

手すりを握りながら、二段ずつ駆け上っていくのです。わたしの教室は最上階にありました。遅刻して教室に入っても、何も言われませんでした。わたしが自分の席に向かって歩いていく時、たいていの場合先生は誰かほかの生徒の前に立っています。先生はわたしを見ても、ひと言もいいません。わたしが教室に入って席に着いても、まるでわたしが透明人間のように誰も気に留めないのです。天使たちがわたしを隠してくれる時もあるので、先生はわたしが遅刻したと気づかないこともあります。そんな時はきまって、にっこり笑顔をわたしは浮かべたものです。

あの特別なことが起きた日は、わたしが十二歳の時でした。わたしが通学した最後の年でもありました。シスター（修道女）の先生がわたしたち生徒に、スペルテストをさせました。わたしは、自分の答えが全部間違っていると知っていたのですが、それでもベストを尽くしたことはたしかです。わたしは守護天使と周囲にいた天使たちに言いました。「なぜ、ほんの少しでも手伝ってくれなかったの？　ものすごく頑張っていたのに！」

天使たちがわたしに、「よくやった」と言うや否や、肩甲骨の間が少しくすぐったくなりました。それで思わず肩をすくめたのですが、天使たちがわたしを勇気づけようとしてやったにちがいありません。

やがて、シスターが声を出して読みながら黒板に単語を書きはじめました。シスターは、わたしたちが書き込んだスペルが正しいかどうかをチェックさせるために数分間を与えました。黒板に何が書かれているのか、わたしには皆目理解できません。文字が動いて止まらないからです。そのため守護天使に訊いてみたところ、答えてくれました。

「上から四つ目は正しいよ、ローナ」

一個でもスペルが正しければ上出来だと、わたしは喜んでいたのです。シスターは自分の机の上に置いてあった本を閉じてから、立ち上がりました。彼女はわたしたち全員に、ノートとペンを片づけるように命じました。次に彼女は、自分の机の上に置いてあった別の本を手に取りました。黒い本で、表紙には十字架が描かれていました。それが聖書だと、わたしはすぐに分かったのです。彼女は、自分が手にする本がどんな本なのか、当ててみるようにクラスの生徒たちに質問しました。クラス中を見渡すと、ほとんどが無表情のままです。すると前列に座っていた女の子が、「シスター、分かりません」と大きな声で答えました。

わたしは恥ずかしそうに手を上げました。先生は一瞬驚いたようでしたが、くるりと背を向けました。先生はわたしを無視したまま、自分の席に戻りました。

彼女はその本を机の上に置きました。次にチョークを握り、黒板に書きはじめました。先生が何を書いたのか、守護天使がわたしの耳元で囁いてくれました。〈聖書：神の御言葉〉だと。

わたしは守護天使に言いました。

「それくらい、ちゃんと分かっているわ。〈聖書〉という字を知っていたもん！」

それなのにシスターは、わたしに答えさせてくれませんでした。彼女は黒板の字を示しながら、それを読み上げました。わたしはとてもがっかりしながら、天使たちに言いました。

「シスターは、わたしが何にも知らないと思っているの？」

守護天使がわたしの耳元で囁きました。

「ローナ、先生はそれほど知恵が回らないということを、覚えておきなさい」

シスターが生徒たちに向かって、家に聖書が置かれているかと訊ねると、誰ひとりとして手を挙げませんでした。ちょうどその時です。天使ホーサスが閉まっている扉を通過して教室の中に入ってきました。彼を見て、わたしは嬉しくなりました。彼が教室の中を横切り、歩きながらシスターの机に近づくにつれて、彼のマントはまるで突風に吹かれているかのように波打っていました。マントの内側は黄金色でキラキラと光を放っていましたが、外側は黒色で、時代遅れで一昔前の教師が着ていたような格好でした。

わたしは言葉を口にせずにホーサスに言いました。

「おじいちゃんが聖書を読んでいるのをよく見かけるから、彼が聖書を持っているとシスターに話すべきかしら？」

ホーサスはわたしに言いました。

「それはならない、ローナ。よい考えだとは言えないな。シスター・アンは、きみにイライラするだけだよ」

わたしはがっかりしました。ホーサスは教室の机の間を歩きはじめると、時々立ち止まってみては、座っている子どもたちを見下ろしながら微笑みかけました。言い忘れていましたが、各机にはふたりずつ腰をかけています。天使ホーサスがわたしの机に差しかかった時、わたしの肩に手を添えて言いました。

「ローナ、悲しんではいけない。大天使ミカエルが聖書から一節を読んでくれる時、きみはいつも嬉しそうにしてるよね」

わたしはホーサスを見上げて頷いたあと、こう訊ねてみました。

「大天使ミカエルは今日、わたしに聖書を読んでくれるために来るかしら?」

「いいや今日ではない、ローナ。数日のうちに来るだろう」

するととつぜん、シスターが大声で呼ぶのが聞こえました。

「そこのあなた!いちばんうしろのあなたですよ!注意してわたしの話を聞いていましたか?」

わたしはびっくりして飛び上がりました。『先生は普段わたしを無視するはずなのに……』

「ローナ。立ったあと、どんな質問にも彼女に返すんだ」と、ホーサスが助言してくれました。わたしはこわごわ立ち上がり、「はい、注意して聞いています」と答えました。すると先生は、「では、わたしはたった今何と言いましたか?」と、わたしに訊ね返しました。

「シスターは、イエス様の母である聖母マリア様について話されていました」と、わたしは答えました。

なぜか先生は、わたしにとても腹を立てている様子を見せました。怒りに満ちた表情で、教室の最列にいたわたしの机まですたすたと歩いてきました。急になぜか、それまでわたしの机のほんのそばに立っていたはずのホーサスが、いなくなっていたのです。なんとまあ、シスター・アンの真ん前にホーサスが立っているではありませんか。ほんの少しの間、ホーサスはシスターの手に触れていました。ちょうどその瞬間にシスターの守護天使が、シスターの耳に囁きかけたのです。シスターはわたしに歩み寄るのを止めて、立ち止まって言いました。

「座りなさい。二度とわたしにあんなことを言わせないで!」

わたしは彼女の守護天使に言いました。

「シスターの守護天使様、ありがとう」

シスターが彼女の守護天使の言葉に耳を傾け、それに従ったことにわたしは感謝しました。わたしはもちろん、これを言葉として口にすることなく言いました。シスターには聞こえなかったにしても、彼女の守護天使はわたしに満面の笑みを返してくれました。

天使ホーサスは、机の間の通路を歩き回っています。彼のマントはまるで強風に吹かれるかのようにたなびいています。もちろん、教室には風などありません。彼のマントが机に触れる光景は、息をのむほどの美しさです。ごく稀にかぎられた場合、天使たちがわたしたちの世界の何かに実際に触れることはあるにせよ、それはただそう見えているだけのことなのです。

以前にも述べましたように、天使と物質との間には、たとえ隙間がないように見えたとしても実際にはスペースがあります。

いつのまにか、教室は天使たちでいっぱいになりました。もちろん生徒たちそれぞれに守護天使はいるのですが、それでもまだほかの天使たちがいられる余裕は充分にありました。

天使ホーサスがわたしの机まで再びやってくると、彼は行かなければならないと告げました。

わたしがさよならを告げると、ホーサスはシスターの机のほうに向かっていきました。シスターの机までほんの数メートル離れたところで彼は姿を消しました。シスターは聖母マリアとその夫ヨセフについて、さらには赤ちゃんのイエスについて語り続けました。

その日学校が終わると、わたしはまっすぐ家に帰りませんでした。わたしは近所の敷地を横切って、出てきた田舎道に沿って歩きました。土手をよじ登ってから、その上を歩きはじめました。わたしは土手に沿って歩くのが大好きでした。背が高く感じられるからです。コマドリが、わたしのすぐ目の前で止まりました。うっかり踏みつけてしまいそうになったのですが、コマドリは軽やかにわたしの前を進んでくれたので大丈夫でした。わたしは思わず笑い声を上げました。すると小さなコマドリは、野生の花々が咲いているところに飛び去っていきました。花びらの下の葉に覆われた、茎の周辺にいる緑色をしたアブラ虫でもつついているのでしょうか。それをわたしはしばらくの間、じっと観察していたのです。わたしが小さなコマドリにさよならを言うと、生け垣のほうへ飛んでいきました。

ちょうどその時わたしの名を呼ぶ声が聞こえたので見上げると、天使エリヤがわたしのほうに向かって歩いてくるのが見えました。ずいぶんまだ離れているように見えましたが、さほど遠くはないと分かっていました。

わたしがはじめて天使エリヤに出会ったのは、十歳の時でした。彼は水の上を歩いて渡っていました。今日になってもあの時のことは印象的で、その記憶が色褪《いろあ》せることはありません。

天使エリヤは、わたしの将来の夫であるジョーをその時見せてくれました。ジョーはわたしが愛した夫ですが、若くしてこの世を去りました。天使エリヤは〈預言者エリヤ〉のことで、彼の魂に宿っている天使です。それこそが、彼が地球上で人間として存在できたほんとうの理由です。預言者エリヤの魂と、天使エリヤはまだ融合し続けています。神様は分離されませんでした。

数秒も経たないうちに彼はわたしの前に立っていました。わたしは彼と最後に会った時のことを考えていました。その時も同じように彼は水の上を歩きながら渡っていました。二年前と彼は少しも変わっていませんでした。彼が土手までやってくるのを、わたしはじっと見つめていました。彼の足下は水だと、わたしがただ想像していただけかもしれません。天使エリヤに関しては、すべてが壮大であると同時に琥珀《こはく》色をしていると、こう言えるのです。あなたがイメージできるかぎりの異なるバリエーションの琥珀色です。彼が身に纏っているものや、彼の顔や手でさえも同じです。わたしが琥珀色が大好きなのは、それがきっと理由でしょう。

わたしはそこに立ち、彼を見上げて「こんにちは、エリヤ」と挨拶しました。

わたしは彼の名前を今まで正確に発音できたためしがないのです。〈エリヤ〉とちゃんと発音できないので、いつもヘンに聞こえます。でも彼はそんなことをひとつも気にしません。

「ローナ、わたしについておいで！」

エリヤはそう言うとくるりと踵《きびす》を返してから、土手沿いにまた来た方向へと戻っていきました。ある門のところまで来ると、「中に入ろう！」と彼は言いました。わたしは門をよじ登って越えたのですが、彼はそんなことをする必要はありません。エリヤは門から離れたところに現れました。「そんなの不公平よ」と、わたしは言いました。

そこはわたしが以前何度か訪れたことがある野原でした。もちろん天使たちと一緒だったのです。自分ひとりで来る時もあれば、近所の飼い犬の〈シェーン〉という名前のシェパード犬と一緒に来ることもありました。

野原を一緒に歩いていると、天使エリヤがわたしに喋りかけてきました。

「ローナ、心配する必要はない。以前みたいにほろ苦い未来の話しをするためにやってきたのではない」

わたしはエリヤの前で立ち止まりました。エリヤは、巨人のようにほんとうに大きいです。

「またあんなことを言われるんじゃないかと、ちょっと怖かったわ。あの時わたしは、たったの十歳だったのよ」

わたしは続けました。

「あの時あなたが教えてくれたことを、全部覚えているわ。わたしは十二歳になったけれど、もうすぐ十三歳になるの」

「大天使ミカエルからおまえへのメッセージを頼まれた。ただそれだけで今回は会いに来た。おまえはある聖人に会うことになる、というメッセージなのだ」

「聖ブリジットのような聖人なら、学校で教わったことがある。わたしたち生徒は、毎年藁《わら》で聖ブリジットの十字架を作るのよ」

エリヤにそう答えと、彼は言いました。

「ローナ、おまえが会うのは聖フランチェスコだ。別の天使がおまえに付き添うだろうよ」

霧雨が降りはじていました。するとエリヤが、「雨が激しくなる前に家に帰りなさい」と、わたしに告げたのでした。でもその前に彼に訊ねておくことが、ひとつありました。

「今、聖フランチェスコについて、何か教えてくれることはないの？」

「今はない」と答えが返ってきたので、わたしはまた門をよじ登りました。天使エリヤはすでに土手に立っていて、わたしに急ぐように合図しました。わたしが土手に上るのを、彼は手伝ってくれました。

「ありがとう、天使エリヤ」

そう言って微笑むと、彼も微笑み返してくれました。

「あなたの脚はわたしのよりもずいぶん長いのね。それなら速く動けるはずだわ」とわたしが言うと、エリヤはただ微笑みを浮かべ、踵《きびす》を返して歩きはじめました。でも彼の脚は地面についていません。わたしは彼のうしろを歩きました。彼が立ち止まると、にわかに土手を下り、道を渡ってから再び敷地の中に入りました。ちょうどその時エリヤが、「行かなければならない」と、わたしに告げてから消えました。あの時は二月だったので、その翌月にはもう、わたしは十三歳を迎えることになっていたのです。

その年の夏休みになると、わたしと聖フランチェスコが会うことになるという天使エリヤからのお告げについて、すっかり忘れていた頃でした。そんなある日、父が友人のアーサーと一緒に釣りに行くのでわたしも一緒に連れていってくれることになりました。ふたりは川岸に沿って上流へと魚釣りに向かったのですが、土手沿いにデイジーやキンポウゲの花が咲きこぼれていたので、わたしは残ることにしました。デイジーの花輪を作りたかったからです。キンポウゲを混ぜるとステキなのが出来上がると、わたしは考えたのでした。

寄り道で時間を取ってはならないと父が呼びに来てくれたのですが、わたしは夢中になっている最中だったので適当な返事をしました。わたしは、自分の世界にのめり込んでしまっていたのです。数分経ってから川岸を見渡したのですが、父とアーサーはどこにも見当たりませんでした。わたしは、しばらくの間、その土手に残って花輪を完成させようと決めました。するとひとりの天使がやってきて、わたしの前に立ちました。その天使は、まるで銀色の渦巻きのようでした。とても滑らかでエレガントです。しかも、背がとても高いのです。はじめは、彼女がそこに立っていることさえ気づかなかったわたしです。大天使ミカエルがわたしの名を呼んだので、見上げた時にはじめて気づいた次第です。わたしの周囲が光で照らされ、デイジーもキンポウゲの花もはるかに明るく見えたのです。ミカエルが呼ぶまでは、わたしはそのことに気づいていませんでした。

わたしはミカエルを見上げて、「こんにちは」と挨拶しました。彼が放つ光もとても強くて眩しかったので、手で自分の目を覆いたいくらいでした。ミカエルはわたしにこう言いました。

「ローナ、おまえはこれから聖フランチェスコに会うことになっている。我々は一緒にこれから過去の時代へと遡るんだ」

わたしは立とうとしたのですが、「ローナ、座ったままでいなさい」と、ミカエルに止められました。

彼はわたしの前で跪くと、右手を前に出して、「怖がらなくてもよい」と、わたしをなだめました。彼がそう言うや否や、一瞬にしてすべてが変わってしまいました。わたしはまだ川岸に座っていることには違いないとしても。その川は小さな小川にすぎませんでしたが、周囲の田舎の風景はまったく変わり、別のものになっていました。丘陵地帯にわたしはいました。ふいにひとりの若い男性が、わたしのほうに向かって歩いてくるのが見えました。わたしは彼に笑顔を見せました。それが、聖フランチェスコであることがすぐに分かったからです。わたしのところにたどり着くと、彼はわたしの隣に座りました。キンポウゲの花束を手に持っていたので、彼だとすぐに分かりました。その花束をわたしが集めたデイジーの花の束の上に彼は重ねました。それから、キンポウゲの花の横にデイジーの花を交互に並べはじめたのです。面影は、年若い青年でした。

フランチェスコは満面の笑みを浮かべて、「こんにちは、ローナ」と挨拶してくれました。

わたしも彼に「こんにちは」と、はにかんで言ってから微笑みかけました。

彼の顔を近くで見ると、まるで野外で生活しているかのようにとても荒れた肌をしていました。彼の服は古びてズタズタでしたが、清潔そうに見えました。背は低くて、かなり痩《や》せています。わたしのそばに座った時、彼の体が骨ばっているように感じられたのでした。彼の手は、かさぶただらけで赤みを帯びています。彼はわたしに、デイジーとキンポウゲの花輪の作り方について教えてくれました。必ずしも英語で話しかけてくれたわけではありませんが、なぜか彼の話が理解できました。彼は、デイジーとキンポウゲの花輪の大きいほうをわたしの首にかけてくれて、もうひとつをわたしの手首につけてくれました。彼はそのあと立ち上がり、歩き出したのです。わたしは、彼のあとを追いました。追いつくには、小走りしなければなりませんでした。小柄な人なのに、なんて早足なんでしょう！　あの美しい銀色の渦巻きのような〈シルバースパイラル天使〉も、ついてきています。もう川岸ではありませんでした。歩いている時に、聖フランチェスが棒を持っていることに気づきました。木の枝から作った杖に違いありません。彼は集落に向かっていることを、わたしは察しました。小さな町と呼べるような場所でした。わたしたちがその町に着いた頃には、わたしは彼の右側を歩いていました。女性的な外見をしている美しいシルバースパイラル天使は、わたしたちのうしろを歩いています。でもそれは、聖フランチェスコの守護天使ではないのです。シルバースパイラル天使は、わたしの旅に同行する役目を担った天使だったのです。

わたしが聖フランチェスコと過ごしていた間、彼は町の子どもたちと一緒に遊んでいました。子どもたちに愛されている彼の様子が窺えました。ひとりの女性が藁《わら》の束を積み重ねているのが彼の目にとまった時、彼はためらうことなく女性を助けるために駆け寄りました。その仕事が終わるとすぐに、その女性に語ることなく彼は立ち去りました。

わたしたちがその小さな町を歩いていた時のことです。ある者たちは聖フランチェスコを歓迎し、また別の者たちは彼を歓迎しませんでした。彼に石をぶつける人もいれば、彼に向かって怒鳴る人もいました。一個の石が彼の足に当たると、裸足だった足のつま先から血が流れたのですが、彼が気にする気配はいっこうにありませんでした。町を一緒に歩いている間、彼はひと言もわたしに語りかけてきませんでした。町はずれに差しかかった時、小屋のように見えるとても小さな建物に向かって、彼は歩き出しました。平らな屋根の建物でした。その小さな建物から数メートル離れたところで、ある切り株の上に彼は腰を下ろしました。振り向いてからわたしは、シルバースパイラル天使に言いました。

「聖フランチェスコは、わたしがまだここに彼と一緒にいると気づいていないみたいね」

「ローナ、そうです。彼は、まだあなたが川岸でデイジーとキンポウゲの花輪を作っていると思っています。誰にもあなたが見えないからです」と、天使は答えました。

「じゃあ、わたしが彼のあとを走って追いかけていたことも、彼は気づいていなかったの？」

そう訊ねると、「その通りです、ローナ」と、天使は答えました。

聖フランチェスコにはわたしがそばにいるのが分からないことに、わたしはちょっぴり悲しくなりました。小さな家の扉が開き、中から出てきたひとりの女性が聖フランチェスコを招き入れました。わたしは彼のうしろについて歩いていました。その小さな家の中は、子どもたちも含めて人々で埋め尽くされていたのです。テーブルの上にはパンが置かれていて、小さな火も灯されていました。その炎から放たれるわずかな灯火だけがこの部屋を照らす唯一の明かりでした。家の中はかなり暗いでした。その炎が揺れた時だけ、そこに居合わせた男女の顔を見ることができました。子どもたちは皆、部屋の片隅の床の上に座わり、静かに遊んでいます。誰も語ろうとはしません。みんな、きつい労働をしたあとなので、きっと疲れているのだろうと、わたしは思いました。聖フランチェスコは少しだけ語りました。よく聞き取れなかったのですが、なんとなく彼が面白いことを言っているような響きでした。彼は部屋を歩き回りながら、何か呟いていました。彼の声がだんだん強くなるにつれて、それが歌であることにわたしは気づいたのです。誰もが彼と共に声を上げて歌いはじめました。数分後には、笑い声さえ聞こえました。聖フランチェスコもみんなに交ざって笑い声を上げていました。

わたしはシルバースパイラル天使にこう言いました。

「彼がなぜ聖人と言われるようになったのか、分かる気がする。彼は、人々を幸せな気持ちにさせることができたからよね」

天使はわたしに答えてくれませんでした。

次の瞬間、わたしは川岸に戻っていました。わたしは、聖フランチェスコが作るのを手伝ってくれたデイジーとキンポウゲの花の首飾りと腕輪を見つめました。

わたしは父を見つけるために、立ち上がって川岸に沿って歩きはじめました。すると大天使ミカエルが木立のうしろから現れて、「こんにちは」とわたしに挨拶したのです。

「聖フランチェスコに会ったのよ！」

わたしがそう言うと、ミカエルは言いました。

「知っているよ、ローナ。わたしはおまえと一緒にそこにいたのだから」

「でも、あなたを見なかったわ」

「ローナ、おまえからはわたしが見えないようにしていたのだ」

「どうして？」

わたしがそう訊ねるとミカエルは、「質問はダメだ！」と、ひと言だけいいました。

「でもひとつだけ質問させて。お願いミカエル」

わたしは、自分の首にかかっているキンポウゲとデイジーの花に見惚れながら、ミカエルに懇願しました。

「聖フランチェスコにまた会えるかしら？」

「きっと会うことになるだろうよ」と返事をしてくれてから、行かなければならないと告げたのです。

当時、わたしは十五歳でした。わたしたちが、リークスリップに住んでいた頃です。その頃わたしは、ダブリン郊外のラスマインズにあるガソリンスタンドで、父の仕事を手伝っていました。いつもは月曜日から金曜日まで働いていたのですが、父に頼まれて土曜日も働くことがありました。そうした場合、父は平日休ませてくれました。そしてあの特別な日は、わたしが水曜日を休日に決めたその日のことだったのです。わたしは母の家事を手伝っていました。掃除機をかけたり応接間の家具を磨いたり、浴室の掃除をしたあと、二時頃に散歩に出かけることにしました。

リークスリップの教会まで歩くことにしました。正面入り口から教会に入りましたが、中には誰もいませんでした。天使たちがわたしたちのために神様に祈ってくれている以外は、誰も見当たりませんでした。わたしは通路の半分くらいまで歩いたところで、左側の座席に座りました。そのたった数分後には、わたしの名を呼ぶ声が聞こえたのです。うしろを振り向くと、大天使ミカエルがわたしのほうに向かって通路を歩いてくるのが目に入りました。わたしは彼に言いました。

「こんにちは、ミカエル。一緒にお祈りをするために来てくれたの？」

「そうではない、ローナ。おまえはまた、聖フランチェスコに会うのだ。これから過去に戻ることになる。そこに座ったままでいろ！」

わたしはミカエルが言った通りに従い、祈りはじめました。と同時に、ミカエルは右手を伸ばし、わたしの魂を摑みました。そのたびにわたしは呼吸困難に陥ったかのような感覚になるのですが、次の瞬間にはもう、上り坂を歩いていました。わたしは立ち止まり、振り返りました。あの美しいシルバースパイラル天使が、わたしにくっついてすぐうしろを歩いていました。

「こんにちは」と挨拶すると、天使はただ頭で頷いただけでした。わたしは、再び歩きはじめました。ほんの少し歩いてから、周囲を見渡そうと、また立ち止まったのです。ずっと向こうのほうに、聖フランチェスコの姿が見えたのは、ちょうどその時でした。

するとシルバースパイラル天使がわたしに語りかけてきました。

「ローナ、注意深く見てごらん！」

わたしは微動だにせず、そこに立ち尽くしてしまいました。彼の邪魔をしてはいけないとも思いました。聖フランチェスコは、道路沿いの岩の上に腰を下ろしています。道路といっても、現代にあるようなものではありません。土と石ころで造られていて、埃っぽい道です。彼はそこで休憩しています。わたしはそこに立ったままで、ただ彼を観察していました。二羽のツバメがどこからか飛んできて、彼の肩にとまりました。驚いたことに、蝶が数羽どこからともなく現れ、彼の周囲を飛び交っていたのです。

彼は、パンくずを鳥たちにあげようとポケットの中を探りましたが、ありませんでした。そこで彼は、付近に生えていた草から種をむしり取りました。種子を掌で握りながら、彼はまた岩の上に座りました。彼の右の掌の中に種子はあります。その手を彼は胸に引き寄せ、左手をその上に重ねました。彼が手に種子を握りながらお祈りをした瞬間に、祈りながら天に昇る天使たちをわたしは見たのです。聖フランチェスコが掌を広げると、そこにあったのは小さな種子ではもはやありませんでした。わたしにはそれが、まるでケーキのように見えたのです。

シルバースパイラル天使は言いました。「ローナ、あれはケーキではなくてパンです」

フランチェスコはそのパンをふたつに割ってから、半分をポケットの中にしまいました。そして残りの半分を、パン粉ぐらいの大きさに細かくちぎりはじめたのです。

彼が両手の掌を伸ばすと小鳥が二羽飛んできて、彼の掌にとまりました。すると鳥たちは、パンくずを食べはじめるのです。

瞬く間にほかの鳥たちも、彼の周囲に集まってきました。聖フランチェスコが歌を口ずさむと、小鳥たちも彼と一緒に歌っているかのようにさえずります。いくら素早く小鳥たちがパンくずをついばんでも減らないようです。小鳥たちはまったく飛び去る気配を見せません。そのあと聖フランチェスコは、歌うのを止めて立ち上がりました。彼はポケットに手を入れ、中からもう半分のパンを取り出しました。それをまたパンくずにすると、彼は地面にばら撒きました。自然の生き物たちに囲まれています。ウサギやネズミ、ハリネズミ、狐など、それからわたしの知らない小さな生き物たちもいるようです。時おり蝶が彼の頭にとまっては、飛び去っていきます。するとまた別の蝶がやってきては、同じことを繰り返すのです。鳥たちは蝶や蜂たちの周辺を飛ぶこともなく、追い回すこともありませんでした。自然界の生き物たちは、互いに調和を保ちながら慈愛に満ちています。聖フランチェスコの心の中にあるすべての生命に対する優しさと思いやりの愛が感じられます。わたしたちに与えられたこの美しい惑星、地球の世話をすることの重要性にわたしたち誰もが目覚める必要があります。そのことをわたしが皆さんにお伝えするために、神様はわたしの人生を通して聖フランチェスコを、見せてくれたのです。

聖フランチェスコは、わたしのほうに少し目をやってから微笑んでくれました。わたしはシルバースパイラル天使に訊ねてみました。

「彼はわたしがここにいるって知っているの？ わたしが見えるの？」

「いいえ、彼はあなたがここにいるのが分かりません。けれども、彼はあなたのことを考えているのです。あの川岸であなたと出会い、一緒に座って楽しい時間を過ごしたことを、彼は覚えているのです」

するとふいに鳥たちは飛び去り、小さな生き物たちもあらゆる方向に走って消えました。そのあと風の音が聞こえてきました。それではじめてわたしは気づいたのです。そのたった少し前までは、水を打ったような静けさに包まれていたということを。神様がわたしに、聖フランチェスコの周辺にいたあらゆる動物の声だけが聞こえるように仕向けてくれていたのです。

ようやく彼は立ち上がり、着ていた服の埃を払いました。身だしなみを整えているようでした。

シルバースパイラル天使がわたしに言いました。

「さあ、ローナ。もっと近くまで歩いて寄ってみなさい」

わたしはゆっくりと彼に向かって歩き出しました。彼はその真逆を向いています。遠くに少年たちがいるのが見えました。彼らは手を振りながらフランチェスコを呼んでいるようです。フランチェスコは速いペースで歩きながら、彼らのほうに向かっていきました。少年たちは彼を囲んで立っています。彼らの話し声を、わたしは聞き取ることができました。どうやらフランチェスコは、別の町の誰かを訪ねていかなければならないようです。少し緊張しているようにも見えます。彼は、わたしが立っているほうに振り向きました。彼にわたしが見えていないのは、よく承知のことだったのですが。でも何らかの理由で彼がわたしのことを考えていることは、天使に訊かなくても分かることです。ですからわたしは、彼が出会う人が誰であろうと、彼に親切にしてくれるように祈りました。大天使ミカエルがわたしのそばに現れた時、シルバースパイラル天使は姿を消しました。

「ローナ、おまえの祈りは彼に必要ではない。フランチェスコを呼んだのは、彼の父親だからだ。父親が自分の生き方に不満を抱いていることをフランチェスコは知っている。彼の父親は、聖フランチェスコがどれほど神に近い存在か、知らないのだ」

ミカエルはそう言いながら、わたしの手を取りました。

するると次の瞬間には、わたしは教会の中で座っていたのです。教会の中は誰もいないままでした。祈るために誰も教会に入ってこなかったのですが、天使たちだけがまだそこに残って祈り続けています。ミカエルは、わたしが座っていた通路に立ちました。

「ローナ、聖フランチェスコからの贈り物だ」と言ったと同時に、しばらくの間でしたがわたしの首と腕の周りにキンポウゲとデイジーの花輪が現れたのです。表現し切れないほど、わたしはびっくり仰天させられました。わたしは、キンポウゲとデイジーの花を指先で触れたのですが、花びらは散りませんでした。まるで摘みたての花のように。ミカエルはわたしの肩に触れながら言いました。

「ローナ、これはフランチェスコからおまえへの贈り物だが、すぐに消えてしまうだろう」

「ありがとう、フランチェスコ」と、わたしは微笑んで言いました。

わたしの言葉が聖フランチェスコに聞こえているのかどうか、わたしはミカエルに訊ねました。

「彼は天の神と一緒にいるから聞こえているのだ」とミカエルが答えた瞬間に、キンポウゲとデイジーの花が明るく輝きました。輝かしい光のようでしたが、でも花火のように消えてしまいました。

「ローナ、もう行かねばならない」と言い残してから、ミカエルも消えました。もうひとつ、彼に質問し損ねてしまったのが心残りだったのですが。

わたしはそのまま教会に残ることにしました。世界中の人々のために数分間祈り続けました。ちょうどわたしが教会を去ろうとした時、入り口からひとりの男性が入ってきました。彼は跪いて祈りました。彼の横を通り過ぎた時に、神様が彼の願いを聞き入れて救いの手を差し伸べられ、彼もそれを受け取ることができるようにとお願いしました。教会の門を出ていくまで、それがわたしのその人への祈りとなりました。彼と同じく祈るために教会に入っていく女性ともすれちがいました。

わたしが聖フランチェスコに出会った別の機会についても、ここで皆さんと分かち合うようにと、たった今天使たちがアドバイスしてくれました。あれはちょうど、一年ほど前の二〇一五年のことでした。これから掃除をしようと、わたしは庭の果樹園に座っていました。天使ホーサスが近くの切り株の上に座っていたので、わたしは彼に声をかけました。

「手伝ってくれるつもり？　それなら助かるわ」

「もちろん、きみのそばにこうして座っているだけで、もう助けになっているさ」

彼の返事に、わたしは思わず噴き出してしまいました。

わたしの笑い声が収まった頃で、ホーサスは言いました。

「ほかにも誰かいるよ」

そう言われて振り向くと、古い干し草の納屋あたりから、こちらに向かって歩いてくる大天使ミカエルが目に留まりました。

「こんにちは、ローナ」ミカエルがわたしに挨拶してくれました。わたしも「こんにちは」と挨拶してから訊ねたのです。

「あなたも手伝いに来てくれたの？」

「いいや、だが別の理由でやってきたのだ。ローナ、これからおまえを再び聖フランチェスコのところに連れていくつもりでいる。今回はほんの短い間だけだが」

わたしは、うしろのほうの木々が立ち並んでいる土手の一角にあった岩の上に腰を下ろしました。と同時に、天使たちがわたしを囲みました。彼らはわたしの周囲を霊的なベールで包み込んでいたのです。ミカエルはわたしの前で跪き、手を伸ばしながらわたしの魂に触れました。するとパッと夜になり、ミカエルとわたしは小さな家々が建っている方向に向かって歩いていました。シルバースパイラル天使がそのうちの一件の家の窓のところに立ち、光を放射しているのが目に入りました。あたりはとても暗くて、シルバースパイラル天使が光を照らしてくれなければ真っ暗です。わたしがいることに気づいたのか、その天使は挨拶をしてくれました。

あの窓まであと数メートルのところにわたしたちが近づいた時、ある男性がその家の小さな鎧戸を開けてくれました。ミカエルとわたしが家の前にたどり着いた時、小さな窓越しに中を覗き込みました。

すると、ベッドに横たわっている聖フランチェスコが見えたのです。かなり重病のように見受けられました。彼は人々に見守られていました。ふたりの男性とひとりの若者がいて、年老いた人たちもいます。みんな聖フランチェスコの信者たちだと、ミカエルは説明してくれました。そばにいるそのひとりの若者は痩せていて、彼自身、聖人のように見えます。彼は水が入った容器で布を何度も濡らしては、聖フランチェスコの額に当てていました。彼よりも年上で、体格のよい男性もいるのが見えます。その男性が何をしているのか、フランチェスコのベッドの横に置いてある蠟燭《ろうそく》の揺れる灯火以外に明かりがないため、正確には分かりませんでした。老人のひとりが、フランチェスコにかけてある古い毛布をベッドから外しては、新しいものと何度も取り替えています。

「彼らが聖フランチェスコの信者たちなら、彼らも僧侶なの？」と、わたしはミカエルに向かって小声で呟きました。わたしの声が聞こえるのはミカエル以外に誰もいないことを、わたしは忘れていたのです。

「その通りだ、ローナ。何人かは彼の最初の信者たちだ」

「なんとかしてわたしも、フランチェスコを助けたいの」

「ローナ、彼は大丈夫だ。おまえが思っている以上に彼は強いのだ。だが、それでも彼は今かなり病んでいる。高熱に苦しんでいるのだ」

聖フランチェスコの守護天使は、愛おしそうに彼を見下ろしていました。彼の守護天使は、その時は男性的な外見でした。屈んで覆い被さるように完全に彼を包み込んでいます。彼の守護天使は、美しい紫と金色のローブを纏っています。その守護天使は、小さな窓の外のわたしたちに微笑みかけてくれたのですが、重病のフランチェスコに目をやると、わたしは悲しくなりました。

「去るべき時が来た、ローナ」と、ミカエルは言いました。

次の瞬間には、果樹園の岩の上にわたしは座っていました。大天使ミカエルは、わたしの目の前に立っています。わたしは彼を見上げながら、自分の手で彼の手に触れようとしました。まるで巨人のような大きな手がわたしの前にあるのです。その巨大に見えている手の中に――天使の手の中にあなたの手が入った場合は――完全に溶けて失われた感覚がするでしょう。わたしが立ち上がろうとしてミカエルが手を差し伸べてくれた時は、彼の愛が伝わってくるのを感じることができました。

「ローナ、そろそろ家の中に入って、お茶にしたほうがよい。天使ホーサスも少しの間、おまえに付き合ってくれるだろうよ」と、ミカエルは言いました。

「分かった。そうするわ、ミカエル」

わたしが返事をすると、彼は「行かなければならない」と言ってから、わたしの右のほうにあった木まで歩いていき、消えていきました。

天使ホーサスは、わたしと一緒に果樹園を通って家に戻りました。お茶を淹れると、納屋に置いてある大きな木のテーブルの上に起きました。ついうっかり彼のお茶まで用意してしまいました。

「わたしと一緒にお茶はいかが？」と、わたしはホーサスを誘いました。

「もちろんさ、ローナ。あまり長くはいられないけどね」

ホーサスはそう言いながらテーブルについたのです。とはいえ、天使の足が床につくことはありえないのと同様に、直接物質に触れることもありません。だからホーサスもテーブルの前の椅子に座っているように見えても、実際にはどちらにもけっして接触することはないのです。天使たちと物質界との間には、わたしが常に呼ぶところの〈クッション〉が存在するからです。彼らが物理的に直接何かに触れることができるとしたならば、それは神様がお許しになられた時のみにかぎってです。

わたしはお茶を飲みながら、聖フランチェスコについてホーサスと語り合いました。ホーサスは、わたしがお茶を飲む格好を真似ているのです。ときたま妙な顔つきになり、お茶が気に入らないふりをします。数分後、天使ホーサスは行かなければならないと言ってから、開きっぱなしになっていた勝手口から庭に出て、そのあと消えてしまいました。

ホーサスが消えたあと、わたしは娘のルースからメールメッセージを受け取りました。印刷すべき数ページを、わたしが受け取ったかどうかという確認の電話でした。わたしの印刷機のインクが切れているので、まだ印刷できていないと返事をしておきました。

インクを買うために、キルケニーの町まで行かなくてはなりません。ついでにほかの用事もありました。川沿いのダンズストアの駐車場に、わたしは車を停めました。それからキルケニーの目抜き通りを歩きました。キルケニーは小さな町ですが、中世の町並みが美しいので、わたしはとても気に入っています。町の端から端まで、四十分もあれば十分歩けます。歩く人々の守護天使たちもわたしには見えるのです。しかし当然ながら彼らに加えて、〈失業中の天使たち〉が裏道を横切って目抜き通りに出てきました。このようなビックリさせられる光景も目に飛び込んできました。

わたしの前を歩いている女性がいました。彼女はとても奇妙な歩き方をしています。小さな子どもが笑っていて、その女性がなぜそんな歩き方をしているのか、不思議で仕方がない様子でした。この光景の何が素晴らしかったかというと、ふたりの〈失業中の天使〉が彼女の両脇にいたのが見えたからです。彼らは、彼女が一歩ずつ前に足を出すたびに、彼女がバランスを失わないように手助けしていました。彼女は膝を曲げることができないようで、歩き方が正常ではなかったのです。

彼女の左側にいた失業中の天使が言葉を出さずにわたしに語りかけてきました。

「彼女の腰もあまりよくないんだ。それでも歩けているので、自分のことをとても幸せと感じているんだよ。元気いっぱいだよ」

わたしが通りを歩いていると、彼女は一件の店の中へと入っていきました。通り過ぎる男性や女性、子どもたちを眺めながら、歩けるということがどれほど幸せでなんて自由なことなのだろうと、わたしは思っていました。

数時間後に家に着きました。アラームを消してから家の中を見渡すと、ひとりとして天使の姿は見あたりませんでした。わたしは二階に上がって、聖フランチェスコについてもう少し書こうと思いました。しかし、二階の部屋のドアを開けると、大勢の天使たちであふれ返っていたのです。

「こんにちは。あなたたちは手伝いに来てくれたの？」

天使たち全員が同時に返事をしましたが、一人ひとりの言っていることを、わたしには聞き取ることができました。なぜそんなことがわたしにできるのかは、分かりません。何人もの天使が全員同時に語りかけても、それぞれの声が別々に聞こえてくるのです。

彼らに挨拶したあと、わたしは自分の机に行きました。椅子を引いてからパソコンをオンにし、ドラゴンネットを起動させました。書きはじめる前に、わたしの右側にある小窓の外に目をやりました。庭の塀に沿って薔薇《ばら》の茂みが連なっているところに、三人の天使たちがいるのが見えました。そのうちのふたりが籠《かご》を抱えていて、もうひとりの天使はハサミらしきものを手にしていました。優しく薔薇を摘み取っては、籠に入れています。そのたびに、天使たちの手の上に薔薇の花が現れるのです。でも薔薇の茂みはそのままです。薔薇の茂み全体が明るく輝いているように見えました。天使たちは振り返り、窓を見上げました。彼らはわたしに手を振ってくれましたが、何も語りかけてくれませんでした。わたしの人生において、このようなことが毎日のように起こっているのです。

「仕事を終えたら外に出て、薔薇を摘むことにしよう」

わたしは部屋にいた天使たちに大声でそう言ってきかせました。

わたしはあのようにして、聖フランチェスコに何度か異なる機会に出会いました。わたしが皆さんに言えるたしかなことは、彼が神様に非常に近い聖人だということです。それが彼を自然界に近づけさせたのです。彼は常に愛に満ちていました。たとえ人々が彼をひどく扱ったとしても、そのような人々に対して彼は愛のみしか抱かなかったのです。彼の人生は苦悩に満ちていましたが、それでも彼は常に幸福と喜びを感じていました。なぜなら彼は、イエス様の足跡を歩んだからです。

リークスリップの教会で大天使ミカエルが、デイジーとキンポウゲの花輪が聖フランチェスコからの贈り物だと教えてくれたあの日から、春から夏にかけて雑草の間に咲き続けるデイジーとキンポウゲの花々を見かけるたびに、聖フランチェスコと、そして彼の深い愛がわたしの中に蘇るのです。

ご存じのように、わたしは世界中を旅しながら、公民館やホテル、時には教会やさまざまな信仰の場で講演をしてきました。ある時わたしは、天使たちの女王であり、イエス・キリストの母でもある聖母マリア様が現れたとして、よく知られている場所にて講演を依頼されたことがあります。

皆さんもご存じかもしれませんが、大天使ミカエルも世界中の多くの場所に、マリア様同様に出現しています。大天使ミカエルが出現した場所はどこであれ、礼拝堂が建てられ、聖地として祈りが捧げられることになります。大天使ミカエルが世界中の多くの場所に現れたことを、わたしは知らずにいました。わたしはミカエルに、なぜそのことを教えてくれなかったのかと何度か訊ねてみたことがありましたが、ちゃんとした答えを返してもらえませんでした。きっとわたしは、自分自身で知る必要があるからなのでしょう。

大天使ミカエルが出現したと言われている場所や、聖母マリア様が出現したと言われている場所をわたしが訪ねた時、ミカエルがそのことについて教えてくれなかったことに対して、少しがっかりしたのを覚えています。おそらく彼は、いつかそのことについてわたしに語ってくれると思っています。それがいつなのかは、分からないにしても。神様や天使たちが何を計画されているのか、わたしたちには知る由《よし》もないのです。でも、訊いてみることはできます。わたしが世界に対してやるべきことを訊ねてみた時、ほとんどの場合は答えてもらえません。何年も経ってからという場合もあるのですが。ですから、わたしはミカエルが世界中のあらゆる場所に出現している理由について、彼がいつかわたしに教えてくれることを心から願っています。

第20章 聖地とロードテスト

〈聖なる場所〉は何世代にもわたって祈りが行われてきた、愛と平和に満ちた大切な場所です。そこでは天使とともに地元の聖人たちの魂たちも願いの取り次ぎに活躍してくれているようです。家庭内でも祈りのあるところには愛のスパイラルが見えます。世界中がこのような愛の光景で満たされていくことを切に願います。

わたしは、ドイツのヒードという町を一度訪ねたことがあります。そこには、ふたりの子どもの前に聖母マリア様が現れたとして知られている聖地があります。常に多くの人たちがそこを訪ねては、祈りを捧げています。当然のことながら、〈祈りの天使たち〉も常にそこに居合わせております。人々が向かう洞窟の中に、わたしも入っていきました。人々は聖母マリア様に祈願するために、各々の願いを込めて書いた小さな紙切れを岩と岩の隙間に挟み込んでいます。少しの間、その洞窟の入り口にわたしは立ち止まりました。天使ホーサスがそこに立っていたからです。ちょうどその時、「見て、ローナ」と彼が言うので洞窟の奥を覗き込むと、曲がりくねった細い通路が見えました。

人々がその通路を進み、曲がって見えなくなると、霊魂や天使たちがいるのがだんだん見えてきました。ホーサスが「もう通っていいよ」とわたしに言った時、天使を従えた霊魂たちが岩の間の小さな紙切れをすべて取り外しているのが、わたしの視界に飛び込んできました。

所々で天使の手が岩間に消えたり、霊魂の手が消えたりするのも見えています。でも岩の隙間から彼らの手が再び現れると、霊魂たちが見つけた紙切れが彼らの手の中で明るく輝くのが見えました。とても小さな紙切れもあれば、しわくちゃになっていたり、くるくると筒状に巻かれたりしているものもあります。

岩の隙間に挟まれていた嘆願書を霊魂たちが取ろうとすると、それらはまるで、羽根がふわりと舞い落ちるようにも見えました。でもけっして地面に触れることはなく、差し出された霊魂の掌の上に落ちるのです。その際に霊魂たちはわたしを見つめるのですが、何も語りかけてはきません。霊魂はそのようにして、ただ嘆願書を拾い集め続けていたのです。男女のカップルが、洞窟の中の岩の隙間に彼らの嘆願書を差し込みました。ちょうどその瞬間に〈祈りの天使たち〉が創った、天に向かって逆に流れる光の滝を彼らが昇っていくのが見えました。思わず息をのむほど美しい光景でした。

わたしは、そのカップルが通れるように少しの間立ち止まりました。その時、天使ホーサスにわたしは訊きました。

「わたしに見えている岩の隙間の嘆願書を集めている霊魂たちは、一体誰なの？」

「彼らはドイツの聖人たちだよ」とホーサスは答えてくれました。それからホーサスは、いくつかのドイツ語の名前を声に出したのです。聞かされてもわたしにはよく分からなかったので、ここで彼らの名前をお伝えできないのが残念です。ふと、聖人の霊魂のひとりがわたしを見つめると、歩いて近づいてきました。

わたしはためらいつつも、少し立ち止まってみることにしました。その霊魂は両手にたくさんの嘆願書を抱えており、それらに触れるようにとわたしに告げました。

「ローナ、それらに触れてごらん」とホーサスも言いました。言われた通りにしてみたとたん、嘆願書は全部消えてしまったのです。するとある霊魂は、わたしにドイツ語で何かを語りかけてきました。

彼が何を言ったのか、皆目見当がつかなかったのですが、ホーサスはわたしにこう言いました。

「ローナ、あれらの嘆願書は全部、〈祈りの天使たち〉と一緒にまっすぐ天国に行ったよ。今は神様の足下にある」

わたしは、声に出さずにホーサスに言いました。

「神様が人々の願いを聞き入れられて、あの嘆願書に書かれていた通りに、人々に愛と希望をお与えになることを願っているわ」

「ローナ、すべての願いは、神様の足下に届けられたよ。神様は、祈りが紙に書かれる以前に、誰かの頭の中にある時点で、すでにご存じなのだ。すべての天使たちと霊魂たちが、人類のために請願するのさ。人がいかなる宗教や神を信じていたとしても、関係ないんだ。神様はすべての人間を愛しておられ、守護天使たちに彼らの霊魂を故郷である天国に連れ戻してほしいのさ。ただし、彼らの肉体が死期を迎えた時のみにね。神様は、すべての大人や子どもたちの父であり、誰もが人生という贈り物を楽しむことを望まれておられるのだよ」

「人生という贈り物を楽しんでいるわ」

わたしはホーサスにそう言いました。

「ローナ、きみはいつも楽しんでいるわけではない。浮き沈みの激しい人生で、楽しむことを忘れていることだってあるだろ。人生という贈り物を楽しむことは、とても大切なんだ。人を愛せることや感情を抱くこと、慈愛を持ち、平和な心を保てることなど、自分の周りにあるあらゆる贈り物に気づくことが大切なのさ。自分がどれほど無条件の愛で満たされているのかに気づくことが大切なのさ。人類は皆、神の子なのだからね。だからこそ天使たちは、地上で人類が霊的な成長を遂げられるように手助けするのさ。世界に点在するこのような聖なる場所で、きみたちが愛と平和に満たされて目覚められるように」

このような聖なる場所は、たとえよく知られていないにしても、人々を引き寄せる力があることはたしかです。

わたしは、ドイツのある道路の待避所にて、物質世界と霊界の間のベールを見たことを思い出しました。とても薄い膜でしたが。その場所にはこれといって特別なものがあったわけではないのですが、なぜか多くの人々がその場所に引き寄せられるようでした。人々はそこで立ち止まり、その場所特有のエネルギーを吸収しているのが、わたしには分かります。

「ホーサス、信仰している宗教や神に関係なく、また、死後の世界を信じるか信じないかに関係なく、さらには神の存在を信じていなくても、聖地や祈りの場所はみんなのためになるの？」

「ローナ、神様はきみに天使たちを見ることを許されただけではなく、生きている人間や死んでいる人間の霊魂も見ることを許されただろ。だからきみは、死後の世界も知っている。きみは、実際にきみ自身が神様に会ったのだから、神様が存在することもよく分かっているはずだ」

「ええ、ホーサス。わたしはそのメッセージを人々に伝えているわ。あらゆる宗派の人々や神が実際に存在することを信じていない人々も含めて、世界中の人々にそのことを伝えよと、神様からわたしは託《ことづ》かっているの」

洞窟の中からゆっくりと日差しが眩しい場所へ移動してきた時、わたしは言葉を口にせずにホーサスに語りかけました。するとホーサスは、行かなければならないと言ってから、わたしのそばを通り過ぎていったのです。

今日はホーサスはこの部屋にいます。パソコンの前にいるわたしのそばにいて、正確な言葉を書くのを手伝ってくれています。わたしはホーサスに言いました。

「〈聖なる場所〉は、とても重要よ。カトリックの教会であっても、プロテスタントの教会であっても、モスクやシナゴーグであっても、野原や木の下であっても、山の頂上であっても関係ないわ。建物を必要としない。人々が集まって何世代にもわたって何度も何度も一緒に祈る場だけが必要なの。するとそこが祈りの場所となり、聖地となり、愛と平和と融合で満たされるのよ」

わたしはパソコンに向かって語るのをやめて、窓の外を見渡しました。するとホーサスがこう言ったのです。

「ローナ、窓の外を見るのをやめなさい。休憩はもう少ししてからだ。あと数分もすれば、下りていってお茶を淹れていいよ。神様が思っておられることを、きみの頭に送り続けているのだ。きみは正しいことを伝えているのだから、このままコンピューターに語り続けることにしろよ」

わたしは椅子を回してパソコンと向き合い、また話しはじめました。ホーサスを見上げることさえしませんでした。ただ彼に言われた通りに従って、話しはじめただけです。すべての祈りの場所は神聖であり、わたしたち人類は、そのような祈りの場所において、安全であることを必ず感じなければなりません。すなわち、守られているべきなのです。聖地の神聖さは尊重されるべきであり、わたしたちはそれを維持する努力を怠《おこた》ってはなりません。信仰や国籍、肌の色、裕福や貧困にかかわらず、わたしたちはみんな神様の子どもであるがため、そういった場所はわたしたちすべてのものなのです。

皆さんが自分の家でお祈りをすればするほど、家は平和と愛に満ちあふれた場所となります。でもわたしたちの生涯で特別な機会に、祈りの場所に足を運ぶこともあります。そのような聖なる場所が家の近くにあるのなら、ぜひそこに行って祈るべきです。すべての宗教には年に何回か神聖な時期があり、その時に人々が祈りの場を訪れて祈ることを求めています。そのような祈りが捧げられる聖地には、たとえ人間や宗教がもはや聖地ではないと決めたにしても、天使たちがそこで絶えず祈っているのです。

この旅行では、何世代にもわたって人々が祈っていたという特定の場所を教えてもらいました。それらの場所は、宗教団体によって奉献が奪われたために、もはや祈りの場ではなくなってしまいました。そうであってもわたしには、その場所でいまだに天使たちが祈り続けているのが見えました。聖地の神聖さを取り除くことは不可能だと、わたしは思います。とくに神様がそう決めた場所は。たとえ数世代、数百年間忘れられていたとしても、聖地には変わりないのです。いつかわたしたちすべての人間がひとつの国家として、ひとつの傘の下にいる未来のヴィジョンを、神様はわたしに見せてくれたことがあります。わたしたちは皆、ひとつとなって祈ることでしょう。わたしは、そんな日が来ることを待ち望んでいます。でも今は二〇一六年です。まだとても遠いように思われます。人類はいまだに世界の悪を正当化するための武器として、神を利用しています。そうして戦争やテロ、憎しみを正当化するのです。わたしたちはお互いに憎み合ったり、嫌い合ったりすることをやめなければなりません。復讐することを求めず、その代わりに愛と思いやりを持たなければなりません。わたしたちは互いに許し合い、愛と労《いたわ》る気持ちを大切にして、正義と平和、さらには自由と愛する権利、生きる権利、家族を育てる権利のために努力せねばなりません。そうでなければ、希望の光が見えてくることはないでしょう。今《こん》日《にち》の世界において、神様は明るく燃える希望の光をいっそう強くしてくれているのですが、人類は盲目になってしまっているようです。

わたしは書くのをやめて、ホーサスに言いました。

「さてと。今からお茶を淹れて、サンドイッチでも作ろうかしら。そのあと散歩するわ」

ホーサスは行かなければならないと、わたしに告げてから消えました。

わたしは下に行ってから、トマトとタマネギ、チーズ少々をグリルに入れてサンドイッチを作りました。とても美味しかったです。かなり空腹だったことに、わたしは気づいていなかったようです。夜の七時半をすでに過ぎておりました。

小道の散歩をわたしは楽しみました。わたしの周辺を飛んでいるツバメを除いては、誰にも出会うことはありませんでした。散歩をしながらわたしは、新鮮な空気と周りの自然を満喫することができました。時には立ち止まって、人々と会話することもあります。そんな時でさえ、心の中でわたしは祈り続けているのです。過去五年間というもの、わたしの魂は常に祈りと共にあります。実際にどんどん深まってきています。一秒たりとも止《や》むことがないほどです。小道が終わりに差しかかった時、町へと続く道を歩くのではなく、同じ道を引き返すことにしました。ちょうど家のドアのところまで戻ってくると、娘のルースが携帯にかけてきました。ふたりの孫たちがおやすみの挨拶をわたしにしたいというのです。少しの間お喋りをしたあと、金曜日に孫たちが来てくれるのを楽しみにしていると、わたしは伝えました。週末はずっと孫たちがわたしのところに泊まる予定になっています。孫たちが訪ねてきてくれるのが、待ち遠しいです。天気がよければ、きっと外でトランポリンをするでしょう。孫たちがとくに庭の手入れを手伝ってくれるなど、周囲のすべてに好奇心を抱いていることについてわたしは嬉しく思っております。一緒に野原を冒険しては、興味深い小さな生き物を見つけたりもします。

娘のルースと孫たちがトランポリンで上下に跳ねている時、天使たちも一緒になって遊んでいます。そこで天使たちにわたしはよくお願いするのです。どうか彼女にも天使たちが見えますようにと。すべての母親が、わたしが見ているものを同じように見えていたとすると、きっとお腹を抱えて笑いころげるでしょう。ビリー・ボブとジェシカは、さまざまな曲芸遊びをして、すごく楽しんでいました。でももしあなたが、自分の子どもたちが互いにぶつかり合ったりしながら遊んでいる姿を、天使たちが同じように真似しているのが見えたとしたら、噴き出さずにはいられなくなるでしょう。わたしの孫たちがトランポリンで遊んでいる時に、数えてみると二十人くらいの天使たちが、一緒になって遊んでいるのを見かけることがよくあります。

週末は、よい天気であることを願っています。もしそうならば、孫たちと一緒になっておかしなことをする天使たちを見物することができるのですから。天使たちは、いつも子どもたちと一緒に遊びます。子どもたちが楽しく遊んでいるところでは、一緒に楽しんでいる天使たちをよく見かけるのです。でも子どもが悲しんでいたり、ひとりぼっちで寂しく感じている時は、天使たちはその子を勇気づけたり、自信を持つように促し、ほかのみんなと一緒に遊ぶように一生懸命に手助けします。子どもたちが失望したり、恥ずかしがっているような時は、天使たちはその感情を忘れさせようと一生懸命になります。

数ヶ月前に、娘のメーガンは、運転免許証を取得するためにロードテストを受けなければなりませんでした。その朝わたしは、彼女がテストを受ける車を点検するために出向くことになりました。すべて完璧に機能していましたが、ヘッドライトの電球がひとつ切れていることに気づきました。ですから神様とすべての天使たちにうまくいくようにとお願いしつつも、地元のガソリンスタンドにわたしたちは直行することにしました。そのガソリンスタンドに電球が売られていて、しかも簡単に修理ができることを運転しながらわたしは祈っていました。でもそんなことを、娘に打ち明けるわけにはいきません。それでなくても、彼女は十分に緊張していたからです。それ以上の緊張はいらないはずです。

天使たちはわたしの耳元で囁きました。

「心配しないで。すべてうまくいくわよ」

天使たちがそのようなことを言うたびに、わたしは言い返してやります。

「そう言うだけなら簡単だけど、やらなきゃならないのはあなたたちじゃないものね」

天使たちにそのような言葉を吐くと、いつもこらえているような笑い声が聞こえてくるのです。天使たちは、大声を出して笑うようなことはしませんが。どこか遠慮がちに笑っているのです。もし天使たちが大声を出して雷が鳴り響くように大胆に笑ったとしたら、きっと車は揺れるでしょうね。このようなことを考えている時はいつも、わたしはひとり笑いします。

メーガンはわたしに向かって言いました。

「ママ、ひとりでニヤニヤ何を笑ってるの？　それって危ないよ」

「ご心配無用よ。ガソリンスタンドには電球もあるし、すぐに修理してくれるはずよ」

ガソリンスタンドに入ろうとした時、オーナーと整備員の姿が見えました。わたしはその整備員に、娘が十一時にロードテストを受ける予定になっていることと、ヘッドライトの片方の電球が切れていることを説明しました。あっという間に修理してくれたので、ほっとしました。

オーナーが、「これで完璧だ」と言うと、「ありがとう！」と娘は笑顔でお礼を言いました。オーナーは娘にテストがうまくいくようにと幸運を祈ってくれました。そのあと、わたしたちは運転試験場に向かいました。

彼女は車を駐車させながら言いました。

「ママ、とっても緊張しちゃう。テスト受かるかな？」

「もちろん、合格するに決まっているわ。車の中に審査員なんていなくて、ただナビの音を聴いていると信じ込めばいいのよ」と、わたしは娘に言い聞かせました。

わたしは娘と一緒に試験場に入っていき、座りながら待ちました。ほかにも何人か試験を受ける人たちがいたのですが、みんな次から次へと現れる審査員と共に去っていきました。彼らそれぞれのために祈っていると、メーガンの名前が呼ばれました。彼女はオフィスの中へと消えていきました。数分経つと、彼女が審査員と一緒にドアから出てきて、車のほうに歩いていくのが見えました。しばらくしてから彼らを乗せた車は、去っていきました。

わたしは試験場の中を歩き回りながら、メーガンがロードテストに受かるように祈り続けました。これから試験を受けようとしているふたりの若者が目に入ったので、わたしは彼らも合格するようにと祈りました。わたしは試験場から正門まで歩いたあと、また戻りながらメーガンがミスしないようにと祈り続けていました。すると母親らしき女性と若い女の子が、がっかりしながらドアから出ていく姿が目に入りました。その女の子は涙ぐんでいます。テストに失敗したようです。彼女の守護天使が、腕で彼女を抱えるようにしていました。母親も娘を慰めようとしています。

その娘が母親に言ったことを少しだけ、天使たちはわたしが聞くのを許してくれました。

「頭の中が真っ白になって全部忘れちゃったの。次から次へと失敗したので散々だったわ」

その母親は少しの間、自分の腕の中に娘を抱きかかえていました。と同時に、その母親の守護天使と娘の守護天使も互いに抱き合っていました。どちらも愛に満ちた抱擁です。でもそれよりも何が美しかったかというと、母の愛が渦巻き状になって娘を包み込んでいる光景でした。それは、子どもを慰める母親の愛なのです。母親の魂からの愛がその娘に触れて、娘が純然たる愛を感じることができるのです。そのすぐあとに娘の魂からの愛が母親に触れているのを、わたしは見ることができました。

このような光景をもっと頻繁に目にすることができればいいのですが、滅多に起きません。愛する人に愛していると知らせることがどれほど重要であるかを、わたしは人々に思い起こさせようとするのです。言葉で表現したり、相手を慰めるためのハグは大事です。わたしたちそれぞれが、素晴らしい贈り物を内なる世界に秘めているのです。それは純粋な愛であるわたしたちの魂なのです。わたしたちの魂とは、光り輝いている神の欠片である素晴らしい贈り物なのです。あなたの魂は、あなたのあらゆる部分に浸透しています。まさに純粋な愛そのものなのです。あなたは純粋な愛であり、このために神様はわたしたち一人ひとりにユニークさと強さという贈り物を与えられたのです。それは、あなた自身の魂である純粋な愛をもって、愛することができる能力なのです。

わたしがその親子に近づくにつれて、彼らは駐車してあった彼らの車へと向かいました。母親は運転席に座り、若い女の子は助手席に座りました。彼らがわたしを通り過ぎた時に、その女の子がテストに合格し、安全なドライバーになるように、わたしは小さな祈りを捧げました。次回彼女が合格することを祈りました。

　おそらくその十分後だったでしょうか。わたしの娘が車を運転しながら通り過ぎたのは。彼女が車を駐車させると、審査員が車を降りてから試験場の入り口へと向かいました。娘は、急ぎ足で審査員のあとを追うように中に入っていきました。審査員は急ぎ足で歩いていました。それでわたしは天使たちに訊ねました。

「あれはいいサインなの？　彼女、受かったのかしら？」

　天使たちは何も答えてくれません。わたしは五回くらい同じことを訊ねてみたにもかかわらず、何も教えてくれません。やっと数分後に娘は、ドアを通って現れました。

　笑顔で喜びにあふれ、飛び跳ねながら言いました。

「わたし、受かったわ！」

　彼女がそう言ったとたん、同時に周囲の天使たち全員が同じように喜びと共に飛び跳ねました。天使たちはいつもわたしを焦《あせ》らせると、皆さんに断っておくべきです。事前に教えてくれれば、わたしがハラハラしながら不安になることもないのですが。でもわたしが娘と一緒に車に向かって歩いている時、なぜ天使たちがそうなのかが理解できました。娘がロードテストに合格したと告げるのは、天使たちの仕事ではないのです。メーガンが直接、わたしや家族、友人たちに運転免許証を得た喜びと興奮を伝えるべきなのです。

　わたしたちが車に着いた時、わたしは自動的に運転席側に回るとメーガンが、「ママ、キーを持っているのが誰だか分かる？」と言いながらキーを振ってみせました。

　それには、お互いに思わず噴き出してしまいました。

「ママが車を運転しなければ、という癖をやめなくちゃね。ほんとに嬉しいわ。神様と天使たちに感謝します。よくやったわね、メーガン」

　車に座ったわたしたちは、しばらくの間話し続けました。

「メーガン、あなたが審査員のうしろを歩いていたのを見ていたのよ。結果がどうだか、気がかりで仕方がなかったわ」

試験でいちばん緊張したのは、試験場に戻ってから合格か、不合格かを聞かされるまでの時間だったと、メーガンはその審査員に伝えたとわたしに告げました。その時、彼も笑ったそうです。運転試験の審査員として、彼のようなタイプは、今まで見たことがありません。たいていみんな髪が短いのですが、彼は長髪で格好よかったです。芸術家かミュージシャンのようで、およそ審査員には見えなかったので、わたしの緊張も和らぎました。メーガンは運転免許証を取得できました。今はわたしも前よりはずっと自由になりました。彼女を車に乗せて、あちこちに連れていかなくてもよくなったのですもの。逆に彼女が運転して、わたしを送迎してくれるようになりました。わたしは、彼女の守護天使とすべての天使たちに彼女が安全であることをお願いします。そしてもちろん、彼女の父親の魂に彼女を見守るように頼んでおります。わたしは、今は亡き夫のジョーに子どもたちと孫たちから目を離さないようにお願いするのです。彼がみんなをしっかりと見守っていてくれていると、わたしは分かっているのです。

第21章 蝶

最近心配しているのは蝶たちがあまり見られなくなっていることです。この変化は何を意味しているのでしょうか？ 生きものとの触れ合いがなくなった未来の可能性のヴィジョンを見ると心がしめつけられるようです。未来の子どもたちに素晴らしい自然を残すためにも、もっと守護天使たちの声に耳を傾ける必要があるでしょう。


暖かく晴れた日に、ふと窓から空を見上げると、わたしはいつも外に出たいという衝動を抑えきれなくなります。

守護天使が耳元で囁きました。

「ローナ、我慢することなんてないさ。おまえには休憩が必要なんだから」

天使ホーサスが言いました。

「その通りだよ、ローナ。守護天使が言っていることは正しいよ。さあ、出かけなさい」

数分以内にわたしはもう外に出ていて、ドライブに出かけていました。キルケニー郊外の一般公開されている大きな屋敷に、わたしはたどり着きました。美しい森もあります。まずは中に入って腹ごしらえすることに決めました。その日は、普段食べているものとは少し違う、何か特別に美味しいものを食べたい気分だったのです。窓際にはステキなテーブルあったので、外にあるテーブルには着かずにわたしはそこに腰をかけました。若いウェイトレスが注文を取りにやってきたので、わたしは注文することにしました。

「シェフに何か特別な料理をリクエストしたいわ」

「分かりました」と彼女は答えました。

「シェフにできるだけ美味しい野菜とヌードルの炒め物を作ってほしいと頼んでくださる？　でも辛くしないでと。わたしは魚介類アレルギーだということを、シェフにも伝えておいてね。大事なことだから」

わたしがウェイトレスにそう伝えると、彼女は言いました。

「炒め物は大丈夫なはずです」

「でもそのことをシェフにちゃんと念を押しておいてちょうだい」

「承知いたしました」と彼女は言ってから去っていきました。

三人の〈失業中の天使〉が、彼女のあとを追うようについて行くのが見えました。

彼女の守護天使が彼女の耳元で囁きかけています。わたしは、彼女の守護天使にも微笑みかけました。その守護天使の外見は女性的で、美しい白と銀色のローブを纏っていました。でも何が、わたしを思わず噴き出させたかというと、彼女の守護天使が黒いネクタイを首からゆったりとぶら下げていたことでした。若いウェイトレスと天使たちは、ドアの向こう側に歩いていったので、もはや見えなくなりました。

わたしはレストランの入り口近くのカウンターに置かれてあった新聞を取りに行きました。ページをめくりながら、すべての写真に目をやりました。トランプ大統領やクリントン、それにアイルランドの首相、さらには、英国の新しいテレサ・メイ首相の写真ばかりです。わたしがページを次々とめくっていると、ひとりの天使が声をかけてきました。

「よいニュースなんてぜんぜんないだろ、ローナ」

わたしはその天使を見ずに、「分かっているわ。戦争ばかりね」と返事をしておきました。

「その通りだ、ローナ」

その声に聞き覚えがあります。わたしの周囲に集まっていた天使たちの声ではありませんでした。窓から遠くを眺めると、それほどの距離ではない木立ちのあたりに大天使ミカエルが立っているのが見えました。

わたしは声を出さずにして、彼に言いました。

「一体、どうすればこのテロとの戦いを終わらせることができるの？」

彼はそれに答えてくれることなく、手を振ったあと消えてしまいました。

次の瞬間、あの若いウェイトレスがわたしのテーブルにやってくると、こう言いました。

「シェフがあなたのために野菜とヌードルの炒め物を作ってくれるそうです。でもいつものソースは使えないので、あなたのためにいつもとは違うソースを作ると言っております。美味しくなるようにできるだけベスト尽くすそうです」

「ありがとう、とシェフに伝えておいてくださいね」

数分後に彼女は、コーヒーと熱い湯を入れたポットを運んできてくれました。そのあと、とても美味しい食事が届きました。

わたしは食事をしたあとで、散歩することにしました。ただ日光浴を楽しんでいたので、周りにいる天使たちには気を配っていませんでした。わたしは、鳥たちの鳴き声に聞き入っていたのです。池のほとりにたどり着くと、蓮の花がちょうど開花しはじめていたので、写真に収めておきました。何枚かステキな写真が撮れたはずですが、それはどうか分かりません。その小さな池から離れようとした時でした。ちょうどその時一匹の白い蝶が、まるでわたしの頭上に輪を描くように舞いながら飛んでいるのが目に留まりました。モンシロチョウです。ご存じのように、白の羽に黒い斑点がある蝶です。

わたしが子どもの頃は、夏にはたくさんの蝶を見かけました。いくつも異なる種類の美しい羽根の蝶が、メイヌースの小さなコテージの野菜畑を飛び交っていました。でもいちばんよく見かけたのは、モンシロチョウでした。葉っぱの裏に卵を産みつけると、幼虫でいっぱいになるには、そんなに時間はかかりません。緑色のイモムシです。キャベツの葉を端から食べては、葉全体にくねくねと移動し続けるのです。わたしたちはイモムシを摑み取ってみては、古いキャベツの葉や野菜の切れ端が置いてある場所によく移動させたものです。

ひとつのキャベツにたくさんのイモムシが見つかることもありました。わたしたちは、それらを摑み取ると庭を囲んであった土壁の上に置きました。モンシロチョウもたくさんいましたが、ほかの多くの種類の蝶もよく見かけました。とくにアカタテハがたくさんいました。当時は蝶がたくさんいたのですが、最近ではあまり見かけなくなりました。

わたしが池のほとりから離れる間も、モンシロチョウがわたしの周囲でずっと飛び交っていました。わたしと一緒に歩いていた〈失業中の天使〉たち全員に訊ねてみました。

「あれほどたくさんいた蝶は、どこに消えたのかしら?」

「ローナ、もう大していないのよ。数はかなり減ったわ」

「きっと、もっと見つかるはずよ」

わたしは失業中の天使たちにそう言いました。その蝶が小さな門のほうに飛んでいったので、わたしも移動することにしました。写真に収めようとあちこち追いかけまわしたのですが、うまくいきませんでした。

天使たちもわたしを手助けしてくれました。ひとりの失業中の天使がもう一匹見つけてくれて、「ローナ、もう一匹ここにいるよ」と叫びました。振り向くと、蝶を一方向へと追いやっているふたりの失業中の天使の姿が見えました。別の三人の失業中の天使が、三匹の蝶をもうひとつの庭の方向へと誘導する姿を、わたしはそこにじっと立ったままで見入っていました。しばらくそのままでいましたが、蝶の写真が撮れればと、失業中の天使たちと蝶がいるところまで、できるだけ早足で駆けていきました。

二十分くらいは、そのようなことをしていたでしょうか。でもようやく、一枚の写真に収めることに成功しました。この本が出版される頃には、その写真をフェイスブックに載せるつもりです。わたしがここでお話しした三匹の蝶の写真を、皆さんにも見てもらえることと思います。

わたしが撮った写真の蝶は、一見キャベツのように見える——でもより大きくて茎のある——葉っぱの上にとまっていました。

わたしは、失業中の天使たちに訊ねました。

「アカタテハを見つけることができると思う？」

「ローナ、それはかなり難しい」そう彼らは答えたのです。でもわたしは、「とにかく探しに行きましょうよ」と彼らに誘いかけたのでした。

三匹のモンシロチョウがまだ天使たちの周りを飛んでいるのが目に入ったとたん、わたしはクスクスと笑いを抑えられませんでした。時おりそれらの蝶は、わたしの頭上で輪を描きながら飛んでいました。わたしはアカタテハを探しながら野生の花々が咲いている場所や茂みや雑草の間を、一時間ほど歩いたでしょうか。でもまったく見つかりません。駐車場に歩いて戻る途中でも、アカタテハをわたしはまだ探し続けていました。かつては田舎の家の庭で、あれほどたくさんいたはずなのに。今年は一度もまだ見ていません。

「蝶は皆、どこに消えたのかしら？」

天使たちに訊くと、何も答えてくれませんでした。わたしはまた逆戻りして、森のほうへ歩いていきました。少し歩くと、木の幹が地面に横たわっていたので、その上にわたしはしばらくの間座っていました。木々に囲まれてあまり明るくはなかったのですが、目をこらすと進むべき小道が見えました。わたしは大きな声を出して、失業中の天使たちに話しかけました。そのうちひとりは、わたしが座っている木の幹の端に立っています。もうひとりは、大きな木の下にいて、あとのひとりは藪《やぶ》の中に立っていました。

「蝶はたくさんいるはずだけど、ほとんど見かけないわ。ほんとうに悲しいことよね。残念だわ」

わたしがそう言うと、木の幹に立っていた天使が言いました。

「ローナ、ほかに何か頭をよぎったことは？」

「神様が可能な未来のひとつを、見せてくれたことがあるの……」とわたしがそう言いだしたとたん、木々の間からわたしの右側にひと筋の光が照らし出されました。すると木々の合間から大天使ミカエルが歩いてきました。彼がわたしのほうへと近づいてくるにつれて、光線が彼の背後から消えていきました。でもそれまでは、ずっと彼の前方で輝き続けていたのです。わたしは微笑みながら言いました。

「こんにちは。大したものね、ミカエル。わたしも暗いところであんなふうにできればいいのに。暗い道で前方が見えない時にビームで照らされていたら、とても便利ね」

ほんとうはビームが必要ではなかったけれど、わたしのために演出したのだと彼は言いました。

「ローナ、神様がずっと前におまえに見せたひとつの可能な未来のことを、思い出していたのだろ？」

「実はそうなの、ミカエル。そして今日はとくに、そのことを不安に感じたのよ。これがはじめてじゃないんだけれど、まるで人類がまったく聞く耳を持たないようにいつも感じているのよ。人類は耳を塞いでいるように思えてしまう。今のことだけを考えていて、未来のことを考えていないんじゃないか、って」

「ではローナ、未来のことを教えておくれ」とミカエルが言ったので、あきれ顔でわたしは彼を見つめました。

「ミカエル、どういう意味なの？　あなたは知っているはずでしょ」

「もちろんだ。だが、おまえがいちばん心を動かされた部分を知りたいのだ」

「じゃあ、どこからはじめるといいかしら？」

「どこからでもよい。神様がおまえに見せた時の記憶をただ語りはじめるだけでいいのだ」

人類は未来を考える必要があります。神様がわたしに人類の未来のひとつの可能性を見せてくれた時、胸が張り裂ける思いをしました。子どもたちがほとんどいなくなっていて、泡のように見えるバブルの中に彼らはいました。着ていた服は、密閉された保護服のようでした。学校の先生たちは彼らに、あらゆる生き物が住んでいた素晴らしかった過去の地球について見させていました。先生は、野生の花々がいっぱい咲き誇っている場所を見せました。長い草が生えている間を駆け抜けている幼い少女と蝶が写っている写真を指したのでした。その写真の少女は、手に長くて軽い棒を持っていて、その先にはカップのようなネットがついています。それが風に吹かれています。「あの子は観察するために蝶を捕ろうとしているのですよ」と、先生は説明しました。

十一歳くらいの男の子が先生に告げました。「不公平だよ。過去の人間たちはなぜ、全部破壊したの？　僕たちが今日《こんにち》どんな生活をしなければならないか、分かってくれてもよかったのに……」

ひとりの少女が起立してから言いました。

「過去に生きた人々はバカなのか、それとも何か問題でもあったのかしら」

先生は生徒たちにほかにも、たくさんの写真を見せました。木々や鳥たち、馬、ゾウ、猫、犬といった多くの野生と家畜動物の写真でした。ほとんどの子どもたちは、蝶を追いかけている少女の写真にいちばん興味を示したようです。ミカエルのそばに立っていたわたしは、悲しくなりました。彼らは新鮮な空気を吸いながら外を走り回ることさえできないのです。そのような環境がもはや存在していないからです。胸が痛みます。未来の子どもたちは、木に触れることも知らなければ、野原を駆け回ることもできないでいるのです。

別の六歳くらいの幼い子どもが言いました。「彼らには知恵がなく、神様や守護天使の言葉に耳を傾けることがまったくなかったのだよ」

わたしはこの言葉に、ショックを受けたのでした。神様がわたしの髪をくしゃりと摑んだのは、まさにその瞬間でした。そして、わたしに今去るべきだと告げました。

わたしは再びメイヌースのコテージに戻っていました。立ち上がると、ミカエルと一緒に小さな森に通じる小道を歩きました。彼は作業服のような格好です。一見ぼろぼろに見えたのですが、よく見ると完璧であることが分かりました。

「誰かがやってきて、あなたがわたしと歩いているところを見られたらどうするつもり？」

わたしがミカエルにそう訊ねると、彼は言いました。

「ローナ、心配するな。見られたとしても、この敷地の作業員がおまえに話しかけていると思うだけだから、妙には見えないはずだ。それに神様は、人々がおまえだとは気づかないようにさせるはずだ。今日はとくにここは静かで、周りには誰もいないようだ」

ミカエルは足を止めてからわたしの両手を取り、言いました。

「ローナ、おまえの心が重いのは分かっているんだ」

わたしは、あの特定の未来のヴィジョンを心に浮かべながら答えました。

「その通りよ。良い未来だとはけっして言えない。実に恐ろしいことなのよ。あの子たちが本物の蝶を見たことがなく、写真でしか知らないだなんて考えるだけでも怖くなる……」

「分かっている」とミカエルは返しました。

世界中にまだ蝶はたくさんいるでしょうが、ここアイルランドでは劇的に減っているように見受けられます。わたしたちがまた散歩を続ける前に、わたしはミカエルに訊ねました。

「気分がよくなるように、手を握ってくれない？」

彼は、わたしの右手を彼の手の中に埋もれさせました。それからわたしたちは一緒に敷地内の庭園を抜け、野生の花々が咲いている木々の間から川岸に沿って歩きました。

「ほら、ローナ。蝶たちが我々に付き添ってくれているじゃないか」

ミカエルとわたしの周りに、ちょうど三匹のモンシロチョウが飛び交っていました。典型的な蝶の飛び方です。直線上ではなく、上下に。〈空中ダンス〉と、わたしはそれを名づけているのです。わたしたちが散歩している間、蝶はずっと周りを飛んでいました。

「ミカエル、蝶の話ついでに言うんだけれど……最近アカタテハを、まったく見かけなくなったわ。へンな蛾しかいないのよね」

蛾もきっと減っているに違いありません。蜂の数が減っていることは世界的に認識されています。蜂がいかに貴重であるかをわたしもよく承知しております。しかし、すべての昆虫が貴重なのです。昆虫を必要とすることを、わたしたちは忘れようとしているのです。もし蝶が世界中に消え、バタフライファームのような場所でしか見ることができなくなればと考えると、悲しくなりました。

「ミカエル、ほんとうに腹が立つのよ。こんな気持ちはもうイヤよ！」

ミカエルは立ち止まってから、わたしのもう片方の手も取りました。彼の愛がわたしの体の中を流れ、安らかさを感じさせてくれました。言うまでもなく三匹のモンシロチョウは、わたしたちの周囲を飛び交っていたのです。それに気づいたので、わたしは思わず笑い声を上げて喜びました。ミカエルも笑いました。雷ほどの大きな笑い声ではなかったので、ほっとしました。

わたしたちは再び歩きはじめました。

「アイルランドのどこにいけば〈バタフライファーム〉があるか、わたしは知っているのよ。いつかそこを訪ねてみようかしら。でも野原や自分の庭先で見るほうが、ずっといいはずよね」わたしはミカエルにそう言いました。

四年ほど前の話なので、わたしの孫のビリー・ボブが、まだ一歳の時のことでした。わたしは彼と一緒に、庭先に出ていました。ちょうど花にとまった蝶を彼に見せていたところでした。モンシロチョウでもなくアカタテハでもなくて、別の種類でした。でもその蝶の名前は知りません。わたしはミカエルに言いました。

「あれは八月のことだったので、もっと蝶がいてもいいはずだったわ。人間は殺虫剤や除草剤などの化学薬品で蝶を絶滅に追いやってしまったの？」

「自然界の多くが消えたんだ、ローナ。悲しいことに、もはやあと戻りはない。人々のスピリチュアルな成長を促し、さらには、神様が与えた美しい惑星地球と自然に対する意識を深めるようにおまえは努力し続けなければならないのだ。人間たちが環境破壊をやめるようにとな」

わたしたちは小道をさらに進んでいきました。途中で立ち止まると、周囲の美しい木立や鳥たち、そして草の茂みに生えている野生の花々にわたしは目をやりました。

それからミカエルを振り向き、わたしは言いました。「これらがみんななくなるだなんて、悲しすぎるわ」彼は何も言葉を返してくれませんでした。駐車場に近づくと、「ローナ、行かなければならない」とひと言だけ彼はそう告げると、再び木立に向かって歩いていきました。消える直前に、わたしを見ながら手を振りました。これは、ミカエルがあまり頻繁にやらないことです。その直後にミカエルは輝きはじめたので、とても明るくなりました。もはや作業服を着ていませんでした。そのあと彼が身に着けていたものについては、説明しかねるのです。どれほど彼が美しく、どれほど信じがたい姿をしていたかについては、表現のしようがないからです。ただ、眩いばかりに輝いていたと、言っておきましょう。彼の剣と盾の両方がキラキラと光っているのが見えました。真っ直ぐに彼が神様の王座に行くことが、わたしには分かっていました。

しばらくしてからわたしは車に戻り、ゆっくりと家路に車を走らせました。家の門に着くとわたしは、車から降りて門を開けました。そのあと車を駐車させました。でも次の瞬間に起きたことを、わたしはどう説明すればよいのか分かりません。ちょうど車から降りようとしている時に、わたしはアカタテハを見られなくて残念だったと、独り言を言っていたのです。一枚でもアカタテハの写真が撮れれば、どんなに素晴らしかったでしょうか。

車のドアを閉めようとしたちょうどその時でした。美しくて見事なアカタテハが、わたしの顔に飛び込んできたのです。あたかもわたしの家の壁から飛び出てきたとしか思えないくらい、偶然の出来事でした。しかもわたしの鼻に触れたのです。その蝶はしばらくの間、わたしの鼻の周りをひらひらと飛んでいました。もうとても驚いてしまいました。なんて信じがたいことなのでしょうか！　その蝶は、わたしを通り過ぎて飛び去りました。振り向いたのですが、もういなくなりました。このことを天使たちに報告すると、彼らはわたしのことをただ笑うだけでした。

天使ホーサスが門のところに立っていました。

「ローナ、神様はきみを驚かせたいんだ。神様があの蝶を送ったのさ。あの蝶は今頃、神様の掌の中にいるよ」

「もう少しの間だけ、神様はあの蝶をここにいさせてくれることはできなかったの？　花に止まれば、写真が撮れたのに残念」

「あの蝶にかぎってだめだよ、ローナ。あれは天国の蝶なのだから」ホーサスはそう答えました。

ホーサスは「行かなければ」と言ってから、また消えてしまいました。その数日後まで、ホーサスに質問することができませんでした。周辺を飛んでいる蝶に気づかなかったということではないのですが、モンシロチョウしか見かけていません。蝶が減っていることはたしかです。よりによってアカタテハは見かけていません。夏が過ぎ去る前に、一回くらいは見かけたいものです。

第22章 教会

教会にはもちろんたくさんの天使たちがいます。彼らが人間たちのあいだに交じってバンド演奏や歌唱を行う姿はとても愉快で魅惑的です。たくさんの人を前にしての教会講演はとても緊張します。でも大丈夫、わたしの横にはいつも天使たちがついていてくれるのですから！

聖パウロ教会は、ウォーターフォード州のアードモアにある、こぢんまりとしたとても美しいプロテスタント教会です。わたしはその教会の祝賀祭での講演を依頼されました。美しいビーチがある海辺の小さな町です。娘のルースも孫たちを連れて祝賀祭に参加することになりました。わたしたちは週末を一緒に過ごしておりました。ルースはテーブルに夕食の準備をするため、納屋にいました。彼女は振り向いてから、わたしにこう言ったのです。

「ママは、何日か休養をとる必要があるわ。講演前の数日間、休養を兼ねてアードモアで過ごすというのは、絶好のチャンスだと思うのだけれど……」

わたしは少しばかりためらいました。孫のビリー・ボブとソファーに座り、トランスフォーマーのおもちゃで一緒に遊んでいました。ちょうどその最中にわたしは、孫に向かって言いました。

「あなたのママと話さなければいけないから、ちょっと待っていてね」

わたしはソファーから立ち上がると、こんどはルースに向かって返答しました。「そんな時間の余裕はないの。わたしが三冊の本を書いている最中だということを、あなたも知っているでしょ。今ちょうど重要な本に取り組んでいるところなのよ」

「神様はね、ママに疲れ切ってほしくないはずよ。ママには休養が絶対に必要なのよ」わたしは娘からそう言われました。

ちょうどルースが言い終えた辺りで、わたしは納屋の扉にかかっているカーテンに気を取られました。わたしの左側で、わずかに明かりが増したかと思うと、マントの端がチラリと見えました。それが誰なのか、当然疑う必要はありません。

「こんばんは、天使ホーサス！」わたしが声をかけたところ、彼はカーテンのうしろから一歩前に歩み出るとこう言いました。

「こんばんは、ローナ。きみはルースの言葉に従うべきだよ。子どもたちも連れていくのはいいアイデアだ。ビーチでゆっくりするといい。子どもたちもさぞかし喜ぶだろうよ。もちろん、きみもだが。神様はきみに消耗してもらいたくないのだ」

「分かっているわ」わたしは彼に言いました。

「ちょっとママってば、わたしの話をちゃんと聞いているの？　それで、どう思うの？」ルースのその言葉に、「少し考えさせて」と、わたしは返事をしました。納屋の扉あたりにホーサスが立っていることを、ルースはなんとなく勘づいているはずです。彼女に打ち明けたいのは山々ですが、それはしてはならないことだとホーサスから言われているのです。

わたしは彼女のほうを向き、細心の注意を払いました。テーブルを引き寄せようとしているルースに手を貸しながら言いました。

「分かったわ、ルース。ではみんなで行くことにしましょう。ビリー・ボブもジェシカも、きっと大喜びするでしょうね。お祭りだから、子どもたちも楽しめるものがたくさんあるはずよ」

「ママ、子どもたちが楽しめそうなことを先に調べておくわ。たしかロボットで遊べるような場所があったはず。ビリー・ボブが喜びそうね。ライブ音楽もあるそうだし、お話を聴かせてくれたり、レゴで遊べる場所などたくさんあるみたいよ」

ルースは早速、アードモアから三十分ほどのところにホテルを見つけたようです。彼女は笑いながらわたしに言いました。

「ママ、数日間休みをとるのだから、今のうちに仕事をしておいたほうがいいわよ」

「そうね、もうワクワクしてきたわ」わたしは笑顔で彼女にそう返しました。

ビリー・ボブが納屋に走り込んできました。「おばあちゃん、外で遊ぼうよ」と言いだしたので、わたしは納屋から出ました。ビリー・ボブは、ブランコまで勢いよく駆けていき、もうそこに座っています。天使ホーサスが、そのそばで立っていました。

「おばあちゃん、押してよ」

わたしの手がブランコに触れた時、ホーサスは「行かなければ」と言い残してから消えました。


あの時から数週間ほど過ぎた日のことでした。ちょうどベッドからわたしが起き上がろうとしている時、ドアのそばに立っていたふたりの失業中の天使がわたしに言いました。

「ローナ、あと九日だよ！」

「あと九日ってどういう意味？　何が？」

わたしが訊ねたとほぼ同時に彼らはこう言いました。

「アードモアのお祭りだよ。聖パウロ教会で講演があるんだろ？　孫たちも休暇を楽しみにしているよ」

「オーマイゴッド！」この表現をたまに使うことがあります。天使たちがわたしに何か特別なものを見せてくれたり、ただ神様の注意を引きつけようとしたりする時に使うのです。あの朝、わたしは起床するや否やその言葉を発しました。でも「オーマイゴッド！」とわたしが言葉にするたびに、天使たちはいつも急に静まりかえり、頭《こうべ》を垂れるのです。その瞬間、天使たちが祈りに入るのです。わたしはそんな言葉を滅多に口にすることはないのですが、でもあの朝はつい堪えきれずに発してしまいました。

わたしはベッドの脇にしゃがみ込んでからお祈りの言葉をいくつか捧げながら、新たな日を迎えることができるのを神様に感謝いたしました。わたしも含め、どなたにとっても毎日を迎えられることそのものが、かけがえのない素晴らしいことなのです。

もちろん、皆さんのためにもわたしは祈りました。読者の方々への祈りを、わたしは常に自分の祈りの中に含めております。大勢おられるでしょうが、皆さんが人生で必要とするすべての祝福がもたらされることを願って、わたしは毎日祈りを捧げます。日々生活する中で毎朝起き上がることができ、さまざまなことをやり遂げること自体が祝福なのです。わたしたちはなかなか気づくことができないでいます。当たり前と見なしていることが、実際には祝福なのです。わたしは毎朝、神様にその祝福を与えてくださったことに感謝をします。ベッドから起き上がることができ、階段を下ることができ、ペットのホリーの世話をすることができ、新鮮な空気を満喫できることを、わたしは常に神様に感謝しているのです。

わたしが納屋から戻ってきた時に、ちょうど電話が鳴りました。ルースからでした。

「ママ、出発まであと九日よ」

今朝わたしが起きた時に天使たちが告げたことと同じことを彼女が繰り返したので、わたしは思わず笑ってしまいました。もちろん、彼女がそれを知るはずがありません。

日々が過ぎていく中で、失業中の天使たちは時おり、おもちゃのバケツとシャベルを手にした格好で現れることもあります。そうやってわたしを笑わせてくれるのです。

失業中の天使たちが空中でバケツに水をすくうような所作をすると、バケツは水でいっぱいになります。その水は、空中を横切るたびに虹に変わります。その水はけっして地面に流れ落ちることはないのです。美しくて鮮やかな色の虹は、数秒間そのまま姿を残してから消えていきました。

ある日、わたしは失業中の天使たちに言いました。

「わたしたちがその祝賀祭がある町にいる間、毎日雨が降り続くことのないようによろしくね」

「いいや、太陽が輝いているにきまってるさ！　少しだけ雨は降るけれど、たいしたことはないよ、ローナ」彼らはそう教えてくれました。

九日間は、あっという間に過ぎていきました。

木曜日の夜にはルースと子どもたちが着きました。そして金曜日の朝にわたしたちは、アードモアの祝賀祭に向けて出発しました。子どもたちは、かなり興奮気味でした。なかなか目的地に着かないことを、じれったく感じていたようです。でもその数日間に起きた素晴らしいことを、これからお話しいたします。

わたしたちはホテルに到着すると、荷物をほどいてからすぐに食事に出かけました。子どもたちはとても興奮していて、すぐにでも浜辺に行きたいと言い張りました。ルースは子どもたちをなだめながら、こう提案しました。

「聖パウロ教会を見ることができるでしょうし、アードモアの町に先に行きましょう。浜辺はそのあとでね」

子どもたちもそれに納得してくれたので、しばらくしてから出発することになりました。車でアードモアの町に入ると、駐車場はどこも混んでいるばかりか、そこら中人々で混雑しています。わたしたちはゆっくりと運転しながら、中心街の交差点に差しかかったところで左折し、丘の上へと車を走らせました。四分の一ほど上ったところに小さな教会がありました。車を停めることができないので、ルースはゆっくりと運転しながら通り過ぎるしかありませんでした。

「あれだわ。きっとあの教会よ」わたしは彼女に言いました。間違いないはずです。教会の門のそばに美しい金色の天使が立っていたからです。外見からしても、女性とも男性とも見分けがつきません。背が高くてとてもエレガントです。金色の衣には、たくさんのひだがありました。教会の入り口あたりを見渡すと、純白の衣を纏ったふたりの天使たちも立っていたのです。ルースは引き続き、丘の上へと車を走らせました。わたしはその美しい天使たちを見ていたくて、後方を目で追っていました。

「ママが正しいみたいよ。あれがきっとその教会よね」

ルースがそう言ったので、わたしは「そのようね」と頷きました。

わたしはルースに、なぜうしろを見ていたのか言えませんが、代わりに「様子を窺っていただけよ」と言いました。

もちろん、あの教会にきまっています。天使たちがその場所で、わたしに示してくれたのですから。ルースはほかの車を通らせるために、所々で停車しなければなりませんでした。もう少し丘を上っていくと多くの観光客がいて、塔と墓地がありました。孫たちが早く浜辺に行きたいとせがむので、わたしたちは車から降りずじまいでした。Uターンできる場所をルースが見つけたので、そのまま引き返すことにしました。来た道を再び戻り、学校の駐車場に車を止めてから、わたしたちは町まで歩くことにしました。そこから浜辺へと向かいました。中心街の交差点にたどり着いた時、わたしは聖パウロ教会がある丘の上のほうを見渡していたのです。すると驚いたことに、あの美しい金色の天使がまだそこに立っていたのです。

わたしはちょっとの間だけ、言葉を口に出さずにその天使に語りかけました。

「こんにちは。その教会にやってくる人たちのために、あなたはそこにいるのね」

「はい」と、その金色の天使は答えてくれました。

ルースが「道路を渡る時は、はぐれないようみんなで手をつなぎましょう」と言いだしました。町の混雑ぶりはそれほどだったのです。家族連れやティーンエイジャー、それに休暇を楽しむ人々でいっぱいです。あふれ返っているのは、人間たちばかりではなかったのです。天使たちも大勢居合わせています。わたしが見ているすべてを、言葉で表すのはとても難しいと常にわたしは感じているのです。桟橋《さんばし》のところでは若手のバンドが演奏をしていて、天使たちも一緒になって演奏していました。若者たちの演奏も聞こえるのですが、わたしには天使たちの演奏も同時に聞こえてくるのです。天使たちは楽器を弾いています。

そのうちのひとりの天使は、わたしが今までに見たことのない楽器を奏でていました。中が空洞になっている巨大な楽器で、若者たちの真うしろで天使はそれを演奏していました。天使たちが演奏している楽器のひとつは、アイリッシュハープのようにも見えます。両側は、ふたつの巨大なトランペットです。トランペットの底は、大きな渦巻き状の角《つの》になっていて、金色をしています。天使がそれを吹かなくても、触るだけでそのトランペットから美しい音が流れ出てきました。と同時に別の天使が指先で、ハープの弦を動かすのです。ハープは銀色をしていました。その特別なハープでその天使が演奏すると、ほかの天使たちはピタッと演奏をやめました。でもバンドは、そのまま演奏を続けています。天使が奏でるハープの音色がどれほど美しいかは、表現しきれません。天使たちがステージを輝かせている光を表現することでさえ、ただ息をのむ光景としか、お伝えするのは無理です。天使たちが奏でる音楽の素晴らしさも、言葉にできません。とくにバンドの演奏と混じり合った時は、驚異的としか言いようがありません。

ひとりの天使が歌手と一緒に歌う時は、まるで天使が歌手の声を波に乗せて空中を響き伝えるかのようです。バンドが天使たちと一緒に演奏している時、わたしはその場で立ちながらずっと聴き入っていたかったのです。でも、そうしてばかりはいられません。わたしたちは、できるだけ静かにその場を去りました。

わたしは、孫たちと浜辺で素晴らしい数日間を過ごすことができました。聖パウロ教会でわたしが講演をする日が来た時には、あの美しい金色の天使がまだじっとそのまま教会の前でわたしを待ってくれていました。

十字架のような形をしたその教会には、大勢の人々が詰めかけていました。わたしは天使たちに「緊張してドキドキが止まらないのよ」と呟いてしまいました。

すると天使たちは、「ローナ、周囲を見渡してごらんよ。わたしたち天使も全員ここにいるんだよ」と言ってくれたので、わたしは天使たちに微笑み返しました。いよいよわたしが聴衆の前に進み出る時が来ました。すると天使たち全員が、手を振ってくれました。あの日教会に詰めかけていたすべての人々全員の守護天使を、わたしは目にすることができました。しばらくの間わたしはそこに立ったまま、教会に流れ込むように入ってくる天使たちを眺めていました。「まだもっと来るの？　これ以上あなたたちが来るのなら、ここにいるすべての人々の場所がなくなってしまうわ。彼らを追い出すつもり？」天使たちにわたしは無言でそう訊ねると、「ローナ、心配しなくてもいいよ。余裕は十分あるさ」と、ひとりの失業中の天使が答えたのでした。

わたしが講演をする前日の朝に、娘のメーガンがわたしたちに加わりました。わたしが話そうと思っていた内容を、彼女はメモしてくれていました。でもその講演中に天使たちは、「別のことを話しなさい」というのです。信じられますか？　結局メモに書いてあったことは、ひと言も述べずじまいに終わりました。

わたしが話をする時はたいてい、聴衆の中に見えている天使たちについてです。しかし、大天使ミカエルや天使エリヤ、あるいは天使ホーサスがわたしと一緒にステージに上がっている時は、わたしが何を語るべきか、彼らが教えてくれます。

聖パウロ教会のイベントでは、大天使ミカエルがわたしの左側にいて、天使ホーサスがわたしの右一メートルほどのところにいました。時々ホーサスは、聴衆の間を歩き回りましたが、ミカエルはわたしの真横に立ったままでいてくれたので、人々が知りたいことを伝えることができました。講演が終わったあと、皆さんそれぞれが前に進み出てくることをわたしは快く受け入れ、彼らを祝福しました。

ひとりの女性は、自分のために祝福はいらないけれど、苦しんでいる息子のために祝福してほしいと言いました。多くの人々が彼らの愛する人たちのための祝福を求めました。神様は、彼らと彼らが愛する人たちのために祝福を与えました。そのあとわたしは、ふたりの娘と孫たちと一緒にその小さな教会を去りました。わたしたちは空腹を満たしたかったのですが、子どもたちは全員またビーチに戻りたがりました。

途中で講演に参加していた子ども連れの女性たちと出会ったのですが、彼女たちは歩みを止めて「考えさせられる多くを分かち合ってくださったことを感謝します」と言ってくれました。

そのうちのひとりは、十八歳くらいの若い女性でした。ボーイフレンドと一緒でした。

彼女は、「わたしたちの生き方をあなたは変えました。また希望が持てそうです」と言ってくれました。

浜辺に近づいてきた頃に、ルースが言いました。

「ママ、若い家族が、〈子ども財団〉に寄付をしてくれたけれど、その母親の名前を思い出せないのよね」

「大丈夫よ、またその家族を見かけたら、必ず教えてね」と、わたしは彼女に返事しました。

わたしたちがホテルに戻ろうとした時ルースが、もう一度車であの丘を上り、教会を通り過ぎたところにある崖から海に面したホテルを眺めたいと言いだしました。

「ほんとうにそうしたいの？」とわたしが念を押すと、「見ることができたら嬉しいわ。そのホテルの噂《うわさ》を聞いたことがあるんだけど、周辺の景色がとても美しいそうよ」と、ルースは言いました。

聖パウロ教会の前を通りかかった時に、あの美しい金色の天使がまだ立っていたので、わたしは思わず微笑みかけたのです。丘に上っていく道路はまるでローラーコースターのような険しい坂道の上に、数珠つなぎの停滞でした。歩道も何もありません。たどり着くには、たっぷり時間がかかりました。

ようやく着いたのですが、そのホテルの景色を遠くからしか眺めることができませんでした。それ以上進んでいくと、車をUターンさせる場所が見つからないと思ったからです。それでも、その場所から素晴らしい景色を眺めることができました。

「美しいホテルね。でも、わたしたちが滞在しているホテルのほうがずっとステキよ。ここにまた来る機会があれば、今わたしたちが滞在しているホテルにまた泊まるようにするわ」わたしはルースに言いました。

わたしたちは車をUターンさせ、戻りはじめました。大勢の人々で道があふれているので、ルースは数メートル毎に車を停めなければなりませんでした。丘を下るには、一歩ずつ車を前進させるような混雑ぶりです。ふと、遠くにいる天使たちにわたしの意識が向いてしまいます。さらに下っていくと、何人かの失業中の天使が手を振ってくれていました。子どもたちと母親が中に座っている黒い車が、駐車してありました。わたしたちの車が、その車へと徐々に近づいていきました。車の中の子どもたちと一緒にいる天使たちを、わたしはじっと見つめていました。天使たちは、子どもたちの安全を守るために一生懸命でした。

車の中の幼い女の子の守護天使が、真っ白な翼を広げていたのを覚えています。眩しく輝く黄色のローブを纏っていました。守護天使が翼を広げているところを見せてくれるなんて、滅多にありません。その幼い女の子の守護天使は、その子を翼で覆うようにしていました。その女の子が車から降りた時に、守護天使はとても危ない場所だから遠くに行かないようにと、その子の耳元で囁きました。その女の子が守護天使の言いつけをちゃんと守っていることに、わたしはつい嬉しくなりました。

わたしの気を引いた失業中の天使たちは、一列に並んでいました。少なくとも六人はいたように覚えております。母親と子どもたちの安全を保つために一生懸命でした。そこには三、四家族がいたように記憶しております。

ひとりの男の子の守護天使は、男性のような外見でした。光り輝く金色の手をしていて、車の中で動き回っている男の子の肩にかざしていました。その守護天使は、異なる色合いの赤いローブを纏っていて、その子の上に聳《そび》え立っていました。子どもたちそれぞれの守護天使が子どもたちの安全を守るために、母親たちに手を貸すのに一生懸命でした。

近づくにつれてその男の子の守護天使に、わたしは言いました。

「あの子は、あなたがいることに気づいているの？」

「そうだよ。この家族は、守護天使の存在を分かっている。彼らは我々の言うことをよく聞いてくれるんだ」

その家族に近づいた時に、ルースがこう叫びました。

「ママ、あの家族よ！　チャリティーに寄付してくれたのは」

車の横を通り過ぎる時に、その家族たちに向かってわたしたちは盛んに手を振りました。彼らも気づいて手を振ってくれましたが、残念なことに車を停めることはできませんでした。ゆっくりと、わたしたちは丘を下り続けました。

「十五ユーロも寄付してくれるとは、ほんとうに素晴らしい母親だわ」わたしはルースにそう言いました。

ほかの人たちのことを、とくにほかの子どもたちのことを考えられる気配りに、わたしは心を動かされるのです。世界のどこであろうと、親であることはいちばん大変なことであり、もっとも重要な仕事なのです。

あの母親が最善を尽くしていることを、わたしは見ることができました。車で通り過ぎた時に彼女の守護天使が、彼女は慈愛に満ちていると教えてくれたのでした。彼女は、自分の子どもたちのために常にベストを望んでいるのです。遠ざかっていく彼らを見つめながら、彼ら家族の守護天使たちに、「彼らのことをよろしく！」とわたしはお願いしました。その間、彼らはずっと手を振り続けてくれていました。

第23章 母なる地球

赤と金の鎧をまとう地球の守護天使ジマゼンはとても大きく力強い存在です。彼が守っている《母なる地球》は、わたしたち人間のために惜しみない愛情を注いでくれていますが、人間たちは地球を破壊する一方です。「この素晴らしい贈り物に気づきなさい」未曾有の大災害を防ぐためにも、そろそろわたしたちは天使ジマゼンのメッセージを真剣に受け止めなければならないようです。

あの日は土曜日だったので、少しゆっくりしようとわたしは決めました。その朝、ちょっとした自分へのご褒美として、車でマウント・ジュリエットまで向かい、そこでお茶とポーチドエッグをいただくことにしました。その場所でただのんびりと座っているのが好きなのです。マウント・ジュリエットの〈ハンターズヤード〉というレストランは、それほど混雑していません。窓からはゴルフコースと山々が見えていて、厚い雲がかかっています。今にも雨が降りだしそうでした。でもそんなに寒くはなさそうなので、わたしは散歩することにしました。新鮮な空気を吸いながら、川沿いを歩いていきました。川辺を歩きながら、わたしを取り囲む自然のあらゆる生命の営みに喜びを感じていました。あの時わたしと一緒にいてくれたのは、守護天使だけでした。

人工の池があるところにたどり着いたので、わたしは一瞬足を止めてからあたりを見渡しました。白鳥もカモも水面に見当たりません。何も見つからないので、わたしは守護天使に「残念ね」と言いました。

川辺に沿って生えている葦《あし》の間に目を凝らしてみたのですが、何の動きも見受けられませんでした。「上流のほうに何かいるだろうが、今日はおそらく見ることができないだろう」守護天使は言いました。

わたしは小道が生い茂って歩けなくなるところまで歩き続けました。左先の草が生い茂った川のそばで、ひとりの失業中の天使が立っているのが見えたので、引き返すべきかもしれないと思いつつもその場で立ち止まりました。その失業中の天使は、わたしに手招きしながら、「こっちまでおいで!」と叫んでいます。草に覆われた小道に入っていくなり

「ついておいで！」と、その天使にわたしは言われました。

高く伸びた草が密集していたので、失業中の天使の姿を何度も見失いました。その小道は、とても狭くなっていて、所々で道を少しはみ出して通らねばなりませんでした。わたしはその天使に、「これはかなり大変だから、引き返すことにするわ」と声をかけました。しかし、その失業中の天使はそうはさせてくれませんでした。

「それはダメだよ、ローナ。ねえ、ついて来てごらん！」

わたしが〈チクチク〉と呼んでいる草――〈イラクサ〉と一般には呼ばれているもの――が、わたしの背丈ほど高く伸びていました。トゲだらけの枝を、くねくねとそこら中に伸ばしています。『おそらく釣り人だったら、川にたどり着くためにこんなところでも平気で入っていくのだろう』そんなことを考えながら、狭い小道をわたしは一歩ずつ進みました。

川に近づくにつれて、いっそう気をつけて進みました。濁流のような音が聞こえてきます。

「そこに滝でもあるの？」わたしは大きな声で叫びました。期待に反して、天使は何も答えてくれませんでした。

やっとのことで川辺に着いた時、川の中心辺りにある大きな岩の上を越えて流れる濁流が見えました。それが滝があるように聞こえたのです。小さな岩がたくさんある場所から、わたしは川岸に降りました。古い桟橋の残骸らしきものに、わたしは腰をかけました。

そこにじっと座って向こう岸を見渡しながら、ただ川の音に耳を傾けていたのです。川の音以外には何も聞こえず、静寂に満ちていました。

十分ほど座っていたところ、わたしの名を呼ぶ声がしました。振り向くと、大天使ミカエルが岩を横切り、わたしのほうに向かって歩いてくるのが目に入りました。腰あたりまで届くほどの大きな長靴を履いた彼の姿は、まるで釣り人のようです。手には、釣り竿まで持っているのです。

「こんにちは。ここであなたに会えるなんて、思ってもみなかったわ！」ミカエルは何も答えてくれません。わたしのそばまでくると、桟橋の残骸の上に座っていたわたしの右隣に座りました。

「おはよう、ローナ。楽しんでいるかい?」笑顔を浮かべて、ミカエルは言いました。

「ええ、こうしてここに座っているだけで最高よ!」と、わたしは答えました。

しばらく一緒に座っていると、ミカエルが手を伸ばし、わたしの手を取りました。

「おまえにとって十字架の受難について書くことがどれほど困難なことかを、神様はよく存じておいでだ。十字架の受難について、たとえほんの一部分であっても、それを書くということがどれほどおまえを苦しめ、恐怖を駆り立てることになるのだろうかと。神様は、それをよくご存じなので計画を変更された。おまえの魂は過去に引き戻され、キリストの磔を目撃し、経験もした。その経験のほんの一部分だけについて書くことを、神様はお許しになられたのだ。神様は、おまえの肉体にどれほどの負担がかかるかお見通しだ。毎年復活祭が巡ってくるたびに、十字架の受難の際に実際にキリストに何が起きたのか、おまえはさらに多くのことを見せられることになるだろう。そのこと自体がおまえの肉体を弱らせていることも、神様はよくご承知なのだ」ミカエルは、わたしにそう告げたのでした。

彼がそう語りかけているうちに、涙がわたしの頬を伝いました。わたしはどうにもできないほど混乱した気持ちで、ミカエルを見上げながら言いました。

「神様はわたしに、十字架の受難について書くことを望んでおられると思っていたわ」その言葉に、彼が答えました。

「その通りだ。神様はそれを望んでおられるのだ、ローナ。だが、おまえがやがてそれを書く時には、おまえを取り巻くために大勢の大天使たちを神様は送られるだろうよ」

ミカエルは彼がいつも使っている雪のように白いあのハンカチを取り出し、わたしの涙を拭ってくれました。

「その時はあなたも立ち会ってくれるの、ミカエル? 十字架の受難について書きはじめる時は、わたしと一緒にいてくれるでしょ?」

「もちろんだ、ローナ。一週間くらいあとに、神様が十字架の受難についておまえに書いてほしいことの準備が整うだろう。さてと、ローナ。わたしはこれから釣りに出かけるとしよう」

ミカエルの最後の言葉に、わたしはつい噴き出してしまったのですが、彼は笑いませんでした。ただ満面の笑みを浮かべながら、「見てごらん、川を下ってくる白鳥がいる」と言いました。

その数分後には、彼は「行かなければ」と言ってから立ち上がり、元の場所に向かって歩きだしました。大きな長靴を履いた釣り人のままの姿で岩を歩いて横切り、それから消えてしまいました。

わたしは古い桟橋に座ったままでしばらくの間、大天使ミカエルが言ったことや神様のメッセージについて考え込んでいました。ひとまず今は、それを心のうちに仕舞っておくことに決めました。先ほど案内してくれた失業中の天使が、わたしの左側に現れました。木立の合間に立っています。立ち上がると、わたしはその天使に近づこうとしました。

「ローナ、草が繁茂している川岸の冒険を楽しんでいる？　水かさが増すと、そのあたりも浸水して川の一部になるんだよ」失業中の天使が言いました。

わたしは天使のあとをついていきました。どれくらい歩いたかは分かりませんが、川底の植物を眺めながら川辺に沿って足元が濡れそうなところを避けて歩き続けました。周囲の木々の幹に残っている痕が、どれほど水かさが増すのかを物語っています。わたしの背丈を、十分に超えるほどの高さです。そうはいっても、わたしの背丈は百五十センチほどしかないのですが。

「ローナ、そろそろ戻ろうよ！」

失業中の天使が声をかけたので、わたしは踵《きびす》を巡らし、壊れた古い桟橋のほうへと戻っていきました。木立を飛び交う小鳥たちは、わたしが歩く周囲の枝にとまっています。手を伸ばしさえすれば、触れられるくらいです。古い桟橋にたどり着いた時、付き合ってくれた小鳥たちに「ありがとう！」と、わたしは感謝しました。失業中の天使にも、それからもちろん、守護天使にも感謝の言葉を伝えたのでした。

わたしは川辺の縁《ふち》で、一瞬立ち止まりました。履いていたサンダルが濡れそうになるほどすれすれのところです。向こう岸を眺めていると、ふいに足下の地面奥深くから振動するのを感じ取りました。〈天使ジマゼン〉が現れる直前だと、わたしは察したのです。

足がぬかるみに吸いついたようになり、動くことができません。さざ波を打っていた川面が、とつぜん静寂に包まれました。川の流れが止まったかのようでした。その瞬間に周りのすべてが、凍結したかのように静止しました。最初にわたしが目にしたのは、彼の杖でした。その天使が川の中心部にある岩の上方に現れたかと思うと、次の瞬間にはその一メートルくらい上方に〈天使ジマゼン〉が現れたのでした。

「こんにちは、天使ジマゼン」わたしは彼に挨拶をしました。彼はわたしを見下ろし、にっこりと微笑みました。天使ジマゼンは、まるで巨人のようにあらゆる面で大きいのです。彼は、所々に黒色がほのかに流れる赤と金色の鎧を纏っていました。今までにもわたしは幾度も天使ジマゼンに会っていますが、それでもいつも少しばかり怖く感じます。わたしの足下の地面を揺れ動かすからです。

彼は、わたしたち皆にとって、とても重要な天使です。わたしたちの惑星地球にとって、重要なのです。すでに説明したように、彼は地球の守り手です。神様は、彼を地球全体の守護天使に命じられました。ちょうどあなたの守護天使がいっときたりともあなたを離れることがないのと同じように、彼もいっときたりとも地球を離れることはできないのです。そういう意味では、とても珍しい天使のひとりです。

わたしが子どもの頃に、地球は生きていると教えてくれたのも天使ジマゼンでした。時として彼はとても怒りに満ちているようにさえ見えます。それでも彼は、母なる地球が平穏にいられるように、慈愛をもって彼女を守っているのです。その理由をわたしに教えてくれたのも、この力強い天使だったのです。母なる地球はわたしたちの惑星の内なる生命力であり、美しい天使です。天使ジマゼンは、彼女がのたうち回ることのないようになだめています。でも彼女は、地球を癒すためにそうせねばならないのです。天使ジマゼンには、母なる地球を落ち着かせる役目があります。

これについてわたしは、著書“Stairways to

Heaven" の中で詳しく説明しております。天使ジマゼンが地球を開いて地球のコアを見せてくれた時のことも、わたしはその本に書きました。地球のコアで、母なる地球が赤ちゃんのように体を丸めている姿をわたしは見たのです。その天使は美しく、とても女性的な外見でした。疑いの余地はないほどでした。彼女は長くて、絹のように滑らかで美しく、とても言い表せない色をしていました。緑と青色が混じった琥珀《こはく》色とでも表現しましょうか。その中を金色の静脈が走っているのです。彼女は見事なほど豪華です。わたしがどのように表現しようと、十分ではありません。この信じられないほど美しい天使は地球の中心部にいて、〈母なる地球〉と呼ばれています。彼女からはたくさんの腕が伸びており、帆のようになびかせています。穏やかに動きながら、帆のような腕の一本一本を癒しが必要な地球のあちこちの場所へと伸ばすのです。彼女は子どもに授乳する母親のように、地球上とその下に暮らすすべての生命を含むわたしたちの惑星のために一生懸命世話をしているのです。

　このような〈母なる地球〉を落ち着かせている天使ジマゼンを、わたしたちは手助けしなければなりません。この惑星を破壊することは、母なる地球を殺すことと同じです。彼女は人類を含む、すべての命のためにベストを尽くしているのです。わたしたちの惑星が回転速度を落としていることに、皆さんは気づいておられますか？　それに対して、母なる地球は何もできません。なぜなら、美しい地球を生かし続けるために必要な資源である石油やガス、そしてたくさんの鉱物をわたしたち人類が奪い続けているからです。地球は、わたしたちに贈り物として与えられたのにもかかわらず、わたしたちはひどい扱い方をしているのにまったく気にもかけていないのです。

　天使ジマゼンは、母なる地球ときわめて深い関係性を維持しています。彼は母なる地球がひどい痙攣《けいれん》を起こすたびに、それを止めようとして奮闘します。しかし、わたしたちの惑星を癒すために彼女がそうしなければならないことを知っているのです。天使ジマゼンは、彼女をなだめるために杖を使って地面を叩きます。あくまでも母なる地球への愛から、彼はそうするのです。わたしたちが地球を破壊し続け、美しい天使の〈母なる地球〉を痛めつけ続けることに対して、彼は不満と怒りを抱いています。わたしたち人類が環境を汚染したり、石油やガス、その他の鉱物を得るために過剰なほど穴を掘り続けるたびに、美しい天使である〈母なる地球〉は、わたしたちの惑星で生きるすべての生命を守るために力を振り絞らなければなりません。だから彼女は地球のために体を捻《ねじ》って、向きを変える必要があるのです。

天使ジマゼンは、いっときたりとも地球を離れることはできません。地球の守護天使だからです。そうであったにせよ、彼はいつでもわたしたちの助けを必要としています。

天使ジマゼンが現れるたびにわたしは怖いと感じていましたが、今日の彼はただ微笑みかけてくれるだけでした。

「こんにちは、ローナ。おまえは、この惑星がどれほどかけがえのない存在であるか、そして、母なる地球がいかに尊い存在であるかを人々が忘れることがないよう伝え続けなければならない。美しい天使が帆のような長い腕を捻りながら伸ばしているの

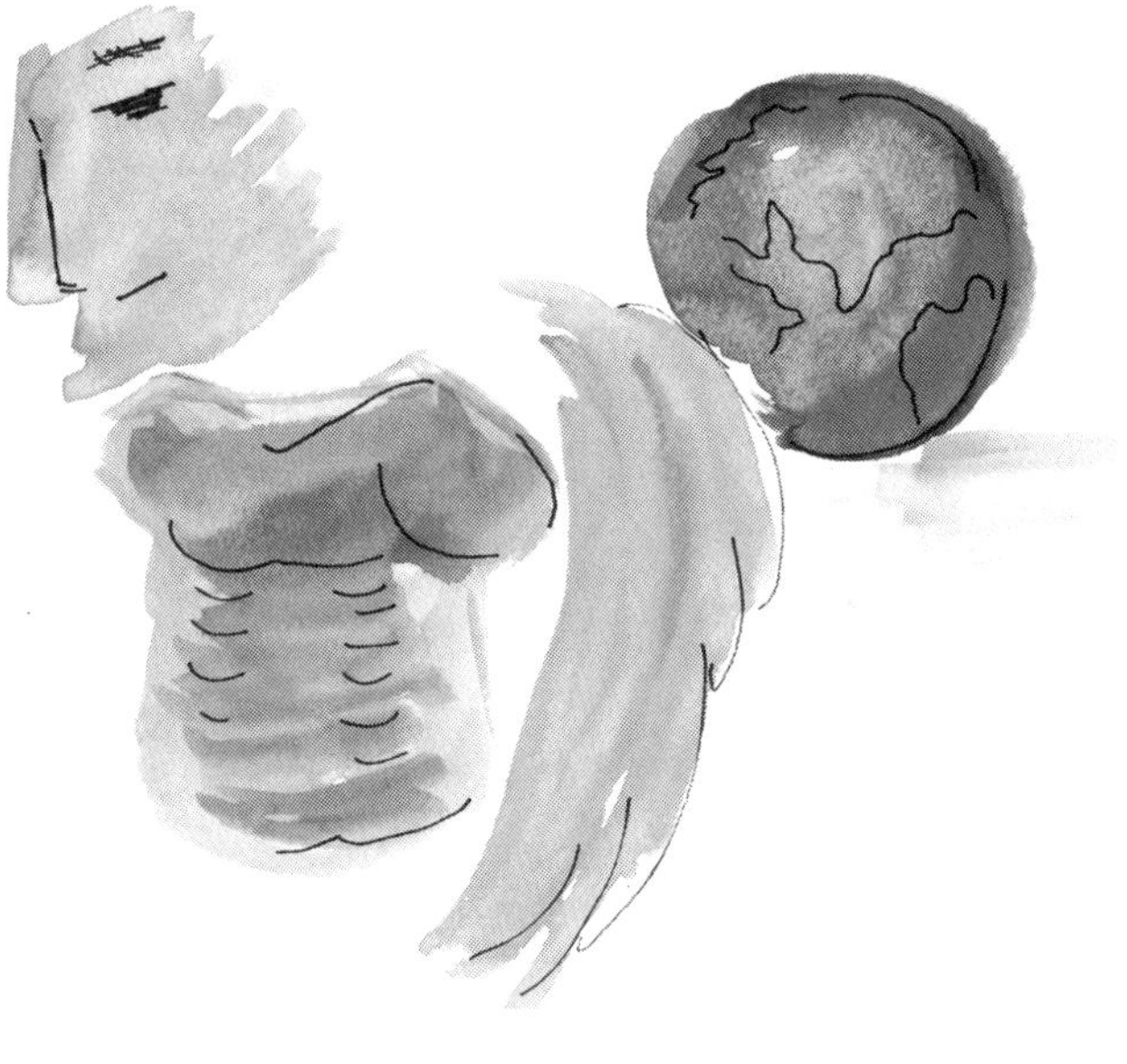

は、この惑星の傷を癒すためなのだ。神様はこの惑星を、贈り物としてすべての生命に与えたのだから」

そう言い終えた次の瞬間、天使ジマゼンは姿を消しました。

わたしはまた川岸の元の場所に戻ることにしました。チクチクが足に刺さらないように気をつけながら、一歩ずつ進みました。その日はたまたま、わたしはズボンではなくスカートをはいていたのです。

車に戻るまで、母なる地球ができるだけ穏やかに保たれるよう、世界中の人々が天使ジマゼンの話に耳を傾けてくれるようにと、わたしは祈りました。

天使ジマゼンと会うたびに、わたしたちが地球に与えている害によって、母なる地球を癒やすべくして猛威を振るわざるをえない兆候が訪れているのではないかという不安に駆られます。地震、火山の噴火といった大規模な自然災害によって、この美しい地球上に生きる多くの生命が命を奪われることになります。そのような大災害が起きると、数知れない人々も苦しみます。人々の苦しみを和らげる手助けをするのが、わたしの仕事の一環でもあります。

地球上のすべての命がかけがえのないものであることを母なる地球は知っているので、けっして猛威を振るいたくはないのです。人間が神の子であり、それぞれに魂が宿っていることも分かっているのです。けれども神様は、彼女にあらゆる方法で地球を生かしておく仕事も与えました。神様は地球の内部と表面に生命を創造されました。母なる地球が最善を尽くしているにしても、わたしたちに与えられた役割を果たせねばなりません。天使ジマゼンに耳を傾けることも大事です。美しい地球を汚染したり、破壊したりしてはならないというメッセージを、彼は常にわたしたち人間に告げ与えているのです。彼が不満げにしている姿をよく目にすることがあります。わたしたちが彼に耳を貸さないからです。彼の不満は愛に基づくものなのです。母なる地球とわたしたちを、彼は守りたいのです。そうであったとしても、わたしたちの自由意志を覆すことはできません。わたしたちは空気や河川、湖や森、山々を汚染から守る選択もできるのです。わたしたちが毎日目にしている、わたしたちを取り巻く地球上の美しい場所や美しき生命を守る選択肢だってあります。

木々や動物、そして鳥たちといった壮大な自然界のあらゆるものが、わたしたち一人ひとりへの贈り物なのです。ですから、どうかあなた自身の役割を果たし、どうか天使ジマゼンが母なる地球をなだめるのに手を貸してください。そうすれば、彼女は猛威を振うことなく穏やかな方法で体をくねらすことでしょう。

母なる地球は何度も激しい反応をしてきました。なぜなら、わたしたちが、美しい地球を当たり前のことととして捉えているからです。そして彼女が猛威を振るたびに「なぜ神様は、こんなことをお許しになるのか?」と、わたしたちは神様を責めます。ほんとうは、原因はわたしたち人間にあるのです。ですから、ハンターズヤードに戻っていく道でわたしはずっと祈っていたのです。

わたしは、数時間後に家に戻りました。郵便受けに入っていたいくつもの手紙に目を通しました。その中に、イタリアに住んでいるひとりの母親からの手紙が含まれていました。

『ローナさんへ

あなたは覚えていらっしゃらないかもしれませんが、イタリアの病院の集中治療室にいる息子を訪問して祈ってくださいませんかと、以前わたしはお願いしたことがありました。わたしがあなたに電話番号をお伝えしたところ、あなたは電話をくれましたよね。あなたは二日間ほどイタリアにいるので、わたしの息子を訪ねてもよいかと言ってくれたのです。そして、息子のお見舞いに来てくださいましたよね。素晴らしいニュースをあなたにお伝えします! その翌日、息子が意識を取り戻したのです。そして今は、とっくに家に帰ってきています。わたしたちの祈りに応えてくださり、息子をわたしたちに返してくださった神様に感謝しております』

以上のような内容の手紙でした。

わたしはすぐさま、神様に感謝しました。そして、その少年がさらに回復するようにとも、お願いしました。わたしがその少年を訪ねて、病院の集中治療室に行った時のことでした。わたしに訪問を依頼してきた母親は、息子の頭の先から足のつま先までのすべての骨が骨折していると説明してくれました。かなり危険な状態で、九死に一生を得ることができるかどうか医者は懸念していたようです。その二ヶ月ほど前にも、その母親はすでにもうひとりの息子を亡くしていました。残ったたったひとりの息子まで連れていかないでほしいと懇願していました。

わたしたちが集中治療室の入り口までたどり着いた時、わたしは母親の手を握りしめて言いました。
「どうか覚えておいて。息子さんが生きながらえることができるよう、彼の代わりに神様にお願いすることしかわたしにはできないのです。すべては神様の思《おぼ》し召しです。わたしにできることは、ただお願いすることだけなのです」
「ローナさん、分かっています。それでも、わたしはあなたの祈りを必要としています。息子に生きてほしいからです。すべては神様の思し召しであるということは、よく分かっています」

母親がベルを鳴らすと、数分後にドアが開きました。集中治療室に入ると、その少年の体のあらゆるところが管でつながれている状態でした。それを見て、わたしはかなりのショックを受けたのは事実でした。彼の守護天使は腕の中で彼を抱きかかえています。その天使の両翼で彼は覆われていました。彼のそばに近づいてから、わたしは彼のために祈りをはじめました。すると医者が手招きして、わたしを呼びました。
「こちらに来てください。彼のためにできることは、もはや何もありません」と、その医者はわたしにそう言ったのです。

その少年の守護天使が、言葉を使わずにわたしに語りかけました。
「ローナ、この少年はとても悲しんでいます。兄弟を亡くした苦しみに、耐えられないでいるのです。生きる気力を失っています」と。

少年の守護天使は、彼の母親が知らずにいることを打ち明けてくれたのです。わたしは彼の守護天使が言ったことを理解しました。その少年は自分自身を傷つけるようなことを、故意にしたわけではないのです。ただ兄弟を亡くした苦しみに耐えられなかっただけなのです。

彼の守護天使が、わたしに再び話しかけてきました。

「ローナ、彼に生きる意志を与えなさい！　彼には、あなたの声が聞こえるのですよ」

わたしは少年のベッドに近づきました。そこに横たわっている彼の姿は、見ていられないほど哀れです。わたしは少年に、あふれんばかりの慈愛を注ぎ込みました。祈りの言葉を唱えはじめると、〈癒しの天使たち〉が彼を囲みました。天使たちは彼の上方で互いに手をつないでいます。わたしは少年の耳元で、彼に生き抜く意志を与えるように頼まれたことを囁きました。それと同時に癒しの天使たちは輝きを増し、その光線が少年の体に触れたのでした。

少年のベッドのそばで立ったまま、彼が回復するように神様に祈りました。彼の母親も家族も、彼を必要としています。とてもいい子です。それらのことを、わたしは神様に伝えました。その少年のことを知らなくても、わたしは彼を愛しています。ですから、わたしは神様に「どうかこの少年を完全に回復させてください」と、お願いしたのです。

彼が意識を取り戻したという報告を聞いて、とても嬉しかったです。わたしがその少年のことを祈った翌日に彼は目を覚まし、今では家に戻っていることを手紙で知らせてくれたのです。

このような知らせを聞くと、わたしはとても幸せに感じます。サイン会や講演会のあとにわたしが祝福を与えた方々が、何年もあととなってから、神様によって癒されたとわたしに教えてくれることがあります。わたしは神様に感謝しております。生き残れるかどうかは、すべて神様の手中にあります。このことについてわたしたちは、常に理解できるとはかぎりません。わたしたちは、多くのことを疑問に抱きます。神様はなぜある者を生かし、ある者を死なせるのか？　神様はなぜ特定の魂を故郷に連れ戻され、別の魂ではないのか？　このようなことです。

わたしがその母親に電話をしたところ、神様が彼女の息子に生きる二度目のチャンスを与えてくださったと聞かされたので、ほんとうに嬉しく思いました。

第24章 イエスと生命の樹

イエス様と天国で過ごす時間はとても楽しく、いつまでもそこにいたいほどでした。天国に聳えるとてつもなく巨大な《生命の樹》、天使や魂たちから押し寄せる途方もない大きな愛——天の世界で過ごした幸せなひとときのことを書きます。

ある金曜日の夕方のことでした。わたしは娘のメーガンと一緒にソファーに座っていました。彼女はわたしのインターネットの接続のことでイライラしている様子です。

「ママ、天使たちが直してくれるとでも思っているの!? ママのフェイスブック投稿をアップしようとしているこんな時に、つながらないなんてどういうこと！　天使たちは、わたしがまごついている暇があるとでも思っているのかしら？」

わたしは娘に笑顔を向け、ただ彼女の守護天使を見つめていました。

「インターネットのことで、天使たちは力になれないと思うわ」わたしは娘に返事しながらも、堪えきれずに噴き出してしまいました。メーガンは、目を凝らして声を上げました。

「ママ、何がそんなにおかしいの？　笑っている場合じゃないでしょ」

「ごめんなさい、笑いが止まらなくなって……」

「ママ、わたしにはやらなきゃいけないことが山ほどあるのよ。このふざけたインターネット配線が時間をとらせているのよ。ママ、何がそんなにおかしいの？」

「あなたとあなたの守護天使ったらもう……」

「じゃあ、わたしの守護天使が何をしているのか教えてよ」

「ほんとうに知りたい？」

「ええ、教えて、ママ！」

「あなたの守護天使がフラストレーションを起こしているのを見ていたの。それが面白すぎたから、つい笑ってしまったわけなのよ」

「わたしの守護天使が一体何をしていたというの？」

メーガンが案の定そう訊ねました。

「あなたがイライラして爆発するたびに、わたしが部屋を出るのに気づいている？　ぜんぜん気づいていないでしょ？　あなたの守護天使が、あなたがイライラしている姿をそのまま真似るのよ」

メーガンは、驚きの表情を浮かべながら言いました。

「わたしの守護天使が今、何をしているか教えてくれる？」

「あなたの美しい守護天使はね、あなたのイライラを表現して、自分の髪の毛を引っこ抜いているわ」

わたしは娘に、自分の髪の毛を抜く真似をして見せました。守護天使の髪の毛は、逆立ったままです。彼女も笑いながら言いました。

「まさにその通りよ！　わたしもそうでもしたい気分だわ」今度はふたりで大笑いしました。メーガンの守護天使は彼女がイライラする時は必ず、彼女の耳元で落ち着くようにと囁きかけています。

「ママ、わたしの守護天使は、わたしが子どもの時の姿と今も変わっていないの？　パパがわたしの手を引いて、ルースがわたしのもう片一方の手を引いてくれて、ダブリン郊外の山に登った時のことを覚えている？　あの時ママが見たわたしの守護天使の姿と、今も変わらないの？　あの時ママが撮ってくれた写真とあの時の話を聞くのが、わたしは大好きよ。わたしの守護天使が写真に写っていなかったとしてもね。あの日の思い出を忘れないために、役立っているわ。わたしはあの時二歳くらいだったでしょ？」

「悲しまないで、メーガン。あなたがパパを必要としている時、パパはいつでもあなたと一緒にいるということを忘れないで。あの写真がどこにあるのか、ママは知っているよ。出しておくわね。あなたは、あの時の写真がほしいのね」わたしが訊ねると、メーガンはぜひとも欲しいと返事をしました。

「屋根裏部屋の箱の中に入っているのよ。明日、はしごをかけて探してみるわね。あの時パパとルースとあなたが真ん中で写っている写真は、何枚かあるはずよ。あなたの守護天使の姿は、あの時も今も変わっていないわ」

「ママ、もう一度どんな姿か教えてくれない？」

わたしはメーガンの守護天使を見つめました。すると守護天使は頷きながら、満面の笑みをわたしに返してくれました。

「メーガン、あなたの守護天使はいつも女性的な外見で、それは変わらないわ。あなたの守護天使の名前を知っているでしょ？」

「ええ、知っているわ」とメーガンは答え、その名前を口にしました。でも彼女から秘密にしておいてほしいと頼まれたので、皆さんにはお伝えすることができません。

「あなたももう、大人だから、あなたの守護天使も幼い女の子のような姿じゃないわ。今のあなたと同じくらいに見えるから、自然に笑えてくるの」

すべての天使たちは、全員同時に創造されたので年齢がないことを、わたしはメーガンに教えました。もちろん、天使は年もとりません。わたしは言いました。

「今でもあなたの守護天使は、オレンジ色と赤とグリーンの二本の三つ編みを垂らして、おさげ髪をしているのよ。これは変わらないわ。美しい赤い羽根を髪に飾っているわ。ほかには何も飾っていないけれど、その赤い羽根は落ちないでうまく髪の毛にとまっているの。その羽根は守護天使の左後頭部についていて、笑顔もとてもステキよ。あなたの守護天使の顔は輝いている。お皿のように大きくて丸い、茶色の瞳をしている。ほとんどの天使の目は、空の星のように輝いているわ。瞳は特定の色ではなくて、夜空の星のような輝きを放っているのよ。あなたの守護天使の額の真ん中には、星のような形をした光が見えているの。いつも星のようにキラキラと明るく輝いている。あなたの守護天使は今でも明るい黄金色のチュニックのような美しい衣装を着ているわ。メーガン、今ちょうど彼女があなたの頭に手を置いたところよ」

メーガンは自分の守護天使に感謝してから、わたしをぎゅっと抱きしめながら言いました。

「ママ、ありがとう！　ちょうどそれが聞きたかったの」

それから数分後に、インターネットがつながりました。わたしはお茶を淹れようと、立ち上がりました。そのあと〈ナッシュビル〉という、わたしたちふたりして好きなテレビ番組を一緒に観ることにしました。

それから数日後のことでした。メーガンが大学に行ったあと、わたしは屋根裏部屋に上っていき、あの写真を探すことにしました。箱のひとつに入っているはずです。はしごを下ろそうとした時、わたしの守護天使が言いました。

「あの写真を見つけたら、屋根裏部屋の安全な場所に保管しておきなさい。今はメーガンにそれをあげてはダメだよ。クリスマスまで待ってから、彼女を驚かせるといいよ」

「クリスマスが近づいた頃に、わたしが忘れていたら思い出させてね」守護天使にわたしはそう頼みました。

パソコンの前に座ると、辺りは水を打ったような静けさでした。何も音をたてていません。

まるで時間が静止したかのようです。わたしは、ドアのほうを振り向きました。すると大天使ミカエルが、〈天使アーメン〉と一緒にちょうど現れたところでした。

「まあ、こんにちは。あなたに会えるとは思っていなかったわ」

「これからおまえの魂を、天使アーメンが天国へと連れていくことになっている」ミカエルがわたしに告げました。

天使アーメンがわたしの前に跪いたとたん、怖く

なりました。アーメンは、スローモーションのようにゆっくりと手を挙げました。わたしはまるで、空中に浮いている羽根みたいに重力から解放されました。魂を連れていかれる時にいつも感じる平穏と静寂を、わたしは感じ取っていました。

「怖がらないで！」天使アーメンはにっこりと微笑み、優しく語りかけました。

口に出さずに語りかけても彼女には聞こえることを知っていたので、わたしは声に出さずに答えました。「怖くはないわ。ただ一瞬呼吸を奪われたので、少しショックを受けただけ。何度経験しても、慣れることはないと思うわ」

彼女はその手をわたしの胸に近づけながら言いました。

「ローナ、神様があなたを呼んでおられます。恐れる必要はまったくありません」

天使アーメンがわたしの魂に触れたと同時に、ほかの天使たちもわたしを囲みました。彼らはあの特殊な毛布をわたしにかけて、身を安全に守ってくれました。

次の瞬間には、わたしは天国におりました。わたしの隣に立っていた天使アーメンがわたしの手を取り、歩きはじめました。どこに連れていかれるか、分かっていました。神様はその場所を、何度も見せてくれたことがあります。足元に砂があるのが感じられます。でもシルクのような滑らかな砂です。すべてが、信じられないほどの白さを帯びています。周囲のすべてが煌《きら》めく光で満ちているのですが、目を開けていられないほどの眩しさではないのです。

天使アーメンがわたしの手を取り、丘に向かって歩きはじめました。もしわたしがごく人間的な感覚でこの冒険を表現するとしたら、それはほんの数分間にすぎないことだと分かっているのですが、そもそも天国には時間自体が存在しないのです。

わたしたちが足を止めると、天使アーメンはひとつの丘を指さして言いました。

「ローナ、あそこにあなたは行かねばなりません。もうすぐ、神様があなたに会いに来られるでしょう」

丘の上に巨大な樹があるのが見えました。ほかの樹は、どこにも見あたりません。丘はすべて、白く輝く砂で覆われています。岩もなければ、ほかの植物も生えていません。あの巨大な樹が〈生命の樹〉であることに、わたしは気づきました。およそありえないほど、とてつもなく巨大な大木です。でも以前に、何回か見たことがあるのです。

あっという束の間に、わたしはその丘の麓《ふもと》に立っていました。手と膝を使って、その丘をできるだけ速くよじ登りました。その樹の下にたどり着くと、わたしは根の上に腰を下ろしました。樹の根は枝と同じぐらい大きくて、くねり曲がって地面からはみ出ています。そして、根の一部は砂の中に埋もれて姿を消していました。

わたしは、いつのまにか大人ではなくなっていることに気づきました。十歳くらいの幼い少女に戻っていたのです。真っ白なチュニックを着ています。神様がわたしの魂を天国に連れていく時、必ずいつもわたしは子どもになっているのです。これは、大人は理解し辛いのですが、神様にとって誰もが子どもにすぎないのです。

わたしの名を呼ぶ声がしたので、振り返りました。するとわたしと同じくらいの年齢の少年が、その木の幹のそばに立っていました。少年は太い根の上に立ち、バランスをとりながらその樹の幹につかまっていました。少年もズボンの上に、わたしと同じような真っ白なチュニックを着ています。彼はきまってその格好をしているのです。

「こんにちは、ローナ」少年はわたしに声をかけました。

「こんにちは、イエス様」と、わたしは返事をしました。

立ち上がると、わたしたちはその樹の根を跨《また》ぎました。根は信じられないほど太くて、間を飛び越えなければならなかったほどです。わたしたちは一緒に座り、指の間から砂をこぼしながら丘を眺めていました。

「ぼくたちは一緒に遊ぶべきだと、父が言っておられる。ぼくの父が誰だか、きみは知っているよね?」

イエスはわたしに訊ねました。

わたしは、驚いた表情で彼を見つめながら言いました。

「ええ、もちろん知っているわ。あなたのお父様はわたしの父でもあり、わたしたちの天国の父である神様でしょ?」

「きみはぼくが誰だか知っているの?」

「ええ、もちろんよ。あなたはイエス様で、神の子なんでしょ」

「ローナ、きみを試してみただけさ」笑いながら彼は言いました。

わたしたちは巨大な樹の周りで跳ね回ったり走ったりしながら、一緒に遊びはじめました。

ふたりは幼子のように追いかけごっこをしたり、笑ったり、語り合ったりもしました。鬼ごっこでイエス様はいつもわたしを捕まえるのに、わたしは彼をぜんぜん捕まえることができませんでした。わたしたちは一緒に丘を転がり下りました。つま先が頭に当たったりしましたが、ふたりとも怪我をすることはまったくありませんでした。わたしたちの遊びは、どちらが坂の下まで速く滑り、どちらが先に丘の上に駆け上がれるかを競うものです。ふたりとも、ずっと笑いっぱなしでした。この上なく楽しいひとときを過ごしていたのです。

そのあと、わたしたちは、その樹の太い根の間に座りました。

小さな家の中にいるような感じがしました。わたしたちは再び、指の間から砂を流れ落として遊びました。するとイエスは、「ローナ、樹に登ってみようよ」と言ったので、わたしは彼を見つめ返しました。

「イエス様、いちばん上が見えないほどとても高いのよ。どうやって登るの?」

「問題ないよ。ここから登りはじめるのさ」そう言いながら、彼は樹に手をかけました。

木を上りはじめた彼のうしろに、わたしは続きました。どこからも登れそうにもないように見えたのですが、イエス様が樹に手をかけた瞬間、樹が少し変形しました。それで枝から枝へと簡単に移動できました。

「ここまでとしようか」とイエス様が言ったので、わたしたちは樹のてっぺんまで登るのをやめました。

わたしたちは太い枝に座り、天国を見渡しました。天国の眺めは、はじまりも終わりもないような光で満ち輝いていました。何百万とも数えきれないほど多くの天使たちや魂——すでに亡くなった大人の男女や子どもたち——で満ちあふれているのが見えました。

　あらゆる方角から愛が押し寄せてくるのが感じられ、またそれを見ることができました。その愛は、すべての魂たちと天使たちから届くものです。すなわちそれは、神様の愛であるということも分かりました。

「ローナ、そろそろ帰る時が来たよ」イエス様はわたしに腕を回して言いました。

「行きたくない！　ここにあなたと一緒にいたいわ」

「ダメだよ、ローナ。父はそれをお許しにならない。きみがここに来る時期は、まだ訪れていないからだよ。きみは天使アーメンに、魂を肉体に戻してもらわなくちゃいけないんだ」

　わたしたちは樹を下りていきました。

「樹の下にどちらが先に着くか、やってみようよ！」イエス様が言ったとたん、わたしたちは競争しはじめました。今回は、イエスがわたしを勝たせてくれました。

　樹の下では天使アーメンが待っていて、わたしの手を取ってくれました。うしろを振り向いた時には、もうイエス様のお姿はありませんでした。次の瞬間、わたしはパソコンの前に座っていました。天使アーメンは、目の前に立っていました。

「ローナ、お茶を淹れてくるといいわ」と言いました。彼女は行かなければなりません。天使アーメンは、わたしが仕事をしている小さな部屋のドアに向かって歩いていくと、そのまま姿を消しました。

第25章 天使アーメン

〈天使アーメン〉は幼い頃からわたしと親しくしてくれた天使のひとりです。彼女はわたしに「祈ること」を教えてくれました。かれら天使たちとコミュニケーションを取るためのよい練習をもうひとつ思い出したのでお伝えしましょう！　それは「天使たちの声」にわたしたちを集中させてくれるエクササイズなのです。

　ほんの幼い少女だった頃から〈天使アーメン〉が、わたしの人生に深く関わってくれました。わたしに祈ることを教えてくれたのも、彼女でした。わたしがはじめて彼女に出会ったのは、オールド・キルメナムの家に住んでいた頃のことでした。彼女はよく、わたしのベッドの上に座っていたのです。わたしが自分自身を祝福するやり方や、〈主の祈り〉、〈聖母マリアへの祈り〉といったお祈りの唱え方を教えてくれたのも天使アーメンでした。わたしの体の一つひとつの細胞から、さらには魂から全身全霊を捧げて祈る方法を、彼女は教えてくれました。わたしが祈っていると、自分の魂が前に進み出てきます。そしてそれが神様と融合すると、一体になるのです。

天使アーメンはいつも女性の姿に映っています。足首まで隠れるほど長くて、美しいドレスを着ているのです。そのドレスの腰から上は、昔の女性が身に纏っていたものによく似ています。天使アーメンは、エレガントで背が高く、とても美しくて、しかも手指が細いのです。たしかわたしが、四歳くらいの頃でした。天使アーメンは、わたしの手を取ってから、わたしが自分自身を祝福する方法を教えてくれました。

彼女がわたしの手に触れると、その手は光が灯ったように明るくなるので、そのたびにわたしはゲラゲラ笑ったのです。彼女の指先が、中でもいちばん光り輝いていたのです。わたしが自ら自身を祝福する時に、彼女の指先が金色の美しい光に変容し、わたしの手にその光が流れ押し寄せてくるのです。

今日でもそれは変わることがありません。天使アーメンは時おり姿を現しては、一緒に祈ってくれもします。

さて今日は、わたしが祈っていると天使ホーサスがドアをノックしました。

「ローナ、遅刻するよ！　早く支度しろよ！」ホーサスが叫びます。

わたしはくるりと回転椅子を回してから、こう言いました。

「何に遅れるっていうの？」

「美容院の予約だよ！」

ホーサスのこの言葉で、わたしは時計に目をやりました。なんと三時十分過ぎでした！　飛び上がったわたしは、その手でバッグを摑み、一階に慌てて下りていきました。ブーツに履き替えると、椅子にかけてあった上着も欠かさずに摑みました。外は鞭を打つような激しい雨です。風も非常に強く吹いていたので、門が開かないようにしっかりと縛っておかなければなりませんでした。出入りするための余裕を少しだけ開けておいたのですが、強風でバタンと閉まるようなことはないと思いました。

やっとのことで車に乗った時、天使ホーサスはすでに助手席に座っていました。

「ありがとう！　美容院の予約を完全に忘れるところだったわ。あなたなしではほんとに大変！　ホーサス。ケリーで土曜日に開催されるチャリティーのお茶会のことだって、すっかり忘れていたもの。さてと、車をバックできますように！　どうかあの小道が、塞がっていませんように！」

わたしがホーサスにそう言うと、「慌てなくていいさ！　イーマは、ちゃんと待っていてくれているよ」と、慰めてくれました。

その美容院があるのはほんの小さな町なのですが、そのわりには交通がいつもよりかなり混雑していました。道のあちこちに車が駐車してあります。わたしは町の向こう側にある駐車場まで行かなくてはなりませんでした。

「ローナ、車に鍵をかけるのを忘れないように！」

そう言い残してから、ホーサスは消えてしまいました。

わたしは小さな通りをいくつか急ぎ足で通り抜けてから、美容院の入り口にやっとのことでたどり着きました。その時はすでに三時半を回っていました。わたしはイーマに謝りました。

「遅れてごめんなさい！」

「気になさらないで。実は、先ほど電話をかけたのですが……」

「車の中にいたのだけれど、ぜんぜん聞こえなかったわ。すごく渋滞していてね」

「この町はここ数週間、何らかの理由でずっと交通が混雑しているんです」イーマはそう言いました。

一時間半ほどあとには、わたしの髪が仕上がりました。それからわたしは、処方箋を受け取るために薬局にも向かいました。車に戻ると、天使ホーサスがまたもや助手席に座っていたのです。

「ローナ、ミムシーの餌《えさ》を買うのを忘れないで！　人参とレタス、それにブロッコリーだよ。明日、きみはメイヌースに向かわなければならないから、朝は時間がないんだよ」

わたしが駐車場を出ようとした時に、ホーサスはそう言い残してから消えました。ミムシーの餌になる野菜を買うために、わたしはスーパーに向かいました。でも環状交差点に差しかかった時に、自動的に右折してしまったのです。

「しまった！　いちかばちか家に帰る車線で行くか！」つい大声になってわたしは、そう叫んでしまいました。

すると、「それで大丈夫だよ！」と、すんなりと守護天使が言ってくれました。

「でも、ほかの車やバンやトラックがやってきたらどうすりゃいいかしら？」

「出くわさないから安心して！」と、守護天使は返したのでした。

数分後にわたしは無事家に到着し、門の中に入庫することができました。雨はまだ激しく音をたてて降っています。わたしはかなり疲れ気味だったので、何か料理をしてから、少し休憩することにしました。おまけに執筆もだったので、かなり消耗していました。でも、二時間ほど休んだらまた二階に行き、もう少し書き続けることにしました。

わたしが書いている最中に、次第に外は暗くなっていきました。窓の外に広がる野原を見渡すと、数頭の牛と子牛が走り回っているのが見えました。なぜか分かりませんが、少し興奮しているようです。農夫がもうすぐやってくることを、おそらく察しているのでしょう。普段その農夫は夕方訪れては、牛たちを確認します。なのできっと、牛たちは彼を待ちきれないのかもしれません。

わたしは台所で自分の夕食を料理をしました。野菜を切り、オーブンをつけようとしたその時です。納屋の中を明るく照らす光を視野の片隅にわたしは捉えたのでした。

「ミカエル、あなたでしょ？」わたしは振り向かずに声をかけました。

タマネギを切っている最中だったので、目にしみて潤んでいました。

「ローナ、わたしを呼んだかい？」ミカエルは言いました。

「あなたを呼んだことに気づかなかったわ」台所の流しに向いたまま、わたしは答えました。

手で水をすくって目を洗い、濡れた手を拭こうとして布巾に手を伸ばしました。ちょうどその瞬間、ミカエルが台所に入ってきて、わたしの肩に触れながらくるりと向きを変えさせたのです。

「ローナ、忘れたのか？　おまえが天使を必要とする時は、わざわざ我々の名前を呼んで呼び出す必要はないんだ。神様の天使たちはみんな、いつもおまえと一緒にいるからだ」

「じゃあ、なぜわたしがあなたと話したがっていたのが分かったの？」

「ローナ、わたしがずっと前におまえに言ったことを完全に忘れているようだな。おまえの心と魂はつながっているのだ。だから、おまえが誰かと話したいという意識が働く前に、魂はすでにそのことを知っているのだ」

わたしはミカエルに微笑みかけてから言いました。

「そうね、あなたが正しいわ。わたしは人間である自分のことを、いつも忘れてしまうの。たしかにわたしの心と魂は、ひとつにつながっている。わたしがあなたと話す必要があることを、人間であるわたし自身が認識する以前に、あなたには分かるのよね。今ちょうどね、ミカエル。とてもやるせない気持ちになっていたの」

ミカエルが手を伸ばしてわたしの手を包み込んでくれると、その愛でわたしは徐々に満たされていきました。

かつて夫のジョーとわたしがはじめて暮らしはじめたのは、ジョンズタウンでした。そこで最初に友だちになったのが、キャサリンと彼女の母親です。わたしたち夫婦はクリスマスになると、きまって彼女たちを訪ね、彼女たちもメイヌースに住むわたしたちをよく訪ねてくれたものです。

台所の流しのそばに立ったまま、わたしはミカエルに言いました。

「親友が亡くなるなんて、考えもしなかったの。彼女とは、いつもいちばん心が通じ合っていたのに……」

「ローナ、わたしがおまえに二年前に言ったことを覚えているかい？」

「ええ、覚えているわ。あの日、遠くにキャサリンがいるのが見えていた。そして彼女の守護天使が彼女の魂を包み込み、天国に連れていく準備をしていたわ。わたしが家に戻るとあなたは、台所のちょうど今と同じ場所に立っていたわ。あの時から、わたしは神様に祈りはじめたの。死が近づいてきた頃、彼女は病院のベッドからわたしの携帯に電話をかけてきて、痛みが和らぐよう祈ってほしいと言ってきたの。彼女の声があまりにも弱々しかったので、わたしは愕然とさせられた。それでも彼女が元気になると信じて、祈り続けたの。心の奥底では、彼女が天国に戻っていくと分かっていたけれど……それにしてもミカエル、わたしにはかなりのショックよ。キャサリンのほうこそ、わたしのお葬式に出ることになると思っていたくらいだったのに。それが逆になって、わたしが彼女のお葬式に参列することになるなんて、とても信じがたいことだわ。彼女の子どもたちと孫たちのために、祈ることにしたの。彼らがとても辛い思いをしていると、分かっているわ。だからなの」

「ローナ、おまえだって深く嘆き悲しんでいるではないか。おまえが夕飯の支度を終えたら、一緒につき合うことにしよう！」そう答えたあと、ミカエルは消えました。わたしと一緒にいると言っておきながらなぜ消えてしまったのだろうかと、わたしは不思議に思いました。やっと夕飯の準備が整い、お皿を持ち上げたとたんに、大天使ミカエルが再び納屋のテーブルに現れたのです。

「あなたが戻ってくると思わなかったわ」

「夕飯につき合うと言っておいたはずだ、ローナ」

納屋のテーブルに夕食を置いてから椅子を引いたわたしは、笑いながらミカエルに言いました。

「端の席にお座りになられますか？」

「ありがとう、ローナ。ところで、あの本をおまえはほぼ完成させたことだろうが」

「ええ。でもミカエル、ひとつ質問をしてもかまわないかしら？」

「よかろう！　どんなことでも訊くがいい」

「あなたたち天使がわたしにたくさん教えてくれたことを、よく分かっているわ。でもその本の内容として加えたいことがほかにもあるの。それは、人々が彼ら自身の守護天使やほかの天使たちとつながるために役立つことについてなのよ。でも何を選べば適切なのか選択が難しいの。ミカエル、何か提案してくれない？」

「ローナ、おまえがそんなことを訊ねるとは。おまえが人々に教えられる練習のひとつを、神様はわたしを通して伝えられたことがあるではないか。つまり、おまえが子どもの頃によくやっていたことを、覚えているのか？ 人々がどのようにして自らの霊的側面、つまり、それぞれの魂や守護天使につながることができるかを教えることができるよう、我々はおまえにあらゆることを伝えてきたのだ」

「ミカエル、それであなたのアドバイスとは？」

「本に書く内容をいくつか提案してもよいが、まずは夕食を終わらせなさい」ミカエルは、わたしに言いました。

「食べながらでも、話はできるわ」

「まったくその通りだ！」ミカエルは笑いながら返事をしました。

以前にもお伝えしましたように、大天使ミカエルが笑うと、まるで雷鳴のようです。とはいえ、彼が笑うのはほんの数秒間だけなのですが。

「あなたがそれ以上笑うと、わたしの夕食が床に落ちちゃう！」

ミカエルは満面の笑顔を見せたので、わたしも笑顔を返しました。わたしはもう少しだけ夕食をいただくことにしました。そしてふと、天使たちがかつてわたしに教えてくれた遊びの中から、〈優しく吹く遊び〉、〈目を閉じて十まで数える遊び〉、さらには〈花と匂いに関係する遊び〉、この三つを思い出すことができました。

「ミカエル、あなたはどれが適切だと思う？」

わたしがミカエルにそう訊ねると、「全部ダメだ。わたしがおまえに教えたのを覚えているかい？」

「ええ、覚えているわ。よく昔一緒にやってくれたいあれね」

「今でもおまえとやっているが、おまえにわたしが見えないようにな。先日果樹園で、おまえはひとりでそれをやっていただろ」

「そうよ、果樹園の真ん中に立っていた時に。草が膝の辺りまで生い茂っていたのだけれど、木《こ》洩《も》れ陽《び》が煌めく美しい日だったわ。去年もこれを、あるグループの人たちと一緒に練習していたわ。腕を体から少し離して、地面に向けてまっすぐ下ろすのよ。指は離れないようにしてね。ゆっくりと回転しながら、人の声も自然界の音も意識から遠ざけて消えるようにするのよ。そうすると、天使たちだけの声が聞こえるようになるのよ。天使たちにあなたたちの歌声だけが聞きたいと、わたしは言ったの。でもね、ミカエル。皆ができるようになるわけじゃないと思うわ」

「ローナ。別に、一カ所に立って腕を体から少し離し、まっすぐ下ろしてから回る必要などない。椅子に座っていても、ベッドに横たわっていてもよい。目を閉じてから、すべての天使たちに自分の周囲を囲んでくれるように頼むのだ。次にリラックスできるように試みると、雑音をすべて消すことができる」

わたしはミカエルに言いました。

「年齢に関係なく、誰でもこれを実践できるとすれば、素晴らしいわ。誰もが自分の守護天使を感じることができるようになるでしょ。これをやると、どうなるかも分かっているわ。目を開けたとたんに、ほんの一瞬だけ天使の姿を捉えることができるかもしれないのよ。ほとんど見過ごしそうになるけれど……ほんの束の間だって見ることができれば、素晴らしいわ！」

夕飯を終えたので、わたしは立ち上がってから台所に行きました。ミカエルが、わたしのうしろをついてきました。彼はいなくなる直前に手を伸ばしてからわたしの両手を包み込み、愛と心地よさで満たしてくれました。

「もう悲しくはないだろ？」

「ええ、大丈夫よ。友人は天国にいると、分かっているわ。彼女よりも先に旅立った者たちと再会し、平穏で幸せに送っている。子どもたちや孫たちのことも、彼女はそこから守っているのよ」

ミカエルが言いました。「では、また会うことにしよう」

彼は納屋まで歩いて戻ったあと、消えました。天使たちは、わたしたち一人ひとりのためにたった今ここにいるのです。わたしたち誰にでも守護天使がいて、一秒たりとも離れることはないのです。あなたの守護天使は、あなたを愛してやみません。あなたは完全かつ、ユニークな存在です。どうか、あなたの守護天使があなたを見る目差《まなざ》しと同じように、あなたも自分自身を見つめることができますように！

第26章 祈りの巻き物

わたしの元には困難な状況に置かれた方々からたくさんのお手紙が届きます。わたしはそれらの願いを《祈りの巻き物》に入れてくれるよう天使たちに頼み、神様の元に届けています。それからあとは神様にすべてをお委ねしますが、《祈りの巻物》は時に目覚ましい奇跡を導いてくれるようです。

わたしは講演で海外へと旅立つ前に、美容院などの予約を入れるようにしています。出発の少なくとも一日か二日前にはメイヌースまで行き、旅の準備をすべて整えるようにしています。その際に、息子の家に泊まらせてもらうこともあります。わたしとジョーが、かつて三人の子どもたちを幼少期から青年になるまで育てた大きなコテージがあります。末っ子のメーガンは、そこで五年ほど暮らしていました。ジョーが亡くなって間もなく、わたしとメーガンはキルケニーに引っ越しました。それでもコテージは、家族間で持ち続けてきたのです。息子のクリストファーがそのコテージに手を加え、庭も行き届いた世話をしてくれています。ほんの少しクリストファーが花々に触れるだけでも、活き活きとしてくるのです。

メイヌースのコテージに戻るたびに、たくさんの想い出が蘇ってくるのです。フロントルームのソファーに座っているだけでも、ジョーが椅子に座って本を読んでいたり、ニュースを見ていた日々のことが脳裏をよぎります。台所のテーブルに座わり、カードゲームをしていた時のジョーのことも思い浮かんできます。買い物から帰ってきたわたしが台所の窓の外側を通った時、ジョーは流し台で洗い物をしている最中でした。わたしに気づいた彼は、満面の笑みを見せ、よく手を振ってくれたものです。そのあとジョーは、お皿を乾かしていた布巾を握ったままドアを開けてくれるのでした。今でもあの時の彼の笑顔を、わたしは忘れることができません。

今からお話しすることは、もう四年ほど前のことです。あの時の話の旅に、ぜひここで皆さんにもご同行いただきたいと、わたしは思っているのです。念を押す必要もないのですが、皆さんはこの本を通してわたしの軌跡を、今こうして一緒にたどってくださっています。わたしの人生に起きたことを、一緒に見聞きすることで体験しておられるのです。こういった話を通して、皆さんご自身のスピリチュアルな側面につながる手助けをしたいと、わたしはいつも願っております。

わたしは、自分宛ての手紙が届いていないかと、メイヌースの交差点にある工業団地の郵便局に足を運びました。案の定、分厚く束ねられている手紙を受け取りました。その束を車まで運び、わたしは後部座席にぽんと置きました。キルケニーに戻ることだけしか頭になかったのです。ほかにこれといって、何も考えていませんでした。

それから二日ほど経った夜のことです。ソファーに座っていると、ふたりの〈失業中の天使〉が現れて言いました。

「ローナ。手紙を何通か、開けてみたら?」

テーブルを振り向くと、封筒がいっぱい入ったビニール袋が置かれていました。それ以外にも三十通ほどの手紙がテーブルの上に散らかっていたのです。

「気にしないで。疲れているから、もう寝るわ」と、わたしは天使に言いました。

その失業中の天使たちときたら、わたしの前に立ちはだかって動こうとしないのです。腰に両手を添えていて、人間と変わらない格好を見せるのでした。そういえば、思い当たる節《ふし》があります。幼い孫がわたしと一緒に外で遊びたい時、同じそぶりをするのです。それを面白く思ったわたしは、にっこりと微笑みを浮かべました。

「ローナ、来て! 手紙を開封してごらん!」天使が言うので、わたしは諦めてその言葉に従うことにしました。

ソファーに置いてあった毛布を腰に巻きつけてから、立ち上がりました。手紙がいっぱい入っている白い大きな袋を、わたしは摑み取りました。それからそれをソファーのうしろに置きました。そのあと、テーブルの上に散らばっていた残りの手紙をかき集めました。同じことを繰り返しました。天使たちは全員一列になり、ソファーとダイニングルームのテーブルの間に立っています。一メートル半くらいのスペースです。ソファーはL字型をしているので、天使たちによって部屋が居間とダイニングのふたつのスペースに仕切られてしまいました。

「さてと、まずはお茶でも淹れましょう！　あなたち天使も、わたしが手紙を読むのを手伝ってくれるでしょ？　英語の手紙もあるけれど、読むのが大変なのよ」

わたしがそれらの手紙を読むことができるのも、天使たちが手伝ってくれるおかげなのです。天使たちが手伝ってくれなければ、わたしはまったく読むことができません。失読症だからです。

数分後には、わたしはお茶とビスケットを運んできて、ソファーの横の小さなテーブルの上に置きました。これで申し分ない居心地よさになったので、わたしは毛布をもう一度巻き直しました。先ほど両手を腰に添えていた失業中の天使は、まだわたしの前に立っています。小さなテーブルの少し左側です。もはや両手は腰になく、その代わりにペンと紙を持っています。

「ローナ。さあ、お茶を飲んで。美味しいビスケットもどうぞ！」彼は笑顔で言いました。

わたしも笑顔を返してから、お茶を飲みました。それに、なんて美味しいビスケットなんでしょう！　わたしは天使たち全員に感謝してから、最初の手紙の封を開けました。

ソファーのうしろにいる天使たちは、それぞれの手紙に何が書かれているのか、わたしの耳元で囁いてくれています。わたしもそれらを読もうと、少しは努力しています。ここ数年間に、わたしの失読症もずいぶん改善されてきています。

もうすでに何通の手紙に目を通したのか、覚えていないくらいです。一時間ぐらいは経過したことでしょう。自分がひどく疲れていることに気づきました。一通ずつ、天使たちと一緒に読んでいきました。手紙に書き込まれた人々の念願が叶うようにと、わたしは祈りを捧げました。

それらの願いを〈祈りの巻物〉の中に含めてもらえるように、わたしは天使たちにお願いするのでした。すると彼らは、わたしの頼みごとを快く引き受けてくれるのです。今までもたくさんの人々からわたしに寄せられた、天使たちへのさまざまな願いごとが、すべてこの巻物の中に記されます。するとこの巻物を神様のところまで届けるようにと、天使たちはわたしに託《ことづ》けるのです。

時には、とても悲しい手紙もあります。重病を抱えている人からの手紙であったり、愛する人を亡くして困難な状況におかれた母親や父親からだったりもします。

子どもたちを心配する母親や父親からの手紙が多いように思われます。子どもが試験に合格することを願ったり、就職先が見つかってほしいとか、結婚してほしいとか、子どもを産んでほしいとか、たんに幸せを願うものもあります。

「ローナさん、わたしたちの名前を、あなたが神様に届ける〈祈りの巻物〉に記してください。神様はきっと、わたしたちの子どものための願いをあなたの祈りで聞き入れてくださることでしょう」わたしにそのように頼んでくる人もいます。

子どもにドラッグやアルコールをやめてもらいたい親もいれば、刑務所に入ってほしくない親もいます。自分の子どもが話し相手もいないので、友人ができてほしいという願いごともあります。そんな手紙を読むと、わたしはいつも胸が痛むのです。大人であろうと、若者であろうと、孤独で寂しく感じている人たちが、世界中にとても多すぎるからです。

話し相手が誰もいないということは、ほんとうに辛いことです。友情はとても重要ですし、友人関係を維持することも同様に大切です。

「あなたの子どもを大いに励ましてください。年がいくつであろうと関係なく、部活に参加したり、ダンスに行ったり、ハイキングやサイクリングをしたり、フットボールや水泳をしたり、乗馬をしたり、自然を学べる活動に参加させるなり、そういった活動を応援してあげてください。そういった活動に参加するように子どもたちを励ませてください。あまり恥ずかしがらないようにと、言ってあげてください。そして、ほかの子どもたちを助けることで、友だちを作ることもできると教えてあげてください」わたしは世界中の親たちに、このように伝え続けてきました。

わたしの前の小さなテーブルの横に立っていた失業中の天使が、「ローナ、もう一通だけ手紙を読んでよ！」と言ってきたのは、わたしがちょうど手紙を読み終えて、祈りを捧げようとしていた時でした。

わたしは自分の体に巻きつけていた毛布を外しな

がら、その天使に言いました。

「もうクタクタなの、わたし。疲れているから、明日の夜に残りの手紙を読むわ。あなたもまたここに来て、手伝ってくれるわよね」

空になったカップとソーサーに気をつけながら、わたしは小さなテーブルを右側に動かしました。

「ローナ、あと一通だけ読んだら、ベッドに行っていいよ」失業中の天使が、またそのように告げました。

「分かったわ。あと一通だけね。それ以上はもう無理!」わたしはため息交じりに返事をしたあとソファーに戻り、隅っこに座りました。次にわたしは、一通の手紙を取りに行く途中で立ち止まり、失業中の天使を見上げました。ある思考がよぎったからです。『わたしはいつも失業中の天使たちを雇っているではないか』と。

「今、手紙のお手伝いをしてくれているあなたは、きっと就業中ね」その天使にわたしは言いました。

「ローナ、ずっと前からきみはぼくを雇ってくれているよ」

その失業中の天使がそう言ったので、わたしは笑いながらその天使をとっくりと見つめ返し、言いました。

「その通りよ! わたしはけっこう抜けてるからね」

実のところわたしは、この特定の天使をよく知っているのです。わたしが手紙を開封する時に、いつも一緒にいてくれる天使です。「ローナ、仕事に戻って!」その天使は言いました。

ソファーの上に散らばっている手紙の中から、一通を拾い上げようとした時でした。

「ローナ、それじゃないよ」失業中の天使はそう言いながら、山積みになった手紙の中から一通を指さしたのです。

「どれなの? どの手紙かよく分からないわ」

その天使は身を乗り出し、山積みの手紙の中から少しはみ出ていた手紙の角を指先から光線を出して示してくれました。その手紙を拾い上げてから、わたしは開封しました。短い文章の手紙で、十四歳の男の子から届いたものでした。ソファーのうしろ側に立っていた天使のひとりが前屈みになり、その手紙を読むのを手伝ってくれました。その少年は、まず自分の拙《つたな》い英語の文章を詫びていました。次に彼は、自分の母親が末期癌《がん》にかかっていて、母親の死を怖れていることを述べています。どうやら母子家庭のようです。その子にとって母親以外に頼れる者は誰もないので、もしも母親が死んだら、自分は養護施設に入れられてしまいます。それを彼は、とても恐れているのです。母親が回復することを、わたしに祈ってほしいとのことでした。神様が奇跡を許されることをわたしが祈るようにと、彼は願っていたのです。母親をとても愛しているとも書いてありました。

その少年の手紙には、住所も電話番号も記載されていませんでした。彼がどこに住んでいるのか、わたしには皆目見当がつきません。天使たちに訊ねても答えてくれませんでした。でも天使たちは、わたしが講演会でスカンジナビアを訪ねた際にその少年にすでに会っていると教えてくれました。

あの時わたしは、神様と天使について、さらには愛、平和、環境、世界の救済、癒しについての話をしていました。でもスカンジナビアのどの国だったかは、はっきりと覚えていません。けれども、その時大勢の若者たちも含めてホールが満員になったことは記憶に残っています。あまりの光景に呆然としたことを、今でも覚えています。若いティーンエイジャーたちは皆、神様や守護天使、愛と平和について知りたがっていました。若者たちはとても信心深く、その上、「彼らは奇跡を信じているんだ」と、天使たちが教えてくれました。

そのイベントにて、わたしは参加者の一人ひとりを祝福しました。個々が望むいかなる方法であっても、癒されるよう祈りを捧げました。あの夜、すべての参加者を祝福するのにどれほどの時間がかかったかは分かりません。わたしが人々を祝福する時は、たいていが自分自身のことではなく、愛する人や友人、家族の誰かを祝福してほしいと依頼してきます。

わたしは若者たちの列を移動しながら、一人ひとりを祝福し続けました。わたしがちょうどある少年の前に進み出た時のことでした。わたしの周囲に居合わせた天使たちが、「この十四歳の少年だよ。母親が癌を患っているという手紙を送ったのは」と、囁きかけました。

その瞬間に天使たちは、わたしがソファーに座ってその少年が送ってきた手紙を読んでいた時のヴィジョンを、さっと見せてくれました。

わたしが少年に近づいて祝福しようとした時、彼はわたしの耳元で囁きました。

「ローナさん、この祝福をぼくが受け取るのではなく、母のためにお願いします。ぼくがあなたに手紙を送ったのです。母は癌を患っています。母が治って、一緒に暮らせるように神様にお願いしてほしいのです」

「あなたがわたしに送った手紙を覚えているわ。あなたの手紙を受け取って以来、わたしは毎日神様にお願いしているのですよ。心配しないで。わたしはあなたを祝福し、同時にあなたのお母さんが治ることも神様にお願いしますからね」わたしもその少年の耳元で囁き返しました。

わたしがその少年を祝福し終えると、次の人に移動するようにと天使たちが言いました。

次の人へと移動している時に、わたしは神様に語りかけたのです。

「あの子はわずか十四歳です。母親が良くなってほ

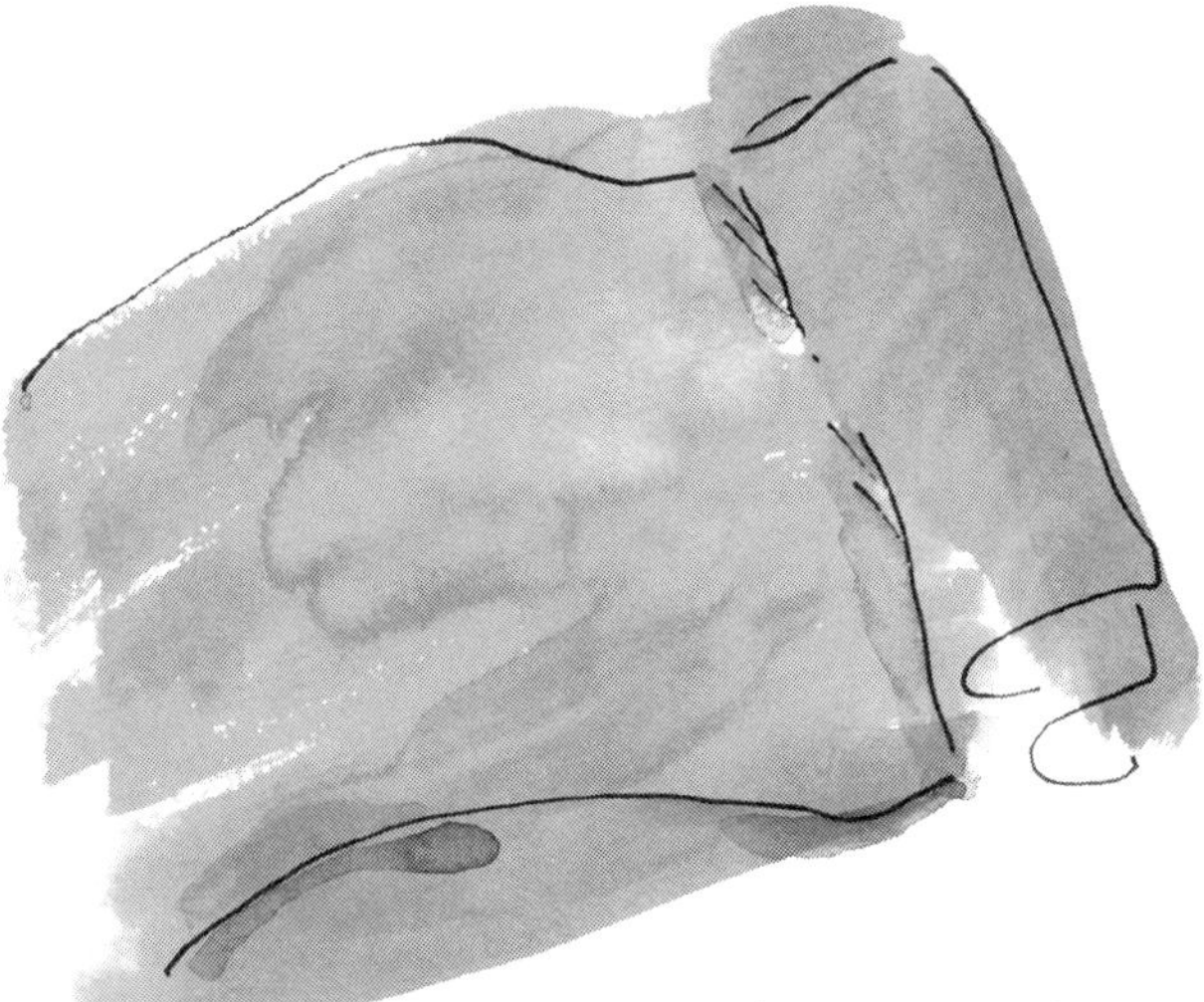

しいと絶望的な気持ちで懇願しています。神様どうか、あの少年に奇跡をもたらしてくださいませ」

わたしは引き続き一人ひとりの祝福を続けました。その祝福の最中に多くの奇跡が起きていたことと、いくつかの奇跡がその後となって起きたこともわたしは知っています。あの少年の信念はすごいものです。神様によって自分の母親に奇跡がもたらされることを、完全に信じ込んでいるのです。

それから二年の歳月が経過しました。出版講演のために、わたしが再び同じ国に戻った時のことです。ある会場で驚くようなことが待っていると、天使たちが事前に教えてくれていたことを思い出します。

その二年間というものは、あの少年とその母親――一度も会ったことのない――のことが、何度も脳裏を駆け巡っていました。神様によってその母親に奇跡がもたらされたかどうかは、天使たちは教えてくれていませんでした。奇跡が起きたかどうかは、大天使ミカエルにも、そして直接神様にもわたしは訊ねることはありませんでした。そんなことは、わたしはけしてしないからです。わたしはただ神様に、人々の人生に数多くの奇跡が届けられることを祈るだけです。あの少年に奇跡がもたらされ、母親が回復して生きながらえることができ、彼が孤児にならないことを、わたしはいつもただ祈り続けていたのです。

ある講演会場にて、いつものようにわたしが皆さんひとり一人を祝福している時でした。あの時の少年が、わたしの前に立っていたのです。すでに十六歳に成長していました。彼はわたしにこう言いました。

「ローナさん、ありがとうございます。神様は奇跡を与えてくれました。母は元気に生きています。わたしのうしろにいるのが、母です」

彼がそう言ったとたん、少年と背後に立っていた母親を天使たちがとり囲みました。母親は前に一歩踏み出て、息子の隣に並びました。わたしの心は喜びでいっぱいになり、もうその場で飛び跳ねたくらいです。この朗報を聞かされて、とても嬉しくなりました。

あの時の少年が、今では立派な若者になりました。「ローナさん、わたしの母です」彼は言いました。

「こんにちは。お会いできて光栄です」笑顔でわたしはその母親に声をかけました。

わたしがどれほど喜んでいるか、彼女は想像すらつかなかったでしょう。彼女の息子の肩に手を添えている彼の守護天使が、わたしには見えました。その守護天使が彼のことを、とても愛しているとすぐに分かりました。母親の守護天使は、愛を込めて優しく彼女を抱擁していました。

わたしは彼女が元気でい続けて、息子を愛する素晴らしい母であるために奇跡が起こり続けることを神様に祈りました。会場にいた他の人たちにも、わたしは同じように祝福している途中でした。その若者が卒業したら、よい職に就けて家族を持つようにともわたしは祈りました。きっとあの青年は、素晴らしい父親になることでしょう。いつかまたこの親子に会える日が来ることを、わたしは疑いませんでした。

「ぼくは神様を信じています。ぼくにも守護天使がいることを教えてくださって、ありがとうございます」若者はわたしにそう言いました。

その親子を祝福し終えると、わたしは彼らにさよならを言いました。

ふたりは去ろうとしたのですが、ふとその若者はわたしに白いロザリオを差し出して、こう言ったのです。

「ローナさん、これをもらってくれませんか。ぼくはこれを持って、聖母マリア様が彼の息子であるイエス様に奇跡をぼくの母に起こさせてほしいとお願いしていたのです。ローナさん、もうこれは必要ではないので、あなたにぜひ持っていてほしいのです」

「いいえ、それはあなたのものです。いつもお祈りを捧げる時に必要なのですから」

わたしが彼にそう言うと、彼は返事しました。

「もうひとつ、別のものを手に入れます。ぼくはあなたに、このロザリオを持っていてほしいのです。あなたが信仰を教えてくれたから、このロザリオでぼくは毎晩母のために祈っていたのです。あなたがぼくに、神様を信じることを教えてくれたのです」と。

そんな大切なロザリオを受け取りたくなかったの

ですが、わたしの守護天使が「受け取るべきだ」と屈んで耳元で囁きました。それでわたしは、「ありがとう」と言って受け取ることにしました。

しばらくは片手にそれを握りしめていたのですが、祝福をしている間は誰かに預けておくことにしました。あの日、人々を祝福するのにどれほどの時間を要したか分かりません。時には、二時間、いえ、それ以上の時もあります。どのような癒しがそれぞれに必要かは分かりませんが、神様がすべての人々に癒しを与えられることを常にわたしは祈るのです。

ホテルの部屋に戻った時、わたしはバッグにそのロザリオをちゃんと仕舞ってから、アイルランドに持ち帰りました。その白いロザリオは、今はわたしの枕の下にあります。自分自身のために使っているのです。あれほど白いロザリオを、見たことがありません。アイルランドで通常使われている伝統的なものとは違っていました。今でもあの親子は、常にわたしの心の片隅にいると同時に、彼らは永久《とわ》にわたしの祈りと共にあります。

第27章 13歳のオリビア

わたしは失読症のためもあり、いまだに社交や友だち作りがあまり得意ではありません。でも、守護天使をはじめとする天使たちの助けで人生の旅を続けてくることができました。これからお話しするオリビアも、友だち関係に悩みを持った女の子でした。そんな彼女に起こった素晴らしい出来事についてご紹介しましょう。

わたしと娘のメーガンはどれほどたくさんの回数、引っ越しを繰り返したか分かりません。少なくとも四回は、引っ越しを繰り返しました。メイヌースとキルケニーを、繰り返し往復しながら生活してきたように思うのです。このことに関しては、わたしは常に神様に愚痴をこぼしてきました。あちこち引っ越ししなければならないのではなく、一カ所にずっと留まって住み続けられたらどんなに満足でしょうか。二度目に引っ越ししなければならなかった時は、さすがにわたしも泣けてきました。かなりたいへんな思いをしたのは、わたしだけではありません。メーガンも同じでした。

あの時わたしは眠れずに、ベッドに座り込んだままで独り言をいいました。

「こんなの不公平よ！　また引っ越さなければならないなんて！　神様、わたしが一カ所に留まることができるようにどうかその地に根を張らせてください！」

わたしがそう神様にお願いしたちょうどそのとたんに、大天使ミカエルが部屋に入ってきました。

「こんにちは」わたしがミカエルを見上げて挨拶すると、彼はわたしの頭に手を添えて言いました。

「ローナ、いいんだ。これですべてがうまくいくはずだ！」

「引っ越しなんて大っ嫌い！　不平を言ってはならないと分かっているけれど……でも一体、わたしは何回引っ越ししなくちゃならないの？」

「ローナ。神様は以前、おまえが何度か引っ越しを繰り返さねばならないことを、おまえに告げられたはずだ」

「何度か、って？　一体、何回なのよ？」

「ローナ。神様はわたしにも、それを教えてくれなかったのだ」

わたしは深呼吸してから言いました。

「分かったわ。わたしはもう大丈夫だから」

ミカエルは、「行かねばならない」と告げたあと消えました。

ところで皆さんは、意外に思われるかもしれませんが、わたしはとても恥ずかしがり屋ですから、さほど社交的でもないのです。わたしの子どもたちがまだ幼かった頃に、天使たちは常にわたしを励まさなければなりませんでした。とくに懇談会や、子どもたちによる〈キリストの降誕〉や何らかの学芸会で、学校に出向かなければならない時などは、かなりの勇気を要しました。天使たちが大丈夫だからと励まし、背中を押してくれなければ、わたしにはとうてい無理でした。実際のことを言うと、わたしが内向的になる理由は、単純にひどい人見知り傾向があるせいなのです。

たしか、メーガンが五歳くらいの頃だったでしょうか。当時彼女は、修道院付属の女子校に通っておりました。学校で学芸会が催され、メーガンも役をもらっているのでとても興奮しておりました。反対にわたしはというと、かなり緊張気味になっていました。でも娘にそんなことをさとられまいと必死でした。その学芸会には、わたしはずいぶん時間の余裕を持って出向いていきました。出演する子どもたちは皆、早く到着しておかなければならなかったのです。それでわたしとメーガンは、オールド・グリーンフィールドから学校まで歩きはじめました。

「ローナ、行かない口実を作ってはならない！」

大天使ミカエルも天使ホーサスも、さらにはわたしの守護天使までもがそのようなことを頻繁に言ってくるので、それでついにわたしは、ため息をついてしまいました。学校に向かうわたしとメーガンのそばで、ホーサスも一緒に歩いていました。わたしは、言葉を出さずにホーサスに言いました。

「わたしが帰りたいって思っているのを、知ってい るんでしょ？　でも、そんなことダメよね。かわいい娘のためだもの、行かなくちゃ」

「ローナ、大丈夫だよ」ホーサスは緊張しないようにとわたしを励まし、劇を楽しむように言ってくれました。

学校の門に近づくと、メーガンが立ち止まってから言いました。

「ママ、心配しないで。きっと楽しめるよ」

「もちろん、楽しむつもりよ」わたしは笑顔で返事をしました。

わたしは、メーガンの守護天使にちらりと目をやりました。メーガンの耳元で囁きかけていたからです。メーガンがわたしをハグしてくれたあと、手をつなぎながら一緒に門をくぐりました。学校の講堂に入ると、大勢の父兄や子どもたちがすでに座っていました。もちろん、先生たちも講堂中を動き回っています。と同時にその講堂は、すっかり天使たちで埋め尽くされていたのです。空席に腰をかけている天使もいれば、父兄や子どもたちを歓迎するかのように動き回っている天使たちもいます。

メーガンは友人のところに駆け寄りました。わたしは、うしろのほうの座席につきました。周囲はけっこう空席があり、そのうちのひとつにホーサスが座っていました。

「わたし、完全に場違いのところにいる感じがするの。どうしましょ！　こうして親指をくるくるさせていればいいの？」わたしはホーサスにそう訊ねました。

ちょうどその時メーガンが、友だちと一緒にわたしのところへやってきました。娘は母親が大丈夫か、見に来てくれたようです。わたしは娘の友人に挨拶してから、ふたりが出演する劇を楽しみにしていると伝えました。ふたりとも「ありがとう！」と言ってから、楽屋に駆けていきました。何人かの天使たちが、ふたりの少女の動作を一つひとつ全部真似しながら彼女たちのうしろを追いかけていきました。その光景が、つい笑い声をあげてしまうほど、わたしには滑稽に見えたのです。少女たちが互いに笑いながらお喋りしていた時も、それも天使たちがちゃんと真似しているのです。

その講堂は、すぐに満席になりました。わたしはステージに上がった子どもたちの演技にすぐさま夢中になりました。ステージにいる天使たちが全員、子どもたちを真似ている姿にもわたしは目を見張りました。子どもたちが歌いはじめると彼らの背後に立っていた天使たちも同様に右手に楽譜を持ち、左手に蠟燭《ろうそく》を握って歌いだしたのです。子どもたちの合唱も、それはもうこの上なく素晴らしかったです。楽器を演奏している子どもたちのうしろで、天使たちも同じ楽器を奏でていました。でも天使たちの楽器にかぎり、光を放っていたのです。天使たちが何を試みていたのか、分かっております。天使たちが歌ったり、楽器を奏でたりするのは、子どもたちのパフォーマンスをよりよいものにさせようとしているからです。天使たちがどれほどわたしたち人間の生活に関わっているか、それを日常的に見ることができるという特権にわたしは日々感謝せずにはおられません。

子どもたちの劇が終わると、観客全員が拍手喝采を送り、大歓迎しました。子どもたちが観客に向かってお辞儀をすると同時に、天使たちも頭を下げてお辞儀しました。その瞬間、ステージの端から端まで鮮やかな色とりどりの虹を天使たちが架けたように見えました。娘のメーガンが友だちと一緒に、喜びのあまり飛び上がっていました。あらゆる色彩の光の虹が、まるで旗がはためくように、あるいは、まるで泡がステージ中に散らばるかのようにわたしには見えたのです。ほかの女の子たちと一緒にメーガンがステージから降りてくると彼女は、所々で挨拶を交わしながら大勢いる父兄の間を通り抜けていきました。そのあと彼女は、わたしがいた場所に戻ってきました。メーガンは、興奮していると同時にとても満たされている様子でした。

家に帰る途中、メーガンは劇や友人についてずっと喋りっぱなしでした。そんな娘の話を聞くのが、わたしは大好きなのです。帰り道もホーサスが、わたしたちのそばを歩いていたのです。

わたしは、最初から最後まで娘の学芸会を楽しむことができました。でも誰とも話をしませんでした。逆に、わたしに話しかけてくる人も誰もいませんでした。お互いに知らないからです。わたしはいつでも友情について語っておりますが、わたし自身は友だちを作ることがあまり得意でないと、まずは認めるべきでしょう。神様はわたしの人生を通して、わたしがたくさんの友人を持つことを許すことはありませんでした。今日《こんにち》でもそれは変わりません。

わたしはいまだにうまく社交ができません。でもわたしはよき聞き手であることは、たしかです。ほかの人たちと一緒にいる時に、たくさんのことが同時にわたしに起きているからだと思います。ほかの人たちが語りかけるすべてを、わたしはちゃんと聴いているのです。さらには、周囲に居合わせた天使たちの声にも同時に耳をそばだてて聞いているのです。もうひとつ、わたしが極度の怖れを抱いてしまう社交の場は、子どもの教師と一対一で面接する保護者懇談会でした。わたしだけではなく、多くの親たちが自分の子どもの欠点を聞かされるのではないかと、ハラハラドキドキするのではないでしょうか。

わたしの娘のルースは結婚し、今では二児の母です。末っ子も学校に通う年齢になったのですが、同じくルースも懇談会は苦手なようです。つい先日、娘がこんなことを言ってきました。

「ママ。もし懇談会で、先生からビリー・ボブがいたずらっ子だとか、宿題をちゃんとやってこないとか、注意散漫だとか言われたらどうしよう?」

母親というものは、似たり寄ったりのことを心配するものです。わたしの娘も懇談会に出向いていくのが、あまり気が進まないようです。それにしても先生たちは皆、子どもにとって最善を尽くしているということを忘れてはなりません。わたしはルースに言いました。

「ビリー・ボブはいい子だから、先生が不満に思う点はあまりないと思うわよ」

「わたしもそう願っているんだけれど」と、彼女は答えました。

ルースがこの本を読む時が訪れるとすると、母親について知らなかったことをきっとたくさん発見することになるでしょう。ここでひとつ、つけ加えることにします。それは、わたしがメーガンの懇談会に出なければならなかった時のことに関してです。あの時も、わたしはかなり緊張していました。その理由のひとつは、わたしが失読症だからです。あの当時、わたしの子どもたちは公立の小中学校に通っていました。あの頃のわたしは、ほんの少しだけしか読むことができなかったのです。ですから、先生がわたしの子どもたちの通知表を見せてくれても、文頭と文末さえ見分けがつかないのです。わたしが目を通すべき何かを先生から手渡されて、「これを読んでください」と言われやしないかと、いつもひやひやしておりました。わたしが読み書きできないことを隠しておくのは、現実的にとても難しいことでした。わたしが何らかの書類にサインをしなければならない時は、正しく書けるようにまず頭の中でスペルを描かなければなりません。これは容易なことではないのです。幸いにも天使たちが全力で手伝ってくれるので、どうにか書くことができております。それは、今日《こんにち》でも変わらずに助けてもらっているのです。

わたしの父母や姉弟たちは、わたしが読めないとは気づいていなかったようです。でもジョーと子どもたちは、わたしの失読症に気づいていました。今日でもまだ問題です。読むことはだいぶ上達し、少しは丸暗記もできるようになったにしても。

わたしが自分の本にサインをしている時は、天使たちが耳元で綴り方を教えてくれます。それでもまだ、間違えてしまうこともあります。何年も練習を重ねてきたのですが、わたしの人生からその問題が消えることはなさそうです。わたしのこの人生は、神様が送り出してくださった旅なのです。そしてわたしは、神様がわたしに求められることをやり通しているだけです。皆さんに、ぜひともこのことをお伝えしておかなければなりません。それは、神様もそしてあなたの魂も実在しているということです。さらには、愛情深くて美しい守護天使が常にあなたのそばにい続けてくれている、ということです。神様は、あなたの守護天使をあなたの魂の守り手として遣わされたのです。

わたしが『エンジェル・イン・マイ・ヘア』を書いた数年後のことでした。あの時わたしは、リッフィー・バレーのショッピングセンターに立ち寄っていました。メイヌースから車で二十分ほどのところです。わたしは少し買い物をしてから、デパートの最上階に食事に行きました。レストランはたしか、エスカレーターで上がってから左にあったように記憶しております。わたしは、列に並んでローストチキンと野菜をよそってもらいました。そのあと壁に沿った片隅の静かなテーブルを見つけ、そこに座りました。混雑している様子ではありませんせした。わたしが食べはじめようとした、ちょうどその時でした。わたしの名を呼ぶ声がしたので、入り口のほうに目をやりました。すると、ひとりの少女に付き添うように歩いていたふたりの天使が、わたしに手を振っているのが見えました。その少女は、おそらく十三歳ぐらいだったでしょうか。その少女は通学用のカバンは持っているのに、制服を着ていませんでした。ふたりの天使たちが、彼女を見守っています。天使たちは、それぞれ彼女を挟むように右側と左側を歩いていました。その少女の真うしろにいた彼女の守護天使が放っている光もよく見えました。

このふたりの天使たちが何も語りかけてこなかったので、わたしはそのまま食事を続けていました。数分後、その少女はわたしの向かい側の席に着きました。そのあとも天使たちがしばしばわたしの名前を呼ぶので、わたしは何度も見上げていました。

わたしが見上げるたびに少女も見つめ返してくるので、その都度わたしは微笑みを彼女に返していました。それでも少女は、わたしに笑顔を返すことはありませんでした。あいも変わらず天使たちは、わたしを呼び続けています。わたしが何度もチラチラと少女に視線を向けていると、次第にその子もわたしをじっと見つめるようになりました。わたしは彼女に笑顔を向け続けました。これを七回ほど繰り返したでしょうか。最終的には、その少女もわたしに笑顔を返してくれたので、わたしはさらに満面の笑みを浮かべて彼女を見つめ返しました。その瞬間、少女の守護天使が放つ光が大きさを増して広がりました。それを見たとたん、わたしは動揺してしまいました。その光は、まっすぐ少女の前方を照らしていたからです。それがどういう意味なのか、確実にわたしは分かっておりました。わたしの向かい側に座っているその少女は、とても悲しげな落ち込んだ表情をしていました。本来ならば、学校に今はいるはずの時間帯です。わたしは彼女の守護天使に、言葉を使わずに語りかけました。「何か問題があるの？」

彼女の守護天使は、何も答えてくれませんでした。でも彼女のすぐそばに立っていた天使が、答えてくれました。その少女は学校でいじめを受けていて、自分は生きる価値のない人間だと思い込んでいて、さらには自殺まで考えている、と。

「立ち上がって、彼女のそばに行ったほうがいい？」わたしはその天使に訊ねてみました。

「ローナ、それはやめたほうがいいでしょう。ただ彼女を満面の笑みで見つめてあげてください。あなたの微笑みで、彼女を勇気づけることができるのですから」天使はそう答えました。

だからその天使がわたしの名前を呼ぶたびに、わたしは少女を見つめながら微笑み続けていたのです。彼女は食べ物をつついているだけで、口に運んでいる様子はありませんでした。わたしに語りかけてきた天使は、女性的な外見をしていました。黄金色の光がキラキラしている紫色のローブを纏っていたのです。もうひとりの天使も女性的な外見をしていて、鮮やかなピンクのドレスを着ていました。

わたしが食事を終えてお茶を飲んでいる時に、その少女は通学用のカバンを抱えて立ち上がりました。レストランを出ようとしているようです。天使たちが彼女に囁きかけているのが見えました。天使たちが何を彼女に囁きかけて、どんな思いを彼女の頭に注ぎ込んだのかは分かりかねます。しかし、彼女はその場で足を止めて、くるりと方向転換しました。少女はわたしが座っているテーブルまで近づいてくると、わたしにこう語りかけてきたのです。

「こ、こんにちは。失礼ですが、もしかしたらあなたは……。そ、そうだとすれば、わたしはあなたが書いた『エンジェル・イン・マイ・ヘア』という本を読みました」彼女はびくびくしながら、震え声でわたしにそう言いました。わたしは笑顔で隣の席に座るように勧めると、彼女は素直に従いました。少女が大きなため息をついたので、その理由を訊ねてみました。すると彼女は急に泣きはじめたのでした。途切れ声で、死にたいというのです。学校で絶えずいじめにあっているのにもかかわらず、そんな彼女を両親は気遣ってくれないと感じているようでした。クラスのみんなが彼女のことを太っていて、醜くて、馬鹿だと罵《ののし》り、笑い者にするというのです。

途中でわたしは、バッグからハンカチを取り出して彼女にわたしました。

「その子にあなたを見つめさせなさい」天使がわたしにそう告げました。

わたしは彼女の顎《あご》の下に手をかざし、その頭を持ち上げると、わたしの目をしっかりと見つめさせました。

「このほうが、ずっといいわね」わたしがそう言ったとたん、彼女は両腕でわたしに抱きついてきました。次の瞬間、彼女は恥ずかしそうに両腕を外したのでした。

「あなたのことをよく知らないけれど、わたしはあなたを愛しているのよ」

わたしがこのように言うと、彼女は今まで見せなかったほどの満面の笑みを返してくれました。少女の右に立っていた天使がわたしに語りかけてきたので、それと同じ言葉をわたしは少女に繰り返しました。つまり、天使の言葉をそのまま彼女に伝えたのでした。その言葉とは、「あなたの両親はあなたを愛していて、あなたも両親を愛しています。なぜ自殺したいの？　いじめっ子たちに思い知らせたいからなの？　あの子たちより、あなたのほうが遥かに素晴らしいのです。あなたは、まったく醜くなんかありません。とても可愛い女の子です」

少女は驚いた顔をして、わたしを見つめながら言いました。「わたしはブスで、しかもデブなのよ！」

「そんなこと絶対ないわ。家に帰ってから鏡を見てごらんなさい。あなたはとても可愛いわよ。あなたは、『エンジェル・イン・マイ・ヘア』を読んだでしょ。だったら、あなたには守護天使がいることが分かるはずよね。わたしには、あなたの守護天使が今この瞬間だってあなたのそばにいるのが見えているわ。そればかりか、美しいふたりの天使もそばにいるわよ。あなたの守護天使は、あなたの前で希望の光を掲げているのよ。あなたに命を絶ってもらいたくないのよ。あなたは貴重な存在で、ひとりぼっちなんかじゃないわ。あなたの守護天使も、それからふたりの天使たちもあなたに手を差し伸べたいのよ。あなたの守護天使は、この困難な時期にあなたを助ける任務を与えられているの。自殺しようなんて考えないで。そんなことをしたら、わたしばかりかご両親も、そしてあなたを愛するすべての人たちみんなを苦しめることになるのよ。わたしだってきっと、心が引き裂かれてしまうわ。あなたのことをよく知らなくても、わたしはあなたを愛しているのよ」このようにわたしは彼女を説き伏せました。

少女は、またしても泣き崩れたのです。

「ねえ、お願い。泣かないで。あなたは、なんて名前なの?」

「オリビア」と、彼女は答えました。わたしが彼女の手を握ると、彼女は微笑みました。わたしたちは、互いに握手しました。「わたしの名前は、ローナよ」とわたしが言うと、彼女も「わたしの名前は、オリビアよ」と、返してくれました。

少女が自分の名前を二度目に言ったとたん、彼女の守護天使は前屈みになり、金色の翼で彼女を包み込む様子が見えました。天使はそれでもまだ、あの希望の光を彼女の前で保ち続けていました。

「ローナ、希望の光が彼女にも見えるようになったよ」と、彼女の守護天使がわたしに言いました。

「オリビア。家に帰って、今日なぜ学校に行かなかったか、お母さんに話してごらんなさい。何でもお母さんに打ち明けるようにしてね。学校で何が起きているのか、ぜひお母さんにも教えてあげて。隠すことなくすべてをね。あなたのご両親はね、あなたをとても愛しているのよ。守護天使に「助けてほしい」と、お願いするのよ。あなたの守護天使は、あなたにもう手を差し伸べているわ。守護天使が耳元で囁いているのが、聞こえたでしょ。この世を去るというようなことを、考えないでね。ちゃんと守護天使の声に耳を傾けたでしょ。だからあなたは、立ち止まって戻ってきて、わたしに気づいたのよ。あなたはちゃんと守護天使の言葉に従ったのよ。守護天使があなたの耳元で、わたしのところに行って挨拶しなさいと囁いたので、あなたはきちんとそうしたのよ。ところで、あなたは読み書きできるの？」

　彼女は少し戸惑った様子で答えました。

「もちろんです。読書は大好きだし、綴りは得意なの」

「じゃあ、どんなことでもあなたは問題なく学べるはずね」

　オリビアの横に立っていた天使のうちのひとりが、言葉を使わずにこう言いました。「オリビアに『数学は？』って、訊いてみてよ」それでわたしは、「あなた、数学はどうなの？」と、彼女に訊ねました。

「まあ、なんとか」と、少女は肩をすくめて答えました。

「オリビア、あなたは自信が足りないようね」

「数学の出来は、そんなに悪くはないと思うわ……でもすごく難しいの」

　オリビアのすぐそばに立っていた、紫色のローブ全体を黄金色の光で輝かせている天使がわたしに告げました。

「ローナ。オリビアに『もう少し頑張ると、数学も簡単になってくるよ』と伝えてあげて。自分が思っているよりも優秀だ、ということをね」

　わたしはその天使の言葉を、そのまま彼女に伝えました。

「自分自身のためと思って、もう少しだけ数学を頑張ればいいのよ。ちょっとだけ頑張れば、きっと簡単に思えてくるでしょうね。わたしはそう前向きに捉えているの。ところでオリビア、あなたはいくつ？」

「もうすぐ十三歳になるの」と、彼女は答えました。

「あなたのそばに立っている天使は、キラキラ輝いている金色の光が内側から放射している美しい紫色のドレスを着ているわ。もうひとりの天使は、鮮やかなピンクのドレスを着ているのよ。ふたりの天使は、あなたに親友がひとりいると言っているわ」オリビアにわたしはそのように伝えました。

「そんなことないわ。わたしには親友なんて、ぜんぜんいないのよ」じっとわたしを見つめながら彼女は言いました。

「だけど、天使たちはあなたに親友がいるって言っているのよ。とても恥ずかしがり屋さんの友だちがね」わたしがそう言うと、彼女はすぐにこう言いました。

「あっ、誰のことか分かったわ。でも今はもうその子とは友だちじゃない……」

「明日あなたが学校に行ったら、その子に『こんにちは』って挨拶してごらんなさい。でも、彼女は恥ずかしがり屋だってことを忘れないでね。少し時間がかかるかもしれないけれど、あなたたちはとっても仲のよい友だちになれるわ」わたしは、このようにアドバイスしました。

オリビアはわたしにハグをしてから「ありがとう」と言い、わたしたちは別れることにしました。

わたしはオリビアに、彼女の守護天使のことを忘れないようにとも忠告しておきました。彼女がショッピングセンターのほうに歩き去るのを見守っていたわたしに、彼女のそばにいたふたりの天使が笑顔を見せてくれました。

わたしは少しの間そこに座ったままでいたあと、席を立ち去りました。あの少女が自殺など二度と考えないようにと、わたしは祈りました。それに加えて、彼女の両親が彼女を愛していることと友人もいることを、彼女が忘れないようにとも祈りました。オリビアが幸せでい続けることができるようにとも。

あれから数年経った時のことです。わたしがイーソンズという本屋でサイン会をしていた時でした。十七歳ぐらいの年齢の少女が、わたしに声をかけてきたのです。

「ローナさん、あの時はありがとうございました。あなたはわたしが十三歳の時に、わたしの命を救ってくださいました。わたしとほんのちょっとだけお話しいただくことはできますか？」

「ええ、喜んで！」わたしはそう答えました。

彼女は自分の友人の本にもサインを求めて、並んで待っていました。彼女とはじめて出会った時の天使たちのことを、わたしは瞬間的に思い出したのです！　天使たちがどのようにしてそうさせるのか、わたしには分からないことです。一瞬にして、彼女と出会った時の記憶を、完全に蘇らせることができたのです。思い出そうなどと努力する必要はまったくありません。

わたしがオリビアの友人の本をサインし終えると、彼女が近づいてきました。オリビアはわたしの手を取って言いました。

「ローナさん、ほんとうにありがとう！」

ほかの誰かが本のサインを求めてきた時、彼女たちは「さよなら」を言ってから去っていきました。

ふたりの女の子たちが歩き去る姿を、わたしは振り向きながら見届けました。どんな人であっても、わたしには誰もの守護天使が見えることから、彼女たちの守護天使たちも当然ながら見えました。でもわたしが思わず笑顔になったのは、あの時彼女と一緒にいたふたりの天使たちの姿も見えたからです。オリビアが十三歳になろうとしていたあの日、リッフィー・バレーのショッピングセンターでわたしが彼女に出会った時に、彼女と一緒にいた天使たちです。ふたりの天使たちは、あの時と変わることなく女性的な外見をしていました。さらにはあの時と相変わらず、ひとりの天使は鮮やかなピンクのドレスを着ていました。そして、もうひとりの天使もあの時と同じくして、キラキラ輝いている金色の光が内側から放射している美しい紫色のドレスを着ていました。ふたりの天使たちは、わたしの名を呼んだと同時に手を振りながら別れを告げました。わたしはふたりの天使たちに、オリビアが困難を乗り越えるために助けてくれたことを、言葉を口に出すことなく感謝を伝えました。そのあとわたしは、再びサイン会に戻ったのでした。

第28章 自然界のエネルギー

目には見えないけれど木々や草花はみんなエネルギーを放っています。これは、最愛の夫ジョーが亡くなる少し前に、神様が彼に与えてくれたスピリチュアルな体験のお話です。植物だけでなく水、土、動物、人間、地球そのもの──すべてのものがエネルギーを放っており、このことを理解すればこの惑星を大切にする人たちがもっと増えるのではないかと感じています。

神様は、ジョーが亡くなる前に一度、彼にあるエネルギーを見せるという、いたってスピリチュアルな体験を与えられました。実のところジョーが、それをはじめて体験したのは、メイヌースの運河のそばにいた時のことした。天使たちが彼に、運河沿いに生えている野生の葦《あし》や、ほかの花々から放たれているエネルギーを見せたのでした。そのような二度目のスピリチュアルな体験は、神様がジョーを、天国に連れてお戻りになる六カ月ほど前のことでした。わたしは時おりジョーを、短いドライブに連れ出すことがありました。〈メイヌース神学校〉には、美しい庭園があることから、ジョーはそこに行きたいと、何度も言っておりました。わたしは少しためらいました。なぜかというと、その大学の門前は常に警備が張られていて、車で入ることができないと思っていたからです。門のところで車がUターンさせられているのを、わたしは何度も見かけたことがありました。そのようなことから、数週間わたしは祈り続けることにしました。そんなある日のことです。その大学で勤務したことのある知人がいて、彼らに偶然わたしは町で出くわしたのでした。そこでわたしは彼らに訊ねてみたのです。

「ねえ、大学のキャンパス内には、車で入ることができるの?」

「もちろんだよ。日曜日がいちばんいいだろうね。大学側は、さほど厳しい警備はしていないはずだ。門に入ったら、すぐ左に曲がり、それから最初の駐車場に走ればいいよ。門のところで警備員がいたなら、何も喋らずに、どこに向かうか知っているふりをして通り過ぎればいいよ」と、彼らはわたしに教えてくれました。

「貴重な情報をありがとう! ジョーにも伝えておくわ。きっと大喜びするでしょうね。彼は大学の庭園を歩くのをとても心待ちしているのですもの」

彼らにさよならを言ってから、わたしは家路につきました。ジョーを大学に連れていくことができると、早速わたしは伝えました。しかし、日曜日にかぎるとも。大学の門に入ったらすぐに左の駐車場に車を停めなければならないことも、わたしは彼に伝えておきました。

ジョーは大喜びしました。しかし実際にそこに行くことができたのは、その数週間後となってしまいました。ジョーの体調がよくなるまで、待たねばならなかったからです。

ある朝、わたしはお茶とサンドイッチをジョーに運ぶことにしました。寝室に入ったとたんに、天使たち――輝いている白い天使たち――に彼のベッドが囲まれている光景が目に飛び込んできました。ですから、わたしは彼らに訊ねました。

「すべて順調ですか?」と。

天使たちは振り返り、わたしを見つめながらこう言いました。

「ローナ、大丈夫だよ。ジョーは眠っているだけさ」

わたしはベッドに歩み寄りながら、ジョーに目をやると、彼はまるで赤ちゃんのようにすやすやと眠り込んでいました。昨夜は彼が、よく眠れなかったのをよく知っているので、わたしは忍び足で台所に戻っていきました。

「父さんはよく眠っているから、今のうちに買い物してておこうね」と、わたしは幼いメーガンに言いました。

あの時メーガンは三歳半くらいだったので、彼女をわたしはベビーバギーに乗せていました。わたしがちょうど廊下に続く扉を出ようとした時、大天使ミカエルが門のところに立っているのが目に留まりました。

「こんにちは、ミカエル。ああ、驚いた! あなたに会えるなんて、思ってもいなかったわ!」

するとミカエルは言いました。

「そうだろうとも、ローナ。ちょうど近くを通りかかったものだから。数週間後には、ジョーの体調がずっとよくなる。いつも彼が夢で見ているあの大学に散歩に出かけることができるようになるという、神様からの伝言を届けに来たのだ」

「大学を散歩している夢について、ジョーがわたしに喋ってくれたことなんて、一度もなかったけれど。それなら、ぜったいに彼を連れていかなくちゃね」わたしがそう言うと、ミカエルはこう言いました。

「おまえは必ず門の中に入れる、ローナ」

「それを聞いて安心したわ。警備員に止められやしないかと、実は気がかりだったの。でもずっと祈り続けていたわ。町のどこかに車を停めたとしても、ジョーが歩くには大学まで遠すぎて歩けないもの」

わたしがミカエルにそう言うと、「ただ祈り続けることだ、ローナ」と、彼は返事をしてくれました。「ある日曜日の朝にジョーは散歩に出かけたいと、きっとおまえに言うだろう。その時こそ、彼をそこに連れていく時だ。門に入ることは、まったく問題はない。ローナ、ではわたしは行かねば」

ミカエルはそう告げてから姿を消しました。

門を開けるとわたしは、メーガンがいる場所に戻りました。彼女は廊下で置き去りになっていたベビーバギーの中でおとなしく座っていました。わたしは村の中心部に向かって歩きだしました。当時そこはまだ村でした。気がつくとわたしは、このようにして速足の達人になっていたのです。あまり長い時間、ジョーをひとりにしたくなかったので、わたしたちはすぐに戻ってきました。わたしはメーガンをバギーから出すと、上着を脱がせてから台所の床で遊ばせておきました。音を出さないように気をつけながら扉を開けて、寝室を覗き込みました。するとジョーは、ベッドを天使たちに囲まれながらぐっすり眠ったままでした。中には、ベッドの上に座っている天使もいました。わたしは、ゆっくりと扉を閉めてから台所に戻りました。メーガンはそのまま台所の床で遊んでいました。わたしを呼ぶジョーの声が聞こえたのは、三十分ほど経ってからのことでした。

メーガンはぬり絵とクレヨンを手に、彼の部屋に駆けつけていきました。わたしが寝室に着いた時、彼女はとっくに父親のベッドに座っていました。ジョーは、娘と一緒にぬり絵をはじめました。部屋にはまだたくさんの天使たちがいます。

わたしはベッドに歩み寄ってからジョーにキスをし、こう訊ねてみました。

「朝食に何が食べたい？」

「ゆで卵とトーストがいいなあ」

ジョーが答えるとメーガンも、「お願い、わたしも！」と言いました。

「いいわよ」

台所に戻ったわたしは、早速三人分の朝食の準備に取りかかりました。メーガンはすでに朝食を済ませているというのに！

ちょうど出来立ての朝食を全部トレイの上に置いた時です。台所の扉をかすかに軋《きし》ませる音が聞こえてきました。

以前にもわたしがお伝えした通り、天使たちがわたしたちの世界で物理的な介入をすることはまずありえないのです。ですから、何か特別なことだとわたしは察しました。台所の入り口に立っていた天使ホーサスをわたしは見上げて、にっこりとして言いました。

「ドアは開いているんだから、ノックする必要はないでしょ」

それでもまだホーサスが三回ノックしたので、わたしはつい噴き出してしまいました。

「急いで朝食を運んでよ！　ふたりの患者が待ち焦《こ》がれているんだから」

早々とわたしはお盆を持ち、寝室に運んでいきました。寝室に入った時、思わずわたしは言葉を口に出さずに天使たちにこう話しかけたのでした。

「まあ、ずいぶん大入り満員ね。あなたたちのうち何人か、去ってはいかがでしょうか？」

その瞬間、四人を除いて大勢の天使たちが消えてしまいました。

ひとりは窓の外を見ていて、もうひとりの天使はベッドの脇に座っています。ほかのふたりは、特定の場所に留まらずに部屋中を動き回っています。わたしは彼らに微笑みかけながら、「天使さんたち、ありがとう！」と、わたしは言葉を声にせずに言いました。

「やっとだね。朝食はおあずけかと思ったよ。あ、お腹がすいた！　メーガンが、ベッドの横のキャビネットにお盆を置きたいってさ」と、ジョーが言いました。

わたしはメーガンが朝食のお盆を落としてしまうかもしれないと思ったので、「じゃあ、一緒に置こうね」といいながら、わたしは彼女に手を貸しました。

わたしはベッドの横のスツールに座りました。今日《こんにち》でもまだこのスツールは、家に残されたままあります。このスツールは、キルケニー県内のあらゆる家を転々としてきました。二階に置いてあることもあれば、一階にあったりもします。夏には庭先に置かれていることもあります。何度も修理しなければならなかったことはたしかですが、いつかその必要もなくなると思います。もう修理できないほどボロボロになっているのですから。その時が来るまでわたしはこの小さなスツールを愛し続けます。

あれから数週間が経過しようとも、散歩に出かけようと、ジョーが言い出すことはありませんでした。その期間中彼は、ずっとベッドで過ごしていたからです。フロントルームでお気に入りの椅子に腰をかけながら、テレビを見ることも時々ありました。そんなある日曜日の朝のことです。ジョーがサンドイッチを食べている間、わたしがベッドの横に置いてあるスツールに座っていると、ルースが部屋に入ってきて、父親のベッドの端に座り込みました。わたしたちはしばらくお喋りをしたあと、ジョーがルースを笑わせていました。

「ママ、メーガンはどこ?」ルースが振り向いてわたしに訊ねたのです。

「メーガンは自分の部屋でお昼寝中よ」

「メーガンが起きたら、わたしの友だちの家に連れてってもいい?」

「いいわよ、でもメーガンを連れていく時は、バギーも持っていってね。あなたの友だちの家に着くまでにメーガンはきっと疲れてしまうからね。でも途中までだったら喜んで歩くと思うわ。もうすぐ目を覚ますはずよ」わたしはルースに言いました。

彼女は立ち上がって父親に近づくと、「メーガンが起きるまでに準備しなきゃ。またあとでね」と言ってから、父親にキスをしました。

ちょうどルースが部屋を出る時、三人の天使たちが彼女のあとを追うのが見えたので、わたしはつい笑顔になりました。

「今日はルースとメーガンをよろしくね」と、天使たちにわたしは言って頼みました。

天使たちは返事をしてくれませんでしたが、わたしが伝えた言葉をはっきりと分かっていました。

次の瞬間、メーガンが声を上げたのでルースが彼女の部屋に向かいました。ふたりの笑い声が聞こえてきました。その声からすると、ルースがメーガンをくすぐっていたに違いありません。そのあと寝室に入ってきたメーガンは、父親にハグをしてからキスもしました。彼女は父親にルースと一緒に出かけると伝え、とても喜んでいる様子でした。よい子にしているようにと父親が言うと、メーガンは頷きました。数分後には娘たちがドアから去る音がして、家は静まり返ったのです。

ジョーが手を伸ばし、わたしの手を取ってから言いました。

「これからあの大学へ散歩に行きたいんだけど、どうかな？」

「名案だわ！」わたしは笑顔で答えました。

そのあとジョーが着替えるのを手伝うと、十五分後には出かける準備を整えていました。ふたりで車に乗り込むと、そこに向かって車を走らせました。さほどの距離ではないのですが、誰にも止められることなく大学の門を車で通過できるように、わたしは運転しながらずっと祈り続けていたのです。大学の門に着くと、ふたりの天使がそれぞれ門の脇に立っているのが見えました。天使たちは、銀色のような衣を着ていました。門のあたりに警備員らしき姿は見えませんでした。


　門を通過して左側の駐車場に向かっていく時、わたしは笑顔で何度も何度も天使たちにお礼を言い、感謝の気持ちを伝えました。大学の正門に立っていたひとりの天使はすでに駐車場に立っていて、わたしが駐車するのにちょうどよい場所を指し示してくれました。何台かの車がすでにその駐車場に停められていましたが、天使が示してくれた場所ならジョーも余裕で車から降りることができます。天使たちの施しにわたしはとても感謝しました。


　ジョーはゆっくりと車のドアを開けてから降りました。しばらくの間彼は立ったままで、深呼吸をしていました。

「新鮮な空気が美味しいよ」とも、言っていました。


　時々足をふらつかせていたので、わたしは彼の腕を抱えました。彼は花園まで歩いていきたいと言ったのですが、がたがた道だったのでわたしは反対しました。

「もっと歩きやすい道を行くことにましょうよ」わたしが誘うと、ひとまず彼も賛成してくれました。わたしたちは、所々で休みながら花園までの道をゆっくりと歩いていきました。足を止めるたびにジョーは、周囲の美しい木々や花々を指さしながら絶賛していました。わたしたちが先ほど通り抜けた門のほうを振り向いたジョーは、大学の古い建物がとても美しいとも言っていました。


　花園を取り囲む塀まで歩くは、あともう少しだけです。花々の香りが漂ってくると、入り口が見えました。六メートルほど先です。そよ風が吹いていたのでジョーは立ち止まり、深呼吸を繰り返しました。美しい花の香を満喫したようです。

「最高だよ！」と彼は言いました。

ジョーがここまで来られたことを、わたしは嬉しく思いました。彼の守護天使とわたしたちの周りにいた天使たちに、彼らのサポートを感謝しました。あっという間にわたしたちは、塀に囲まれた花園の中を歩いていました。左側にベンチがあったので、そこにジョーが腰をかけました。二十分ほど、そこに彼は座っていました。「きみはひとりで花園を散歩するといい」と言ってから、彼はベンチに座ってわたしを眺めていました。わたしが時々ジョーを振り向くと、彼の守護天使が翼を広げて彼を包み込んでいるのが見えました。守護天使が彼を暖めてあげているということが、わたしには分かっていました。日差しを受けながらそこに座っているだけで、ジョーはとても満足しているようでした。彼のほうを振り向くたび、ジョーは手を振ってくれました。小鳥たちが彼の周りで跳ねているのも見えました。彼はほんの三十センチほどしか離れていない小鳥たちに話かけている様子でした。でも小鳥たちは、彼のことをまったく気にかけていないように見えました。

わたしは庭園中を歩き回りながら、何度も足を止めては美しい花々や灌木《かんぼく》に心を躍らせていました。庭園の中に驚くほど大きな木もありました。ジョーがいるところに戻ると、彼の横に腰をかけたわたしは、庭園に咲いているさまざまな花についてお喋りをはじめました。彼は一つひとつ詳しいことを知りたがりました。少し先の池には金魚が数匹いて、それぞれの花壇には小さな可愛らしい花がたくさん咲いていると、わたしは彼に伝えました。よほど庭師の腕がよいに違いないとも言っておきました。たくさんの種類の鳥たちも、わたしたちは見ることができました。フィンチにツグミ、クロウタドリ、スズメ、コマドリ、それから小さなアオガラまでいたと、わたしが見かけたすべての種類を彼に説明しました。

「知っているよ。数羽がぼくのところにやってきて、挨拶してくれたからね。この庭にいる鳥たちがね、ローナ。鳥たちは人慣れしていて、近くでも平然としているんだよ」ジョーが言いました。

「ええ、あなたの周りにいるのを見かけたわ。さあ、そろそろ車に戻りましょうか?」

わたしがそう言うと、驚いたことにジョーはこう言いました。

「いや、ぼくは大学の裏にある並木道を歩きたいんだ」

わたしが反論しようとしたちょうどその時でした。天使ホーサスがジョーが座っていた左側のベンチのうしろに立っていたのです。それから彼はこう言いました。「ローナ。ジョーが行きたいのなら、どこでも連れていってあげなさい」

それでわたしは、「いいわよ。じゃあ、ゆっくりとそこに向かいましょう」と、ジョーに返事をしました。

塀に囲まれた花園の門を出るとわたしたちは、りんご園まで歩いていきました。わたしはその間、ずっと祈り続けていました。一体ジョーがどこまで自分の力で歩けるのか、それが分からなかったからです。並木道のところから車に引き返すことも考えました。でもホーサスが、ジョーの左側にずっとついてくれていました。

ホーサスは、言葉を口にせずにわたしに語りかけてきました。

「心配するなよ、彼ならできるさ。それに覚えているかい? 大天使ミカエルが言っていただろ。神様がまたジョーにエネルギーが見えるようになるスピリチュアルな体験をお与えになる、って」

「そんなこと、すっかり忘れていたわ。でもジョーがいつ倒れるか恐ろしくて、つい神経質になってしまうのよ」

「彼はそんなことにはならないよ。ローナ、信頼するんだ」ホーサスは、そのように答えてくれました。

わたしはジョーの腕を支えながら、彼を振り向きました。彼の守護天使が彼を腕で抱えるようにしていることに、その時わたしは気づいたのです。あの時守護天使は、彼を暖かくするために包んでいるだけではなく、彼を抱えていたのです。彼の守護天使の手は巨大であるばかりか、白と金色の光で輝いていました。その指先が黄金色の明るい光を放つと、天使の細部まで見ることができました。彼の守護天使はしっかりと彼を抱きながらも、とてつもなく大きな愛と優しさを、わたしは感じずにはいられませんでした。わたしは沈黙の中で、ジョーの守護天使に「ありがとう」と言いました。

「え、今何て言った？」ジョーがわたしに訊ねました。

「ただの独り言よ」と、わたしは返事をしました。

ジョーはただ笑ってみせました。わたしたちは、しばらくの間そのまま立ち止まりました。

「独り言を口にするって、いい傾向とは言えないな」彼が言いました。

「そう言われれば、たしかにそうね」とわたしが返事したあと、同時にふたりして噴き出してしまいました。わたしたちは、所々で足を休めながら歩き続けました。やっとのことで、大学の建物の裏にある並木道にたどり着けました。ジョーは並木道を見下ろしながら、しばらくの間そこに立ち続けていました。そのあと彼は、「歩こう」とわたしに誘いかけたのでした。

わたしたちはゆっくりと歩きました。ある場所にやってくると、彼はわたしに振り向き、こんなことを言いました。

「ローナ。ひとりで歩けるか、試してみたいんだ。きみはぼくの横で歩いてくれればいいよ」

言われたようにわたしは従い、ジョーは数歩ひとりで前に進みました。少し止まってから、彼はまた歩き出しました。わたしたちの両側には木々が聳《そび》え立っていました。それをジョーは足を休めるごとに眺めていたのです。

ホーサスはまだ一緒にいてくれています。するとジョーはわたしを振り返りながら言いました。

「ローナ、ぼくが見ているものをきみも見ているのかい？」

「ええ、見ているわ」

「この草は、一体どうなっているんだい？」ジョーは訊ねました。

「神様は草から出ているエネルギーを、あなたが見られるようにしてくれているのよ」わたしはそのように説明しました。

ジョーの表情に興奮している様子が窺えました。

「草の葉一枚一枚からエネルギーが出ているんだ。

これほど多くの色彩を見たことがない。すべての草の葉が、まるでナイフの刃先から火花を飛び散らすようにね」彼は、喜びを抑えきれない様子でした。

「木々を見上げてごらんなさい」とわたしが言うと、ジョーはその場に立ったまま、木から木へと目で追いました。彼が見ているものを、わたしも見ることができました。でもホーサス以外に周りに誰もいなかったこともあって、わたしは微笑みを隠せませんでした。少し前に大学の周辺を散歩していた時は、数人がわたしたちを通り過ぎたのですが、でも今は並木道でまったく誰ひとりとして見かけません。神様がジョーのために特別にそうしてくださったと、わたしには分かっていました。ジョーはわたしに手を差し伸べたので、わたしはいっぽ歩み出てから彼と腕を組み合いました。

「一体、どうなっているんだろう？　信じられない！　いつか運河沿いに歩いていた時、輝いている花々のエネルギーが見えたことがいつも忘れられなかったんだ」彼は言いました。

「ええ、わたしも覚えているわ」

「でも見てごらん、ローナ。あの時とはかなり違って見えるだろ」

「神様があなたにもう少しよく見られるようにさせているからよ」

「神様がほんとうにいると知っているよ、ローナ。それに守護天使がぼくを抱いてくれていることも感じることができるんだ。ほら、木々が緑と紫色のエネルギーを放出しているのだって、ここから見えているだろ。時々木のエネルギーが伸びてきて、ほかの木に触れそうになるよね。まるで木同士が握手しているみたいに」

「その通りよ」と、わたしはジョーに答えました。

ジョーは深呼吸したあと、急に笑い声をあげながら言いました。

「わあ、ローナ。あれってどういうことなんだ？　枝から飛び出したエネルギーの球が、別の木の枝にジャンプして渡るなんて！」

「誰ひとりとして気づいていないけれど、木は互いに会話できるのよ。あなたは今それを見ているって、ところかしら？　木々は、互いにコミュニケーションを取ることができるのよ。けれども、人間同士が会話するようにではないけれど。互いに強く育つことができるように、そうやるのよ。木々にとって、薬のようなものなのよ。ジョー、何が起きているか、あれも見える?」

ジョーは下方に目をやり、いくつかの小さな若い木の芽を見つめました。とても小さい芽たちです。それらの周囲にも緑と紫色が混じったカラフルなエネルギーの球が、ジョーには見えたのです。大きな木々から落ちてきた光の球体が、小さな芽の上で破裂して消えてしまう光景を。小さな苗木が大きな木のそばに育つのは、この現象があるからです。

ジョーはわたしの腕を引っ張って、彼がどこを見ているのか教えてくれました。彼は木々の左側を見つめながら言いました。

「ローナ、ぼくにも天使たちがほんとうに見えていると思うんだ。でもはっきりとは見えないけれど。ぼくの影のようにだけれど、とっても明るいんだ。ぼくのために来てくれているのかなあ?」

「いいえ、まだよ」とわたしは答えました。

「ぼくが準備できていることを、きみも知っているだろ」

「ええ、分かっているわ」

天使たちがあらゆる方向から現れたのは、ちょうどその瞬間でした。天使たちはベールの中を潜るような仕草で歩いていました。そのベールについては、うまく説明することができませんが。それは、時間の隙間のベールとでもいえましょうか。それ自体は空気のようですが、スムーズで透けて見えるのです。絹のようでもあります。光のベールなのですが、まったく欠陥がなく完璧に見えます。わたしは常にそのベールを認識し、気にかけているのです。でも時としてそのベールは、よりはっきりと見えるのですが。わたしはそのベールに、ほとんどの場合はフォーカスしません。でも今のように天使たちが、そのベールにわたしが注意を払うように仕向けないかぎりは。

天使たちがそのベールに足を踏み入れた瞬間、まるで物差しで直線を描いたような金色の光線が現れてベールを分けました。その金色の光線を天使たちがまたいだとたん、それは消えました。まるで最初からなかったように。再びベールは、ひとつにつながりました。

ジョーは、ただあっけにとられて、その場に立ち尽くしました。ひと言も発することなく。そのまま数分ほど過ぎると、天使たちも木々や草から出ていたエネルギーも消えてしまいました。すべてが正常に戻りました。少なくともジョーにとっては。

「車に戻ろうよ」とジョーが言いだしました。

車にたどり着くまで少し時間がかかりましたが、天使ホーサスはそのまま残ってジョーを助けてくれました。その間ジョーの守護天使は、ずっと腕で彼を支え続けていました。やっとジョーが車に座り、わたしがエンジンをかけようとした時に彼はこう言ったのです。

「まだだよ。少しの間、このまま座っていようよ」

「あなた、さっきから無口ね」

「うん、分かっている。夢のことを思い出していたんだ。ローナ、きみには喋っていなかったけれど、何カ月も前の夢だったんだ。きみと一緒にこの大学を散歩していた夢だった。今日みたいに太陽が照っていたし、並木道で今日見たのと同じものを夢の中でも見ていたんだ」

頰に涙を流しながらジョーは続けました。

「あそこに立っていた時、あの夢の中にいると思ったくらいだ。目を瞬きさせたとたんにすべてが消えて、きみがそばに立っていたんだ」

「今回は夢じゃなかったのよ。でも神様はそういうふうに感じさせることもあるのよ。まるで瞬きするくらいの束の間の現実として」わたしはジョーにそう説明しました。

ジョーが手を伸ばし、わたしたちは互いに抱き合いました。彼がわたしの頰にキスをしてくれました。わたしはエンジンをかけて、家路につきました。あのような異なるエネルギーすべてと、少しだけですが天使たちをジョーに見せながら、彼にスピリチュアルな体験をさせてくれた神様にわたしは感謝しました。

あらゆるものからエネルギーは出ています。このことを人間は完全に理解し切れていないと、わたしは思うのです。食物でさえもエネルギーに満ちあふれているからこそ、わたしたちは食するのです。ありとあらゆるものがエネルギーを放出しているのが、わたしには見えます。スーパーで買い物をしている時でさえも、野菜や果物だけではなく、缶詰やボトル、ビニ

ール袋、段ボール箱でさえもエネルギーを放出しているのが、わたしには見えるのです。人間がまだ理解していないことのひとつとしてあげられるのは、このように異なるものから異なる種類のエネルギーが出ていることだとわたしは言いたいのです。おそらくいつか、そのようなわたしたちの周囲を取り巻くエネルギーについての本をわたしは書くことになるでしょう。植物や水、土、動物、人々、昆虫、それに地球の周囲を漂うエネルギーについてです。おそらくわたしの死後、その本は出版されることになると思うのです。

　このことに関する本を書く時間をくださいと、わたしは神様にいつもお願いしているのですが、現時点では今こうして書いているこの本にだけ、わたしは集中するべきことのようです。いつかあなたも、自分自身から出ているエネルギーも含めて、愛する人たちや自分の子どもたちから出ているエネルギーなどといった、あらゆるすべてのエネルギーを見ることができるようになるということを、どうか覚えておいていただきたいのです。

　人々がそういったエネルギーをより鮮明に見えるように神様にしてほしいと、わたしは時々お願いしているのです。そのようになった暁《あかつき》には、人類は今日《こんにち》のようにこの惑星を破壊することをきっとやめるでしょう。今のところこのことに関しては、これ以上語らないことにします。

第29章 水車小屋での休暇

ステキなお誘いを受け、古い水車小屋でのバカンスを過ごす機会に恵まれました。もちろんそこでも天使たちと一緒です！　家族と友人、そして天使たちに囲まれ、たいへん愉快で楽しいひと時でした。

　あるイベントにて、フィオナという名前の親切な女性がわたしの娘にこんな話をしました。それは、彼女と彼女の夫が静かな休暇を過ごしたい人たちのために貸し出している改装済みの古い水車小屋についてのことでした。その水車小屋をわたしに使ってほしいと、フィオナは招待してくださったのです。わたしがそこでゆっくりと体を休め、執筆などに打ち込めるようにと彼女は勧めてくれたのでした。

普段わたしはそういったお誘いを受け入れることはないのですが、今回に関してはお言葉に甘えることにしました。

そのような経緯でわたしは、娘のメーガンと一緒にダンショーリンにある古い水車小屋まで旅することになりました。フィオナさんは、町でわたしたちのことを待っていてくれました。一緒にコーヒーを飲んだあと、わたしたちは彼女の車のうしろについて水車小屋までたどり着くことができました。

扉の鍵を開けたフィオナに続き、わたしとメーガンは中に入りました。まるで過去の時代に遡っていくような感覚がしました。古風な台所とダイニングに、わたしたちは足を踏み入れました。一昔前に見かけたことのある敷石の床でした。そこ以外は全部、木製の床が敷き詰められていて、窓には鎧戸がついていました。もう皆さんもお気づきのように、わたしは古風なものが大好きです。おまけに裏庭からも自然が広がっていて、素晴らしい眺めでした。

その水車小屋で数日間を過ごしたある時のことです。二階に駆け上ってきたメーガンが言いました。

「ママ、フィオナさんから電話があって、十分後に配達のトラックが着くそうなの。ガーデン用のテーブルと椅子を運んでくるらしいわ」

わたしはここに来る前、ちょうどイタリアでの講演旅行を終えたばかりだったこともあり、二階の部屋のベッドの上でゆっくりと旅の疲れを癒していたところでした。しばらくしてわたしはベッドから起き上がり、一階へと下りていきました。ちょうどリビングルームに入ろうとした時、ふたりの天使がソファーに座っているのが目に留まりました。わたしはそのふたりの天使たちに微笑みながら言いました。

「あなたたちは、ここでのわたしの休暇につき合ってくれているの?」

「そうだよ、ローナ」ふたりの天使たちはそう返事したとたん、消えてしまいました。

「あの天使たちときたら、長くいなかったじゃないの」と、わたしは笑顔を浮かべて独り言を言いました。

わたしが台所に行くと、先ほどの天使たちがいて、台所のテーブルで火曜日に受ける大学の試験の準備をしていたメーガンの両脇にひとりずつ立っていました。台所の窓からは、門の外に白いトラックがちょうど止まったのが見えたので、「配達のトラックが着いたわ」とわたしは言いました。

メーガンは立ち上がり、外に出て手伝おうかと言いました。

「ママも一緒に来て！」

「う〜ん……。すぐに行くから、先に行っててちょうだい」ためらい気味にわたしは返事しました。

わたしがこのような態度を取るのは、根っからの恥ずかしがり屋だからです。まずはやかんを火にかけてから、敷石の床を歩いて小さなドアに向かいました。誰からもわたしが見えていないことを確かめてから、そっと外の様子を覗いてみたのです。フィオナがガーデンテーブルと椅子を配達してくれた若い男性と話しているのが見えました。フィオナの十一歳になる可愛い娘のエヴァもその場に一緒にいました。ちょうどやかんの湯が沸いたので、わたしはドアを閉めました。

紅茶が入ったコップを持って庭に出ると、外のみんなに「お茶を淹れましょうか？」と、わたしは訊ねようとしました。すると台所にいたあのふたりの天使たちが、こう言いました。

「いや、ローナ。みんな家の裏にいるよ」

それで裏口から外に出ると、雨がパラパラと降ってきました。

「どうか今、雨を降らせないでください」と、わたしはちょっとしたお祈りをしました。

わたしは、フィオナと彼女の幼い娘に挨拶をしました。テーブルを担いだ若者が家の角から現れるまでの少しの間、わたしたちは立ったままで喋っていました。

「倉庫の前にこのテーブルを置いても大丈夫でしょうか？」とその若者がフィオナに訊ねると、彼女は「そうしてくださいな」と答えました。

その若者は椅子を取りに、再び家の角を曲がって姿を消しました。その数分後に彼は、倉庫に椅子を収納しました。

ちょうどその時、わたしの娘がその若者に向かって言いました。

「お手伝いしようとしていたのに、すっかりお喋りしちゃってごめんなさいね」

「ぜんぜん、問題ないです。全部終えましたから」

若者は笑顔で返事をしました。

彼は倉庫に錠をかけ、手を振って挨拶してから家の角を曲がっていきました。

フィオナの娘のエヴァは、とても愛らしい子です。恥ずかしそうにそこに立ったまま、左右に体を揺らしています。どれほどエヴァが幸福で満たされている子か、わたしにはよく分かります。わたしたちは一緒に立ち話をしました。エヴァの守護天使も、彼女にリズムを合わせて左右に揺れていました。でも巨人のように大きい天使なのです。そんな守護天使と比べると、エヴァがとても小さく見えるのです。彼女の守護天使は、ずっと下のほうにいる彼女を見下ろしています。女性的な外見をしており、優雅さがあふれています。光を発するシルクのような長い裾のドレスを着ていて、茜色の光の波を打っています。その守護天使の手も輝いていて、とても長い指でエヴァの肩のあたりで静かに動かしています。時おりエヴァの頭を、優しく撫《な》でていました。

わたしたちは家から門まで歩きながら話をしました。わたしは同時にエヴァの守護天使にも語りかけました。

「あなたはこの可愛い小さな少女と、もっと釣り合える大きさになれないの？」

わたしがこう言ったとたん、守護天使はエヴァの背丈に少しだけ外見を合わせました。でもまだ三メートルもあるほどとても背が高く、頭と肩は少女に覆いかぶさっていたのです。守護天使は腕でエヴァを包み込み、両手を合わせて彼女を優しく抱擁していました。わたしたちは全員台所に集まり、しばらくの間お喋りをしていました。そのあと、フィオナと彼女の娘は帰っていきました。わたしはメーガンと自分のためにお茶を淹れました。メーガンは、再び試験勉強に戻りました。わたしは散歩に出かけることにしました。わたしたちはこんなふうに、水車小屋での数日間を楽しんでいました。わたしは執筆したり森に囲まれた美しい小道を散歩したり、近くの城を訪ねることもできました。

第30章 愛の鳥

目にするだけで感動に胸が震える〈愛の鳥〉という存在がいます。このハイタカのような姿をした霊的存在は、神様がわたしたちに与えてくれたシンボルのひとつです。神秘に包まれた存在ですが、何か重要なことを人類に伝えてくれていることはたしかでしょう。この章では、天使たちが教えてくれた「音の聴き分けゲーム」もご紹介します。

あれはたしか、二〇一六年の五月のある水曜日の朝のことでした。わたしはキルケニーの自宅で目を覚ましてからスリッパを履き、寝室の雨戸を開けようと手を伸ばしました。どんな天気なのか小さな窓から外を覗こうと屈んだとたん、ひとりの天使がわたしと同じように真似していることに気づきました。わたしはうしろを振り返り、その天使に笑顔を見せました。とても背の高い天使でした。わたしと同じように前屈みになり、寝室の小さな窓からどんな天気なのか外を覗いていました。そんなことをしなくても、その日の天気を天使たちはよく知っているはず。

その天使は女性的な外見でした。とても美しくてエレガントでもあります。銀色に光っている長いドレスを着けていました。その天使がわたしと一緒に前屈みになって窓から外を見ていた時に、天使の銀色の髪が窓枠に触れていたのが思い出されます。その髪が窓枠に触れるたびに、天使の髪先は花火のように光を放っていました。わたしはその天使に訊ねました。

「わたしはまたベッドに戻り、数時間眠ったほうがいいかしら？　どう思う？」

「ローナ、ぜひそうしなさい」と天使が言ってくれるのを、わたしは期待していたようです。そんな気持ちにさせる朝だったのです。わたしはまた、毛布に頭から潜り込みたい気分でした。

「それはダメだよ。もう朝の八時なんだからね。これから何をしたいのか、早くお決めなさい！」天使はそう言いました。

その天使はまっすぐ立つと、何ともいえない優雅な歩き方で、ゆっくりと動きだしました。その天使はうしろを振り向き、「さよなら」と言ったあと、歩いて部屋から出ていきました。わたしはその天使を追いかけたいと思いましたが、わたしの寝室はかなり小さいのに数百メートルも離れているかのように、あの時は感じられました。その天使は、寝室のドアをすり抜けていきました。ドアを開いてからわたしは廊下を見渡したものの、すでにその姿はありませんでした。心の奥底では、そんなことは知っていたのですが。

小さな火花が窓枠から廊下に向けて飛び散りました。でも天使は、もうそこにはいませんでした。名前すら、わたしに教えてくれずに。天使たちは、よくそういうことをします。なぜなら、いつも名前を必要とするわけではないからです。わたしが皆さんにいつもお伝えしている通り、ただシンプルに〈天使〉と、天使たちは呼んでほしいのです。

すぐさま着替えたわたしは、ふつうの朝の雑務にとりかかりました。愛犬のホリーとウサギのミムシーとも、少しだけ交流しました。ホリーを連れて果樹園に出てから、小道沿いを歩きました。もちろん、犬とわたしだけの散歩でないことは、もう皆さんにも、お分かりいただけるでしょう。庭の小さな門を出た時には、天使たちもわたしのうしろに続いていました。ホリーはいつものように走ったり、草むらを嗅いだりしていました。そして時々止まっては、うしろを振り向きます。愛犬ホリーもわたしたち人間と一緒にいる天使たちを、垣間《かいま》見ることができるということをわたしは知っています。

動物にも彼らの姿を見せることは、天使たちが時々することです。そんな時動物は、はっきりと天使が見えるのではなく、一瞬ちらっと見えるようです。それによって動物たちは、大丈夫だと安心します。ホリーにもまさしくそのことが、あの時起きたのです。そのあとホリーはまた、草むらを嗅ぎ続けました。あの日は曇っていて、やがて雨が降りはじめました。

しばらくしてからわたしとホリーは、天使たちに付き添われながら家路を急ぎました。家の中に駆け込んだ時にはもう、土砂降りの雨に変わっていました。

わたしはお茶とトーストを用意し、仕事をしようと二階に上がりました。それを終わらせたのが、ちょうど一時頃でした。わたしは、座っていた椅子をくるりと回転させると、外を覗きました。天候はさほど変わりはしてなかったのですが、土砂降りはもう止んでいました。雲の合間からは、時おり太陽が顔を覗かせていました。

わたしは太陽の輝きを見たとたん、ちょっと長い散歩に出てみたくなりました。それでパソコンの電源をオフにしてから、階段を下りようとしました。ちょうどその時です。四人の〈失業中の天使〉たちが現れたのです。彼らは、階段の数段にかけて並んで立っていました。

「ローナ。ここから歩いていくんじゃなくて、運転していったら?」彼らはわたしにそう言ったのです。

「う〜ん、悪くないわね。天気もあまり変わっていないし、雨もまだ降り続いていることだし……どこかに車を停めてからしばらく静かに祈ることにするわ」わたしは一階へと下りつつ、天使たちにそう言いました。

わたしは自然の中で過ごすのが大好きです。すべてがそこにあるからです。わたしは、自然界にとても感謝しております。さて、出かける支度が終わると、わたしは心の中で考えていることを、失業中の天使たちに向かって声に出して語りはじめました。

門を出ると、家の前の小道を車を走らせました。どこに向かって車を走らせるべきか、まったく計画していなかったのです。わたしは、いつもそういうのが好きだからです。標識に従って大通りに出ずに、車をひたすら田舎道を走らせました。すると突然、急な坂道に入り込んでしまったのです。でもわたしは、周りの景色の美しさにとても感動しながら、ゆっくりと車を走らせました。逆に向かっておそらくたった三台くらいしか、通り過ぎていかなかったように思います。わたしが手を振ると、彼らも手を振って挨拶してくれました。これはアイルランドの田舎に住んでいる者なら、ごく当たり前の仕草です。ほかの国のことは分かりませんが、この国の田舎では、これが近所の住民を互いに知るためのひとつの方法なのです。ガソリンスタンドやスーパーで出会うと「こんにちは」と挨拶して、互いに認識し合うのが当たり前です。

わたしはかなり着込んでいました。太陽は雲の間から時々覗いたのですが、あっという間に雲のうしろに隠れてしまうので、寒さが和らぐことはありませんでした。霧雨の中、わたしは車を走らせました。前方には、暗くなった空が見えています。もうすぐ土砂降りになりそうだと、わたしは思いました。ひとりの失業中の天使が、「ローナ、見てごらん!」と、その時声をかけました。

もうひとりの天使が、空を指さしました。雲の合間から、太陽がゆっくりと顔を出していました。今回は眩《まばゆ》いほどに輝きそうな気配でした。すると次の瞬間には太陽からの光線が、まるでスポットライトのように一直線に小さな川を照らし出したのです。その光の導きがなければ、そんな小さな川にわたしが気づけるはずがありません。その日はどんよりと暗雲の立ちこめる日だったのですから。川辺に下りていくのに、車を駐車するちょうどいい場所が見つかりました。

車から降りる時、わたしは失業中の天使たちにこう訊ねたのでした。

「小さな川がわたしに見えるように、太陽の光線で導いてくれたのはあなたたちだったの?」

天使たちは、わたしの質問にはぜんぜん答えてくれませんでした。天使たちは、わたしの質問をしばしば無視する傾向があります。わたしが訊ねていることを、聞いていないようにさえ思える素振りをすることもあります。まったく気にかけてくれていないようなことも多いのです。でもわたしは、そんなことはぜんぜん気になりません。それが天使たちのやり方なのですから。

以前に何度か通ったことがある森の小道を、わたしは歩きました。おそらくキツネやアナグマも通る道だと思います。シカもそこを通っているのかもしれません。木立の間を抜ける、曲がりくねった小道なのです。中には大木もあります。空が見える場所にたどり着くと、太陽が顔を出しているのが見えました。わたしはその川の辺まで歩きました。大きな川ではないので、小川と呼んだほうが適切かもしれません。小川には岩がたくさんあり、滝のように水が岩から落ちて流れているところもあります。とても美しくて、心が癒されます。この小川の向こうには、さらに深い森が続いています。石を飛びながら川を渡っていくことができないものかと、わたしは思ったのです。

ちょうどそこを渡ろうとした時、わたしの名前を呼ぶ声が聞こえました。

木立の間から大天使ミカエルが現れました。「こんにちは、ローナ」と、彼はわたしに挨拶してくれました。

「ミカエル、こんにちは。ここで何をしているの？　ここであなたに会えるとは、ぜんぜん思っていなかったわ」わたしは彼にそう言いました。

ミカエルはただ笑顔を浮かべるだけで、わたしの質問には答えてくれませんでした。

「その川を渡るな！　ここにじっとして、周囲の自然を楽しむことだ」ミカエルはわたしに、そう言い聞かせました。

そのあとなぜか、ミカエルは消えてしまいました。

わたしはそれで岩の上に腰を下ろしました。それから滝のように岩から落ちる川の音に耳を傾けていたのです。すると小鳥たちが飛んできて、岩の上をぴょんぴょんと跳ねながら岩をつついている様子が目に留まりました。周囲の自然が奏でる音色と静寂さにただ耳を傾けているうちに、わたしの心はますます平和に満たされていきました。


ほんの子どもだった頃にわたしは天使たちから、あらゆる音を聴き分ける方法を学びました。一つひとつの音に集中しながら、聞こえてくる音一つひとつの音程を聴き分けるようにと教わったのです。それでわたしは、耳を澄ましながら一つひとつの音が何を自分に語りかけているか、それを天使たちから学んでいました。時には虫の音色も聞こえてきました。鳥がさえずる音だったり、ヒューヒューと唸る風の音だったりもしました。空中を伝わってくる音の源を探ります。するとその特定の音は、細かい破片に割れてあらゆる方向に散らばっていきます。このような現象も含め、美しいあらゆる自然に恵まれた惑星を与えてくれた神様に、わたしはいつも感謝しているのです。

ここでわたしが説明することを、ぜひ皆さんも試してみてください。これもわたしたち人間誰もが、いずれ学び取ることになるひとつだからです。わたしはこのようなやり方を、子どもの頃から学んできました。あらゆる音を混ぜて聴いていることも何度もありました。天使たちがわたしに聴かせたい音を追わずに、別の音に集中してしまっていたと気づくこともありました。

天使が教えてくれた音の聴き分けゲーム

たとえば、あなたがベンチに座っているとしましょう。すると周囲の人々のさまざまな声が聞こえてきます。その声の中からひとつだけ選び、その声の源を突き止めることができるでしょうか？　これを何度も繰り返しながら練習しているうちに、あなたは確実にうまくなります。たしかに簡単ではありませんが、わたしが学ぶことができたのですから、皆さんにもできるはずでず。

おそらくお子さんたちのほうが、あなたよりもきっとうまくいくでしょう。これを訓練することで、何の害も起きるはずはありません。

あなたが何人かの友だちと一緒に座っている時、これをゲームとして楽しむこともできます。それぞれがひとつの音を選びます。お互いにどの音を選んだか教え合ってから、五分ほどそれぞれの音に耳を集中させます。どれくらいうまく聞き取れて、何回くらいあなたは聞き逃したでしょうか？　聞き逃す前に一分間以上集中することができましたか？　紙とペンを用意して、その音を聞き逃すたびに印を記入しておくようにしてください。逆に聞き取れた場合も、異なるマークを記入しておくとよいでしょう。自分の好きなシンボルを使って、これをやってみてください。これはどこでもできる練習です。とくにひとりでいる時は最適です。あなたの守護天使に手伝ってくれるように、お願いしてみてくださ い。あなたの周りにいるほかの天使たちも、協力してくれるかもしれません。

あの時わたしはそこに、どれくらいの間座っていたかよく分かりません。でもわたしの肩に、守護天使の手が触れたのを感じたので、わたしは周囲を見渡しました。するとたくさんの天使たちが、その辺り一帯に散らばっていたのです。岩に腰かけている天使もいれば、川辺を歩いている天使もいました。わたしたち誰もが、自然の中で時間を過ごしていると心が落ち着き、さまざまな想念を手放すことができます。すると、スピリチュアルな自己が拡大されていくのです。少なくともわたしには、そのようなことが起きるのです。

天使たちの足が地面に触れることは、ありえません。草の葉一本にさえも、触れることはないのです。それにしても、地面と天使の足との間にある光のクッションが、草の葉に触れているかのように動いているのが、わたしには見えるのです。

小川の縁《ふち》を歩いていた天使が、森のほうを指さしました。わたしは振り返り、その方角に目をやりました。すると再び大天使ミカエルが美しい森の中から現れて、わたしのほうへ歩いてこようとしました。ミカエルは膝まで隠れるほどの長さのトレンチコートを着ていて、裾が風になびいています。そのコートはベージュ色で、彼は黒っぽい色のズボンを履いています。周囲の木と同じような、こげ茶色でした。彼がわたしに向かって歩いている間、わたしは彼の足下にある光のクッションをじっと見つめていました。それが、ミカエルの足が地面につかないように妨げているのです。でもほかの誰かが彼が歩いているのを見たとすれば、彼の足がぴったりと地面にくっついていると、きっと思うことでしょう。

彼が踏み出す一歩一歩が、雷のようでした。風が彼のコートをさらに開くと、その下に着ているものが見えました。なんと、黄金色でした。ミカエルは、いつもと同じくらいとてもハンサムでした。

「こんにちは、ミカエル。ところで前回あなたは、『行かなければならない』と言わないでそのまま消えたでしょ！」

彼はわたしの言葉を無視して、「こんにちは、ローナ」とだけ告げました。

ミカエルは近づいてきて、わたしから数メートル左うしろに立ちました。

「ここでのひとときを、おまえは楽しんでいるのかい？」と彼は訊ねました。

「ええ、とても」

「ローナ、川の向こうを見てごらん。右側の木立の中を！」

「どの木のことなの？」わたしはミカエルに訊ねました。

「いちばん高く聳え立つ木だ」ミカエルがそう答えたとたん、川の向こう側にいちばん高く聳え立っていた木が明るく輝きました。木立の中には、ほかの木よりも多く葉をつけているものもあったのですが、まだ芽が出はじめたばかりの木が多いため、枝が全部かなりくっきりと見えていました。

枝を見上げたとたん、ミカエルがわたしに見せたかったものを知ることができました。猛禽類《もうきんるい》と思われる鳥が一羽見えたからです。タカやワシなどの猛禽類は、ほかのどんな種類の鳥たちよりも直立した姿で木にとまる習性があります。

わたしはミカエルを振り向くことなく、こう言いました。

「ハイタカのように見える……なんて美しいんでしょう！」

突然その鳥は飛び立ち、木々の高い枝の間を飛んでいくのが見えました。それからまた鳥は戻ってきて、わたしが最初に見た木の枝に留まったのです。このような美しい鳥を目にすると、わたしはいつも嬉しくてたまらなくなります。その鳥は数分間そこに留まったまま、あたりを見渡している様子でした。わたしはミカエルに言いました。

「ありがとう。神様があのような猛禽類の鳥を見せてくれるのが、わたしは大好きなの。子どもの頃、神様から与えられた特別な贈り物を思い出させてくれる……ケガを負っていたあの時のハイタカの雛のことを。ああ、わたしの〈愛の鳥〉よ」

前に進み出たミカエルがわたしの手を取り、平和と愛でわたしを満たしてくれました。このようにしてミカエルがわたしの手を取ってくれるのが、いつも嬉しくてたまらないのです。

「わたしが今回やって来た理由は、神様がおまえにかつてのように〈愛の鳥〉を見てほしいと願っておられるからだ、ローナ」

〈愛の鳥〉のことを考える時、いつもわたしの感情が高ぶってくるのが感じられます。なぜなら〈愛の鳥〉は、わたしの地球における使命ととても深い関係があるからです。その使命とは、わたしの人生における最高に素晴らしい時にも、また逆にもっとも辛くて最悪な時にも反映されてるのです。

〈愛の鳥〉は、そのひとつのシンボルなのです。神様や天使たちが時代を超えて、わたしたちに与えてくれる他のシンボルと同様です。異なるレベルにおける意味が込められているのです。わたしたち人類は、徐々に各層ごとにその意味を読み解くことができるようになるのでしょう。別の言い方をすると、それらはまさに〈生きているシンボル〉とも言えます。なぜならば、〈愛の鳥〉がわたしの元にはじめて訪れた時、それは完全かつ光り輝く、生きている霊的存在として現れたからです。実に肉体を持って、この世に現れたのでした。ここで説明しているような非常に稀で貴重な遭遇は、その後のわたしの人生において繰り返し起きました。でも、はじめて訪れてくれたのは、〈愛の鳥〉で、肉体を持った同じ生きものだったのです。

普通、天使のような霊的存在が、物質世界において変化を起こすのはかなり困難なことなのです。わたしは自著を通じて、天使が窓や扉を叩いたり風を吹き起こしたりするような、いくつかの例を取り上げてきました。でも、このようなことが頻繁に起きるようになったのは最近のことなのです。ですから、まだまだ稀なことであるのはたしかです。さらには、大天使ミカエルが普通に見かける人間のような格好で現れることも、わたしは時々語っております。それにしても、〈愛の鳥〉がはじめてわたしの前に現れた時のことは、そういったこととはまったく別の類《たぐい》のものでした。なぜならば、〈愛の鳥〉は霊的存在であると同時に、実際に肉体を宿すという物質化を果たしているためです。

わたしはこの現れたシンボルの意味を、まだ完全に理解できたわけではありません。でも神様が、わたしにしてほしいことと、神様がわたしを通じてこの世界に委ねたいことに関係しているのではないかと理解しているのです。神様は、わたしの愛を必要としています。そうであるということは、神様の光の欠片である皆さん一人ひとりの人間の魂も、わたしを必要としていることになります。誰かを愛し、誰かに愛されるということは、実に大きな責任を負うことでもあります。そして、時としてわたしが神様の御前に召された際に、そのかぎりなくパワフルな愛に圧倒されてしまうことさえあるのです。逃げ出したくなるほどです。だからこそ、「なぜ隠れているのだ」と、神様がわたしに言う時さえあるくらいです。

シンボルとしての〈愛の鳥〉は、何かとても重要なことを意味するのだとわたしは思っております。この世界に新しい形の愛が働きかけているとか、壮大な変化が起きつつあるといった、そういうことを示しているのではないかと思うのです。これはスピリチュアルなプロセスであり、愛によって物質が変化させられることの象徴とも言えるかもしれません。きっとそのプロセスは、わたしたち自身の肉体からはじまることでしょう。肉体と魂が、互いに絡み合う融合からはじまるでしょう。

これは滅多に起きないことなのですが、人が深い祈りを捧げている時に、わたしはその融合を幸運にも観察できることがあります。そのプロセスが起きるためには、まず魂が前に進み出る必要があります。これは魂が、部分的に体から抜け出ることを意味します。魂が肉体の前に進み出るのを、わたしは時々見かけることがあるのですが、それはたいてい、魂が肉体を去る準備をしている時だったりします。死が近づいてくると、おそらく人間はスピリチュアル面でよりオープンになれる傾向があります。もっと愛情深くもなりえます。人間は自らの死期が近づいていることを知ると、生きている間に理解しておきたくて、よく質問するようにもなります。

これと同じような変化は、深い祈りをしている時にも起きえます。でもたいていの場合は、人々は頻繁に祈らなかったり、心を込めた深い祈りに欠けることもあります。それでは十分な信仰と確信がないまま、祈りの言葉を機械的に復唱しているだけにすぎません。

でもあなたの肉体の一つひとつの細胞と共にあなたの骨まで感じられるほどの祈り方をすることによって、あなたの魂は前に進み出ることができるようにさせます。このような場合、何が起こると思われるでしょうか？　魂と肉体が絡み合う融合が起こるのです。祈りをとおして、スピリチュアルな体験が深まります。愛があふれているこの宇宙にて、あなたの魂が純然たる愛であることを受け入れていくにつれて、スピリチュアルな存在たちにももっと遭遇できるようになるでしょう。すると肉体は、さらに軽く感じられるようになります。

わたしがかつて見せられた未来のヴィジョンを、わたしは前述にて述べました。その未来においては、子どもたちが川の水面を歩いていました。彼らにそのようなことができるのは、肉体が今よりも軽くなっているからです。未来の子どもたちの肉体が彼らの魂と絡み合い、融合できている証なのです。

キリストは死後に昇天し、彼の肉体は変貌して復活しました。よってそのあと弟子たちは、道端を歩いている彼を見かけても気づくことができなかったわけです。キリストは、肉体も含む完全無欠な存在へと変容を遂げました。このような出来事にはさまざま異なるレベルにおける意味があるにせよ、〈愛の鳥〉の神秘を明かす糸口にもきっとなるでしょう。


こういった理由も含め、神様がわたしにもう一度〈愛の鳥〉を見せたかったとミカエルは教えてくれました。わたしは、悲しみの涙ではなく、喜びの涙を流しました。

「それは、喜びの涙と信じてよいのだな」ミカエルはそう念を押しながら、わたしの頬を伝う涙を自らの指先で拭ってくれました。

「ええ、そうよ」と、わたしは返事をしました。

「ローナ、見ることを楽しむのだ。ところで、あの鳥はどこへ行ったのかな?」

わたしたちはあの大木を振り返り、ずっと上のほうを見上げました。

「ほら、あそこにいるわ。なんて美しいのでしょう!」わたしはミカエルにそう言いました。

ハイタカは、誇らしげに同じ枝に止まっていました。その美しさに、わたしは見とれていました。すると突如として、ハイタカは下方に向かって飛び去ったのです。ものすごい速さで滑降し、十メートルほど先の岩の上にとまりました。そこでじっとしています。かなり接近したところに留まっています。わたしが身動きすると、また飛び去らないかとドキドキしたくらいです。ミカエルがわたしの手を放しても、わたしはその美しい鳥から目を逸《そ》らせませんでした。

と同時くらいに、こうミカエルが言いました。

「飛び去ってはいない。じっと観察し続けなさい」

わたしたちは立ったまま、その鳥を見つめていました。どれほどの間だったかは、分かりません。おそらく数秒間、あるいは数分間見つめていたかもしれません。

けれども次の瞬間に起きたことは、言葉にするのは当然ながら、説明するのは尚更のこと、非常に表現しがたいものでした。

小川はいくつかの岩の上を乗り上げるように流れていました。その鳥は突如として、白い泡を立てながら岩の間を渦巻くように流れている川から離れ、上のほうへと飛び去っていきました。それでもまだ川に浮かぶ白い泡は、美しいハイタカがとまっていた岩にぶつかっては引いていくのを繰り返し続けるのでした。まるでスローモーションでも、見ているような光景でした。やがてハイタカは、また岩に戻ってきました。その優雅な頭を時おりくるりとひねり、自分のとまっている岩を見つめていました。自分の爪が触れている岩に跳ね返る水しぶきを、じっと見つめていたのです。その間ハイタカは、じっとしていました。足元で跳ね返る水しぶきに気をとられていたとしても、危険でないことを知っているに違いありません。

そこに立っていたわたしとミカエルにも、きっと気づいているのでしょう。その鳥がほんの少し頭を左に動かし、次に右にも動かしたのをわたしたちはじっと観察していました。

わたしはミカエルに小声で言いました。

「ハイタカは、わたしたちを今まっすぐ見ているのでは？　わたしたちから目を離さないんだもの」

「それは違う。ハイタカはおまえだけを見ているのだ。おまえから目を逸らしはしない。そのことにおまえはたった今気づいただけなのだ」

ミカエルがそう言い終えたとたん、わたしは「なぜ？」と言わんばかりに、彼の顔をじっと見つめました。けれども、「これ以上は話せない」と、彼は言いました。

わたしはひと言も言わずに、ただミカエルのそばでその鳥を眺めていました。

ふいに周りのすべてが静かになり、先ほどまで吹いていた風も止みました。鳥のさえずりも聞こえなければ、虫の音色さえ聞こえなくなりました。ほんの少し前までは、川面を飛び交っていた蝶たちもどこかに消えてしまいました。

ハイタカはけっしてわたしから目を離しませんでした。わたしも同じでした。その鳥はじっと岩にとまったまま、ゆっくりと翼を広げはじめました。それと同時に川の流れも静かになったことに、わたしは気づきました。まったく動いていません。流れが凍りついたように完全に止まってしまいました。まるでクリスタルガラスのようです。でも何かが触れたら一瞬にしてすべてが砕け散ってしまいそうな、そんな繊細さを帯びていました。先ほどまで岩にぶつかっていた水しぶきさえ、静まっています。川の流れが空中で静止したように、あるいは、まるで透明のビーズが岩の上に張りついているかのようでした。

ハイタカの翼は、今にも岩から離陸するかのようにその場で広がりました。翼は動きながら、その先端の色を変えました。翼の一枚一枚の羽根が、美しく輝く黄金色に変わりはじめたのです。その光景は、スローモーションを見ているようでもありました。黄金色がそれぞれの羽根の先端まで流れるように波及していくのが分かりました。ハイタカの頭頂部からそれははじまり、爪先まで広がっていきました。すべてが黄金色に。ハイタカは完璧な変容を遂げました。これぞまさしく、わたしの〈愛の鳥〉というものを目の前で見せられていたのでした。

気が遠くなるほどわたしは圧倒されてしまい、とうとう泣き出してしまったのです。喜びの涙がわたしの頬を伝いました。わたしは笑顔を浮かべながら、〈愛の鳥〉からずっと目を逸らさずにいました。するとわたしの〈愛の鳥〉は、岩の上を舞うように旋回しはじめたのでした。空中でも翼は光っています。それが川の流れにも影響を与えているとさえ見えたのです。空中で凍結していた水しぶきが、突然動きを取り戻しはじめました。まるでハイタカの翼を避けるように、流れはじめました。

やがてハイタカはわたしたちのそばを通過し、川沿いに滑るように低空飛行しました。ものすごい速度なのに一枚一枚の羽根の細部まで、わたしははっきりと見ることができました。ハイタカは、金色の光を跡に残しながら空高く飛び去る前に頭を返しました。わたしを見ていたに違いありません。わたしはそれを確信していたのです。

ハイタカは空高く飛んでから、海の波が押し寄せるかのように下降しました。黄金の光の尾を引きながら、上下飛行を繰り返しました。わたしの〈愛の鳥〉の一枚一枚の羽根は、黄金の閃光を空に残していきました。

〈愛の鳥〉はどこかに消えていくかもしれない、とわたしが思った時です。くるりと向きを変えて降下しはじめたのです。速やかに滑り落ちるように。でもそのあと、再びあの木立の中に飛んで戻る前に、まるでわざとゆっくり時間をかけるように速度を落としました。枝の間を自由に出たり入ったり、まったく何の努力もいらず飛んでいるかのように見えました。それからその鳥は、わたしが最初に見た木の枝に落ち着きました。

わたしがミカエルにちょうど何かを言おうとした瞬間に、〈愛の鳥〉はまた飛び去っていきました。空を上へと高く、高く舞い上がっていったのでした。金色の光の軌跡を残しながら。そして消えました。

すべてがいつもの世界に戻っていました。鳥たちのさえずりや虫の音、小川が岩の上を流れる音。わたしは、悲しさと喜びを同時に感じていたのです。わたしの〈愛の鳥〉が見られなくなったのが、もうわたしの頰を涙が濡らす理由です。でも同時に幸せで満たされていたこともたしかです。

ミカエルはわたしの手を取り、彼は右手で例の雪のように白いハンカチをトレンチコートのポケットから取り出しました。そのハンカチで彼は、わたし

の目からあふれ流れる涙を拭き取ってくれました。「泣くのはもうおやめ」ミカエルは優しい声で言いました。

彼がわたしの頰の涙を拭き取っている時、わたしは自分が喜びで満たされていくのを感じ取っていました。もう微笑みを抑えきれないほどになる頃には、ミカエルも微笑んでいました。

「わたしが去る前に訊ねたいことがあるだろ、ローナ」

「うん、そうなの。じゃあ、訊くね。神様はなぜ、わたしに〈愛の鳥〉を再び見せたの?」

「ローナ。それは神様が、おまえがあの〈愛の鳥〉をどれほど恋しく思っているかをよくご存じだからだ。神様はおまえの〈愛の鳥〉についておまえに伝えたすべてを、いつもおまえに覚えておいてもらいたいのだ。とても重要なことだからだ。ローナ、おまえが子どもだった頃のことを思い出してみてごらん。おまえは、なぜ神様が彼の鳥を〈愛の鳥〉と呼ぶのか訊ねただろう。その時神様がおまえに言った言葉を、今正確に述べてみなさい」

「実はまだあの時の神様の言葉の意味を、わたしは理解していないのよ、ミカエル。おそらく、その意味の深さをわたしは怖れているのね。神様や世の中の人々をがっかりさせないかと怖れているのかもしれない。あの日、神様は、わたしに多くのことを語ってくれたわ。そのひとつに神様は、あの時の雛鳥と同じだけの愛をわたしも持っていると言っていたわ。ほかにも思い出せることがあるの。それは今でもわたしの頭の中で、よく思い起こす言葉なの。神様はわたしを必要としているということだけれど、神様がわたしに言ったその言葉の意味の深さは、わたしは計り知れないものだと思っているわ。その意味が理解できないでいるのだけれど、神様はわたしの質問にぜんぜん答えてはくれないのよ」

ミカエルはわたしの前に立つと、わたしの両手を取りました。わたしたちが一緒に祈る時は必ず、互いの掌を重ね合わせるのです。

「ローナ。神様は、今日はここに来ることはできない。しかし、神様は大天使であるわたしをここに遣わされたのだ。神様がおまえに〈愛の鳥〉を見ることを許される時はいつも、あの日、神様がおまえに伝えたことを、おまえに思い起こさせるためなのだ。〈愛の鳥〉とおまえについて……さてと、わたしはもう行かねばならない」

ミカエルはわたしの手を離しました。でもわたしはそのまま祈り続けることにしたのです。わたしの両掌は重なり合ったままでした。

ミカエルは森に向かって歩きはじめました。森の中に入っていく前、彼は振り返ってわたしに笑顔を見せました。そのあと姿を消しました。

どれほどの間その場でわたしは祈っていたのか、分かりません。祈りを終えると、自分が天使たちに囲まれていることに気づきました。手が冷たくなっていたので、こすり合わせました。

周囲にいた天使たち全員が、「家に帰る時間だよ」と、同時に喋り出しました。

あの時森の中を歩いて戻っていった記憶は、わたしから完全に消えています。けれども車の中でもうすぐ家にたどり着くと思ったことは、はっきりと覚えています。わたしは小道を走らせてから、車から降りて門を開けました。そのあとわたしは、コンロに火をつけて夕食を作りました。夜は二階に上がり、パソコンの前でもう少し文章を書くことにしました。

第31章 愛されていることを忘れないで

天使たちや亡き人たちの魂はいつもあなたを見守っている――このことを何度でもお伝えしたいと思います。わたしたちは時に希望を見失ってしまうことがあります。そんな時、守護天使たちはどのようにあなたに希望の光を送るのか。また、自ら死を選んだ魂は死後どうなるのか。残された人々の多くが心配する点についても書いてみようと思います。

ドンとパスカルというふたりの友人から結婚式の招待状が届けられた時は、わたしはとても驚きました。でも、招待していただいたことをとても光栄に受け止めたのでした。その結婚式は、バリーハイグ城で執り行われました。ちょうど一年前の夏にドンの家族を訪ねた時、わたしはそのお城も訪ねることにしました。今回は、まさにそのバリーハイグ城で四日間も過ごせることになりました。その城での滞在の初日は、結婚式の三日前でした。その日わたしは息子のクリストファーと一緒に、三時間にも及ぶ長い散歩をすることになりました。わたしたちは、いくつもの丘を越えて高台へと上がっていきました。美しい景色を眺めたくて、わたしたちは何度も足を止めたほどです。ヘザーや野生の花々が生い茂る丘を、わたしたちは一緒に歩きました。丘の上に向かう小道をたどっている途中で、ふとわたしは野生の綿を見つけたのです。立ち止まってから、指で綿を擦《こす》ってみました。クリストファーを振り向くと、わたしは彼にあることを聞かせました。それは、わたしがアフリカを訪れた時に、エチオピアの女性たちが衣服を作るために綿を摘んで糸を紡いでいたという話でした。わたしはクリストファーに言いました。

「ここでも綿が育つのに、なぜわたしたちも同じようにしないのかしら?」

「ぼくが思うに、他の国のように綿を栽培するとコストがかかるからじゃないかな。それにこの国の天候も、あまり相応しくないよ」クリストファーはそう返事したのでした。

　わたしたちは、しばらくその場に佇《たたず》んでいました。そこからは海も見えました。再びクリストファーが小道を歩きだしたので、わたしも彼のあとに続きました。あの日はほんとうに、ふたりしてかなりの距離を歩きました。

　ドンの父親の家である〈オニールのB&B〉に立ち寄ると、彼はわたしたちを大歓迎してくれました。お茶と手作りのアップルパイ、そしてスコーンをご馳走になりました。パスカルのお誕生日パーティーまでもが、三日間の結婚式の間に組まれてました。あと二時間半ほどで、そのパーティーがはじまります。それまで少しだけ、くつろげる時間がありました。誰もが、慌ただしく婚式の準備を進めていました。わたしもそこに加わらせてもらっていることが、とても嬉しく思えました。わたしとクリストファーは、ひとまずホテルに戻ることにしました。お誕生生パーティーまでまだ少し時間があるので、わたしたちは町を歩いてみることにしました。結婚式は、その翌日に執り行われることになっています。

　さて、わたしがその結婚式でとても霊的な体験をしたことについて、これからお話しすることにします。

ドンの母親は、結婚式の数年前に亡くなっていました。しかし、ドンの父親が披露宴のパーティーで踊っている時、彼と一緒にドンの母親がダンスを踊っている姿をわたしは見たのです。ぱっと一瞬だけ垣間見える時もあれば、しばらく続いて見えることもありました。きっとドンの父親も、彼女の存在を感じ取っていたに違いないでしょう。もっと一緒に長く踊っていたいと、感じていたかもしれません。あの時彼は、自分の妻のプレゼンスを感じていたとわたしは確信しております。

神様はいつでも、このような特別な機会に――喜んでいる時も、逆に悲しんでいる時も――すでにこの世を去った、愛する人たちにわたししたちが会うことをお許しになるのです。

これは、息子の結婚式という幸せの場でした。そのお祝いの席に、ドンの母は生きて居合わせることができませんでした。ですから、あの時は幸福感と悲しみが交差していたようにわたしには思えたのです。

結婚式は、愛で満ちあふれていました。皆一人ひとりの愛が光り輝き、周囲に放たれているのが手に取るように分かりました。わたしはクリストファーとテーブルに着いていました。そのテーブルには、ほかにもドンの家族やパスカルの家族、そして彼らの大の親友のふたりが同席しておりました。わたしはこのような特別な席に着かせてもらったことを、心から光栄に感じておりました。ドンとパスカルは、ゲスト全員を楽しませていました。いよいよディナーがはじまった時にパスカルはテーブルの席から立ち上がり、マイクを手に会場の真ん中に進み出ました。そのあと彼は、自ら自身である新郎とその新婦の愛情の芽生えについて、みんなに向かって語りはじめたのでした。

二十年前の馴れ初《そ》め話などを聞かせてくれました。

彼が席に戻った時、驚かんばかりの光景をわたしは目の当たりにしたのです。パスカルの父親の若い頃の姿でした。父親はパスカルの背後に立っていて、とても大きな赤いハートを抱きかかえていました。ふたりの愛を、彼がとても熱心に認めていたからでしょう。半円を描いた十人ほどの天使たちに、カップルは囲まれていました。わたしが部屋中を見渡した時、なんとそこに居合わせた一人ひとり全員の横にそれぞれの天使たちが立っていたのです。天使たちは皆、赤いハートを抱えていました。

この結婚式は、まさに愛を讃えるための象徴とも言うべきものでした。愛には境界なんてありません。神様がわたしにいつも語ってくれることは、神様はわたしたちみんなを愛しているということについてです。神の子すべてを、平等に愛しておられます。この結婚式会場にて神様はわたしに、そのことを見せてくださっていたのです。神様がドンとパスカルを愛しているということも含めてでした。あの結婚式で彼らに与えられた祝福とは、一体どんなものだったのでしょうか？

それは、愛、融合、友情、思いやり、理解、幸福、喜びといったことでした。これらすべてが、彼らの未来に捧げられるギフトでした。神様は愛ある結婚には、あらゆることを祝福してくださるからです。

参列者各々の隣に立っていた天使たちは、抱えていたハートを上に向けて解き放ちました。するとそれらのハートはみんな風船のように弾けて、小さな欠片となったハートがそこらじゅうに飛び散ったのです。それからその小さな欠片が、会場にいた人々のそれぞれの胸の中に入っていったのを、わたしは見届けていました。みんなが自ら自身をもっと愛することができるようにと。すると誰もが、互いの相違を怖れずに愛し合うことができるようになるのです。わたしたち誰もが、心の中に秘めている愛の力によって、どんなことでもすべて克服できるということをわたしたちは忘れてはなりません。愛は尽きることなく、永遠に存在し続けることができます。愛こそわたしたち誰もが、究極的に憧れているものなのです。なので、どんなことがあっても、あなたの心を閉ざさないようにしてください。さらにはいつでも愛を受け入れられるように、ハートを開いた状態でいてください。あなたの人生に愛を受け入れ、周囲のすべてに愛を与えられる自分であってください。

ドンとパスカルの結婚式は、まさにそのような愛を示してくれました。彼らの家族や友だちも、互いへの愛を分かち合うことができたのです。その愛は、わたしを含む全員に触れました。彼らの愛をいつまでも心に留めておこうと、つくづくわたしはそう思いました。

　その結婚式もようやく幕を閉じた頃、わたしはこう思いつきました。ホテルにまっすぐ帰って荷物をまとめるよりも、美しい浜辺を散歩しよう、と。かなり雨が降っていましたが、わたしはとても楽しんでいたので、思わずわたしは身震いをしました。風もかなり強く吹いていて、思わずわたしは身震いをしました。でもその散歩の一瞬一瞬を、わたしはとても楽しんでいたのです。帰り道、砂浜で釣りをしている人も見かけました。その釣り人の脇を通り過ぎる際にわたしは、彼に魚が釣れますようにと祈ったのを覚えております。もうそろそろ散歩を終えようかとしていたところでした。ある光景が、わたしの目に飛び込んできました。若い女性が幼い女児を連れて、茶色の巻き毛をした犬と一緒に散歩していたのです。とても楽しそうにはしゃいでいます。わたしが彼らに近づこうとしたところ、「あの人たちは、家に帰るところだよ」と、ひとりの天使が囁きかけました。

　時々あるのですが、天使たちが分かりきったことをわざわざ口にするのです。その理由がわたしには、いまだにまったく理解できません。若い母親が地面を這《は》うようにして進む犬のあとを追う姿を、わたしはじっと眺めていました。彼らはわたしのほうに向かって砂浜を歩いたのですが、わたしは車を停めてあった場所に戻ろうと急ぎました。

　やっとホテルに着いてから、わたしはあることに気がつき、思わず驚いてしまいました。二時間も散歩していたというのに、その間天使たちはずっと黙っていたことでした。きっと天使たちは、わたしが楽しんでいるのを知っていたからなのでしょう。

　昨夜は守護天使がわたしの顔に息を吹きかけたので起こされてしまいました。わたしの髪の毛も揺らいだほどでした。

「お願い、そっとしておいて。疲れているんだから」わたしは、半分眠ったままで言いました。でも守護天使は、そっとしておいてはくれなかったのです。

「ベッドから出て起きなさい！」ずっとこの言葉が聞こえてくるのです。

　まだ朝の四時でした。わたしは寝返りを打ち、寝ぼけまなこを開けてから言いました。

「分かったわよ」

　わたしは、しぶしぶ毛布をどかしました。わたしの守護天使は、時々このようなことをすることがあります。天使ホーサスと大天使ミカエルも同様です。でも昨夜は守護天使だけでした。抵抗するのは、もうやめました。わたしはガウンを着てから、スリッパを履きました。

「一体、何ごとなの？　わたしに何をお望み？」

守護天使が言葉を口に出さなくても、ちゃんと分かりました。そういうことでわたしは、仕事部屋に行ってからパソコンンの電源を入れました。

守護天使は優しく語りかけました。

「ローナ。守護天使は皆、子どもはもちろんのこと、すべての人々をどんな時でも愛していることを忘れてはならないと、きみはみんなに伝える必要がある。一人ひとりが美しく、かつユニークで、完璧だということをな。守護天使は、その人だけにしか目を向けていないので、人がひとりぼっちでいることはありえない。だから、寂しく感じる必要なんてまったくないのさ」

あなたの守護天使は一秒たりともあなたから離れることはなく、いつもあなたのそばにいます。これをあなたの守護天使は、あなたに忘れないでいてほしいのです。『誰も自分を愛してくれない』と、そんな寂しい思いをしている時でさえ、あなたはひとりぼっちではなく、あなたの守護天使があなたを愛してくれているのです。今これを読んでおられるあなたのことをわたしが知らないとしても、あなたの守護天使と同じようにわたしもあなたに、人生の希望の光を常に見つめてほしいのです。あなたの人生は守護天使にとっても家族や友だちにとっても貴重なのですから、どんなことがあっても希望の光を消してはなりません。あなたとお会いしたことがないにしても、わたしにもあなたの人生はかけがえのない尊いものなのです。

わたしは自分の守護天使のほうを向いて言いました。

「暗い気持ちになっている人たちについて、話しているのね。ひとりぼっちで、誰も愛してくれないと寂しく感じている人たちのことでしょ？　暗闇の中で苦しくもがいていると、ほかのことが見えなくなるのよね。これって、自殺を考えている人のことを、今わたしたちは話しているの？」

「その通りだ」と守護天使は返事をしました。

誰かが落ち込んでいたり、不安を募らせたり、過敏になったり、孤独を感じたりしている時は、わたしたち誰もがその人に手を差し伸べるべきです。その人の前で、その人の守護天使が輝かせている光を見ることができるようにしてあげなければなりません。それは、〈希望の光〉だからです。

「ローナ。数カ月前にメイヌースで起きたことを覚えているのか?」

少し考えてから、「ええ、覚えているわ」とわたしは返事をしました。

わたしが、お気に入りの〈エリート・カフェ〉にいた時のことでした。メイヌースの息子の家を訪ねるたびに、わたしはいまだに我が家だという感覚が抜けないのです。もはやその家に暮らしていないにしても。でもお気に入りのエリート・カフェには、いつも立ち寄ることにしております。そのカフェで家族に会ったり、時には友人に会うこともあります。でもわたしはひとりそのカフェで、見知らぬ人々に囲まれているのも好きなのです。そのカフェの料理も、とても美味しくて気に入っているのです。

わたしが国外を旅している最中に、そこに居合わせた天使たちに向かってこのように言うことさえあります。「ああ、エリート・カフェで何か食べたいわ」と。

わたしの頭の中で、自然にメニューが駆け巡ります。美味しいホームメイドケーキにパン、そしてベイクドポテト、サラダにキッシュなどです。カフェではすべてが自家製です。考えただけでもお腹が空いてくるのです。

ふいにわたしの名を呼ぶ声がドアの辺りでしたので振り向くと、天使ホーサスが立っていました。

「おはよう、ローナ」

「ホーサス、おはよう!」そう返事すると彼は歩み寄り、わたしの肩に手をかけました。

「思い出すのを手伝ってあげるよ」

わたしはホーサスに言いました。

「あの日はたしか、娘のルースと幼い孫娘のジェシカに会っていたわ。あのカフェを出たあとたしか、わたしは娘の買い物につき合ったのよ。二時間ほどしてから、ルースとジェシカにハグをしてから別れたわ」

あの時わたしは、ショッピングセンターから出ると、少しだけ散歩をすることにしました。それで大学の敷地内に入っていきました。以前そこを訪ねたのは、ずっと以前のことでした。今年のアイルランドの天候は晴天には恵まれずによく雨が降ります。そのようなわけでわたしは、ジャケットとズボン、それに歩きやすいブーツといった格好をしていました。大学の果樹園を歩きながら、かつてそこでジョーと子どもたちと一緒に散歩した時のことを、わたしはちょうど思い出していました。自然と幸せ気分になれる過去の記憶です。

「ホーサス。大学の果樹園を歩くと、わたしは今でも思い出すの。あの修道女たちと巡り合った時のことを。彼女たちはわたしに挨拶してくれて、しばらく立ち止まってお喋りしたことをね。とくに、あのひとりの修道女のことは印象的だった。彼女がひとりでいる時に、わたしは一度会ったことがあるのよ。彼女は地面に落ちたりんごを拾ってから、袋に入れていたわ。わたしも拾って持って帰ってもいいかとその修道女に訊ねたら、もちろんいいと言ってくれたの。りんごを落ちたままで腐らせるよりもよいと。アップルパイにするといい、と彼女は言ってから袋をもうひとつポケットから取り出してくれたわ。わたしはその袋をりんごでいっぱいにしてから、持ち帰ったの。あの時のことを思い出すと、つい嬉しくなる……でもその修道女はすでにこの世を去り、天国に戻っていってしまったわ」

「ローナ、きみが彼女のことを好きだったのは分かっている」ホーサスはそう言ってくれました。

「そうね。ジョーがまだ生きていて、でもとても重病だった時期に彼女はわたしが相談できる数少ないうちのひとりだったの。彼女は自分の仕事について教えてくれたわ。彼女と他の修道女たちは、大学で勉強していた多くの女子学生たちに寮を提供し、食事の世話をしていたのよ。彼女はよく大笑いする人だった。ある時彼女がりんごを拾おうとして前屈みになった時、カラスが一羽飛んできて、彼女の真上の枝に留まったと同時に彼女の頭の上にりんごが落ちてきてね。それで痛くて頭を抱えながら、彼女は笑いが止まらなくなってしまったそうよ。彼女は、物事の滑稽さをよく見抜いていたのよ。わたしもつい一緒になって大笑いしたものよ」

そこでホーサスは口を挟みました。

「数カ月前のあの日に起きたことを、話してみて」

「わたしが、大学の裏手にある並木道に向かって歩いていた時のことね。あの日はわたし以外にも、ひとりかふたりくらいしか歩いていなかったの。ほかに誰もいなかった。帰り道にわたしは、庭園に立ち寄ってみたいと思ったので行ってみることにしたの。庭園は小さいけれど、美しい木が植えられていて、花壇もあるのよ。もちろん、座れるベンチもね。でも庭園にはあの時、誰ひとりとしていなかったわ。天使たちでさえ、見当たらなかったのよ。コマドリが跳ねながらわたしの前を通り過ぎていったちょうどその時、わたしの名を呼ぶ声がしたの。わたしを呼んだのは、ホーサス、あなただったわ。あなたは、庭園のずっと向こうの端にいたのよね。あなたは大きな木の下に立っていた。そしてわたしのほうを振り向き、こちらに向かって歩いてくるように告げたわ。あの時そこに別の誰かが座っていると、あなたは教えてくれなかった。でも近づくにつれて、それが誰かの守護天使だと分かったの。その守護天使が見守っている男性を見つける前にね。いつもは逆なんだけれど……。その守護天使は、その男性の前で光を抱えていたわ。ほかにも三人の天使たちが光を抱えていて、彼が希望の光を見失わないようにと」

あの時わたしがその男性を見つめた時、彼は前屈みになっていました。年齢は、四十代くらいでした。わたしはその男性の目の前まで歩いていくと、「こんにちは」と挨拶したのですが、返事が来るかどうか分かりませんでした。けれども彼は、わたしを見上げてから挨拶を返してくれました。「大丈夫ですか？」と彼に訊ねると、「あまりよくない」という言葉が返ってきました。彼が心の闇の中に囚われてしまっているのが、一目瞭然でした。彼は、もはや自分自身を信じられなくなっていたのです。自らの力に限界すら感じていたようです。彼の指には結婚指輪がはめられているのに、わたしは気づきました。それで彼に妻子がいるかどうか訊ねました。そのとたん、彼はその場で泣き崩れました。自分の妻や子どもたちに対して自分は無力だとも、彼は言いました。死んだほうがましだ、と考えているとも。そこでわたしは、ホーサスにこう言いました。

「ホーサス。あなたが、彼がなぜそんなふうに感じているのか訊いてみろ、とわたしに言ったわよね。だから訊ねてみると、彼は『分からない』と答えたわ。ただそうとだけ感じるだけで、ほかには何も感じられない、と。窓も扉もない暗い部屋の中に、閉じ込められているような気分だと、言っていたわ。真っ暗な闇に取り囲まれて、そこから出る方法が分からないともね。だからわたしは彼に、それは鬱《うつ》状態ではないかと訊ねてみたのよ。ならば、誰かの助けが必要だとも彼に言ったわ。すると自分が鬱病であることを、彼はわたしに打ち明けてくれたの。医者にも通ったけれど、あまり効果はなかったらしいの。妻や子どものことを思い出しながら、家族を愛しているかと彼に質問すると、分からないと答えたわ。ホーサス、あの時あなたは、言葉を口にせずにわたしに言ったわよね。それであなたの言葉を、そのまま彼に伝えたのよ。つまり、彼の妻は彼をとても愛しているけれど、同時に彼女は彼のことをとても怖れているとね。彼女は彼が鬱病だと知っていたのよ。彼に何かとても深刻なことが起きていると彼女は分かっていて、彼をどうにか助けたいと思っていた。彼女は彼を失いたくないからね。それに彼の子どもたちは父親である彼を愛している、ということも。たしかあなたは彼にそのように伝えるようにと、わたしに指示したわ。ほんとうは、子どもたちのそんな愛を彼は感じたかったのよね。彼の妻も子どもたちも、彼に愛を伝えたいのだけれど、彼も彼らに愛を伝えなければならないのよね、ホーサス。あなたは彼らの腕は暗闇の中だけれど、手は光と愛に満ちていて、彼に届こうとしていることも彼に伝えよと言ったわ。だから彼の愛が再び家族に届き、家族が彼を暗闇から持ち上げてくれることを、わたしは知っていると彼に伝えたのよ」

あの時その男性は、涙ぐんでわたしを見つめていました。彼はわたしがどんな人なのかを訊ねたけれど、わたしは「誰でもない」とだけ返事をしておきました。わたしは彼に、自らの命を奪わないことを約束させたのです。そのあとこうも言いました。将来彼が、町の通りやスーパーで、あるいは大学の散歩道で自分の妻子と一緒にいる姿を、わたしがどれほど見たいと望んでいることか、と。たとえ彼がわたしに気づかなくとも、わたしは絶対に彼に気づくはずだとも言っておきました。彼の子どもたちが、「お父さんはなぜ、ぼくたちを置き去りにしたの?」とか、「なぜお父さんはぼくたちを見捨てたの?」なんて、母親にいつも質問させたくないでしょ、とわたしは彼に説得したのでした。彼の家族は彼を愛していることを、わたしは再び彼に念を押しておきました。だからこそ、暗い部屋に窓と扉を取りつけなければならないことも。そうすれば、窓と扉を大きく開いて、希望の光と彼の妻と子どもたちが彼のために抱いている愛の光を導き入れることができるからです。わたしが立ち去ろうとした時、彼は微笑みを浮かべていました。彼が愛の光を再び人生に招き入れたのを、わたしは確認できたのです。彼の守護天使は彼に腕を回し、愛を込めて彼を抱擁しました。あれからわたしは、彼のことを毎日祈り続けました。ホーサスにも彼がどうしているか、時々訊ねたりもしました。ホーサスは、彼はあともうちょっとだと、答えてくれました。彼は妻と子どもたちの愛を、受け入れることができたようです。だから、愛されていないとは、もう感じていないはずです。

愛は暗闇の中にある穴を探し当てなければなりません。それは、生きがいを見失ったり、自らの命を絶とうとしたり考える人の心に宿す穴です。家族や友だち、愛する人たちは、彼らが愛する人が暗闇の中の穴に堕《お》ちていることを知ると、その穴から出られるように最善を尽くします。そういった人たちの心の中にある愛に向かわせようと必死になります。周囲の世界の愛が見えるように、手助けしようとするのです。そのような人を勇気づけ、愛されていることを気づかせることが重要です。再び自信を取り戻し、自ら自身を信頼できるように手助けすることが大事なのです。

あなたの守護天使は、さまざまなタイミングであなたに囁きかけてきます。とくに物事がうまく運ばなかったり、恐怖を感じたり、生きていく気力を失った時などです。とてつもなく暗い穴の中にいるように感じられるとしても、あなたの守護天使はあなたが愛されていると教えてくれるのです。あなたは完璧だと。あなたはユニークであり、この世があなたを必要としているのです、と。わたしもあなたを必要としているのです。ですから、どうか命を絶とうなどと考えないよう、皆さんにお願いしたいのです。あなたは愛されているということを、忘れないでください。あなたは、人生の暗いどん底に感じられる穴にしても、必ず克服することができます。たとえどんなに悲惨に感じられたとしてもです。あるいは暗闇の穴から這い出られないと感じたとしても、あなたは必ずそこから出られるとわたしは確信しているのです。

あなたに援助の手を差し伸べる人たちがいるのです。どうか友だちや家族に救いを求めてください。わたしもあなたを見捨てはしません。神様とあなたの守護天使も、あなたに諦めてほしくないのです。神様があなたを愛しているということを、どうか忘れないでください。

ある講演ツアーをやっている最中に、わたしはひとりの母親に出会いました。彼女は若い娘を自殺で失ったと、話してくれました。彼女は娘が天国にいると知っていて、時おりその娘のプレゼンスを近くに感じることがあると言っていました。年齢を問わず誰かが自殺したと聞かされると、わたしはそのたびに打ち砕かれる思いをします。なぜ自殺に追い込まれたのか、そのわけが知りたくて、神様を問い詰めたくなるのです。でもほんとうは、理由なんかないのです。時には、誰にも何もできないことだってあるのです。その人をどれほど愛し、助けたいとしても、苦しみと心の傷はその人にとって大きすぎるので、暗闇の穴から這い出ることができないこともあります。あとに残された者たちは、ほんとうに辛い思いをします。愛する人が、なぜ自殺をしたのか？　周囲の人たちはその思いに苦しみ、それが理由で家族が引き裂かれることも多々あります。その苦しい思いから立ち直るには長い時間を要し、その人の死を受け入れるのに一生かかる場合もあります。多くの家族が、乗り越えられずにいるのです。毎日のようにその思いを背負って生きることは、苦悩に尽きると言い切れます。けれども亡き愛する人は、今は天国にいるのです。神様がその人を愛のかけ布で包み、天国に連れていかれました。

ジョーが亡くなる以前は、わたしたちはメイヌースで暮らしていました。その時期ジョーは、まだ健康でした。彼は郡庁舎に勤務していたのです。そんなある日のこと、ひとりの女性がわたしたちの家を訪ねてきました。六十歳くらいでした。彼女はわたしたちが住んでいた辺りをドライブしていたそうです。彼女の夫は、車に座っていました。わたしの家の玄関が開いていたのでトイレを貸してもらえないかと、彼女はわたしに訊ねたのでした。

もちろん「どうぞ。この奥ですけれど」と、わたしは返事をしました。

わたしは彼女を案内してから、彼女がトイレにいる間に手拭きを用意しました。

トイレから出てきた彼女は、「ありがとうございます」と言いました。

天使エリヤが家の角に立っていました。エリヤはわたしに、彼女をお茶に誘うようにと催促しました。それでその女性を、わたしは引き留めて言いました。

「よろしければ、あなたとご主人もご一緒にお茶はいかがですか?」

彼女は驚いた様子でしばらくの間ためらっていましたが、「それは、それはご親切に。ではお言葉に甘えさせていただきます」と返事をしました。

彼女は門まで歩いてから、夫を呼びました。するとその男性は車から降りてから、家に入ってきました。奥の小さな部屋はジョーが台所に改装し、流しとレンジとふたつの戸棚が取りつけられていました。それにテーブルと大きな古い冷蔵庫も置かれていました。

「どうぞ、おかけください」わたしは彼らに勧めました。やかんを沸かし、カップもふたつ用意しました。

「あいにくビスケットはないですが、パンとジャムならありますよ」と、わたしは彼らに勧めました。

「お腹も少し空いているようなので、ありがたいです!」夫のほうがそう返事すると、「ところで、わたしはジョシーという名前です」と彼女も教えてくれました。

「ぼくはジョンです。はじめまして。お宅にはお子さんもいるようですね」

「はい、ふたりの男の子がいて、クリストファーとオーウェンという名前です。クリストファーは学校で、オーウェンは昼寝中です」わたしは返事をしました。

ジョンは、自分の子どもたちについて語り出しました。すでに大人に成長しているふたりの息子とひとりの娘がいると。「子どもたちは、みんな結婚していています。ぼくたちが若くして結婚したからです。もう六人も孫がいるんですよ」ジョンが説明している間、ジョシーはひと言も喋りませんでした。ジョシーに目をやると、悲しげな表情を浮かべている様子でした。

ジョシーの守護天使がその腕で彼女を抱擁しているのが、わたしには見えました。ジョシーがとても痛い思いをしていると、彼女の守護天使がわたしに告げたのですが、でもなぜ彼女が痛みに苦しんでいるのか教えてくれませんでした。わたしは、てっきり体の痛みを抱えているんだと思い込んでいたのです。

やかんが沸騰して湯気を出したので、わたしはお茶を淹れました。ジョンはパンにバターとジャムを塗ってから、「このジャムは、なかなか美味いですね」と言ってくれました。

「まあ、嬉しいわ。実はわたしの手作りなんです。去年のものなのですが、庭の古い茂みのカシスの実から作ったのですよ」と、わたしは説明を加えました。ジョシーは、彼女の母親もジャムをよく作っていたと話してくれました。彼女は自分の両親のことを話し、彼女自身と兄姉ひとりずつの少数家族で育ったと言いました。そう言い終えたあと、突然彼女は泣き出し、彼女の兄はたった二十歳の若さで自殺したと、打ち明けたのでした。あの時彼女は十三歳で、彼女の姉は十八歳だったそうです。

「とても恐ろしいことでした。自殺した兄のことについては、わたしたちはけっして口にすることを許されませんでした。家族の恥だから隠すべきだと、親から口止めされていました」

あたかも彼女の兄が、最初からいなかったように振る舞わねばならなかったそうです。でもそれは、彼女の母親や父親のせいではありません。ご両親も亡くなった息子を愛していたに変わりないのですが、単にあの時代の社会的傾向の犠牲者にすぎなかったのです。

「兄の名前はジョンでした。だからある意味でわたしは、同じジョンという名前の夫に恋したのかもしれません。今となってはわたしの両親もずっと前に亡くなってしまいましたが、兄のために熱心にお祈りしていたことがいつも思い出されます」

ジョシーの両親は、息子が地獄に行ったと信じていて、彼女自身もそう思い込んでいました。彼女は自分が大人になり、子どもたちも成長して結婚した今となっても、兄が地獄の火に投げ込まれたと思うと、涙が止まらなくなると言うのです。彼女がこう語っている最中に、彼女の守護天使は頭を横に振りながら「彼女は間違っているよ」と言いました。それと同時に天使エリヤが彼女のそばにまた現れて、言葉を使わずにわたしに伝えました。ジョシーの兄は神様と一緒に天国にいて、両親もそのあとに亡くなった者たちもみんなそこに一緒にいることを、彼女に伝えるべきだと。

エリヤの言葉をそのまま伝えると、ジョシーはわたしの手を握りながら言いました。

「ローナさん、あなたはほんとうにそう思いますか?」喜びの涙が、彼女の頬を伝っていました。わたしは彼女に向かって言いました。

「そうです。あなたのお兄さんは、神様に愛されている神の子なのです」

「ああ、その言葉をわたしはどれほど聞きたかったことか。これでわたしは、残りの人生を安らかな気持ちで過ごせます」

ジョシーがこのように口にしたとたん、彼女の守護天使は彼女を覆っていた翼を解き放ちました。彼女の兄の霊魂が台所のドアのところに立ちました。そして笑顔を浮かべました。とてもハンサムな若者でした。そのあとジョンの霊魂は、ジョシーの隣に立ちました。彼は妹を愛の目差しで見下ろすと、ジョシーは大きく深呼吸をしたのです。

「あなたは時々、お兄さんがそばにいるって感じがしませんか?」

わたしがそう訊ねると、彼女はわたしを見つめながらこう言いました。

「ローナさん、まったくその通りです。今ちょうど、兄がそばにいるって感じていていたところでした。なんだかとても幸せな気分になれました」

わたしは彼女の手を握りました。

彼女の夫のジョンのほうは、手を彼女の肩に回してからこう彼女に言いました。

「きみのお兄さんは天国にいるよと、ぼくもそういつも言っているじゃないか」

ふたりは抱きしめ合い、笑顔と涙を交互に浮かべたのでした。

「神様、ありがとう！　神様、ありがとう！」と、ジョシーは二度そう繰り返しました。

彼女がそれまで縛られていた重圧感と悲しみが、いっきに吹き飛んだように見えました。ジョシーがまったく別人に見えたくらいです。

しばらくしてから、彼らは立ち上がりました。わたしが門まで見送った時もまだ、ジョシーの兄の霊魂は彼女と一緒に残り続けていました。その夫婦はお茶のお礼をわたしに言ってから、車に乗って去っていきました。

彼らがどこからやってきたのかも、わたしは知りません。訊ねなかったから当然なのですが。わたしは彼らには二度と会うこともありませんでした。

メイヌースにわたしが住んでいた時期には、このようなことが時々起きました。誰もまだわたしのことを知らなかった頃のことです。今になって当時を思い起こすと、わたしはつい笑顔を隠せなくなるのです。トラックの運転手とか観光客が迷子になったりして、わたしの自宅をよく訪ねてきたものです。それほど頻繁に起きることではありませんでしたが。中国からやってきたふたりの男性とふたりの女性のことを、思い出すことがよくあります。彼らは近くの大学を視察していたようで、ちょうどメイヌース周辺を散歩していました。当時は我が家の周辺は、今日《こんにち》のように住宅が建ち並んではいませんでした。主に畑だけが広がっていました。わたしたちの家は、オールド・グリーンフィールド通りのいちばん端っこに建っていました。あの日の午後は、子どもたちは庭で遊んでおり、ニワトリたちも周辺に放し飼いにしておりました。飼い犬のジャーマン・シェパードのハイジーも優しくて、ニワトリを追いかけるようなことはしませんでした。ハイジーは、門のところで、じっとして動かなくなりました。突然クリストファーが、走り寄ってきて、わたしに言いました。

「ママ、知らない人たちが外にいるよ！」

わたしが外に出ると、たしかに見知らぬ人たちが門の辺りに立っていました。天使たちが、彼らを囲んでいるのが見えました。

「こんにちは。何かお困りですか？」わたしは彼らに訊ねました。

「庭がとても広いですね。菜園もあるんですね」そのうちのひとりの男性が、わたしにそのように話しかけてきました。その男性はいろいろとわたしに質問をしはじめたので、わたしは門の中に彼らを招待しました。そして、じゃがいもやキャベツ、カリフラワー、芽キャベツなどが育っていた菜園を見せて回りました。ハイジーも彼らにとても優しく接し、ほとんど動かずに草の上に座っていました。小さな前庭にはテントがあり、毛布を草の上に広げてありました。彼らのうちふたりは玄関の前の階段に座り、もうふたりは広げてあった毛布の上に腰をかけました。子どもたちは、彼らのそばに座っています。わたしは、彼らにお茶を淹れることにしました。その日は晴れだったので、わたしたちは庭で一緒に過ごすことができました。彼らとの会話の内容は、ほとんどが美しいメイヌース地方に関することでした。彼らがメイヌースの大学やあちこちを散歩しても、現地の人はみんな親切に彼らに挨拶してくれたと言っていました。ふたりの男性のうち年輩のほうが言いました。

「こちらのお宅だけは、立ち止まってでもご挨拶したいと、なぜか感じたのです」

彼らは長居をすることなく、去っていったのですが、わたしをとても嬉しい気持ちにさせてくれました。このようなことが、しばしば起きました。あのように見知らぬ人たちと一緒に時間を過ごすのは、ぜんぜんヘンなことではありません。来客たちは皆、人の温もりと愛、さらには家族の温かさを感じたいだけなのです。「……ただそれだけのことさ」と、きっと天使たちは言うことでしょう。

第32章 天国か地獄かを裁くこと

この世でいちばん悲しい行為のひとつは、亡き人が天国に行ける／行けないを人々が裁こうとすることです。亡き人を裁くのは人間ではないと、神様もはっきり仰っています。わたしたちは等しく神様の光のひと欠片——そのことを忘れなければ暴力の応酬も食い止めることができるのではないでしょうか？

天使ホーサスやほかの天使たちに幾度でも問いか

けたいと思った質問が、わたしにはあります。それは、亡くなった人に対して『あの人は天国にいけない』などと、なぜ軽々しく人々が決めつけるのか、ということに関してなのです。ある時わたしは、神様にさえ同じ質問をしたことがあるくらいです。あれは、わたしがイーデンモアに住んでいた頃のことです。当時のわたしは十四歳くらいのティーンエイジャーでした。そんなある日、近所の住人が亡くなりました。わたしはその人のことをよく知ってはおらず、商店まで歩く彼をたまに見かける程度だったのです。彼が亡くなる少し前に、二度ほど見かけたように記憶しております。一回は彼が食料品店から出てきた時のことで、もう一回は彼がたばこを吸いながら道を歩いていた時でした。その当時は煙草が命を脅かすほど健康によくないと、あまり知られていない時代でした。

あの頃は近所の誰かが亡くなると、周辺の住民たちが皆駆け寄ってお葬式に参列したものです。わたしはそのお葬儀に参列せずに、教会を去る霊柩車をじっと眺めていたのでした。みんながそのあとを追っていきます。その男性が亡くなる前にわたしが彼を何回か見かけた時は、彼の守護天使が彼の魂を抱えていました。それでわたしは、その男性がもうすぐ天国に召されることを知っていました。

誰かの守護天使がその人の魂を抱いているのを見かけても、子どもの頃のわたしは、それをあまり気に留めていませんでした。その人がもうすぐこの世を去ることになると分かっていたものの、天国に帰るのだから何も怖れることはないと、思っていたのです。

でもひとつだけ、あることに関してだけは子どものわたしでも憤《いきどお》りを感じずにいられないのでした。それは、周りの大人たちがこの世を去った人が天国に召される価値があるかどうか、判断を下すのを耳にすることでした。亡くなった誰かが天国の門を通るチャンスはないと周囲の人々が語っているのを耳にするのが、子ども心を傷つけ、わたしをとても悲しい気持ちにさせたのでした。今日《こんにち》でもそれは変わらないのですが。聖ペテロは、きっとそのような判断を下す人々を許しはしないでしょう。それこそ地獄行きです。このようなことに対して、わたしは耐えきれずに守護天使や周囲にいたほかの天使たちにも文句を言いました。とてもイライラしながら……いいえ、かなり怒っていたのです。そんな時わたしは、たいてい石を思いっきり蹴りました。もしくは、あのような判断を下す人の声が届かなくなるところまで、猛スピードで走って逃げることもありました。

「神様がわたしたちを愛していることを、あんな馬鹿な大人たちには知る必要なんてないのよ！　みんなの前で叫んでやりたい！」腹立ち紛れのわたしは、そんな気分でした。すると天使たちが、このようにわたしによく言い聞かせたものです。

「そんなことをやっても意味がないんだよ、ローナ。あの人たちはおまえの言うことなど、聞く耳はない。おまえのことを、馬鹿な子としか思っていないからな。あの人たちは何も分かっていないさ」と。

そのお葬儀が終わる頃には、わたしはお隣の飼い犬シェーンを連れて散歩に出かけることにしました。近所の敷地を抜けて、もうひとつの敷地の中へと入っていきました。田舎道を歩いている最中に、一台の車が通り過ぎただけでした。わたしは神様と天使たちに、まだ文句をたれていました。『なぜ大人を、亡くなったばかりの人に対してあれほどにも残酷な態度を取らせたままにさせておくのか』と。ちょうどその時でした。わたしの名を呼ぶ声が聞こえました。田舎道のずっと向こうの片隅にひとりの天使が立っているのが、わたしの目に留まったのです。その天使に近づいて挨拶をしようとしたとたん、たちどころに姿を消しました。

ある農家の門が開いていたので、わたしは中に入りました。すると野原が広がっていたので、シェーンを綱から離してやりました。シェーンが走り出ないように門から遠ざけたかったので、わたしは野原の奥へと進みました。けれどもシェーンは、わたしのそばから離れることはなく、草を嗅《か》いだり走り回ったりもしていました。土手の上に座ったあと、わたしは亡くなったあの男性の家族のために祈りました。

そしてその場に座り込んだわたしは、神様に大声で叫びました。「なんて大人ってひどいの！　誰かが地獄に落ちると考えること自体が許せない！　神様、お願いです。世界中の誰ひとりとして、死ぬ時に周囲の人たちからあんなひどい裁きを二度と口にすることがないようにしてちょうだい」

「ローナ、あまり気にかけるな」という声が、突然聞こえてきました。聞き覚えがあるその声に、すぐさま立ち上がったわたしを、圧倒させられてしまうほどの愛で満たしてくれたのです。

「見えないのですけれど、どこにあなたはおられますか?」

「わたしを見る必要はない、ローナ。わたしがそばにいるのが、分かるだろ」

ちょっとがっかりしながら、わたしはまたその場に座りました。

一分かそこら経過した頃に、わたしはもう一度訊ねてみることにしました。

「まだそこにおられるのですか?」

「その通りだ、ローナ」

神様は、この上ない愛と慈悲深さとともに、わたしに語りかけてくれました。

「亡くなった人のことを裁くのは人間ではないんだ、ローナ。死を迎えた瞬間に人間の魂はその肉体から離れることを、おまえはよく知っているはずだ。その時はじめて人間は、わたしが神であることを知るのだ。ちょうどその瞬間に、それぞれの守護天使や自分より前にこの世をすでに去った愛する者たちの霊魂も全員姿を現し、自分の目の前にいるのを見ることになるのだ。死の瞬間には、大人であろうが子どもであろうが関係なく、わたしに許しを請うてくることを誰が知ろうものか」

「たとえどんな人間であっても、あなたは世界中のすべての人間を愛しているということを、わたしはよく知っています」わたしが神様にそう言うと、「ローナ、もう家に帰りなさい」と神様はわたしに告げました。

神様にわたしは、もうそれ以上何も言いませんでした。わたしはシェーンを呼んでから、また綱をつけました。野原の真ん中をわたしたちは横切って門の前まで来ると、門はまだ開いたままでした。立ち止まって車が来ないか、左右を確認してから、わたしは家路につきました。

たとえ生前に何かとても悪いことをした人であっても死ぬと天国に行けるというのは、多くの人々にとって非常に受け入れがたい概念であるということを、わたしはよく分かっております。けれども、その人が死の瞬間に許しを請うかどうかは、わたしたち生きている者には分かるはずがありません。このことを、わたしたちはよく覚えておく必要があります。神様は、わたしたちすべての人間を愛していま す。神の子であるわたしたち全員を、いつか自分の元に戻したいと願っていることを、わたしはよく知っています。神様が誰かを地獄に送り込まれるのを見せられたことなど、いまだかつてありません。覚えておいてください。わたしたちの魂が、神様の光の欠片であることを。

あなたの魂は神様の一部だからこそ、その時期が訪れるとわたしたち皆を天国に戻すことを、神様は望まれておられるのです。けれどもけして早すぎてはなりません。

親にとって自分の子どもが殺されることは、想像を絶するほど恐ろしいことです。苦しみに苛《さいな》まれることになります。世界中の多くの指導者たちは、怖ろしくも大規模な残虐行為を犯してきました。大殺《さつ》戮《りく》が繰り返されてきました。男だけではなく女も、そして子どもたちも、大勢が虐殺されてきたのです。過去も現在も同じで、そう言った指導者たちの名前を、わたしたちは名指しすることさえわけありません。わたしたち誰もが知っているこの苦しみは、大きすぎます。だから、そういった指導者たちを容易に許す気持ちにはなれません。胸が張り裂けるような思いを抱え込んでいるのです。多くの人々が赦すことを試みる努力を重ねるのですが、なかなかこれは大変なことなのです。うまくいく場合もあるにしても。

だとしても、そのような犯罪をけっして忘れてはならないのです。何度も何度も同じ恐怖が、繰り返されているからです。

残念ながらわたしたちは、今日《こんにち》にいたっても過去の学びを習得していないのです。今日の世界でも、まだまだ残虐行為は続いています。大量虐殺、戦争、テロがあとを絶ちません。このようなことが、わたしたちがスピリチュアルな側面——わたしたちの魂——につながらなくてはならない大きな理由のひとつなのです。

わたしたち自身の守護天使に耳を傾け、神様がわたしたちそれぞれに与えてくれるメッセージを聞き取らなければなりません。

「わたしがおまえたちを愛するように、お互いを愛しなさい」と、神様は仰っておられるのですから。

第33章 ブライアンとのはじめての出逢い

愛する人が亡くなったあと、また新たな人を迎え入れること。それはとても難しいことかもしれませんが、亡き人たちがわたしたちに望むことでもあるのです。ここでは、ジョーを喪ったあとに訪れたブライアンとの出逢いと、彼と一緒に過ごした日々のことを初めてお話ししたいと思います。

ブライアンという人は、わたしの人生にとっても、またあの頃、まだほんの幼い少女だった娘のメーガンの人生においても、非常に特別な存在でした。これまでにもお伝えしていますように、この世を旅立つ日が近づくにつれて夫のジョーが、たびたび口にしていたことがあります。それは、もし自分がいなくなった時は、わたしの人生に誰か新しい人を迎え入れるようにという、わたしへの願いごとだったのです。わたしはそんな彼の言葉をまったく無視するかのように、よくこのように返事をしていました。

「生涯を通してわたしが愛しているのは、ひとりの男だけよ。それで十分だわ。他の男性はいらない……。愛しているのはあなただけよ。あなたの愛は、わたしの人生が終わるまでずっと続くのですもの」

そんなある日のことでした。わたしが台所で洗い物をしていると、ジョーがテーブルから立ち上がりました。彼は、腕をわたしの肩に回してからこう言いました。

「ローナ、ぼくはもうすぐ旅立つことになるんだ。死期が近づいていると感じている。きみの今後の人生には、誰か別の人が必要だ。ぜひこのことを、きみに理解してほしいのだ。淋しさを味わってもらいたくないんだ。それでこそ、ぼくは救われるというものだ。それがかなえば、とても嬉しいよ」

さて、このあとジョーとブライアンのことを書くのは、わたしにとってとても辛すぎるため、わたしは大天使ミカエルに相談することにしました。これを書くにはかなりの援助と励ましが必要だと、わたしはミカエルに伝えたのでした。

ミカエルは、わたしの肩に手を添えて言いました。

「神様はよくご存じだ、ローナ。神様はおまえに、ごくプライベートなことも書くように、望まれておられる」

「ジョーのことや、わたしの家族が経験したことを書くのは、ほんとうに辛いのよ。ミカエル、あなたは分かってくれるでしょ」

「ローナ、おまえが助けを求める時はいつも、神様はそれに応えてくださるのだ」

さあこれからミカエルに質問してみようと、思った矢先のことでした。「行かねば」と言い、彼は姿を消しました。たくさん質問することがあったのに、わたしはがっかりしました。

それでわたしは、散歩に出かけることに決めました。上着に袖を通してから玄関の扉を開き、一歩外に踏み出してみたのです。するとなんと、わたしの目の前に大天使ミカエルが立っていたのです！　思わず笑わずにはいられませんでした。

「もう少しで、あなたの中に飛び込みそうになったわ」

「それはありえないことだ！」と、ミカエルは返事をしました。

「でもそれができると、とっても面白いことになりそうね」

作業員の服を着たミカエルが、わたしの目の前に立っています。

場所に合わせた格好で現れるミカエルを、わたしはとても気に入っているのです。もし誰かが通りかかると、ミカエルが見えるかもしれないからです。これに関しては、わたしはまだミカエルにちゃんと訊けずじまいでいるのです。でもなぜ神様はそんなことをお許しになるのか、理由が分かりません。わたしがミカエルと一緒にいる時、通りがかった人が「こんにちは」と挨拶することさえあるくらいです。

「ミカエル、ほんの少し前にあなたは現れたばかりでしょ」

「裏庭の果樹園まで一緒に歩こうか」

「ええ、いいわ。門を開ける鍵を取ってくるわね」

わたしは、ミカエルにそう言いました。

鍵を取ってから外に戻ると、ミカエルの姿はどこにも見当たりませんでした。ちょうどその時、わたしの名前を呼ぶ声が聞こえました。もうとっくにミカエルは、裏庭にいました。ミカエルの元にたどり着くと、わたしは彼に言いました。「鍵がなくてもあなたは門を開けられるけれど、わたしはそうはいかないのよ」

わたしたちが果樹園に入ると、ミカエルはその場に立ったまま振り向き、こう言いました。

「ローナ、神様はおまえの祈りを聞かれた。ジョーの霊魂がおまえを訪ねるようにさせてくれるそうだ」

わたしはその場に立ち尽くし、ただミカエルを見つめたままになりました。それから、胸がいっぱいになるほどの感情が心の深くからこみ上げてきたのです。

「で、それはいつなの?」静かな声でわたしは訊ねました。

「分からない。わたしはもう行かなくては」

ミカエルはそう言ってから、再び消えてしまいました。

あの時わたしは果樹園の隅に佇んだまま、ジョーに再会できることについて、頭の中で想いを巡らせました。

実際には、立ち眩みがするほどの困惑状態にわたしは陥っていたのです。以前神様がジョーの霊魂をわたしに送ってきたのは、何年も前のことでした。その再会によってどんなことが起きるかは分かりませんが、ひとまず、神様の計らいにわたしは感謝の祈りを捧げることにしたのです。小型犬のホリーがわたしの足元に寄り添いながら、果樹園を歩き回っています。わたしは腰をかがめ、「こんにちは」と言ってからホリーの頭を撫でてやりました。ホリーのことをすっかり忘れていました。門をくぐってわたしのあとをつけてきたようでした。

わたしはホリーを野原に連れていき、散歩させてあげました。

ちょうどあの時から、数週間が過ぎました。とはいえ、わたしは時間の流れをあまりよく把握していないということも事実です。わたしはあの日、二階の部屋で原稿を書いておりました。ホーサスも一緒でした。早朝には天使エリヤもいたのですが、去っていきました。ほかにも数人の天使たちが部屋にいたのです。

「ローナ、今日ね、誰か訪ねてくるよ！」

「ホーサス、今日は誰も訪ねてきてほしくないんだけれど。なるだけ、書くことに集中していたいのよ。それにしても、誰が訪ねてくるのかしら？」

ホーサスは、質問に答えてくれませんでした。

わたしはそのまま仕事を続けていました。わたしの名前を呼ぶ声が聞こえたのはたしか、一時間くらい過ぎた頃だったように思います。聞き覚えのある声でした。わたしは、そっと振り返ってみたのです。そのとたんに、息も絶え絶えになるほどの喜びの感情が、わっと胸をいっぱいにこみ上げてきました。

ジョーが、ドアのところに立っていました。彼は若い頃の姿でとてもハンサムです。黒いズボンに水色のワイシャツを着ていました。わたしがよく覚えている格好です。彼はあらゆる面で完璧に見えました。なんてステキな笑顔なんでしょうか！

「やあ、ローナ」と彼は言い、一歩わたしに近づいてきました。

わたしは立ち上がろうとしたのですが、「そのままでいなさい」とジョーはそれを止めました。

その時にはもう、わたしは涙ぐんでいたはずです。なぜなら、ジョーがわたしにこう言ったからでした。

「ローナ、もう泣かないで。ぼくが少しの間こうしてきみと一緒にいられるように、神様がせっかく許してくださったのだから」

ジョーは部屋の中に入ってきました。ジョーは、ホーサスに語りかけました。彼がわたしの友だちでいてくれていることに、ジョーは感謝したのです。「光栄です！」と、ホーサスはジョーに返事をしました。

そのあとジョーとホーサスは、わたしが理解できない言語で喋っていました。天使たちが別の言語で、わたしに語りかけてくることはよくあります。ほとんどの場合は理解できるのですが、今回はまったく分かりません。

ジョーはデスクの前に座ったいるわたしの隣に立

ち、わたしの肩に腕を回しました。わたしは今でも、ジョーにそうして触れられるのが大好きです。彼はわたしに腕の重さは感じさせずに、わたしを愛で満たしてくれました。

「ローナ、シルビアという友だちを覚えているかい?」突拍子もなく、ジョーはわたしにそう訊ねてきました。

「ええ、覚えているわ。数年前に彼女も未亡人になってしまったけれど……」と、そう答えました。わたしはジョーを見つめながら、込み上げてくる辛い感情にそのあとに続く言葉を失ってしまいました。

「大丈夫だよ」とジョーは言ってくれました。

わたしは深く呼吸をしたあと、涙ぐんで続けました。

「あの夜、わたしはシルビアの台所で座っていたわ。たしか、冬の寒い夜だった。わたしはお茶を飲んでいて、彼女のテーブルには新聞が置いてあって……ペンと紙もあったわ。わたしはシルビアを訪ねるのが好きだった。いろんなことを、わたしたちはよくお喋りしたものよ。でもあの夜のことは、わたしはけっして忘れられない……」

「そうだね。実はあの時ぼくはきみと一緒にいたんだ、ローナ。でも神様は、ぼくがそばにいることを、きみに気づかれないようにさせたのさ。きみがテーブルでシルビアと一緒にお茶を飲んでいた時のことだった。シルビアの守護天使が、シルビアに囁きかけている声をきみにも聞こえるように……」そのようにジョーは、口を挟みました。

「ええ、聞こえたわ。あれはショックだった」

あの時わたしはシルビアの守護天使に向かって、「ダメよ、そんなことはお断り!」と言ったことを思い出しました。シルビアの守護天使が、新聞に広告を出すことをわたしに勧めるように彼女に説得していたからです。しばらくしてからシルビアは新聞に手を伸ばし、わたしにあることを話しはじめました。というのも、彼女のある友人が「ボーイフレンド募集中」と新聞の広告欄に載せたという話でした。シルビアも友人と同じことをしたところ、早速数か月後には嬉しい出逢いがあったそうです。

その出逢った男性のことを、彼女はこと細かにわたしに語りはじめました。さらには、時々一緒に出かける誰かがいるということが、どれほど素晴らしいことなのか、といったようなことも。

「あなたもぜひそうしなさいよ、ローナ」と、彼女はわたしにかなり積極的に勧めました。

わたしは噴き出しながら、「そんなの絶対にお断りよ！」と、彼女に返しました。

その時点で部屋は、天使たちであふれ返っていました。その天使たち全員が口を揃えて、「ローナ、やってみなさい！」と言ったのでした。

シルビアはまったくためらわない様子で、喋り続けました。

ところでたった今、ジョーがわたしにこう語りかけたところです。

「きみは寂しがっていただろ。たしかきみが彼女にそのことを、打ち明けていたんだよね。あの頃のきみは、とても寂しがっていて、人生を共にできる誰か愛せる人がほしいと彼女に言っていたんだ。だから彼女は勘違いなんて、していなかったんだよ。それにしてもきみは、心の中ではまだ拒否し続けていたのさ。最終的に彼女はきみを説き伏せたけどね」

ジョーは笑ってみせました。

「そうね、彼女の守護天使は、ひっきりなしに彼女に囁きかけていたわ。わたしの人生で男はもういらないとシルビアにいくら言っても、彼女は諦めてくれなかったのよ。ジョー、わたしは一生分としては足りすぎるほどあなたに愛されたのよ」

「きみがシルビアに言ったことをはっきりと覚えているかい、ローナ」

「ええ。『ジョーを愛したようには誰も愛せない』とね」

わたしがそう口に出した瞬間、ジョーはわたしの手を取って言いました。

「別の誰かを愛していいんだよ。ぼくたちがここで今話し合ったことを、書いてごらん。怖れることはないよ。きみが自分の人生について、みんなと分かち合えないくらいなら、ましてや神様や天使たちのことをどうやって分かち合えるというんだい？　家族だけではなく、神様や天使たちもきみの人生の一部なのだから。きみの人生のこの側面も語るべきだよ」

ジョーは前屈みになると、わたしの耳元に頬を寄せて「愛してるよ」と、囁いてくれました。

そのあとジョーは、「行かなければならない」と言ってからわたしの手を離し、消えてしまいました。

わたしは天使ホーサスに言いました。

「ジョーに行ってほしくなかった。せめてわたしがこれを書き終えるまでは、ここにいてほしかったのに……」

このようなことがあった数日後のことでした。シルビアが、再びわたしを説得しようと試みたのでした。彼女が言ったことに、わたしはずいぶん笑わされました。彼女は、わたしが誰かとデートすることになる場面を想像しながら描写して聞かせるのです。わたしが誰かとテーブルに座ってランチをしていたり、一緒に散歩している光景など細々とでした。次から次へと想像しながら、ふたりしてお腹を抱えて笑いころげました。けれども、彼女はけっして間違っていないことを、わたしは心のどこかで分かっていたのです。たしかにあの頃のわたしは、いつも孤独な思いを募らせていました。愛せる誰かがわたしの人生に必要だとも、感じていたことはたしかです。でもたとえ誰かが現れたとしても、その人がどのように今のわたしの人生に溶け込めるのか、まったく想像もつきませんでした。今日《こんにち》でもこれに変わりはありません。しかし、ある夜のことでした。とうとうわたしは、シルビアの説得を受け入れることにしました。わたしが電話口でどう受け答えすべきか、書き出すことも彼女はやってくれました。すべての段取りを、彼女が計らってくれたのです。そして次の週末には、新聞にわたしの広告が載ることになりました。

それから二週間が過ぎました。その間シルビアは数日おきにわたしに電話をかけてきては、留守番電話のメッセージを確認してから電話をかけなさいと勇気づけてくれました。シルビアの言うことに従えと、天使たちはひっきりなしに口を挟んできました。「そんなことはやらないよ」と、わたしは天使たちに言葉を返していたのですが、結論的に言えば、わたしの根気負けに終わりました。

たしかある晩の、十時頃のことでした。留守番電話に残されていたメッセージを、わたしは聞いてみることにしました。メッセージを聞きながら、手が震え出しました。すぐさまシルビアに電話をかけ、四人の男性がメッセージと電話番号を残したと、わたしは伝えました。すると彼女はこう言いました。

「土曜日にあなたがわたしの家に寄る時、あなたの携帯に残されたメッセージをぜひとも聞かせてほしいの。帰宅する前にわたしのところに必ず寄ってね。もうワクワクしちゃう！」

土曜日にわたしが彼女の家に着いたのは、七時頃でした。わたしが彼女の家に入る前に、扉はすでに開かれた状態でした。シルビアは満面の笑みを浮かべて、出迎えてくれました。

「ようこそ、お嬢さん！　さあ、携帯電話をよこしなさい！」彼女はもう、お茶も用意してくれていました。シルビアは、わたしの携帯の留守番電話に入っていた四つのメッセージをすべて聞いてから、そのうちのひとつを選びました。

「これよ、これが気に入ったわ。ステキな男性って予感がするの。奥さんを亡くされたみたいね。ローナ、この男性に電話するまでは帰さないわよ」

とうとうわたしは、電話をかけることにしました。電話番号を打ち込んでいる間じゅう、わたしの手が震えて止まりません。でも誰も電話に出なかったので、思わずほっと胸を撫で下ろしたくらいです。

「出ないの？　それならもう一度かけてごらんなさいよ。そんなに簡単に諦めちゃだめよ。出なければ、メッセージを残せばいいのよ。ローナ、もっと自分自身に素直になりなさい。あなたはまだ若いんだから。わたしよりもずっと若いのよ。男友だちがいないと、わたしは寂しくてたまらなくなるわ。傷つくことなんて、何もありゃしない。ほら、電話をおかけなさい。あなたには楽しむ権利があるんだから。夕食や映画に誘ってもらったり、散歩に誘ってもらったりしてね」

わたしを説得しながらシルビアは、何度か笑わせてくれました。電話を取って、わたしは思い切ってかけてみました。でもまたしてもつながりませんでした。それでわたしは、自分の名前と電話番号をメッセージに残しました。

あれから数ヶ月後でした。わたしがメーガンと一緒に散歩をしている最中に電話が鳴りました。電話番号に見覚えがなかったので、「この電話は取らないわ」と天使たちにわたしが言うと、彼らに猛反対されました。でもその理由を、教えてくれなかったのです。訊ねもしなかったのですが。でも数週間後にまた電話が鳴りました。自分の掌の携帯を見つめていたことを覚えております。

守護天使が「電話を取りなさい」と囁いたのは、ちょうどその時でした。

天使ホーサスまでが一瞬わたしの前に現れると、「応答しろよ！」と急かしたのです。

やむをえずにわたしは電話を取りました。すると聞き覚えのない男性の声が聞こえてきました。その人は、自分の名前はブライアンだと名乗りました。彼は、わたしが数カ月前に彼の電話に伝言を残したことと、さらにはわたしの新聞の広告を見て、問い合わせたことも説明してくれました。

わたしは驚いたのと同時に、どう応対してよいのかも分からなくなりました。

ひとまずわたしは、「お電話してくださって、嬉しいです」と、お礼を言いました。それからわたしが未亡人であることや、四人の子どもがいて、そのうちひとりはまだ幼い娘なので一緒に暮らしていることも彼に伝えました。彼は妻を亡くしており、最愛の妻を亡くして以来、彼にとって生きることがどれほど難しいかといった内容のことを簡潔に話していました。さよならの挨拶をしてから、互いに電話を切る前でした。「ほかの日にまた電話をかけていいですか？」と、ブライアンがわたしに訊ねたので、「ええ、どうぞ」とわたしは答えました。それから半年もの間、わたしたちは互いに何度も電話でお喋りをしていました。

ある日のことです。わたしは車を洗おうと、水の入ったバケツとスポンジ持って庭に出ていました。ちょうど車を洗い終えてホースで流そうとした時に、天使エリヤが現れたのです。その瞬間、車に虹が架かりました。「あれは、あなたがやったの？」と、わたしがエリヤに訊ねると、

「いいや、水しぶきに太陽の光が当たったからさ」とエリヤは答えました。

「きれいだったわ。あなたが着ている美しい琥珀《こはく》色のローブまで、虹がかかっていたわよ」

わたしはホースの水を止めてから、エリヤに訊ねました。

「手伝ってくれるためにやってきたの？」

「いや、わたしは車を洗いにきたのではない、ロー

ナ。おまえに話があって来たのだ」

わたしたちは一緒に、裏庭へと歩いていきました。

「ローナ。こんどブライアンが電話をしてきて会おうと誘ったら、『はい、ありがとう』と率直に答えるんだよ」

「エリヤ、ブライアンはそんなことというはずないわ。彼はただ、電話で話しているのが好きなだけなのよ。わたしも同じよ。お互いにいろんなことを話し合っていたいだけなの」

「そうじゃない、ローナ。彼はおまえと会って、夕食に出かけようと誘うつもりでいるのだ」

わたしはエリヤを見つめながら、唖然としたままで言いました。

「ジョーが一緒じゃないのに、ほかの男性と出かけるもんですか！ ヘンな感じだわ」

「そうだな、しばらく時間がかかりそうだ。では、わたしは行くとするか」そう言って、天使エリヤは姿を消しました。

わたしは洗車を終わらせようと、車まで戻りました。ほどなくすると案の定、ブライアンから電話がかかってきました。会って夕食に行かないかと、わたしは彼に誘われました。なので、エリヤの先ほどの忠告に従うことにしました。デートは土曜日に決まりました。ところが、メーガンが体調を崩してしまったのです。それでわたしは金曜日にブライアンに電話をして、土曜日の約束をキャンセルすることにしました。そのあとの数カ月間も何らかの理由で、わたしたちがはじめて出逢うという約束は果たされませんでした。ブライアンに会うにはしばらく時間がかかると、あの時天使エリヤが言っていた意味がやっとわたしには分かってきました。

あれからかなり時間がかかり、ようやくブライアンと対面することが確定しました。彼がわたしの家を訪れ、娘のメーガンにも会うことになりました。日曜日にと決めました。わたしはメーガンに、ブライアンという名前の友だちが訪ねてくるので、みんなで一緒に散歩に出るのがいいかもしれないと言っておきました。メーガンは、たいへんな喜びようでした。ブライアンは二時頃に到着するはずでしたが、十二時すぎに電話がかかってきました。彼は車に座っていて、どういうわけか泣き崩れていると言うのです。とても辛い思いでいると、彼はわたしに打ち明けたのでした。亡くなった妻が恋しくてたまらないと。あふれ出てくる感情の原因が分からないと言いながら、彼は謝りました。今までそんなことは、一度も起きたことがない、とも彼は言いました。以前別の女性とデートしたことがあったそうですが、そのようなことは起きずに問題はなかったと、彼はわたしに打ち明けたのです。でも今回はやっと、亡くなった妻を手放せそうな気持ちになったとも。ブライアンはわたしに言いました。

「ローナさん。ぼくは今、悲しくて沈んでいるので、今日は伺えそうにもありません」

「大丈夫ですよ。どうかお気になさらないで！」とわたしは返事してから、さよならを言いました。彼はまた電話すると言ったのですが、「これ以上、心を痛めてほしくないの」とわたしは伝え、もうこれ以上電話をする必要はないとも言いました。

ただ「さよなら」とだけ、わたしは最後に言いました。その代わりにその日は、わたしとメーガンは森に冒険へと出かけることにしました。

それから六週間ほど経過した頃に、電話が鳴りました。携帯にブライアンと表示されているのを見た瞬間、応対する前に一瞬ためらったのはたしかです。でも彼の声が聞けて嬉しかったことも事実です。それは彼からの、わたしとメーガンをランチに連れていきたいという誘いの電話でした。わたしたちの家から三十分ほどの距離に彼はいて、道を探しているようでした。

「どうして、わたしに電話をかけてきたの？」と、わたしは彼に訊ねました。

「あなたと話がしたかったのと、そして、あなたに会いたかったからです」と、ブライアンは答えました。いよいよ、彼が門の前に到着しました。ブライアンは、ハンサムな上にとてもフレンドリーで、優しい笑顔を浮かべている男性でした。メーガンは、たちまち彼のことが気に入ったようです。三十分ほどしてから、わたしたちはランチに向かいました。その間、わたしはずっと天使たちに話しかけていたのです。

「思ったほど難しくなかったわ。でもね、まるでずっと前から彼を知っていたような気がするの」

わたしたちの交際は、その日からはじまりました。ブライアンはユーモアのセンスに満ちた、面白い人です。わたしとメーガンにいつもジョークを言っては、笑わせてくれました。一緒にいてもリラックスできる人です。メーガンも、そしてわたしも、ブライアンと楽しい数年間を過ごしたのです。わたしたちは、一緒に楽しい時間をたっぷりと過ごすことができました。メーガンにとってブライアンは、父親代わりでもある存在でした。ジョーがかつてメーガンと一緒に歌っていたようなアイルランド民謡を、ブライアンもメーガンと一緒によく歌っていました。彼女はブライアンと一緒に買い物に出かけるのが大好きでした。というのも、ふたりはいつも一緒に歌を口ずさんでいたからです。メーガンは宿題を助けてもらいたい時は、いつもブライアンに電話をかけました。互いに会えない時も、メーガンは彼と電話で話をしていました。

天使たちは、わたしが将来何かを書くことになるということだけは、ブライアンに伝えておいたほうがいいと助言しました。なぜ彼にそんなことを伝えなければならないのか、あの時わたしはまったく分かっていませんでした。わたしが将来的に書くことになると伝えた一週間後に、ブライアンが訪ねてきました。わたしは彼を家の中に招き入れました。すると彼は、テーブルの上にノートパソコンを置きました。

その夜にブライアンは、わたしに電話をかけてきました。「びっくりするようなことを聞きたいかい？」と、彼はわたしに訊ねました。

「ローナ、きみは読み書きができないことをぼくは知っているけれど、実は書けるようになる方法があるんだ。ただパソコンに話しかけるだけでいいんだよ」

彼は音声を認識できるソフトウェアとヘッドフォンを、わたしのために買ってくれました。

ある晩のことです。わたしはブライアンと一緒に暖炉の前に座っていました。

「今夜はずいぶん大人しいのね？」わたしは彼に訊ねました。

彼はソファーから立ち上がると、芝と薪を暖炉にくべてからわたしの隣に戻ってきました。暖炉の火が勢いよく燃えはじめました。暖炉の前で心が通じ合う人と一緒にいて、ただ座っているだけで幸せです。メーガンは、二階で眠っていました。あの時ブライアンは、わたしにこんなことを語りかけてきたのです。

「ローナ、妻が亡くなる前にぼくに言ったことを聞いてもらえる?」

彼がそう言い終えるや否や、暖炉の火がパチパチと音を立てて、一瞬部屋じゅうを明るくしました。すぐに天使たちがあらゆる方向から部屋に侵入してきました。何とも表現のしようがない静けさに辺りは静まりかえり、部屋の中は愛と平和のエネルギーで充満していました。するとブライアンは、彼の亡き妻について語りはじめました。彼女は、癌を患っていたようです。妻との残された時間がどれほどあるのか知らなかったと、彼は言うのです。

すると、どこからともなく美しくエレガントな女性の霊魂が現れ、暖炉のそばに立ちました。彼女の守護天使も、彼女の真横に立っていました。このような光景は、ふだんわたしがよく見かけるものではありません。天国に召された霊魂の守護天使は、滅多に見ることができないからです。その守護天使は霊魂のうしろ側ではなく真横に立っており、両手で優しく彼女に触れていたのです。わたしはその光景にとても感動しました。彼女は前に進み出てから、ブライアンの隣に立ちました。彼が話し出そうとしたその瞬間、彼女は優しく微笑みながら彼の肩に触れるかのようにして、手を伸ばしました。彼の妻の霊魂はブライアンが話をしている間中、ずっとそこに立ち続けていました。そして、彼が妻を看取った時の話を終えると同時に、妻の霊魂も姿を消しました。

ブライアンによると、妻が浴室に行ってからしばらく経ったあとに、自分を呼ぶ声が聞こえたというのです。彼は絶望感のあまり、飛び上がってしまったそうです。何か非常事態が起きたことを、彼は分かっていたのです。トイレのドアの前で、彼女が倒れていました。ブライアンは妻を腕に抱きかかえると、「愛しているよ。ぼくを置いていかないで!」と叫びました。彼女は、一生懸命生きようと戦っていました。けれども心の内では彼女が助かりそうもないと、彼は分かっていたのです。

「救急車がもうすぐ到着するよ」と、彼は妻にそう言いました。彼女は彼を愛しているけれども、もうこれ以上がんばるのは無理だと告げました。そして、「旅立つ時が来たわ」と。妻は自分の腕の中で息を引き取ったと、彼は涙ぐみながら、わたしに話してくれました。彼はその時のことを、再び体験しているかのように、細かいところまでありありとわたしに説明してくれました。

「この話を、今まで誰にも打ち明けたことはなかったんだ。彼女が救急車で運ばれている最中、誰もがまだ彼女が生きていると信じていたんだ。でも、そうじゃなかったんだよ。彼女はすでに、旅立ったあとだったんだ」

「その時のあなたの気持ちがよく分かるわ」と、わたしはそう言いながら彼を慰めました。

わたしたちはしばらくの間、お互いに抱きしめ合いました。

わたしとブライアンとの関係には、いつも満ち引きがありました。時々彼との絆が途絶えることもありました。その理由のひとつは、ブライアンがわたしと世界を分かち合うのが難しいと感じていたからです。彼は、ほんの少しでもいいので、わたしの世界に足を踏み入れたいと、頼んできたこともありましたた。でも、それは無理なことでした。わたしには許されなかったのです。わたしたちふたりにこのような縁を与えてくださった神様に、わたしはとても感謝しております。さらには、ジョーにも感謝しております。でもやはり、わたしがジョーを愛したようには、ほかの誰も愛することができません。彼こそが、神様がわたしのために選んでくれた、愛する人であることは、天使エリヤがわたしに教えてくれた通りです。

このようにわたしがブライアンを愛し、彼もわたしを愛してくれました。彼をわたしの人生に招いてくれた神様に、わたしはとても感謝しております。

わたしは彼を、わたしの人生に完全に招き入れることはできませんでした。でも今でも彼のことを、懐かしく思う時があります。ジョーがよく歌った歌を彼も歌っていたのが、嬉しく思えました。ジョーが亡くなったあと、わたしがほんのちょっぴり近づくことができた唯一の男性が、ブライアンだったのです。ブライアンのことをほんの少しであっても、自分の人生に招き入れる勇気を与えてくれたジョーにわたしは感謝しているのです。楽しくて、しかも愛に満ちた日々を送ることができました。メーガンにとってもブライアンは父親のような存在だったということは、わたしはよく分かっております。

ブライアンも、神様が天国に連れていかれました。今頃彼は、愛する妻と彼のご両親も一緒に、さらには彼の愛する人たちと、きっとみんなと一緒に天国でいることでしょう。彼が天国にいると分かっているので、わたしは幸せです。彼もわたしのことを、喜んでくれていることでしょう。今となって彼は、あらゆる質問の答えを——わたしが彼に明かせなかった——得ていることでしょう。

第34章 コップ一杯のミルク

ごくごく小さな親切であったとしても、巡り巡って実に大きな幸福をもたらすことがあるのです！　人に親切にするのに躊躇することはありません。これはわたしの友人が教えてくれた素晴らしいストーリーです。これはわたしたちの心に大きな愛と希望を与えてくれるお話です。

あれはちょうど、クリスマスが過ぎた頃でした。わたしは友人と会うため、あるホテルのロビーに向かっていました。その友人が、素晴らしい話をしてくれました。今から何年も前に、エチオピアに住むあるひとりの少年に起きた実際の話です。この出来事を、わたしがうまくこれから皆さんにお伝えできるように願っております。この物語の主人公は、わずか十二、三歳の少年です。この少年にとても信じがたい奇跡が起きました。

少年には両親がいなくて、路上生活を強いられていたのです。彼は生き抜くためにどんな仕事でもできるかぎりを引き受けて、こなし続けていました。わずかなお金を稼ぐために、きつい労働も引き受けました。

少年は、空腹と口渇にあえぐ日々を送っていたのです。その少年は善良な心の持ち主だったのですが、少しばかし恥ずかしがり屋なところがありました。ある日のこと、彼は何日間も食事にありつけていませんでした。とてつもない空腹感を抱いていたのです。そこで彼は、ある家に行き、「コップ一杯のミルクをもらえないか」と、勇気を振り絞って訊ねてみる決意をしたのです。一日中その策を練っていましたが、訪ねた家の人に怒鳴られて叩かれるのではないかと考えては、なかなか実行に踏み出す勇気が持てないでいました。その日が終わりを迎えようとした頃、彼は絶望的な空腹感を味わっていました。そこで決意した少年は、ある家まで歩いていき、その扉をノックしたのです。

「ダメだ、グラス一杯のミルクを乞うのはやめておこう。その代わりに、水を一杯ほしいとだけ頼むことによう」彼は心の中でそう呟きました。

扉が開くと、そこには女性が立っていました。少年は勇気を振り絞って言いました。

「お水を一杯もらえませんか?」

「あなた、お腹が空いているように見えるけれど……」その女性は言いました。

そして彼女はその場から去り、家の奥へと入っていきました。

そしてまた少年の元に戻ってきた時に、その女性は彼にこう言いました。

「さあ、お飲み! コップ一杯のミルクだよ」と言って、差し出したのです。そして、その日起きたこの奇跡は、とても説明しきれないほど多くの次なる展開へと、どんどん導かれていったのです。

わたし自身はその少年に、一度も会ったことはないのです。でも、そのたったコップ一杯のミルクを飲んでからというもの、その少年の人生がすっかり変わってしまいました。

思いがけずに受けた親切な行為によって、その少年は、生きる勇気を与えられました。その出来事がきっかけとなり、見知らぬ人たちからの親切がたび重なるようになりました。ついには、教育を受けたいというその少年の夢まで叶ったのでした。これはまさにあの時、その少年の守護天使とミルクを与えた女性の守護天使が、互いに協力し合ったことの結果に間違いありません。ふたりの守護天使は、お互いを受け入れたのです。その時から少年に起こるすべての出来事に、神様の手が差し伸べられるようになりました。

あの時から何年も経ちました。少なくとも二十年の歳月が流れたあとのことでした。あの時、少年にミルクを与えた女性は病院に入っていました。彼女は重い病を患っていたのです。癌でした。唯一、彼女に望みがあるとしたら、それは手術を受けることでした。病院の専門医と外科医が、そのように彼女に告げていました。彼女の手術が成功するように、彼女自身は当然のことながら、家族全員も、一生懸命になって日夜祈り続けました。

　手術を受けたあとも回復するまで、その女性は入院していました。そんなある日、彼女に手術を施した医者が、彼女の病室を訪れてきました。そしてその医者は、手術が成功したことを彼女に告げたのでした。癌を取り去ったのでまったく心配する必要はないと、医者は彼女に説明しました。

「これが手術費です」と彼は言いながら、彼女に請求書を差し出しました。すると彼女は、その医者に言いました。「ほんとうにありがとうございます。無事に手術が成功したことを、神様に感謝します」

　その医者は看護師らを連れながら、そこを離れて次なる患者のベッドへ向かおうとしました。

　その女性は、病室のベッドに横になったまま、受け取った請求書を胸に当てながらこのように祈りました。「どうか手術費がそんなに高くなくて、わたしの家族が支払えるほどの金額でありますように！」と。

　そのあと彼女は、恐る恐る請求書を開いてみたのです。するとどうでしょう！　その請求書のいちばん上に、「コップ一杯のミルク代として、お支払いは不要です」とだけ、書き込まれていたのです！

　彼女は、その若い外科医が、あの時の少年だったことに、それまではまったく気づいていませんでした。覚えているわけがありません。あの時は、ほんの幼い少年だったからです。しかも汚いボロボロの服を着て、お腹を空かせていたのですから。でも一杯のミルクをその少年に与えた彼女の親切が、彼の人生を確実に大きく変えるきっかけとなったのです。その少年は成長してから外科医になり、彼女ばかりか大勢の人々の命を助けることになりました。

　わたしたちが誰かに親切な行為をするたびに、たとえそれがどんなに小さなことであっても、その行為から導かれる結末は計り知れないものなのです。

　その女性の小さな親切が、奇跡的な大きな親切へと導いたのです。このような話は皆さんに希望と愛と喜びをもたらすものであると、わたしは信じております。こういった類《たぐ》いの話が、どうか皆さんの心に響きますようにと願っております。

第35章 十字架の受難

本を執筆する際にわたしや娘のメーガンをよく助けてくれるのが〈先生天使〉たちです。でも、彼らの助けを借りても、イエス・キリストの磔のヴィジョンを目にしてそれについて書くことは、わたしの心に大きな痛みを呼び起こします。しかし、わたしは少しずつでもこのことについて書いていかねばならないようです。それは彼が人類に与えてくれた計り知れないほどの愛について伝えるためでもあるのです。

ある晩のことでした。「今夜はソファーでゆったりしながら、ニュースでも見よう」と、わたしは腰をかけたところでした。毛布で身をすっぽりくるんだ娘のメーガンも別のソファー埋もれています。彼女は背中に挟んだ二個のクッションにもたれながら座り、わたしに背を向けた状態でした。するとメーガンが、こんなことを言いだしました。

「お茶もあれば、このお菓子ももっと美味しくなるでしょうし……」

「それはママに、立ち上がってお茶を淹れてきてほしいという意味なの？」わたしは苦笑いしながら、娘にそう言いました。

メーガンも苦笑いを見せながらも、ラップトップパソコンから目を離しませんでした。

「正解！　ね、だからママ、お願い！　今わたしは仕事に夢中なんだから」

彼女は向き直り、もう一度繰り返しました。

「ねえ、ママってば。お願い、お茶を淹れてきてちょうだい！」

「仕方がないわね。では、立ち上がるとしようか！」

「やってくれると思っていたわ！」メーガンは、ニコニコしながら言いました。

わたしはソファーから立ち上がり、台所に行きました。やかんが沸騰しはじめたので、わたしは冷蔵庫からミルクを取り出しました。ちょうどわたしが流し台に歩み寄ろうとした時、ふと足を止めました。台所の小さな扉の外に立ってみると、中にいるメーガンの周囲に天使たちがいるのが見えたからです。

メーガンはパソコンに向かい、わたしの本の編集に没頭していました。三人の美しい天使たちが、彼女を囲んでいました。なんとまあ、〈先生天使〉たちではありませんか！　メーガンが座っていたソファーの右側に立っていた天使は、メーガンの編集作業がうまく運んでいるかどうかを見下ろしながら確認しています。

「そうなんだぁ……メーガンの編集が間違っていないか、それをたしかめているのね」わたしの心の声が、先生天使たちに筒抜けであることを、わたしはすっかり忘れていました。

ひとりの先生天使がわたしを振り向いたのですが、ひと言も語りかけてきませんでした。ただ笑顔を浮かべながら大きく頷《うなず》きました。「その通りだ！」と言わんばかりに。

「来てくださって、ありがとう！」優美な輝きに満ちた〈先生天使〉たちに、わたしはお礼を言いました。メーガンを見下ろしている先生天使は、一冊の本を手に持っていました。暖炉のそばのソファーの端に立っていた、もうひとりの天使に目をやると、紙を挟んだクリップボードとペンを手にしていました。

わたしに微笑みかけてくれた本を持った天使が、暖炉のそばにいる天使に語りかけているのが聞こえてきます。

「そのチェックマークは削除してもいいですよ！メーガンが訂正したのですから」

クリップボードとペンを持っている天使を、わたしはよく見つめました。紙に書かれていること全部になんと、チェックマークが入っているではありませんか！　先生天使たちは、人間の教師たちがよくやるような所作《しょさ》を、いつもわたしに見せてくれます。

その時部屋にいたもうひとりの先生天使は、さまざまな大きさの本を腕いっぱいに抱えていました。窓際に置いてある革製の椅子のそばに立っています。

その天使がわたしに振り向き、「ローナ、やかんが！」と叫びました。

その時までは、やかんが沸いていることなんて、わたしはまったく気づかなかったのです。ぐつぐつと勢いよく沸いていたので、台所中が湯気で霞んで見えました。わたしは慌ててコンロの火を止めたのでした。つぎに湯気を出そうと台所の窓を開けてから、換気扇のスイッチも入れました。

台所にいた天使たちも扇風機のように手を振り回しながら手伝ってくれたので、あっという間に湯気は完全に消えました。

やかんの水がどれくらい減ったかをたしかめようと蓋を開けたところ、ほとんど空っぽになっていました。沸騰して全部蒸気になったので、わたしはやかんをもう一度水で満たしました。沸騰したあとお茶を淹れてから、メーガンの脇にあったテーブルに置きました。その小さなテーブルは、わたしにとってとても貴重な思い出がこもっています。母が好きだったマリンガーの町を一緒に訪ねた時に、母がわたしにと買ってくれたものでした。

何の根拠もなく、突然母はそれを買い求め、わたしにこう言ったのです。

「あんたには何ひとつとして、買ってあげたことがなかったわよね。ローナ。このテーブルをぜひ買ってあげたいのよ」

「ママ、無駄遣いはしないで！　自分のために何か買ってよ」あの時わたしは、母にそう言ったのを覚えております。

それでも彼女は、引き下がろうとはせずにそのテーブルを購入しました。今はもはや母もいなくなり、天国へいきました。わたしは母のことを毎日のように思い出すのです。とくにお茶が入ったカップを、この小さなテーブルの上に置く時には。

テーブルの表面は、三枚のシャムロック（クローバーの葉）のパターンが装飾されており、全体が木でできています。このテーブルを、わたしは今でもとても気に入っているのです。

「こんにちは、お母さん」と、いつもわたしはそのテーブルに挨拶するのが習慣になっています。

「こんにちは、ローナ」という、母の声を時々聞き取れることもあります。母の声は、とても優しくて穏やかです。母はいつもわたしの真うしろにいるのですが、わたしが母に振り向くことはけっしてないのです。それをしてはならないと、天使たちに教わったからです。それにしても母の声が聞こえるだけでも、わたしには幸せです。

わたしたちが愛した人たちは、常にわたしたちのそばにいます。彼らのことを考えたり、誰かが生前の彼らのことを思い出しながら語ったりする時はとくに。

たとえあなたが彼らのプレゼンスを感じられないと思ったとしても、あなたが彼らのことを考えるだけでも、実のところ、彼らはあなたに話しかけているのです。そもそもそのようなことが、あなたが彼らのプレゼンスに気づいている証《あかし》なのです。多くの人々が、今は亡き愛する人のプレゼンスを感じられないとか、サインを受け取れないとわたしによく言ってきます。そんな時、わたしはこう彼らに訊ね返すのです。「どのくらい頻繁に、今は亡き愛する人たちのことを考えますか?」と。

すると、「毎日です」と答える人たちもいれば、「なんとなく突然思い出すことがあります」と答える人たちもいます。

愛する人を突然思い出す理由はまちまちです。何かを目撃したことによって、あるいは、誰かが何かしゃべった言葉が、突然、彼らのことを思い出すきっかけになることもあります。引き出しに入っていた写真を見つけたり、本に挟んであった写真が滑り落ちたりするようなことがきっかけになることもあります。

ある時、あなたが誰かの庭仕事を手伝っていたとします。とくに庭仕事が好きなわけでもないのに、ただ友だちかご近所の誰かのお手伝いをすることになったとしましょう。花壇を掘り起こしている最中に、ふと思い出すかもしれません。あなたの愛する人も庭仕事が好きだった、というふうに記憶が蘇るかもしれません。あるいは、あなたのためにバラや苗木を買ってくれた時の思い出が蘇るようなことかもしれません。すると突然あなたは、今は亡き愛する人があなたのためにガーデンショップに行くのが好きだったとか、あなたに花をよく買ってくれたとかいった記憶が蘇ってきます。

このようなことをあなたが経験するようであれば、今は亡き愛する人の霊魂が一緒にいることに、あなたが気づくことができている証なのです。

そのような経験がまさに起きている最中に、ぜひ「こんにちは」と、あなたの愛する人に声をかけてみてください。ぜひその人の名前を呼んでから、語りかけてみてください。もしその人に文句を言いたければ、そうしてもかまいません。あなたに起きた嬉しい出来事も、それから今自分が抱えている問題や心配事も、すべて打ち明けてもかまいません。そして忘れてはならないのは、手を差し伸べてほしいとお願いすることです。さらには、あなたが必要とする時にあなたの愛する人の霊魂に引き合わせてくれるように、あなたの守護天使にも感謝することも忘れないでください。愛する人の霊魂をあなたのそばにいさせることを許すのは、神様です。これを忘れないでください。そしてあなたの守護天使は、いつも神様が望まれることをするのです。

わたしはメーガンのためにお茶を淹れてから、母がわたしに買ってくれたテーブルの上に置きました。それから、「はかどり具合はどう?」と、彼女に訊ねました。

「ええ、順調に進んでいるわ」メーガンはそう答えると、少し手を休めながから、わたしに「ありがとう!」と言いました。

彼女がその小さなテーブルの上のコップに手を伸ばした時、「どういたしまして」と、わたしも返しました。

わたしは再びソファーに落ち着きました。先生天使たちにまったく語りかけることもなく、ただお茶をいただいておりました。しばらくしてからわたしは立ち上がりました。そして台所に向かう途中で、メーガンに声をかけたのです。

「お茶はどうだった? 満足した?」

「ええ、おかげさまで。ママ、ありがとうね」

「ママは二階に戻るから、またあとでね」

木の扉の向こう側に行く前にわたしは、「メーガンの仕事を手伝ってくれてありがとう」と、三人の先生天使たちにお礼を言いました。メーガンが自力で編集作業を頑張っていたのを、わたしがいちばんよく知っていたにしても……。

三人の先生天使たちが声を合わせて同時に言ったのは、わたしが台所からちょうど二階に上がろうしている時でした。

「どういたしまして、ローナ! あなたのお嬢さんは守護天使にひとりの先生天使をよこすようにお願いしたのですが、彼女の守護天使がわたしたちを三人も送り込んだのですよ」

この言葉に、わたしはにっこりしました。二階へ上がる階段は台所にあるので、廊下を通る必要はありません。階段を途中まで上がったところで、わたしは手すりの隙間から台所を見下ろしました。ドア越しに一人の先生天使がメーガンを手伝っているのがよく見えました。再び天使たちにわたしはお礼を言ってから、二階に続く階段を上がっていきました。

二時間ほど経ってから下に降りると、メーガンはまだ仕事を続けていました。わたしは彼女に言いました。

「先生天使に編集を手伝ってもらうように、あなたが頼むことをママは願っているわ」

メーガンは、当たり前のことを訊かないでと言わんばかりに、呆れかえった表情でわたしを見つめました。

「ええ、ママ。もちろんそうしたわ。ママが何度も教えてくれたようにね。必要な時はいつでも、先生天使を呼ぶことをためらわないで、ってね。わたしの守護天使が先生天使たちを、わたしのところに遣わせてくれるって、ママは言っていたでしょ。わたしはひとりだけお願いしたつもりなのに、もっといるような感じがするのよね。ママが意味ありげな笑顔を見せるたびに、何かわたしに隠しているんじゃないかって疑っちゃうのよ。ねえ、何か隠しているの？」

メーガンは目を丸くして、続けました。

「先生天使がわたしを手伝ってくれているのが、ママは見えているの？」

わたしは肩をすくめてから笑い出してしまいました。早く答えてよと言わんばかりに急かす彼女を見て、なおさら笑いが止まらなくなってしまいました。

「そうよ、メーガン。先生天使が三人もあなたと一緒にいるわよ。今、ここにね」

わたしがそう答えると、メーガンはいくつも質問をしてきました。「どこに天使たちは立っているの？」「天使たちは何をしているの？」「天使たちは何を持っているの？」「天使たちはどんなものを着ているの？」などなどと。

三十分ほどわたしたちは、そのことについて会話していました。そのあとわたしは、彼女にこう言い出しました。

「さあ、この辺でもう十分でしょ。そろそろ食事の支度にでも取りかかることにするわ!」

　メーガンがわたしの本の編集をしている以外の機会にも、先生天使が別のことをやっていたのを見かけたことがあります。あれは、ちょうどわたしたちが、一緒にソファーに座っていた夜のことでした。ひとりの先生天使がメーガンの肩を軽く叩きながら、彼女の耳元で囁きました。先生天使が彼女に何を囁いていたのか、わたしには聞こえました。

「集中しなさい、メーガン。携帯電話に気を取られないで! 友だちと話す時間は、あとでたっぷりあるでしょ」と、その天使が言っていたのが。

　それとほぼ同時に、メーガンは携帯電話を片隅に置きました。誰かが自分の守護天使、あるいは、守護天使が招いたほかの天使たちに耳を傾けるところを見ると、わたしはいつも嬉しくなります。

　ある日のことでした。編集作業をしながらメーガンは、わたしのそばにあるソファーに座っていました。ちょうどその時彼女は、少しイライラしている様子でした。文章が逆になっていたか、辻褄《つじつま》が合わなくなっていたようでした。彼女は不服そうに、わたしにこう言いました。

「ママ、わたし、発狂しそうよ! ママがパソコンに音声入力する時、段落の各文章の順番が逆になっているのよね。この章は全部そうなっているのよ、ママ。大体、こんなのが多すぎるのよ」

　メーガンの苛立ちが顔に表れているのが、目に見えて分かりました。ほんとうに申し訳なく思っています。でもわたしには、その章に書かれていることを変えることができないのです。わたしも天使たちに不満を、ちょっぴりぶつけてしまいました。

「わたしが出来事の順番を逆に話していることに、なぜその時気づかせてくれなかったの?」

「時々おまえは、そういうことをするんだよ」と、守護天使に言われてしまいました。

　メーガンがどれほどイライラしていて、しかもそれをわたしが笑ったとなれば、彼女が機嫌を損ねるのはごもっともな話です。ついに彼女は泣きだしそうになってしまいました。目に涙を溜めていました。思わずわたしは、彼女にハグをしました。でもあまり効果はなかったようです。こうなれば、彼女にこのように言って、慰める以外はありません。

「休憩したほうがいいわよ、メーガン。今夜はそれくらいにしない？」

彼女は、まだ目に涙を溜めながら言いました。

「ダメよ、ここを終えるまでは。でもなぜ、ママはそんなふうに笑えるの？　もっと真剣になってよ！」

わたしは彼女の守護天使に目をやりました。するとと彼女の守護天使は、「そうね、ローナ。彼女に話してみれば」と言いました。

その瞬間、メーガンの守護天使は彼女の素振りを真似てはいませんでしたが、代わりに毛先を逆立てながらメーガンの苛立ちをそのまま表していました。わたしは、噴き出しそうになるのを堪えながら娘にこう言いました。

「ごめんね。文章がどうしてもそんなふうになってしまうの。パソコンに向かって喋っている時は、文章が逆だとママはまったく気づけないのよ」

わたしは、再びメーガンを強く抱きしめました。

すると彼女は言いました。

「ママ、ずっと顔がにやけっぱなしよ。そのわけを教えてよ。何がそんなにおかしいの？」

「じゃあ、言うわね。ママが笑っていたのはあなたのことじゃなくて、あなたの守護天使なの。あなたのイライラをそのまま真似していたんだもの」

「笑っている場合じゃないと、わたしの守護天使にママから伝えてよ！　やらなきゃならない仕事で精一杯なんだから」

「そんなことは、自分で守護天使に言いなさいよ」

と、わたしはメーガンに言いました
「ママ、ぜんぜんおかしくなんかないわ」

「でも、ほんとうにおかしかったんだもの」

わたしがそう言うと、メーガンはわたしをにらみ返しながら言いました。

「じゃあ、何がそんなにおかしいのか、はっきり言ってよ」

「ママはね、あなたの守護天使を見ていただけなのよ」

わたしはメーガンに彼女の守護天使がしていたことをそのまま教えると、それには彼女も噴き出してしまいました。

「ママだって、笑うのを堪《こら》え切れないのよ」

メーガンの守護天使は、彼女のイライラ気分を真似してみせました。彼女の守護天使は、自分の髪の毛を引っ張ってスパイクヘアのように逆立てているのです。さらには、その腕をあらゆる方向に投げ回しながら。メーガンの守護天使がそうやると、スパイクヘアの各先端から光があらゆる方向に飛び交いました。色とりどりの光が空中で弾けては、部屋中に浮いていました。彼女の守護天使の髪の毛の先端は、まるで感電しているかのように逆立ったままでした。そんなふうにして彼女の守護天使は、メーガンの苛立ちを表現していたのです。わたしが、笑わずにいられない理由がそこにあったのです。

「あんなふうにして、彼女を元気づけているつもりなのかしら?」わたしは自分の守護天使に、そう問いかけてみたのでした。そして、メーガンにもこう言いました。

「あなたも同じようにしている姿が、目に浮かんだわ」

　メーガンの守護天使が真似していた素振りをさらに詳しく示すと、彼女はもっと大笑いしました。それでメーガンの苛立ちは、あっという間に消えました。よって彼女はその夜終わらせようと計画していた編集作業を、すべてやり遂げることができました。娘がわたしの本を編集するたびに、自分の苛立ちを真似する守護天使のことを、きっと思い出すに違いありません。

　天使たちは、常にわたしたちを助けるためにそばにいるのですが、わたしたちの代わりに仕事をすることはできないのです。先生天使たちは、あなたのあらゆる能力に自信を与えようと手伝ってくれます。あなたが手紙を書いたり、試験勉強をしたり、新しい何かを学ぼうとしている時に、あなたがやり遂げたいことに集中できるように手助けしてくれるのです。ですから、自信と集中力を手助けしてくれる先生天使をあなたの元に遣わせてくれるよう、あなたの守護天使にお願いすることを、躊躇《ためら》わないでください。自分自身を信じて頑張り続けるあなたの目標達成を、先生天使は促してくれるのです。そして、何かをやり遂げることができた暁《あかつき》には、「よくやった!」と自分に言い聞かせ、喜んで自分の能力を褒めてください。

　ある早朝のことでした。ベッドに座り込んで、わたしは祈りを捧げておりました。寝室はわたしと一緒に祈ってくれる天使たちで、あふれ返っていたのです。わたしは〈祈りの巻物〉に名前を記した人々と、わたしに手紙を送ってくださった方々のために祈っておりました。彼らの願いを込めた祈りではありますが、その時わたしの心に浮かんだ人たちや見知らぬ人たちのことも含まれています。これはまた、世界中の人々のための祈りであり、自然界に対する感謝の祈りでもあるのです。

わたしが祈りを終えてベッドから立ち上がり、ちょうどスリッパを履こうとした時でした。しばらくわたしはその場で佇み、神様に向かってこのように言いました。

「神様、今わたしはベッドから起き上がろうとしていますが、その前にあなたと話す必要があることにお気づきのはずです。わたしの祈りが、あなたへの不満として聞こえたかもしれません。仮にそうだとしたら、わたしがこれ以上続ける前にどうか神様、わたしをお許しください」

わたしはさらに大声で語り続けました。

「わたしはとても悩んでいます。葛藤し続けながら、できるものなら避けたい気持ちでいっぱいなのです。このことをあなたはよくご存じなはずです。神様、わたしはほんとうにやりたくないのです。イエス・キリストの受難について書くことなんて。心が引き裂かれてしまうのです。毎年復活祭が巡ってくるたびに、そんな辛い思いをわたしはいつも乗り越えてきたのです。それなのに、さらにそのことについて書かなければならないなんて！　あの時大天使ミカエルは、わたしの魂を過去の時代に連れていきました。そこでイエス様としてあなたが磔にあわれた時の出来事を、わたしに見せてくださいました。あの恐ろしい事件の一部始終を、わたしに書けとおっしゃるのですか？　神様、どうしても書かねばならないのですか？　わたしがベッドの上で泣きながら、こうしてあなたに話しかけているのを知っておられるはずです。なぜ、返事をしてくださらないの？　なんて不公平なの！　わたしが納得できる説明をしてくれる大天使ひとりぐらいを、遣わしてくださることもできるはずでしょ」

わたしはスリッパを履いてからガウンで身をくるんだあと、書斎に行くと椅子に腰をおろしました。

ふいに金色の光が差し込んできて部屋を明るく照

らしたのは、ちょうどその時でした。頬に涙が伝ったので、わたしは手を顔に当てました。「わたしってなんておバカさんなの！　神様はわたしの言い分を聞いてくださらなかったと思い込んでいたのに……」もちろんちゃんと神様は、聞いてくださっていました。わたしの部屋は、美しい光に包まれました。わたしが座っている椅子までもが、黄金色に変化していました。古くて多少がたついている黒いオフィスチェアでは、もはやなくなっていたのです。それが、わたしを笑顔にさせました。ちょうどその瞬間、わたしの名を呼ぶ声が聞こえたのです。大天使たちがあらゆる方向から現れたことに、すぐにわたしは気づきました。

大天使ミカエルがすべての大天使たちの間から歩み出ると、ほかの大天使たちは皆、彼の片側につきました。ミカエルは、わたしに近づいてから言いました。

「ローナ、神様はおまえの祈りを聞かれたのだ。神様は、キリストの受難におまえが居合わせることを許されたが、そこでおまえが目撃した一部始終を書く必要はないのだ」

すべての大天使たちが、わたしを囲んでいました。ミカエルは、自分の手を伸ばしてからわたしの手を取りました。大天使ラファエルがマントを外し、それをわたしの肩に包み込むようにかけてくれました。大天使ミカエル、さらには大天使ガブリエル、大天使ラファエル、大天使ウリエルが、わたしの周囲に立っています。ほかのすべての大天使たちが彼らのうしろに立ち、部屋を満たしました。どういうわけか、小さなわたしの書斎が巨大に見えました。

わたしのパソコンの画面にミカエルが左手を伸ばすと、パソコンの中が透き通ってはっきりと見えました。黄金色の光はパソコンの画面から四方八方に向けて、まるで蒸気にように遠ざかって消えました。うつむくと、わたしの手がミカエルの手の中にすっぽりと埋もってしまっているのが見えました。自分の肩に目をやると、大天使ラファエルの美しい赤いマントがかかっていました。羽根のように軽くて、ちっとも重くは感じられません。

ミカエルは、「ローナ」と、わたしを呼びかけたので、わたしは振り向いて彼を見つめました。彼はその左手を、わたしの顎の下に添えました。わたしの頭を少し持ち上げると、わたしにまっすぐ彼の目を見つめさせました。わたしを愛と平和で満たしてくれました。わたしは、とても穏やかな気分にさせられたのでした。

「ローナ、おまえならやり遂げることができる」と、彼は言いました。

「ええ、分かっているわ」わたしはミカエルに返事をしました。

「神様がわたしに頼んだことは、やらなければならないもの。ただ、わたしの心は引き裂かれる……わたしのすべてが崩れ落ちるほどにさせられるのよ。わたしの魂は止めどもない涙を流し、泣き続けるのよ。パソコンに向かって語るだけでも、泣きだしてしまうくらいなの」

わたしは深呼吸したあと、パソコンに向き合いました。するとミカエルは、「我々もおまえとずっとここにいることにしよう」と言いました。

「ありがとう！」ミカエルとわたしを囲んでいるほかの大天使たちすべてに、わたしは感謝の言葉を伝えました。

何回かにわたってわたしが見たキリストの磔の刑において、はじめのうちは神様もわたしにすべてを見ることをお許しにはなりませんでした。当時わたしは、まだ幼すぎたからです。まだほんの六歳くらいだったように思います。初の聖体拝領を受ける前に、わたしはキリストの磔の刑に関するすべてを見ることになりました。それにしてもまだわたしが、十二歳頃のことでした。カトリック教会でイエス・キリストの磔に関して取り上げるたびに、神様はその特定の部分の記憶をありありとわたしに甦らさせるのでした。わたしは何度も心を引き裂かれ、傷つきました。

大天使ミカエルがわたしの魂を過去の時代へと連れていき、イエス様の受難を目撃させたのは、わたしがほんの幼い子どもの頃だったか、あるいは少女時代だったように記憶しております。

わたしは、むっとするような熱気と微風を感じていたのです。たしか昼下がりだったように思います。そんな場所に裸足で立っていたわたしは、石ころや砂埃《すなぼこり》を足の裏に感じていました。わたしの長い髪が、風になびいていたのです。ミカエルがわたしのそばにいて、彼のプレゼンスを常に感じることができました。けれども、わたしは時おりミカエルをチラチラと見ながら、一緒にいてくれていることを確認しておりました。

大勢の人々でごった返す場所に、わたしは立っていたのです。おそらく農場の中庭か、校庭を思い起こさせるような場所でした。わたしは壁の隅にもたれかかって立っており、石を粗く削ったような柱のうしろに、誰にも見られないように身を潜めていました。兵士たちがいて、そのうちの何人かは戦っていました。でもすぐにそれが訓練だと分かりました。兵士たちに見つかるのではないかと、わたしはとても怖れていました。そこでわたしは、柱の陰に隠れながら壁伝いに移動することにしました。干し草を積んでいたと思われる荷車があったので、わたしはそれに近づこうとしたのです。

するとひとりの男がわたしのあとを追いかけてくると、「仕事をしろ！」と、わたしに向かって叫びました。背が低くてがっちりとした男でした。

「怖れることはない。神様が許した時以外は、彼らはおまえに気づくはずはないのだ」と、ミカエルは言いました。

たくさんの袋が地面に置かれていました。それらの袋には、干し草がいっぱい入っていました。わたしはいちばん軽そうな袋を持ち上げてから、その男についていきました。優しさなんてほんの微塵《みじん》も感じさせないその男は、苛立っている様子でした。その男は時たまわたしを、少し怖がらせたのでした。でもミカエルがわたしのそばについていてくれているので、わたしは安心していたのです。

わたしたちは、重い扉の中に入っていきました。その中は、とても暗くてあまりよく見えませんでした。わたしはできるかぎりの早足で、その男のあとについて歩こうとしました。でもなかなか追いつけないでいました。すると大柄の（彼の二倍もありそうな）男が、彼の前で立ち止まってから話しかけてきたのです。やっとのことでわたしは、追いつくことができました。その体格のよい大柄の男は、鎧で身を包んでいました。

ふたりの男が会話に夢中になっている時でした。ミカエルが言いました。

「ローナ。袋を下ろしてから、前方をよく見るんだ」

わたしは、言われる通りにしました。ずっと向こうの建物の中が、明るく照らされているのにわたしは気づきました。かなり遠くのようです。その光のほうへと、わたしは向かうことにしました。ミカエルが示してくれる道を、ひたすら歩き続けました。火が燃えていたのには違いないのですが、とても小さな火だったのと、煙も出ていませんでした。

切り株や置き去りになっていた兵士たちの武器に何度もつまずいて、転びそうになりながらもわたしは歩きました。でもほとんどの場合は、そこら中に散らばっていた障害物を避けて通ることができました。兵士たちの所持品のほとんどは、壁に立てかけられていました。急いた兵士もいたのでしょうか、そのまま地面に置き去りになっているものもありました。

「足元に気をつけて！」と、ミカエルが所々でわたしに注意しました。

まさにあの出来事の、あの場にわたしは実際に立ち会っていたのです。これはわたしが、単なるヴィジョンとして見ていたのではないのです。わたしは肉体ごと、そこに居合わせていたからです。

わたしがその建物に近づいた時、わずかに開かれた扉から陽の光が差し込んでいるのが見えました。中からの声も聞こえました。物音を立てないように、わたしは慎重に近づいていきました。中から聞こえてくる声に耳を傾けながら、必死で聴き取ろうとしました。外の人ごみから聞こえてくる、それは単なる雑音にすぎないのでしょうか？

扉までたどり着いたわたしは、中を覗き込みました。その瞬間、あまりにも恐ろしい光景にわたしは跳び退き、扉に背をぴたっと貼りつけたままになってしまいました。

「これは、礫に関係していることなの？」と、わたしはミカエルに訊ねました。「そうだ、ローナ」と彼は答えました。

わたしは深い呼吸をしてみたのにもかかわらず、震え出していました。「あ、あそこにいるのが、イエス・キリスト様なの？」

「そうだ、ローナ。その通りだ」

「わたしは外に出るべきでしょ？　ここにいてはいけないはずでしょ」わたしはミカエルに念を押すよ

うにそう訊ねました。ですが、全身の震えが止まらなくなっているのに、「ダメだ、ローナ」と、止められてしまったのです。

ミカエルはわたしの手を取り、愛で満たしてくれました。そうすることで、わたしに必要な強さを与えてくれたのです。「ローナ、うしろを向きなさい」と、ミカエルは優しい声で言いました。

わたしはゆっくりとうしろ向きになり、なすすべなく扉にもたれかかりました。まるでわたしの体重すべてが、その扉にかかっているかのように。わたしは少しだけ扉を開いて、内側に自分の体を押し入れようとしました。それでもわたしは、ミカエルが一緒にいてくれているかどうかを、何度も確認していました。ミカエルの励ましと援助がわたしには必要でした。わたしは完全に扉の隙間を抜け通ることができたので、しばらくの間そこで身動きせずに立っていたのです。でも手荒くイエス様を扱っていた兵士たちを見た時わたしは、すぐさま兵士たちに駆け寄っていき、「なぜそんなことをするのよ！　やめて！」と、叫びたくてたまりませんでした。けれどもミカエルがわたしを止めに入ったのです。わたしの肩を掴んで彼はこう言いました。

「いけない、ローナ。干渉してはならない。おまえはただの傍観者であり、祈るためにここにいるのだから。右側の柱まで行き、うしろに隠れていなさい！」

「うん、分かった」とわたしは返事しながら、辺りを見回しました。「でも、誰かがわたしを見ていたらどうしよう？」

「大丈夫だ。誰も見てやしない」と、ミカエルは言いました。

わたしはその柱へと急ぎました。でもその柱にたどり着いた時、足を動かすことができなくなりました。わたしの両足が、地面にぴたっとくっついていたからです。そのようなことは滅多に起きないことなのですが、その必要がある場合にかぎって天使たちは、そのようなことをしてみせるのです。わたしは、前に足を進めることができずにいました。自分の体は、柱の裏側にほぼ全体隠れていました。柱の石が、わたしの手には冷たく感じられました。

わたしは、とても近い距離にいました。イエス様が服を剝《は》ぎ取られ、半裸身で小さい柱につながれているのが目に入りました。その柱は石と木で作られていて、ギザギザした表面でした。もしも彼が衰弱し切って倒れてしまうと、その石の柱の上に彼の体が落ちてしまうことになります。ひどいことに、彼は中腰にしかなれない、辛い体勢につながれていたのです。すると突然、鎧を着けた兵士が近づいてきて、その柱の上に倒れるように彼を突き飛ばしました。

数百人にものぼる天使たちが、イエス様の周囲を円で取り囲んでいました。大天使たちは、内側のサークルを形成し、それがいちばん彼に近いところでした。気が遠くなるくらいの無限といえる数ほど大勢の天使たちがそこにいるのを、わたしは目にしたのです。天使たちもわたし同様に、身動きできない状態になっていました。天使たちもわたし同様に、あの時イエス様をきっと助けたかったに違いありません。あの時の天使たちの気持ちが、わたしにはよく伝わってきました。

わたしはあの時、ミカエルに言いました。

「あなたたち天使全員が、この出来事にとても心を痛めているに違いないよね……」

そう言ったあとミカエルを見上げたとたんに、彼はこう言いました。

「ローナ。我々は、愛のみの存在なのだから、傷つくことはない。たとえ神が自分を見捨てたかのようにイエス様が思えたとしても、ここにいるすべての天使と大天使たちは、彼に力を与えるために愛を注ぎ続けているのだ。彼の父である神様はここにいるすべての大天使と天使たちを遣わして、自分がどんな存在であるか、さらには、人類のためにこれを彼がやり遂げねばならないことを、イエス様に思い起こさせているのだ。神様が創造したすべての天使たちは、もうとっくにイエス様のために身代わりになることを願い出たのだ。わたし自身もそうしたが、神様はそれをお許しにならなかった」

「イエス様には、天使たちが見えるの？」とわたしが訊ねると、「いいや、ローナ。彼には我々の姿は見えない」とミカエルは答えました。この言葉にわたしは内心パニックを起こしそうになりました。そうであればイエス様はいかにして、わたしたちのためにこれをやり遂げられるものだろうかと。

わたしの思考が聞こえたのか、ミカエルはわたしに説き伏せるように言いました。

「イエス様は神様からここに遣わされた者であり、彼は神様の一部なのだ。すべての人間の魂も同じだ。だが、神様はすべての魂が自分のところに戻ってくることを望んでおられる。神の光の欠片であるすべての魂が、神の一部であるからだ」

あの時わたしが目の当たりにしたことの意味が、ようやく理解できました。わたしが皆さんに今、ここでお伝えしていることは、わたしたちの魂が前に進み出せるようにするためのものなのです。わたしたちすべての魂が、このことを理解しているはずです。イエス様が自らの命を差し出したことによって、わたしたちの魂は前に進み出ることができ、魂と肉体の融合プロセスを促進させることができます。彼が死を迎える瞬間において、自分の魂と肉体の融合は爆発的な力を生じ、今日《こんにち》にいたってもわたしたちの心の奥深くに響くほどの壮大な愛の潮流をもたらしたのです。

ミカエルは、彼の手を伸ばし、柱の上に添えていたわたしの手に触れてから言いました。「祈りなさい」と。

「うん、祈っている」わたしはそう彼に答えました。

ミカエルは袖の中から雪のように白くて美しい、例のハンカチを取り出して、素早くわたしの涙を拭ってくれました。その時彼は、わたしに言いました。「おまえは休憩を取る必要がある。下に降りて、お茶を淹れなさい」

彼があの美しい白いハンカチでわたしの涙を拭ってくれている時、一瞬自分がふたつの場所に同時にいるような感覚を覚えました。でもそうではないと、分かっていました。

わたしは彼に「ありがとう」と言いました。

椅子から立ち上がったわたしは、下に降りてお茶を淹れました。

あまりよく覚えていないのですが、たしかあの時、ティーカップを手に庭に出たように記憶しております。

どれくらい経ってから、また二階の部屋に戻ったのかもよく覚えていません。

二階の踊り場に着いた時、依然として部屋は美しい黄金色の光に照らされていました。大天使たちが部屋で全員揃って、待ってくれているに違いないと、わたしは思いました。

部屋の扉まで来ると、ミカエルが手を差し伸べました。彼はわたしの手を取り、パソコンの前の椅子まで誘導してくれました。

その時わたしは、ミカエルも含めて、部屋にいたすべての大天使たちに向かってこう言ったのです。

「無理よ。辛すぎるわ。わたしが先ほど書いたことは、あの日、わたしが見たすべてを語り尽くせていないのよ！」

「ローナ、わたしを見なさい」と、ミカエルは言いました。

それでわたしは、椅子を回転させました。

再び彼がわたしの涙を拭いながら、こう言いました。

「ローナ。そのことを書くのを、神様はおまえに求められておられるのだ」

深く息を吸い込んだあと、「分かったわ」とわたしは返事しました。

わたしは再びパソコンに向かってヘッドフォンを着けてから、語りはじめました。あの話の続きです。

ひとりの兵士が、イエスから一メートルほど離れたところに立っていました。その兵士はとても重そうな甲冑《かっちゅう》を纏っており、顔も覆われていました。でも兵士の目は、面頰《めんぼお》越しに確認できました。瞳は茶色で、鮮明な白目がひときわ目立っていました。

「あの兵士、さほど悪人のようには見えないけれど……彼の目は澄み切っているもの」わたしはミカエルに言いました。

「その通りだ。彼は悪人なんかではない。やむを得ずにここにいるのだ。全部で兵士は六人いて、あの兵士がイエスを鞭打つ役目として選ばれたのだ」と、ミカエルは教えてくれました。

「あの兵士は、拒否できないの？」

「そうだ、ローナ。あの兵士は断れないのだ。彼には家族がいる。もし彼が断ったとしたら、家族は投獄されるか、奴隷として売られるにきまっている。兵士自らも、死を覚悟しなければならないのだ」

わたしは、間もなくイエス様が鞭打たれることになると知りつつも、その兵士に同情してしまい、悲しくてたまらなくなりました。

「祈りなさい」と、ひと言ミカエルはわたしの耳元で囁きました。

わたしは目を閉じて、神様に彼の息子であるイエスを助けてくれるよう懇願しました。

「ローナ、ここはしっかり見ておくのだ」とミカエルが忠告したので、わたしは恐る恐る目を開けました。

その兵士の右脇に重そうな机があるのが目に留まりました。片方に取手がついていて、そこにさまざまな道具がぶら下がっています。それらの道具が何のために使われるか、ミカエルに説明してもらう必要はありませんでした。言わずと知れたことです。ありとあらゆるサイズと形の道具は、拷問に使われる道具です。

突然興奮するように雄叫びをあげる群衆の轟音《ごうおん》が響き渡りました。それを聞いて、わたしは飛び上るほど驚きました。その兵士が次にすることへの予感は、いっそうわたしを震え上がらせたのでした。

兵士は長椅子の上に置いてあった鞭を摑みました。その各紐の先端には、尖ったものがついているように見えました。カミソリのように鋭く研がれています。三角形や丸い形のもの、まっすぐ伸びてナイフのように尖ったのもありました。

兵士は元の場所に戻り、しばらくその場で身動きせずにじっと立っていました。再び群衆の声が響きわたりました。兵士は前方に進み出て、イエスから一メートル以内の距離に近づきました。しばらくの間、兵士は佇んだままでした。地位の高い権力者たちもそこに集まっていました。彼らは沈黙を保ちながら、この執り行いが確実に実行されることを確認するためにその場に居合わせているのです。ほかの兵士たちもいましたが、身動きせずに立っています。

ついに兵士は、イエス様に向かって鞭を振りかざしました。それを二回繰り返しました。わたしは、恐怖にわななくばかりでした。叫びそうになるのを、口を押さえて必死に堪《こら》えていました。とめどもなく涙があふれ、震えが止まらなくなりました。とうとうその場にしゃがみ込んでしまうと、ミカエルがわたしの肩を抱きかかえてくれました。

そのたった二回の鞭打ちによって、イエスの体から肉塊が飛び散り、あらゆる方向に血しぶきが飛ぶのを、わたしは見ていました。イエスの背中は、血まみれになってしまいました。鞭はイエスの背中の肉を剝がしただけではなく、彼の両脇と胸郭《きょうかく》にも当たっていました。

兵士が鞭を振りかざした時イエスの体に当たり、肉の塊をえぐり取る直前に鞭先があらゆる方向に広がっているのが分かりました。

ある時点で剝がれた肉の下から、左側の肋骨の一部がはみ出していました。ここまでに彼を襲った二回の鞭打ちは、十二回の鞭打ちに匹敵するほどの威力を発揮したのでした。イエスの血が足を伝って地面に流れ落ち、辺りは血の海となっていました。石柱の隙間からも滴《したた》り落ち、血溜まりが形成されているのが見えました。

その兵士は、身動きせずにその場にじっと立っていました。すると「もっとやれ！」と、群衆の中から誰かが叫ぶ声が聞こえました。

兵士は長椅子に置いてあったもう一本の鞭を手に握りしめました。でもその鞭では十分でないと叫ぶ群衆の声に、兵士は別のもう一本の鞭を握りしめました。兵士が鞭を摑むたびに、群衆が叫び声をあげます。すると兵士は、別の鞭を選ばざるを得なくなりました。群衆が満足の声をあげるまで、それは繰り返し続きました。群衆といっても、大した数ではありません。兵士が大半を占めていました。けれども、そんな中で天使たちも群をなしており、おそらく一万を上回るくらいいたでしょう。

最終的に群衆が選んだのは、長椅子に置いてあった最後の鞭でした。それには兵士もためらうのが見て取れました。兵士は、できるだけその鞭を避けようとしていたのです。けれども、選択の余地はありません。その鞭は、あらゆる意味で大きいものでした。鞭の紐数も多ければ、先端もほかの鞭と比べればずいぶん鋭く尖っているように見え、そのいくつかの先端は紐の上部にまでも届いていました。

兵士はその鞭を選んでからイエス様に近づき、先ほどと同じ場所に立ちました。その時、わたしは兵士の目をはっきりと見ることができたのです。目は涙で潤んでいました。その兵士の苦しみの感情が、わたしに伝わってきました。やりたくないことを無理矢理させられていることへの辛い感情が手に取るように分かりました。神様に許しを請う祈りを、彼は心の中で唱えていました。それでわたしは、ミカエルに訊ねたのです。

「神様は彼を許してくれるの？」

「もちろんだ。彼はすでに許されている」と、ミカエルは答えました。

　兵士が腕を振り上げると、辺りは静まり返りました。響きわたる鞭の音と共に、イエスの肉塊がそこら中に飛び散りました。兵士はそれ以上、イエスに鞭で打ちたくはなかったのです。でも命令に従うしかありません。一瞬彼は自らの死を覚悟の抵抗さえしたものの、さらに鞭を振りかざせよという命令に従うほかはありませんでした。イエスの体から再びあらゆる方向に肉が飛び散りました。肉塊の一欠片《ひとかけら》が兵士の右目に当たる瞬間を、わたしは目の当たりにしたのです。兵士は視界を塞がれたので、直ちにその手を止めました。鞭を最後まで振るうことができなくなりました。さすがにその光景には、ほかの兵士たちもあとずさりをさせられました。そしてようやく、あの鞭打ちの刑からイエス様は、救われることになりました。

　数人の兵士たちが、鎖を外そうと彼に近づいていきました。この刑の責任者と思われる兵士が自分の外套《がいとう》を外し、イエス様に被せました。兵士たちは彼を引きずりながら庭を横切り、わたしが今出てきたばかりの扉の中に運びました。

　神様は、ずっとわたしを誰にも気づかれないようにしてくれていました。扉の中に彼を運んだ兵士たちでさえ、わたしにまったく気づくことはありませんでした。わたしは柱のところに留まり、しゃがみ込んでいました。そこにどれくらい座っていたかは、分かりません。太陽が沈みはじめるまで時間の経過に、まったくわたしは気づかなかったのです。

　足音が聞こえたので、柱越しに覗いてみました。五人の女たちが、イエスが鞭打たれた場所に向かって歩いてくるのが見えました。彼女たちは、布と水が入った壺を抱えています。水滴が跳ねて壺からこぼれ落ちるのが見えました。

「彼女たちは何をするつもりなの？」とわたしが訊ねると、ミカエルは答えました。

「あの女たちは石を拭き、地面についたイエス様の血を洗い流すつもりだ」

彼の肉塊を慎重に拾い集めては、注意深くそっと器に入れる女性をわたしはじっと見つめていました。天使たちも彼女たちを手伝っていました。女たちの嘆き悲しむ声が聞こえています。ミカエルは言いました。

「あの女たちは、イエスの友人だ。ローナ、よく見てごらん。地面から肉塊を拾い集めている女《ひと》が誰だか分かるかい？　イエス様の母上だ」

わたしはその女性をよく見つめ、思わず手を口に当ててしまいました。

「たしかに、あの女性はマリア様です。お願い、わたしをそこに行かせて！　手を貸さなければ！」

けれども「それはならない、ローナ。おまえはここにいなければならないのだ」と、ミカエルに止められました。

マリア様の手は震えていました。いえ、むしろ彼女の体全体が震えていたのです。マリア様が別の木の器を取り出して、地面の血溜まりの上にきれいな布を敷きました。そして、地面の血液を布にしみ込ませている姿を、わたしはただ、ただ、見つめておりました。器の中にイエス様の血を、絞りながら入れていたのです。ほかの女たちも同じことをやっていました。

わたしの心は、マリア様を憐《あわ》れんでおりました。地面に落ちた自分の子どもの肉片を拾い集め、器に入れなければならない母親の心境を、どうか皆さんも熟思してみてください。地面に広がる自分の子の血液を器に満たすなんて、想像すら絶する恐怖です。

女たちは皆、何ひとつ残さないように確認しました。イエス様の血液と肉を踏まないようにと、彼女たちはとても慎重でした。暗かったので、その作業には時間がかかりました。四人の女たちは作業を終えるとマリア様に近づき、彼女を支えるかのように腕を回しました。そのあと、各々の器と布を地面から拾い上げ、歩き去りました。

キリストの受難に関して、わたしはもうひとつお伝えすることがあります。わたしは、地面に置いてある十字架の頂点に跪《ひざまず》いていたのです。十字架の横には、数本の釘と一緒に金槌《かなづち》が置かれていました。金槌はとても重く見えていて、釘もかなり太くて重そうでした。今日《こんにち》のよう滑らかな表面の釘ではありません。厚みがあり、漆黒の闇のような色をしていました。

わたしは、まっすぐイエス様の顔を見つめていました。ふたりの兵士が彼の腕を掴んだ時、彼の目は涙で潤んでいました。彼が抵抗するとでも思っていたのか、ひとりの兵士は彼の腕を押さえ込んでいました。そんな力がまだ彼に残っているとでもいうのでしょうか。彼がどれほど衰弱しきっているのか、わたしには一目瞭然でした。彼は青白くなっていました。顔には血色がまったく見られませんでした。もうひとりの兵士は、彼の手首を掴んで掌を広げました。

ふたりの兵士たちは互いに目を合わせてから、とても慈悲深い声で彼に囁きかけました。英語を話していないにもかかわらず、わたしには彼らの言葉が理解できました。それでつい、わたしは心を打たれました。「どうか、わたしを許してください。二回だけ打ち込むので、痛みが少しは軽減できるはずです」と、ふたり揃ってイエス様にそう呟いていたのでした。

彼の腕を押さえているほうの兵士に、イエス様は目をやりました。そしてその次に、彼の手首を押さえている兵士を見つめました。彼から愛があふれ出て、その愛が兵士たちに触れるのがわたしには見えました。言葉など必要ではありませんでした。

落ち着きと安らぎが、兵士たちにもたらされました。それからひとりの兵士が金槌を手にし、もう片方の手に釘を持ちました。二回打つと、彼の肉体を貫通しました。

わたしが十字架の上に横たわる彼の顔を見下ろしている時、ミカエルがわたしの手を握ってくれました。天の父はなぜこのようなことが起きるのを許されるのか？　何が起きているのか、理解できない苦難をわたしは目の当たりにしました。

彼の父である神様はどうして何もなさらないのか、このようなまったく理解不可能な苦悩をわたしは目撃したのです。

「キリストの受難について、もうこれ以上、わたしには書くことができない！」わたしはミカエルと、あの時部屋にいたほかの大天使たちにもそう呟きました。ミカエルは言いました。

「大丈夫だ。神様はおまえに書きたいことだけ書くようにと言われたことを、覚えているかい？」

「おまえがキリストの礫について、そこに座って少しでも書く時は必ず、わたしはおまえの肩にマントをかけてあげよう」大天使ラファエルは、わたしにそう言ってくれました。

　ほかの大天使たちも皆、その時は必ず居合わせるようにすると言ってくれました。天使たちが部屋から出ていく時みんなに、わたしは「ありがとう！」と感謝しました。彼らが去っていくにつれて、光はゆっくりと薄れていきました。わたしの横に立っていた大天使ミカエルが放つ光を除き、ぜんぶ消えていきました。

「〈十字架の受難〉に関するすべての話を、わたしは少しずつ書くことにするわね。すべて書き終えるまで、どれくらいの時間がかかるかは分からないけれど。でも神様は、わたしが少しずつ書くことを望んでおられると分かっているの」わたしはミカエルにそう言いました。

　そのあとすぐに、わたしの髪がくしゃりと触られるのを感じました。それは、神様の手だとすぐに分かりました。

「これでいいの？」と訊ねると、「それでよい」と神様は答えてくれました。

謝辞

わたしの著書の中でメーガンとして紹介されている娘のエーディンは、できるかぎりの援助をわたしに差し伸べてくれました。わたしは、心から娘に感謝しております。わたしが本書を執筆しはじめた時期から、彼女は根気よくわたしを励まし続けてくれました。彼女が本書の編集を手がけてくれたおかげで、わたしの諸々の本の編集を担当してくださっているマーク・ブース氏に届ける準備が整いました。エーディンは大学に通って試験を受けながらも、昼夜本書の編集に励んでくれました。そんな彼女への感謝の気持ちを、わたしは言い尽くすことができせません。エーディン、ほんとうにありがとう！

わたしはもうひとりの娘パールにも、大変感謝しております。彼女は本書の表紙のデザインと、宣伝に陰で力を注いでくれました。パール、あなたが常にわたしを信じ、勇気づけてくれたことに感謝しています。何よりもあなたのその忍耐力を、わたしは讃えます。一体どうやってあなたがやり遂げたのか、わたしには見当もつきません。

ほかの家族のメンバーにも、わたしは感謝しております。とくにわたしをいつも支えてくれている息子のナイアルとクリストファーに。あなたたちは、わたしに多大なサポートと励ましを与えてくれています。あなたたちのわたしへのサポートは、欠かせないほどに貴重なものです。それなしでは、やり遂げることは無理でした。心の底から感謝しています。

世界中にいるわたしの友人に、わたしは感謝と愛を送ります。この場を借りて、ほんの一部の友人の名前しか挙げられませんが、わたしがあなた方皆のことを心に留めていることを分かっていただけると願っております。わたしが執筆している間、ずっと見守ってくれていたすべての人たちに感謝しております。あらゆる面でわたしを支援し、わたしが働きすぎることがないよう配慮してくれました。ありがとう！　キャサリンとジョン・ケリーガン、オードリー・ハミルトン、ドン・オニール、パスカル・ギルマリー、スティーブン・マラハンと彼の家族、ピーターとレネ・カステンマクハー、そしてもちろん、マイケルとアンジェラ・レノンからも大きな励ましをわたしは受け取りました。

Hodder & Stoughton出版の皆さんがいなければ、この本が存在することはなかったでしょう。わたしの編集者のマーク・ブース氏に感謝いたします。彼は、長年にわたってわたしのよき友人にもなってくださいました。彼はいつでも、わたしのために時間を割いてくれます。とくにわたしがこの新書の執筆に取りかかっている時、ワクワクしながらこの本が完成することを信じて待ってくれていました。彼はわたしのよき理解者です。それがわたしの何よりの励みとなっております。マーク、あなたの根気強さにわたしは感謝しております。

最後となりましたが、わたしの本を読んでくださる読者の方々をはじめとし、わたしのイベントに参加してくださる方々に感謝いたします。神様と天使たちのことを広めてくださるのが、何にも勝って大事なことです。そんな皆さんに、わたしは心深く感謝しております。皆さんこそ、わたしのための祝福です。人生を通してわたしと一緒にいてくれている神様と天使たちに感謝いたします。神様の言葉を広めることができたからです。

あなたの願いを〈祈りの巻物〉に加えることも含め、ローナ・バーンについて知りたい方、個人的に彼女に会える場所を知りたい方は、以下のサイトをご覧ください。

www.lornabyrne.com
Facebook: Angels in my Hair by Lorna Byrne
Twitter: @LornaByrne
Instagram: @lornabyrneangels

訳者あとがき

ローナ・バーンさんの物語は、いかがでしたでしょうか?

どの章をとってみても、ローナさんと天使たちとの交流を興味深くお読みいただけたと、わたしは願っております。想像を絶するようなローナさんと天使たちとのやり取りを、知っていただけたのではないでしょうか。本書はわたしたち誰にでも、天使たちのことがよく分かるようにあらゆる状況にてローナさんが教えてくれている素晴らしい作品です。もしあなたがすでに〈天使コンタクティ〉であったり、あるいは、それを希望されておられるのであれば、とても意味深い内容だったはずです。

そもそもわたしがこの本の原書と巡り逢ったきっかけは、それ自体がとても天使的な計らいによるものだった思えるのです。ある時から、そう感じずにはいられなくなりました。ローナ・バーンさんにお会いしてからというものは、とくにそう強く思うようになりました。ローナさんはわたしたちどんな人間でも、〈天使コンタクト〉に興味があるならば、それを導いてくださいます。実際にお会いするとローナさんは、まさに聖女のような雰囲気に包まれた女性でした。

わたしが企画しました「アイルランドの天使に出会う旅」というテーマのワークショップに参加された皆さん全員が、おそらくきっとわたしと同じような印象をローナさんから受けられたに違いないでしょう。この本の原書の裏には、『アメリカの著名神学者マシュー・フォックスは、ローナを中世の聖女ヒルデガルト・フォン・ビンゲンになぞらえた。彼女の類まれなる資質は、宗教の壁を越え、高名なイスラム神学者たちにも認められている』と記されていることの意味を、彼女にお会いしてからというもの、とても納得させられたのでした。

わたし自身がなぜ〈天使〉に関心を抱いているのか、そのわけをまずここらでお伝えしたいのはやまやまなのですが。そのわけは、「まったく皆さんと同じです!」と、ここではあえてそう言っておくことにします。わたし自身も天使のことが大好きで、天使のことがとても気になるからです! よってここでわたしが語る必要もなく、何をさておいても、ここに書ききれないほどたくさん、〈天使好き〉の理由はあるからです。

ご存じの方もおられるでしょうが、今回ローナさんのこの本の翻訳を手がけたわたし自身はというと、もともとプレアデスの存在たちをはじめとし、ほかの星の意識体やさまざまなエンティティーにつながり、あれこれと彼らから教えてもらうことをお伝えする、わたしはいわゆる〈チャネラー〉であり、ETコンタクティです。そういった情報を彼らとの約束の上、自著やブログを通して、わたしは皆さんと共有してきました。そんなわたしを、「宇宙人ではなく、ここでなぜ、天使なのか？」と、不思議に思われる方もきっとおられることでしょう。でも今までにもわたしは、『プレアデス』三部作や『神さまとつながる白魔女㊙術』（共にヒカルランド）といった自著の中で、天使についてどの本でも述べてきたのです。

〈天使〉と〈ET〉という別々の名前で呼ばれているこのふたつの知的生命体グループは、実は別々でありながらも、どこかでとても深く関係しているようにわたしは思うのです。まったく同じとは、必ずしも言い切れないとしても。わたしと同じように思っている方々も、きっと世の中には少なくはないはずですが、わたし自身が強くそう思い続けてきたひとりなのです。『天使とETは、どこかで確実につながっているのでは？』と。このことに関しても、ここではこれ以上触れないでおきましょう。その理由を並べはじめると、きりがないですから。また別の機会にでも、ぜひともローナさんも交えて対談できればいいなと思っている次第です。

わたしがひょんなことを通じてローナ・バーンさんを知ることになったのは、二年前の夏でした。わたしはちょうどカナダのビクトリアに滞在していて、ふとある本屋さんで購入した一冊の本がきっかでした。おそらくわたしが本屋を歩き回っている時、〈ブックエンジェル〉とやらが一緒に付き添ってくれていたのかもしれません。とくにビクトリアのその本屋さんでは、今までわたしが翻訳をすることになったたいていの本が見つかっているのです。

それであの時わたしは、その本の一ページ目を開きました。するとそのページのど真ん中に、「ローナ・バーンに捧げる」と書いてある字が、わたしの目に最初に飛び込んできたのです。〈ローナ・バーン〉とは一体誰なのか？　わたしはネットで検索することにしました。そんなめんどうなことは、滅多にしないにしても。調べた結果、ぜひともこの女性に会ってみたいと、わたしはすぐ直感したのです。

二〇一八年の夏に、わたしはアイルランドに住むローナさんを訪ねることになりました。わたしが〈天使次元〉とよぶところに、彼女が実際に生きておられることをわたしはこの目でたしかめることができたように思います。わたしだけではなく、あのワークショップに参加していた全員が、ローナさんを直接知ることができ、また直接彼女から〈天使コンタクト〉を学ぶことができたように思います。彼女に比べればまだまだ初歩レベルで、もっと学ぶべきことが多いにしても、天使コンタクトは学ぶ価値があり、また学び得ることができると、わたしは知りました。

さて、一方でわたしは、"Angels at my fingertips"という題名のこの本の翻訳を手がける運びとなりました。それからというもの、とても不思議な体験をわたしはするようになりました。たとえローナさんのように天使たちが見えないにしても、まるで天使の計らいによって起きているかのように感じることが、さまざま急に増えはじめたのです。そのお陰で翻訳作業も順調に進み、どうにかこの分厚い本を訳し終えることができ、印刷、それから出版にこぎ着けたと思っています。この運び自体が、何らかの目に見えない助けがあってこそ、可能となったとしか考えられないのです。目の前で物事がたちまち変わるほどの驚く現象も、わたしがこの本に取り組んでからというもの、いくどか経験しました。

そしていつの日か驚いたことにわたし自身が、便利な駐車場の一角を見つけた時などは、「パーキングエンジェルさん、ありがとう！」と口走るようにまでなっていたのです。このようなことから、わたしは想うのです。『天使とは、たしかに微妙なレベルではあるが、確実な結果に導いてくれる』と。きっとこのような天使への近親感も、天使とつき合うようになればなるほど日増しに強く感じられるようになるのかもしれません。そして気がつくと、ローナさんのように天使たちに囲まれているのが見えるかも……。これは可能なことであり、あなたにもできると、本書を通して彼女はたくさん教えてくれています。これこそが、世界じゅうで人々がローナさんに魅了され、ローナさんを愛している理由だとわたしには思えるのです。

今や世界のあちこちに、とくにヨーロッパ各国やアメリカで天使旋風を巻き起こしているローナさんではあるのですが、エンジェルカードとかエンジェルヒーリングといった今までのニューエイジ的な天使関連の情報とは、彼女の場合はまったく異なります。なぜならローナさんは、生まれもつその特殊な能力によって実際に日常的に天使たちが見え、そして彼らとコミュニケーションができるからです。ある意味で、先に進化した人類とわたしは見なしております。わたしがいちばん驚いたのは、ローナさんがわたしたち参加者一人ひとりの守護天使について教えてくれたことでした。彼女は天使たちのほかにも、さまざまな霊魂が見えます。第14章の「サント・シャペルを訪ねて」では、ある霊魂が現われます。あの時サント・シャペルでローナさんに起きたことは、わたしもドキドキさせられながら読んでいました。

ローナさんは、神様との会話も幼い頃からされてこられました。所々に記されている神様の冷静で愛ある受け答えには、わたしもつい背筋をピンと正してしまうほどでした。実際に天使たちが存在し、天使コンタクトが可能であることを、ローナさんは世界じゅうの人々に呼びかけておられます。これが、彼女が神様と約束した使命だからです。さらには、世界の貧しい子どもたちを支援する活動を、彼女は積極的に行っていらっしゃいます。

皆さんも、これを読み進められるにつれて、生まれながらの天使コンタクティであるローナさんのエンジェルセンセーションを実感していただけたことと思います。天使たちが、いつも自分のそばにいてくれていることを実感できるくらいまでに……。実際にそうなるにつれて、人生がどんどん素晴らしくなってくるのも、きっと同時に実感しておられるはずです。それをローナさんはわたしたち個々にいちばん望んでおられるのです。そのような経緯《いきさつ》で彼女はこの本に、天使たちが繰り広げるさまざまな彼女の日常生活の場面を紹介してくれたに違いないとわたしは思っているのです。もちろん、天使コンタクトのノウハウも、お読みいただければあちこちに見つけられることでしょう。それが彼女の前作品である『エンジェル・イン・マイ・ヘア』（ハート出版、二〇〇九年）と、本書との大きな相違点です。

十数年前に、わたしがちょうど『プレアデスの光の家族』（太陽出版、二〇〇六年）を翻訳していた時のことです。実は今回わたしが本書を翻訳しながら体験をしたことと同じことがあの時にも起きていました。急にあの時のことをわたしは思い出しました。ちょうどあの時のように、この本の内容とマッチしたシンクロが、次々とわたしの日常に起きるのが増えてくる体験です。それによって、天使のことをいっそうよく知ることへと、導かれるような気がしました。翻訳プロセスも今となって振り返ってみると、まさしくエンジェルたちの助けによって進行していたように感じられます。そういう意味では、これほどにページ数の多い本であっても、楽しみながら翻訳作業を進めていくことができました。というのも、表現につまずいた時はいつも、〈先生天使〉にわたしもお願いするようにしました。するとなんと、〈先生天使〉の気配をたしかに身近に感じることができたように思われます。わたしが表現したい言葉が、まるで脳の中のどこかに長い間しまっておいた引き出しが開くかのように、ふと記憶が甦り、それを書いてみるというのを何度も体験しました。そのような不思議といえば不思議なことも含めて、何とかうまく捗《はかど》りました。こんなこともありました。何らかの力が、次々とウィキペディアのような正確さで、わたしの頭の中に映像として言葉や情報を見せてくれるようなこともあったような気がします。そんな漠然とした記憶が残ります。まさに天使にチャネリングしたような状態が続きました。たしかな感覚として、わたしはそれを感じ取っておりました。

それにしてもこの本の英語の原書を手にした当初は、さほど難しい翻訳ではなさそうだとわたしは思っていたのです。むしろ、子どもが書いたようなスタイルが気になったくらいでした。あの時ちょうどわたしは、『パワーか、フォースか　改訂版』（ナチュラルスピリット、二〇一八年）の翻訳をようやく終えようとしていた時でしたので、量子物理分野も含むその本に比べると、よけいにこの翻訳が簡単に思えたのでした。実はペラペラっとめくっただけで、わたしはそう判断してしまったのです。

結果的にいいますと、この本の翻訳はおそらくわたしが今までに数多く手がけた翻訳本の中でも、いちばん難しかったのではないかと感じさせられます。正直なところ、日本語の表現にはかなり戸惑いました。さらには、ローナ・バーンさんの前の作品とあまりかけ離れたスタイルでもいけないとも思いました。このことに加えて、ローナさんが表現されるシンプルな言葉ほど、訳すのがとても難しいとつくづく感じさせられました。別の言語で、つまり日本語で彼女が表現するアイルランド英語をずばり正確に表せないような箇所も所々にありました。そのあたりは、夫に協力してもらうことにしました。お隣の国生まれのスコットランド人の夫が、理解できないアイルランド語もいくつかありました。そのような特徴があったり、シンプルな言葉をそのまま表現することの難しさを経験しながらも、やっとのことで翻訳をやり遂げることができました。そのプロセスを通して、あらゆる面において、わたしはたくさんの学びをさせていただきました。これはもう、次元を超えた働きかけであり、お導きです！

翻訳を手がけてから半年ほど過ぎた頃、わたしたちはアイルランドを訪ね、ローナさんにお会いすることができました。わたしたちはローナさんと一緒にアイルランドの森の中で三日間を過ごし、貴重な体験をさせていただきました。人と自然と天使のつながりを、ローナさんからさまざまな方法で教わりました。マジカルな自然が広がる中にわたしたちはすっぽり浸かり、実際に参加者全員が天使コンタクトをしていたように、振り返ってみると思えるのです。あの時、何かが日常とはまったく違う空間で、わたしたち個々がそれぞれ経験をしていたような気がしてならないのです。

ローナさんには学習障害があることも、実際に彼女に本のサインをお願いした時に、わたしにはすぐにわかりました。皆さんの中には、『エンジェル・

イン・マイ・ヘア』をお読みになられて、ローナさんのことをご存じの方もきっと多くおられることでしょう。実際にローナさんにお会いすると、とても小柄な外見の女性で、一見か弱そうな印象さえ受けるのですが、実は彼女は若くしてシングルマザーとなり、四人の子どもを女手ひとつで育ててこられた強い母親なのです。エンジェルワークの典型的なふわふわとした感じではなく、むしろ現実面でしっかりと生きてこられた彼女の生き様を窺うことができました。

ローナさんは、字があまりよく書けないのにもかかわらず、多くの本を世に送り出されてこられました。本書にもありますように、彼女はパソコンの前で音声入力をしながら執筆作業を進められます。そのようにして人一倍苦労されて書かれた本が、なんと世界的なベストセラーに輝き、あらゆる言語に翻訳されるまでになったのです。これは、奇跡としか思えないくらいです。いえ、むしろ、高次元からの援助なしではありえないことです。もちろん、言うまでもなく、それはエンジェルたちです！

本書の中でも何回か、ローナさんが神様の前に連れていかれる場面があります。神様によってローナさんは、過去のある時代に送り込まれるというエピソードがあります。あえて彼女は、〈タイムトラベル〉とか、〈次元〉とか〈物質次元〉、〈パラレル〉とかいう言葉を使っておられません。そういったことは、コンセプトとしてローナさんの頭の中にないからです。でもわたしからすると、これは明らかな〈タイム・ジャンプ〉であり、量子物理学的に立証されている先端科学が証明できる分野です。そして、実際に起きえることなのです。でもそんなことは、おそらく彼女はご存じでないはずです。ローナさんは、その実態のありとあらゆることを、本書の中でできるだけ詳しく描写しておられます。彼女が見聞きした通りのことを、あらゆる箇所でそのまま表現されておられるのです。

どのエピソードも、わたしは興味津々に読みました。まるでわたしもローナさんと一緒に、その時代に遡ったような錯覚さえ覚えました。このような要素も含めて、天使コンタクトについてたくさん教えてくださった彼女にわたしはとても感謝しているのです。ですからわたしは、できるかぎり彼女の表現を率直に翻訳するように努めました。

さらに面白いことには、第11章の「不思議な本を手に持ったホーサス」のところで、『天使ホーサスが手に持っている本には、おまえの人生のうちで神様が変更されたことを刻印しているページも含まれている。神様には、おまえがこれから旅をしなければならないさまざまな道が見えているからだ』とあります。このエピソードを読んで、わたしはとても驚きました。これはまさにローナさんの〈アカシックレコード〉が記されている本を、天使ホーサスが抱えているという意味ではないかと。そしてまた、どのアングルから見ても、天使とETはつながっているのではないかと。

それにしても気になるのは、〈天使たちの深遠さ〉とでもいうべきエンジェルたちの特徴です。本書の第5章でローナさんは、「天使の深遠さ」について述べられておられます。天使はいたって神秘的な存在であり、わたしたちの想像を遥かに超えていることはたしかなようです。天使については、人類は太古の昔からその存在を認め、受け入れてきたのです。実際に古きヨーロッパにおいては、〈天使学〉という学問まで誕生していたくらいです。天使に関しては深く、また広範囲にわたって学ぶべきことが多いように思われます。

ローナさんと天使たちのコンタクトは、子どものような純粋さと素直さ、シンプルさ、さらには面白さの中で培われてきたものです。難しい理論ではなく、これも実際の体験から生まれた本です。そこがきっと、多くの人々が彼女に惹かれ、彼女のように自分でも天使コンタクトができるようになりたいと憧れるところなのでしょう。

天使を身近に感じられることによって、自らの人生が確実に光り輝くものとなり、確実に豊かになるとわたしは信じております。これは自分で試してみるしかないのです。ぜひやってみてください！ この本の中でローナさんが、〈天使コンタクト〉の具体的な方法をいくつも教えてくれています。

最後になりましたが、もう一度ここで〈天使コンタクト〉を、本書を通してわたしたちに丁寧かつ親切に教えてくださったローナ・バーン女史に感謝の意を捧げます。さらには、ローナさんとのコンタクト役をいつも担ってくださっているローナさんの長女のパールさんにもとても感謝しております。

そして何よりも、"Angels at my fingertips"の翻訳を快く受け入れてくださった株式会社ヒカルランドの石井健資社長様に心から感謝いたしております。今回この本の版権取得や出版に関係するあらゆる作業と編集に力を注いでくださった編集部の児島祥子様にも、わたしは心から感謝しております。いつもわたしの本の出版に関わってくださることを、有り難く受け止めております。

ローナ・バーンさんの世界を理解し、受け入れてくださる読者の皆様、そして、いつもわたしと夫エハン・デラヴィを応援してくださっている皆様にも、心から御礼を申し上げます。ローナさんの奇跡的ともいえる天使コンタクトに関するノウハウ、きっと皆さんのご期待に添えることと存じます。

二〇一九年一一月に、ローナ・バーンさんを東京にお招きすることを計画しております。実際に彼女から放たれる天使エネルギーを実感し、天使に関する彼女のさまざまな知識を直接お聞きになられたい方も、天使に関する質問がある方も、ぜひお気軽にローナさんに会いに来てください。

今はまだローナさんのようにはわたしたちの目にははっきりと見えないにしても、天使たちは確実にわたしたち個々に援助の手を差し伸べてくれています。この偉大な存在たちを、大いに受け入れる時が来ました！　さらには、彼らとともに愛ある平和な地球を築き、一緒に守っていきましょう！　このうないちばん大事なことも含め、天使たちとわたしたち個々の共同創造の絆をさらに深めていくことができますように、わたしは日々心から祈っております。神様のメッセンジャーである存在たちに栄光を！　アーメン

愛知ソニア
二〇一九年一月一二日
カナダＢＣ州　ネルソンにて

著者

ローナ・バーン

Lorna Byrne

アイルランド生まれ。生まれつき天使が見える·話せるという類まれなる能力を持つ。貧困と失読症により困難な幼少期を送るが、守護天使たちの導きにより何度も窮地を救われる。天使エリヤから出逢いを予言された夫ジョーと結婚、2男2女を授かる。ジョーの早逝という辛い経験を経て、人々に天使や亡き人々からのメッセージを伝えはじめる。2008年に処女作『エンジェル・イン・マイ・ヘア』(邦訳:ハート出版)を本国アイルランドで刊行、16週連続でランキング1位のベストセラーとなる。他の著作含め、これまで30言語での翻訳出版を達成。全世界に100万人以上の読者を持つ。世界各地から講演依頼もたえず、1000人規模の大型講演をたびたび開催、真摯なメッセージが感動を呼んでいる。2015年にローナ・バーン・チルドレンズ・ファウンデーションを設立。世界の子どもたちの権利を守る活動を推進している。
http://lornabyrne.com/

訳者

愛知ソニア

Sonia Aichi

翻訳家、作家、プレアデス集合意識体コンタクティ、アカシックレコードリーダー。数々の本を夫のエハン・デラヴィ氏と共訳する傍ら、スピリチュアルな叡智についての講演活動や海外ワークショップを多数開催。主な著書に『人類創世記 イナンナバイブル アヌンナキの旅/イナンナの旅』(ともはつよし社)『プレアデス《1》~《3》』『神さまとつながる白魔女㊙術』(ともにヒカルランド)、デラヴィ氏との共訳書に『アーシング』(ヒカルランド)『パワーか、フォースか 改訂版』(ナチュラルスピリット)などがある。https://www.aichisonia.jp/

奇跡のエンジェルコンタクト

あなたの守護天使とつながるための35章

第一刷　2019年2月28日

著者　ローナ・バーン
訳者　愛知ソニア

発行人　石井健資
発行所　株式会社ヒカルランド
〒162-0821　東京都新宿区津久戸町3-11　TH1ビル6F
電話03-6265-0852　ファックス03-6265-0853
http://www.hikaruland.co.jp　info@hikaruland.co.jp
振替　00180-8-496587
本文・カバー・製本　中央精版印刷株式会社
DTP　株式会社キャップス
編集担当　児島祥子

ISBN978-4-86471-730-4

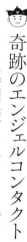

あなたの守護天使とつながろう！
『奇跡のエンジェルコンタクト』出版記念セミナー

講師：愛知ソニア、エハン・デラヴィ

本書の出版を記念して、訳者の愛知ソニアさん＆天使学に造詣が深いエハン・デラヴィさんご夫妻を講師にお迎えしての特別セミナーを開催します！　ローナさんと親交の深いおふたりに、エンジェルコンタクトが起こす不思議な奇跡のお話、天使や天界の本当の姿、そして気になるエンジェルとプレアデスら宇宙的意識体たちとの関係まで、120分たっぷりお話しいただきます！

★動画受講可能セミナー（セミナー開催の約1週間後に視聴 URL をお知らせして Web 上でセミナーが楽しめるシステムです。）

日時：2019年 4 月28日（日）　開場 12：30　開演 13：00　終了 15：00
料金：6,000円　　※終演後にサイン会を行います。
会場＆申し込み：ヒカルランドパーク

ヒカルランドパーク
JR 飯田橋駅東口または地下鉄 B1 出口（徒歩10分弱）
住所：東京都新宿区津久戸町3－11 飯田橋 TH1 ビル 7F
電話：03－5225－2671（平日10時－17時）
メール：info@hikarulandpark.jp　URL：http://hikarulandpark.jp/
Twitter アカウント：@hikarulandpark
ホームページからも予約＆購入できます。

こちらもおすすめ！
エハン＆ソニア東京講演会「天使コンタクト」

講師：エハン・デラヴィ、愛知ソニア

日時：2019年 3 月21日（木・祝）　開場 18：10　開演 18：30　終了 20：30
会場：北とぴあ 第二研修室 8 階
■お問い合わせ・お申し込み：
愛知ソニア・オフィシャルサイト　https://aichisonia.jp

エンジェル・コミュニケーター ローナ・バーン氏 来日記念イベントのご案内

『奇跡のエンジェルコンタクト』著者のローナ・バーンさんが今秋、待望の初来日！　天使たちの姿が見え、彼らと話せるという奇跡の能力を持つエンジェル・コミュニケーターとして、世界中で100万人以上の人々に感動を与えてきたローナさんに実際に会いにきませんか？講演会とワークショップ、ふたつのイベントでお待ちしております！

【講演会】

2019年11月 2 日（土） 18：00～20：00（予定）
参加費：一般定価 13,000円　会員早割 9,800円

【ワークショップ】

2019年11月 3 日（日） 10：00～16：00（予定） 参加費：下記 HP に記載
自身の守護天使にコンタクトする方法など、ローナ・バーン氏に直接ご指導いただきます。

会場：一橋講堂
（東京都千代田区一ツ橋 2-1-2 学術総合センター内）

記念品引換券
当日会場でご提示ください。

■イベントの詳細・お申込み
愛知ソニア・オフィシャルサイト https://aichisonia.jp

本といっしょに楽しむ ハピハピ♥ Goods&Life ヒカルランド

◉愛知ソニアさんのガイダンスカード

愛知ソニアさんが、あなたのガイドたちの存在を身近に感じていただきたいということでこの「ガイダンスカード」を創りました。ソニアさんがガイドたちから受け取ってきたメッセージを80枚のカードにのせてお送りします。
ガイドたちは、いつもあなたに話しかけてくれます。その応援のメッセージに耳を傾けてください。あなたたちからの積極的なコンタクトは、ガイドたちの喜びです。絆をどんどん強めることによって、彼らの力を大いに活用できるようになります。

販売価格　4,800円（税込）

ヒカルランドパーク取扱い商品に関するお問い合わせ等は
メール：info@hikarulandpark.jp　　URL：http://www.hikaruland.co.jp/
03-5225-2671（平日10-17時）

ヒカルランド　好評既刊！

地上の星☆ヒカルランド　銀河より届く愛と叡智の宅配便

不調を癒す《地球大地の未解明》パワー
アーシング
著者：クリントン・オーバー
訳者：エハン・デラヴィ／愛知ソニア
Ａ５ソフト　本体 3,333円+税

新たなるフォトンベルトか
[NASA新発見] 光の超巨大構造フェルミバブルの真実
著者：J.C.ガブリエル（エハン・デラヴィ）
訳者：愛知ソニア
四六ハード　本体 1,800円+税